生成语法理论：
标准理论到最简方案

Theories of Generative Grammar:
from Standard Theory to Minimalism

徐烈炯 / 著

目录

前言	I
初版前言	IV

1 生成语法学的科学性质及哲学基础   1
1.1 科学性质   1
    1.1.1 学术研究   2
    1.1.2 科学研究   3
    1.1.3 经验科学研究   3
    1.1.4 自然科学研究   4
1.2 哲学基础   9
    1.2.1 方法论   10
    1.2.2 认识论   12
1.3 生物语言学   18
    1.3.1 内在主义   19
    1.3.2 自然主义   21
    1.3.3 完美性   23

2 生成语法学的研究内容及研究方法   26
2.1 研究的对象   26
    2.1.1 语言   26
        2.1.1.1 无限性   26
        2.1.1.2 离散性   28
        2.1.1.3 结构层次性   29
    2.1.2 语法   30
        2.1.2.1 语法的内涵   31
        2.1.2.2 语法的外延   33
    2.1.3 普遍语法   35

2.2 研究的范围   41
    2.2.1   能力   42
    2.2.2   理想化的能力   43
    2.2.3   语法的能力   44

2.3 研究的目标   45
    2.3.1   观察充分性   46
    2.3.2   描写充分性   47
    2.3.3   解释充分性   50

2.4 研究的验证   52

2.5 研究的程序   59
    2.5.1   定向   59
    2.5.2   选题   60
    2.5.3   发现   62
    2.5.4   描写   63
    2.5.5   解释   65
    2.5.6   推广   66
    2.5.7   论证   67
    2.5.8   批评   68
    2.5.9   反应   69

2.6 研究的表达形式   70
    2.6.1   形式化   70
    2.6.2   符号·标记   72

3 规则及规则系统   76
3.1 句法学与句法规则   76
    3.1.1   语类规则   76
       3.1.1.1   词类与语类   76
       3.1.1.2   语类规则及其表达方式   79
       3.1.1.3   语类规则及其生成能力   82
       3.1.1.4   语类的高低与先后关系   87

		3.1.1.5	语类结构层次与主宾关系	89
	3.1.2	词库		91
		3.1.2.1	词项插入	91
		3.1.2.2	子语类化	93
		3.1.2.3	选择限制	95
	3.1.3	转换规则		97
		3.1.3.1	转换规则的性质	97
		3.1.3.2	转换规则的作用	98
		3.1.3.3	转换规则的写法	99
		3.1.3.4	转换规则的操作类型	100
		3.1.3.5	转换前后的表达式	104
		3.1.3.6	转换规则的使用顺序	108
		3.1.3.7	转换层级	109

3.2 音系学与音系规则   112

	3.2.1	音系知识		113
	3.2.2	音系表达式		114
	3.2.3	语音描写		116
	3.2.4	音系学规则		120
		3.2.4.1	音系规则的操作类型	120
		3.2.4.2	音系规则的写法	121
		3.2.4.3	音系规则的使用顺序	122
		3.2.4.4	音系规则的层级	122
	3.2.5	生成音系学特点		124

3.3 语义学与语义规则   126

3.3.1	语义知识	127
3.3.2	语义描写	130
3.3.3	语义表达式	133
3.3.4	语义规则	134

4 表达式及表达式之间的关系　　141
4.1 生成语义学　　141
4.1.1 句法抽象化　　141
4.1.2 词项分解说　　144
4.1.3 深层结构无用论　　146
4.1.4 普遍基础假设　　149
4.1.5 全应规则　　150
4.1.6 模糊语法　　152
4.2 解读语义学　　154
4.2.1 表层结构与语义的关系　　155
4.2.1.1 量词辖域　　156
4.2.1.2 焦点与先设　　159
4.2.2 词汇说　　161
4.2.3 照应规则　　163
4.2.4 语迹论　　167
4.2.5 逻辑式　　171

5 限制及限制的作用　　176
5.1 对基础部分的限制　　178
5.2 对转换的限制　　182
5.2.1 A 盖 A 原则　　183
5.2.2 禁区条件　　185
5.2.2.1 复合名词词组限制　　185
5.2.2.2 并列结构限制　　187
5.2.2.3 左分枝条件　　188
5.2.2.4 主语从句限制　　189
5.2.2.5 疑问词禁区限制　　190
5.2.3 20 世纪 70 年代初发现的转换限制　　191
5.2.3.1 领属条件　　191
5.2.3.2 时态句条件　　194

		5.2.3.3	明确的主语条件	195
	5.2.4	对规则使用次序的限制		196
		5.2.4.1	规则顺序限制	196
		5.2.4.2	严格层级原则	198
5.3	对删略的限制			200
5.4	对表层结构的限制			203
	5.4.1	多重充盈 COMP 鉴别式		203
	5.4.2	空主语鉴别式		204
	5.4.3	For-To 鉴别式等		206
5.5	对解读的限制			209
	5.5.1	统制条件		209
	5.5.2	主格禁区条件		212
	5.5.3	封闭条件		213

6　原则及原则系统　216

6.1	X′ 理论		220
	6.1.1	X′ 原则	220
	6.1.2	X′ 参数	224
6.2	θ 理论		227
	6.2.1	θ 角色	227
	6.2.2	θ 准则	231
	6.2.3	θ 位置	232
	6.2.4	投射原则	234
6.3	格理论		237
	6.3.1	补语的格	237
	6.3.2	主语的格	241
	6.3.3	语迹的格	244
	6.3.4	所有格	247
6.4	管辖理论		248
	6.4.1	管辖	249

		6.4.2	严格管辖	253
		6.4.3	先行语管辖	257
	6.5	约束理论		261
		6.5.1	管辖语域	261
		6.5.2	约束原则	265
			6.5.2.1 照应语的约束	265
			6.5.2.2 代名词的约束	266
			6.5.2.3 指称语的约束	267
		6.5.3	空语类的约束	269
			6.5.3.1 NP 语迹的约束	269
			6.5.3.2 wh 语迹的约束	270
			6.5.3.3 pro 的约束	272
	6.6	控制理论		274
		6.6.1	PRO 的性质	274
		6.6.2	PRO 的位置	276
		6.6.3	PRO 的控制语	279
	6.7	界限理论		281
		6.7.1	S 或 S′ 为界限节点	281
		6.7.2	领属条件或空语类原则	284

7	语类的沟通及语类的分解			288
	7.1	中心语移位		288
		7.1.1	V 到 I/I 到 V 移位	288
		7.1.2	I 到 C 移位	293
	7.2	语类的分解、重组和扩展		297
		7.2.1	INFL 分解假设	297
		7.2.2	DP 假设	299
		7.2.3	VP 壳假设	302
		7.2.4	CP 分解假设	307

8 运算系统及系统的精简   315
8.1 运算的精简   316
8.1.1 最简方案的词库   316
8.1.2 选取与合并   317
8.1.3 移位   323
8.1.4 特征   325
8.1.4.1 特征的核对   325
8.1.4.2 特征的复制   327
8.1.4.3 特征的删除   330
8.2 语法模型的精简   332
8.2.1 取消 D 结构层面   333
8.2.2 取消 S 结构层面   336
8.2.3 保留 LF 层面   340
8.2.4 定型及分段定型   345
8.3 经济条件   350
8.3.1 能小做不大做   351
8.3.2 能少做不多做   353
8.3.3 能不做则不做   355
8.3.4 能迟做不早做   357

缩略语表   360
术语英汉对照表   363
参考文献   380
主题索引   395
人名索引   400
后记   403

前言
Preface to the Second Edition

《生成语法理论》于1987年写成,1988年由上海外语教育出版社出版,作为现代语言学丛书之一。该书略加校订之后于1990年第2次印刷,以后又多次重印,有一次我在书店偶尔见到第6次重印本,不知道总共印了多少册。据我所知,有的大学曾经把此书翻印当教材使用。一部语言学著作,而且讲的是中国语言学界很陌生的语言学,竟然会有那么多读者,出乎我的意料。

受到读者的勉励还不仅表现在印数之多上,最令我感动的是有好几位认识的和不认识的同行不请自来校订该书,寄来勘误表。可惜后来几次重印,出版社都没有与我联系,失误虽然未能都得以订正,但我心里一直深深感激他们对作品和对我的爱护。有好多位读者对我说,他们一直想了解中国语言学界觉得有点神秘的生成语法究竟是怎么回事,想了解生成语法怎么会一跃而为世界范围内语言学的主流。可是生成语法和中国的传统语法差距太大,不易入门。他们都说读了这本书才把生成语法弄懂了,这正是我当时写作想达到的目的。

本书初版至今已经整整20年过去了。读者都知道生成语法开创半个多世纪以来一直在不断发展,他们也知道近20年生成语法又经历了巨大的变化。20年来不断有人建议我再版、补充、扩充该书,反映生成语法当前的面貌,而我一直不为所动。形势变了,我怀疑还有没有必要从事这项工作。当年之所以要写这本书是因为国外出版的著作国内的学者既看不到,也看不懂。现在大家不难通过各种渠道获取国外出版的学术资料,国内学者的英语水平也已大幅度提高,况且已经有人发表和出版了介绍当代生成语法理论的文章和书籍。不过我还是应该理解读者的心情和要求,他们希望更新知识,而且希望通过快捷而又舒坦的方式更新知识。我想我知道读者要什么,但愿我不让他们失望。

新版书名改为《生成语法理论:标准理论到最简方案》,由上海教育出版社出版。除了对第1至6章个别地方做些修订以外,加了介绍后期原则与参数理论的第 7 章和介绍最简方案的第 8 章,还在第 1 章的哲学基础部分增添了一小节介绍生物语言学。增写部分参考的一些文献,我过去大都读过或者读过其中一部分,但是当时没有想到要把其中的内容加以整理、综述,如今不得不把有些书刊借来复印重读,颇费时日。参考书目也补充后重新编排,选用当前语言学学术出版物常用的体例,与初版书目一对照就能看到区别。附录增加了术语英汉对照表和主题索引、人名索引。20 年前写初稿时曾做过索引,当时还没用电脑,为此做了一整箱卡片。可是数次和出版社商量,编辑都断不肯用,怕占据太多篇幅。当年出版界对学术著作规范了解有限,可以理解,但这样一部著作竟没有索引总是一大遗憾。

  新增了两章不仅赶上形势发展,也使整部书的性质定位略有变化。原先写作时就考虑过有两条路可走:知识传授或技术训练。前一种写法类似写百科全书,篇幅当然要大得多;后一种写法类似写句法学教材,目的是教会读者着手做经验科学研究。当时中国在生成语法方面这两类著作几乎都是空白。那时我想,后一种写法也许更容易获得实际效果,然而前一种写法可以扩大读者面,让更多人了解生成语法,他们之中有些人并不需要学做生成语法研究。后来事实证明的确如此,这本书不仅中文系、外文系的师生使用,哲学系、心理学系的也读,复旦大学计算机系还用它作教材。新版的结构不免更凸显以生成语法历史发展为脉络,而更加不像课本了。英美出版的句法学教材很多,剑桥、牛津等著名出版社都给不同作者,甚至同一作者出了多本教材,中国的出版社还买了版权翻印专门供应中国读者。按历史为纲评述生成语法的书,在国外也不像教材那么多见,比较有名的有 Frederick Newmeyer 的 *Linguistic Theory in America: the First Quarter Century of Transformational Grammar*,1980 年出了第 1 版,为了紧紧赶上形势发展,1986 年就出了第 2 版。第 2 版发行后不久作者送了我一本,我问会不会接着出第 3 版,他连声说"Never! Never! Never!"。这也是 20 多年前的事了。他的书是为全世界读者写的,我的书是针对中国读者的。我不赞成"中国特色的语言学"口号,但是不否认有必要特地为中国语言学者写一些文章书籍。

请读者和我一起感谢香港城市大学中文、翻译及语言学系让我在退休之后再回去当访问教授,有充分的时间、条件,利用图书馆充足的馆藏资料完成补充修订工作。

初版前言
Preface to the First Edition

生成语法不都是转换语法，转换语法也不都是生成语法。本书论述的是既生成又转换的语法。既然如此，为什么不用"生成-转换语法理论"或者"转换-生成语法理论"作书名？既生成又转换的语法也有好多种，本书基本上谈一家之说，只谈 Chomsky 的生成-转换语法理论。即使冠以"Chomsky 理论"也不能完全代表书中内容，因为这不是他个人的贡献，而是集体智慧的结晶。因此不妨用个更概括的名称。在当前流行的语法体系中，转换起的作用有所缩减，书中特别强调该语法的转换性质的地方我才仍称它为"转换语法"，同时强调转换性质与生成性质的地方称它为"转换-生成语法"，其他地方概称"生成语法"。

为什么选中 Chomsky 的理论为代表？当代语法理论中以 Chomsky 理论影响最大，其他理论，不论是生成理论还是非生成理论，不论是转换理论还是非转换理论，都不能企及。语法理论家中专门研究 Chomsky 理论的并不占多数，可是大家或多或少都了解一些。当前一些其他重要理论的代表人物，词汇-功能语法学派的 Joan Bresnan，蒙塔古语法学派的 Barbara Partee、Emmon Bach，关系语法学派的 Paul Postal、David Perlmutter，功能学派的 Susumu Kuno（久野暲），扩充的词组结构语法学派的 Gerald Gazdar，等等，过去都学习、研究过 Chomsky 的理论。他们现在都同意 Chomsky 的一些观点，反对他的另一些观点。差别在于同意哪些，反对哪些，同意到什么程度，反对到什么程度。即使在一些结构主义学派的发源地，例如法位学派的发源地密西执安大学，伦敦学派的发源地伦敦大学，也教 Chomsky 理论。几乎各学派都拿自己的理论与 Chomsky 的理论比较，都希望证明自己的理论至少在某些方面胜过 Chomsky。Chomsky 理论是评比的参照标准，被人批评得最多，给人的启迪也最多。

自从 1978 年以来，我国语言学书刊上已经登载了不少介绍生成语法的文章，为什么还要写这本书？因为经过几年介绍，目的还没有完全达到。介绍的较低目标是使国内语言学界了解生成语法理论，较高目标是促进生成语法研究工作的开展。较高目标尚未达到,至今罕见这方面的研究论著。即使离较低目标也还有一定的距离,人们至今对生成语法还误解重重,真相不明。晚至1984年出版的某些专讲语言理论的书刊连深层结构之类的基本概念还搞不清,还在说:Chomsky认为深层结构是天生的。这既不能责备文章的作者,也不能责备读者。传统语法学家要了解生成语法,并不比历史学家要了解物理学容易多少。即使介绍的内容都正确,这类文章篇幅都限于数千字,至多一二万字之内,而每篇文章都必须从生成语法的ABC讲起,连所用到的最基本的数学概念和逻辑概念也必须解释,因此往往来不及论到正题,规定的篇幅已经用完。由于无法从从容容、彻彻底底地论述,一般的介绍性文章都只能是科普读物性质的而不是科学著作性质的。在科普知识基础上进行科学研究是不可能的,在科普知识基础上评价一门学科是不可靠的。

这本书以哪些读者为对象?对生成语法感兴趣的任何人都可以读,不需任何基础。本书从最基本的概念讲起,讲到1985年初最新的发展,包括一些尚未见诸出版物的重要见解。读者可以从中掌握生成语法理论,领会生成语法研究方法,了解生成语法的当前研究动向。

为了适应不同读者的需要,本书采用循环结构。第1、2章是一个循环,论述生成语法的基本性质、内容和研究方法。希望对生成语法作概略了解的读者,包括非语言专业的读者和不熟悉外语的读者,可以重点阅读这部分。这两章用的多数是汉语的例子,或者很浅近的英语例子,尽量避免使用符号公式。第3至第6章是另一个循环。这几章以生成语法学重点探讨的具体问题为纲来编写,但是考虑到多数读者只了解早期的标准理论而不熟悉近期的组合理论,所以尽可能把同一时期探讨的问题汇总在一章内。大体上第3、4、5、6章分别写60年代、70年代前期、70年代后期、80年代研究的问题。生成语法学的精髓就在于提出和解决这些具体问题。读完第6章后阅读当前国外生成语法学术著作可以衔接得上。

生成语法术语数目可观,与传统语法术语往往貌合神离,给学习者造成了不少困难。生成语法在我国尚未普及,不存在术语约定俗成问题,对笔者或别人过去用过而不妥的译法,本书作了一些改革。为了便于有志从事生成语法工作的读者增长知识或开展研究,本书附有参考书目。所列的一百余种书刊,除几本向读者推荐的入门教科书外,其余正文中均曾涉及,其中不少是专业学者获得基础知识必须阅读的。

  本书在写作过程中复旦大学语言学讨论班师生曾给予种种协助。美国和欧洲的同行,尤其是 Noam Chomsky 和 Jerrold Katz 两位,曾提供大量资料。全书完稿后承程雨民教授审阅,他以渊博的学识、敏锐的分析、细致的态度提了许多宝贵的意见,在此致谢。

1 生成语法学的科学性质及哲学基础

人们通常把 1957 年，Noam Avram Chomsky 发表第一部专著 Chomsky (1957)[1]之时，看作转换-生成语法学的诞生之时。经过半个世纪，转换-生成语法学不仅渗透整个语言学界，而且蜚声整个知识界。许多人抱着求知的欲望，怀着好奇的心理，涉猎这一领域。可是，往往未及窥其大略就感到这种现代语法学简直不可思议，于是浅尝辄止者有之，知难而退者有之，愤而咒骂者有之，当然勇往直前、锲而不舍者也有之。生成语法学的发源地美国，以及生成语法学传布遍及的世界各地都是如此。为什么会产生这种情况？一个重要原因是 Chomsky 研究的"语法"与一般人头脑里原来理解的"语法"大相径庭。所以本书第 1 章先阐明生成语法是什么，不是什么。

1.1 科学性质

从古代起人类就开始对语言以及与语言有关的问题进行思考。由于各民族说不同的语言，人们很自然地把语言和民族文化、社会生活联系起来。由于文学作品是用语言作工具创造的，人们很自然地把语言和文学联系起来。随着其他科学的发展，语言学家的视野愈来愈开阔了。于是，有人考虑到人类的语言知识中包含着类似数学的运算；有人考虑到人说话不仅是发音器官的活动，更重要的是大脑的思维和神经活动。当前语言学家定义的语言学，与一般人心目中的语言学差距愈来愈大，不同流派的语言学家定义的语言学差距也愈来愈大。这一节中我们说明从生成语法学家的观点来看，语言学[2]属于哪一类知识，语言学研究属于哪一种研究。

---

[1] 本书按通用惯例以作者姓名加出版年份表示某人某年发表的著作。读者可从参考文献中查到书名（或篇名）、出版社等。

[2] 本节中说的"语言学"指句法学、音系学、语义学等语言学的核心部分，不指数理语言学、社会语言学等边缘学科。用生成语法学派的术语，这种核心语言学有时叫做"语法学"，不过有些学派对语法的理解与生成学派不同。为了便于比较，我们这里仍称它为"语言学"。

1.1.1 学术研究

某学生已在学习外国语,某老师从事外语教学多年,同时兼做一些翻译工作,他们都借了一册生成语法学著作,希望从中学到些新知识。可是打开书本一看,不是艰深的议论就是陌生的符号,大部分内容不知所云,个别能读懂的段落谈的都是一些初学英语者早就熟知的基本语言现象。譬如,书里说到为什么 John likes himself 这一句子的意思只能是约翰喜欢他本人,不能指约翰喜欢别人;John likes him 的意思只能是约翰喜欢别人,不能指约翰喜欢他本人。不管作者如何发挥,读者不可能从中学到原来不认识的新词语或原来不会的新用法。于是那位学生和那位教师都失望地放弃了。他们的问题在于把"语言学"和"学语言"混同起来了。

语言学是科学,它和其他科学一样,描写一些极为平凡的事实,并且提出科学假设或理论来解释这些事实。苹果只朝地下落,不向天上飞,北极熊长着厚厚的毛皮,这些都是人人知道的事,用不着科学家教我们。牛顿和达尔文的贡献在于指出万有引力和适者生存的道理。生成语法学的任务是描写和解释人所共知的各种语法现象,而不是对学外语的人传授渴望获得的那种"新知识"。学语言是给个人增加新知识,研究语言是给全人类增加新知识。一个中国人学会了英语,他所学会的是英美人早已掌握了的语言知识,他的成就并没有给人类知识宝库增添任何新的内容。[1]语言学要探索的是世界上还没有人能解答的问题,至少是研究者认为还没有完全解决的问题。每解决一个问题就填补了人类知识的一处空白,因此研究的题目必须是存在疑问的现象、事件、状态,用人们现有的知识还不能解释它们怎么会产生、属什么性质、有什么特点,所以才需要研究。

常常有人问:学了生成语法学对外语学习会不会有所促进呢?从长远看,语法理论当然能够指导语言学习,不仅指导人掌握语言,将来也许还能教会计算机掌握人的语言。不过这并不是说每个人学了生成

---

[1] 利用学会的英语作工具进行发明、创造或者撰写英语文学作品,那是另一回事,这些活动不包括在学语言之中。

语法理论就会提高外语水平。在这方面语言学和其他科学没有本质的区别。研究病理学最终当然会有助于提高人类健康水平,但是医学院校的学生并不能指望上了病理学课都能却病强身。

总之,研究语言学是学术活动,学习语言本身不同于学术研究。

1.1.2 科学研究

还有些人在大学里学过"语言学概论""普通语言学",甚至教过这类课程,写过这类课本。他们读生成语法学著作并不是想学外语,而是想了解理论。生成语法学著作给这类读者的印象往往是"小题大做",而"大题不做"。生成语法学的一般论文、专著都不谈原则性大问题,专门在技术性的小问题上做文章。有上百成千篇文章探讨为什么不能把一个名词词组从关系从句中移出去,却没有一篇文章会提到语言不是上层建筑。Chomsky 的"语言学"与他们所熟悉的"语言学"缺乏"共同的语言"。

我国大学从 20 世纪 50 年代起开设的"语言学概论"课是以苏联盛行的语言学体系为基础的,其中很大一部分内容其实属于语言哲学（philosophy of language）或者属于语言学哲学（philosophy of linguistics）。例如,什么是语言?人的语言能力是先天的还是后天学会的?语言与思维有什么关系?为什么语言学研究要以辩证法为指导?科学哲学是哲学,不是科学本身。语言学哲学也是哲学,不是语言科学本身。与语言及语言学有关的哲学问题很值得研究,本书第 1 和第 2 章的内容中有很多是哲学问题,但是这种研究不能取代具体的语言科学研究。

生成语法学的创始人 Chomsky 对哲学有浓厚的兴趣。西方知识界不仅把他看作语言学家,而且把他看作哲学家。他提倡的语言学基于他的哲学思想,但是生成语法学是科学研究,而不是哲学研究。有许多生成语法学家在他们的研究著作中只研究语法,只关注结构或语音系统,从不涉及哲学。

1.1.3 经验科学研究

在各国语言中,"科学"（science）这一名词的含义并不完全相等。生物学、地质学是科学,这是没有疑问的,数学是不是科学,说法不一。

为了精确探讨，我们可以用一个更为明确的概念——经验科学（empirical science）。数学肯定不属于经验科学，逻辑学也不属于经验科学。语言学是不是经验科学，各家看法不一。蒙塔古语法（Montague Grammar）的创始人 Richard Montague 认为语言学不是经验科学，句法学、语义学、语用学都是数学的分支。生成语法学采用许多数学概念和数学符号，有些人认为它很像数学。其实 Chomsky 把语言学看作一种经验科学。它和物理学一样使用数学方法进行研究，但是它本身不是数学。语言学作为一门经验科学是否也要像化学、生物学等经验科学一样做实验来验证理论假设呢？是的，语言学也要做实验，生成语法学用的是一种特殊的心理实验，本书将在 2.4 节举例说明。生成语法学家中也有个别人把语言学看作非经验科学，例如语义学家 Jerrold J. Katz。Chomsky 等多数生成语法学家认为语言学是经验科学。

1.1.4　自然科学研究

把语言学看作经验科学的人之间意见也有分歧。有些人认为语言学属于社会科学，有些人认为语言学属于自然科学。生成语法学属于自然科学。习惯于传统观点的人难以接受这一观点，他们认为语言的形式离不开内容，语言离不开社会，语言结构离不开交际功能，语句离不开环境，语言学离不开文学。以下来谈谈生成语法学家对这一系列问题的看法。

首先要弄清楚什么叫"离不开"。假如"离不开"是指有关系、有联系，那么生成语法学家和传统语言学家在这些方面没有太大分歧。假如"离不开"指不能分别研究，只能一起研究，那么确实大有分歧。"鱼儿离不开水"人人都知道，大家承认这是真理，生态学家可以研究鱼与水的关系，但是总不见得因此推论出动物学家研究鱼必须同时研究水。每门学科都可以把某些事物和对象与其他有关事物和对象或者联系起来研究，或者分离开来研究。

我们先讨论内容与形式的关系，请考虑以下例子：

(1) a. You have interviewed three American peasants in California, I have interviewed five American peasants in New York, so we have interviewed eight American peasants in the United

States.（你在加利福尼亚采访了三个美国农民，我在纽约采访了五个美国农民，所以我们在美国一共采访了八个农民。）

b. You have interviewed three American peasants in California, I have interviewed five American peasants in New York, so we have interviewed seven American peasants in the United States.（你在加利福尼亚采访了三个美国农民，我在纽约采访了五个美国农民，所以我们在美国一共采访了七个农民。）

c. *You have interviewed three American peasants in California, I have interviewed five American peasants in New York, so we have interviewed eight American peasant in the United States.

在数学家看来(1a)包含着一个简单的数学真理3+5=8,(1b)有个数学谬误3+5=7。生成语法学家看来(1a)是个符合语法的句子,(1c)是个不符合语法的句子,因为 eight American peasant 有语法错误。[1](1b)语法方面没有错,[2]从数学和生成语法学看并无异常之处,然而社会学家会指出美国农村不存在小农经济,没有 peasant 这种阶层的人。数学应用题中的社会问题与数学无关,句子中表达的社会问题与语法也无关。

有人说语言学[3]应该是社会科学。假如它是社会科学,语言学至少是与经济学、社会学等其他社会科学性质根本不一样的社会科学。为什么英语动词有时态变化,汉语动词没有时态变化;为什么英语疑问词出现在句首,汉语疑问词不必出现在句首;为什么英语没有声调,汉语有声调……这一切语法特点都与某个民族、某个社会毫无必然联系。从生成语法的观点看,这些只不过是在人类语言语法的可能范围内作

---

[1] 根据语言学著作惯例,凡是不合语法的例句前面都标上星号"*"。

[2] 也不难设想一个可以说(1b)的语用环境,例如试试小孩能不能发现这句话中的计算错误。

[3] 指音系学、句法学等语言学核心研究,至于社会语言学、数理语言学、神经语言学等边缘学科属什么性质的科学当另作别论。

了不同的选择而已。至于选什么与社会无关。有人说至少词汇反映了不同民族、不同社会的特点。是的,但是词汇也反映了不同地区的自然特点,例如因纽特语(又称爱斯基摩语)表示"雪"的词汇特别丰富。与其说词汇反映了社会知识不如说词汇反映了百科知识。传统语言学家对社会内容的偏爱出于与语言、语法本质无关的原因。语法学研究完全可以独立于社会学研究之外。

语言可以用作交际工具,因此人们往往一谈到语言就想到它的交际功能,或者表达功能。语法结构和交际功能是否可以分别研究呢?请看以下例子:

(2) a. It seems John will win. (看起来约翰会赢。)

　　b. *Seems John will win.

(3) a. Have you read the book? Yes, I've read it. (你读过这本书吗?是的,我读过了。)

　　b. Have you read the book? *Yes, I've read.

(2a)中的 it 并不表达任何意义,各人对"意义"的理解不同,从某些学派的观点看,即使这种 it 也是有意义的。有的语法学家称它为"多余的 it"(pleonastic it),然而在句法上却不可以省略。(3a)中,问句里已经提到过 the book,答句里不必重复名词而使用代词 it,但是不可以连 it 也省略。这两句中的 it 都是冗余信息,省去它完全不影响交际。把(2a)和(3a)译成汉语不必把 it 译出来。但是英语中少了 it 的句子(2b)和(3b)都不合语法。谁也不否认句子确实有交际功能,但是除此而外还有形式方面的要求。语法学家可以只从形式上判别(2a,b)和(3a,b)的正误,不涉及交际功能。汉语也有纯形式问题,请看以下句子:

(4) a. 我觉得生病不要紧。

　　b. 生病,我觉得不要紧。

(5) a. 谁都不喜欢生病。

　　b. 生病,谁都不喜欢。

(6) a. 他因为生病没有来。

　　b. *生病,他因为没有来。

(4a)中"生病"是"不要紧"的主语,(4b)中从句主语位置空着。(5a)

中"生病"是动词"喜欢"的宾语;(5b)中动词宾语位置空着,句子仍然可以成立。(6a)中"生病"是介词"因为"的宾语;(6b)中介词宾语位置空着,句子不能成立。从交际功能角度考虑(6b)和(4b)(5b)没有不同,都能达到交际目的。有的语言中不仅动词宾语可以移走,造成空位,介词宾语也可以移走,可以用相当于(6b)的句子(van Riemsdijk (1978))。汉语中(6b)不通,是受了句法形式限制。要确定以上几个句子中哪一句语法正确,哪一句不正确,只需从形式判别,不必考虑功能。既研究形式又研究功能当然可以,只研究功能不研究形式,只研究形式不研究功能,也未尝不可以。形式与功能是两个独立的系统。

在说话的时候,语句与上下文、与周围的环境当然有关。但是语法上错的句子,例如上文举到的句子(3b)和(6b),不论在什么环境下说都是错的。对的句子在某些环境中用不合时宜,但是在语法上还是对的。语法上的对与错和用得恰当与否是两回事。而且句子意义与环境的关系并不像伦敦学派创始人 Malinowski(1923)和 Firth(1957, 1966)当初说的那样不可分离。且看以下句子:

(7) a. The farmer kills the duckling. (农夫杀小鸭。)
　　 b. It is snowing. (在下雪。)

Firth(1957)为了维护"语义即语言环境之功能(function of context)"的论调,只好硬说(7a)是个没有意义的句子,因为很难找到个适当的语言环境说这句话。[1]其实大家都很理解(7a)的语义,不必参照语言环境。(7b)的意思不仅在冬天能理解,在夏天也能理解。捕鱼时说的话在课堂里也一样能说,也未必不能理解。在生成语法学家看来句子和环境纵然有联系,这种联系也比行为主义学者所想的要疏远得多、抽象得多,并不妨害各自独立研究。

最后说说语言学与文学的关系。文学作品是用语言写的,自然科学作品也是用语言写的。文学创作必须用语言,但研究语言学不必考虑文学,正像画油画要用颜料,研究颜料不必考虑美术一样。

总之,生成语法学家研究语法结构形式,不涉及语句反映的内

---

[1] 这一经典例句原本来自人类学家 Edward Sapir。

容,不涉及交际功能,也不涉及说话时的环境。当然他们并不反对其他学者从不同的方面进行自己感兴趣的研究。从社会科学的角度研究语言学和从自然科学角度研究语言学不矛盾,不存在对和错的问题。

Chomsky 认为生成语法学研究语法知识,而语法知识可以看作人的心理状态。他还认为人的心理是以大脑物质为基础的,语言学属于心理学,而心理学属于生物学。[1] 生成语法学是对人类大脑机能的一种研究,是在抽象的高度对大脑物质进行的一种研究。因此生成语法学属于经验科学中的自然科学。

现在来小结一下以上 1.1 节内容。通过下面的图表可以看出生成语法研究属于哪一类活动：

(8)
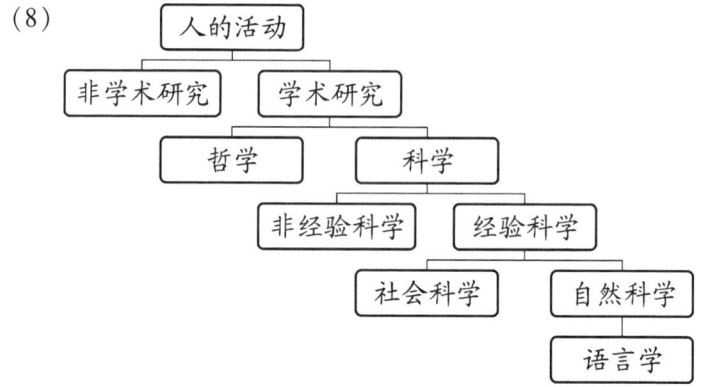

对生成语法学的许多误解和不理解,是由于把这门学科错放在(8)中其他位置上而造成的。

最后再强调一下,本节论述旨在阐明生成语法的性质,并无否定或贬低其他研究之意。传统语言学家对生成语法有反感,一方面因为他们感到生成语法太难懂,另一方面因为感到生成语法学家贬低他们的工作。Newmeyer(1983)说得很坦率：

> 有一股敌视生成语法的潜流,来源于以下事实：许多自以为是语言学家的人,觉得 Chomsky 要把他们革出他所定义的语言学。

---

[1] 19 世纪有些语言学家把语言看作有机体,因此也把语言学看作像生物学一样的自然科学。Chomsky 的观点与这种观点风马牛不相及。

其实，从社会学和人文学方面进行的研究虽然不属于生成语法学，但并非不能称为语言学。Chomsky 说生成语法学与其他语言学的区别主要是学科的区别，不是学派的区别。

1.2 哲学基础

生成语法学的形成与发展有一定的历史背景。Chomsky 的学说在一定程度上也可以说是以以往的语言学研究为基础，但是更重要的是以 20 世纪中期西方哲学和自然科学认识论和方法论为基础。

生成语法崛起之前，美国语言学界是结构主义学派（或称描写语言学派）一统天下。结构主义刚刚战胜了传统语法，还在沾沾自喜，引以为荣。请看结构主义学者 Francis(1954)的一段话：

> 在英语学习方面一场早就该到来的革命现在正在展开，这场革命影响之巨大可以与生物学中达尔文主义革命相比。……新语法还面临着一场战斗，不仅要与公众的漠不关心态度作斗争，而且要与语法领域中自以为是的那些人的无知和惰性作斗争。事实上，战斗已经打响。

这篇文章写于 1954 年，作者万万没有想到螳螂捕蝉，黄雀在后。这段话完全适用于三年之后的美国语言学界形势，不过革传统语法命的结构主义成了新的革命对象。

以 Leonard Bloomfield 为代表的结构主义语言学家当然深知语言学与学语言的本质差别，他们感兴趣的是语言科学，而不是语言哲学，他们要建立的是研究形式的科学，而不是研究意义的科学。在他们看来传统语法之所以不可取就在于它不科学，结构主义语言学比传统语法优越之处也正在于其科学性。Bloch(1949)说：

> 毫无疑问，Bloomfield 对语言研究最大的贡献就在于使它成了一门科学。

Fries(1952)指出在 Bloomfield 的倡导下科学化成了整个学派的方向：

> 最了解 Bloomfield 的人一致认为：他学术上最关心的事，是把语言学发展成为一门科学。一切真正追随 Bloomfield 的人都努力继续这项工作。

连经常批评正统结构主义的 Pike(1958)也说：

> 他们努力对语言作十分简单、精确、数学般严密的形式分析已经接近成功,这是很惊人的。

既然如此,生成语法学家为什么要抛弃结构主义理论,重新创立语言科学呢？

Chomsky 早年在宾州大学攻读哲学和语言学,深受其导师结构主义语言学家 Zellig Harris 的熏陶。他的硕士论文 Chomsky(1951)用结构主义方法对希伯来语作了研究。据后来 Chomsky(1975a)回顾,在研究过程中他对结构主义的分类方法产生了怀疑,在描写语法规则的过程中不得不使用一些更为抽象的概念,不是像音素、音位那样单纯的分类概念。经过了五年思考、探索,他终于意识到必须改弦易辙,与结构主义方法论彻底决裂。

Katz(1981)认为 Chomsky 与结构主义的决裂分两个阶段：第一阶段是批判、否定结构主义的方法论,第二阶段是批判、否定结构主义的认识论。以下我们就从这两大方面来分析生成语法学与结构主义语言学的根本分歧,从而说明 Chomsky 学说是建立在新的哲学基础上的。

1.2.1 方法论

美国结构主义语言学研究方法有以下特点：

归纳法。研究工作从实地调查(field work)开始。通常的做法是请印第安人当"顾问",把他们说的话记录下来。这种顾问称为被咨询人(informant),记下的材料称为语料(corpus)。研究工作只能在观察客观素材的基础上用归纳法进行。

分类法。处理语料的办法是把连贯的语流切分成语段(segment),然后把语段整理、归类。例如把 tea '茶'切成 [t^h]和[i:]两个音素,把 stick '手杖'切成[s][t][i][k]四个音素……然后把[t^h]和[t]等按互补分布[1]原则归并为一个音位/t/。结构主义语言学家的主要工作

---

[1] 互补分布是结构主义语言学术语。音素甲出现的语言环境中乙都不出现,乙出现的语言环境中甲都不出现,甲和乙两个音素分布完全不同,这就叫互补分布(complementary distribution)。处于互补分布的音素属同一音位。结构主义学派认为语言研究中不可以参考语义,只能凭音素分布的位置来确定是否属于同一音位。

就是分类工作。

发现程序(discovery procedure)。研究工作必须严格地按语音—音位—语素—句子顺序进行,从低层到高层描写,这叫发现程序。非但顺序不能打乱,而且层次不可混淆,在分析下一个层次的结构时不允许使用有关上一个层次的知识。

结构主义语言学家经过多年努力积累了大量经验,总结出一套相当严格的方法。就方法的严谨性而言,以往的语言学是不能企及的。然而 Chomsky 认为这些研究方法不仅有局限性而且有原则性的问题,他针锋相对地提出了完全不同的方法。

第一,归纳法不可能完整地描写语言。语料总不能把语言材料都包括进去,因此不可避免地带有偶然性,甚至无法保证没有重大遗漏。生成语法规则系统是用演绎法建立的。

第二,发现程序是单向的,这与一般科学研究的原则背道而驰。Chomsky 认为语言学应该与其他科学一样,在分析某一层次上的结构时尽量利用其他层次上分析的结果,避免对共同的性质作重复说明,以便使整个语法理论做到最大限度的精简。他还指出科学家关心的是建立正确的理论,而不是建立理论的过程。只要获得的理论是正确的,通过什么程序获得并不重要。在这方面语言学与其他科学也不应有区别。

第三,结构主义所谓的科学研究在本质上无非是列举观察到的语言事实,然后进行分类。Chomsky 把这种工作称为分类(taxonomy),把以分类为研究目标的语法称为分类语法(taxonomic grammar)。其他科学不是以分类为最终目标的,而是提出理论假设,揭示现象背后的那些观察不到的过程和机制,例如揭示电子运动的规律。语言学也应如此。

美国结构主义语言学来源于人类语言学,来源于对美洲印第安语的研究。欧洲移民到达美洲以后不免要与当地土著居民打交道。后来有些学者开始对印第安文化发生兴趣。研究不会说、听不懂的语言只能从搜集材料开始,在材料基础上归纳。人类学家开始学自己不懂的语言总是先听声音,再学单词,然后学句子,他们觉得这样的次序是天经地义的,于是在理论上把这样的次序绝对化了。Chomsky 对结构主义语言学的评价是一分为二的。他指出：结构主义语言学使可以使用的材料范围大大扩展，而且使这些材料的可靠程度大幅度提高，指出了语言中存在着各种结构关系，可以进行抽象的研究，把有关语言的论述的精确度提到了一个新的高度。Chomsky 认为结构主义语言学家主要的贡献也许恰恰在于人们严厉批判的一个方面。他们认真、细致地试图建立发现程序，即 Ferdinand de Saussure 所谓的切分和归类技术。现在大家都知道这一企图遭到了失败，其所以失败是因为他们把这些技术仅仅用于表层结构现象，因而无从揭示深藏在语言的创造性运用及语义内容的表达背后的机制。尽管如此，他们企图解决的是语言研究中的基本问题，而过去对此却从来没有清楚明了地提出过。由结构主义语言学方法论给出的答案虽然是错误的，但至少是把问题提清楚了。

Chomsky 一方面肯定结构主义学者开创之功不可泯灭，另一方面指出他们方法论方面的问题。从科学哲学的角度看，生成语法学的研究方法与一些发达的自然科学相一致，虽然其发展程度远远不如物理学和化学。

1.2.2　认识论

结构主义语言学的哲学基础是经验主义(empiricism)，具体地说是逻辑经验主义(logical empiricism)或称逻辑实证主义(logical positivism)；其心理学基础是行为主义(behaviorism)。

经验主义可以追溯到 18 世纪英国哲学家 John Locke 等人。Locke 认为人生下来时头脑里一无所有，就像一块白板，一切知识都是出生以后通过经验获得的，这种观点称为白板说(Tabula Rasa)。用白板说来解释人学会语言的过程，就必然认为人的语言知识不可能是先天生就的，全都是后天学到的。

行为主义心理学的基本思想是：一、只有行为，没有精神，心理、意识之类的精神因素最终也都应归结为行为。既然心理学的对象是外部行为而不是内心活动，其研究方法必须是客观的。一切研究都要以可以观察得到的事实为基础，通过内省获得的材料皆不可靠。二、一切行为都是物理原因造成的，都可以看作是有机体对环境造成的刺激(stimulus)所作的反应(response)。三、环境决定一切，遗传不起作用。把言语也看作一种行为就会认为：言语也无非是刺激、反应；言语只有物理形式，没有心理内容；人学会说话是环境的作用，没有遗传的因素。结构主义的语言观正是建立在这样的基础上的。

Bloomfield（1933）有一段话反映出典型的行为主义语言观：

> 假设杰克和吉尔沿着一条小道在走。吉尔饿了。她看见一棵树上长着一个苹果。她用喉、舌、唇发出声音。杰克登上篱笆，攀上树梢，摘下苹果，带到吉尔面前，放到她手里。吉尔吃苹果。

Bloomfield 勾勒出了一幅完整的言语行为图景，他用以下公式表示言语的全过程：

$$S \to r \cdots\cdots s \to R$$

S 代表说话者吉尔在饥饿时因见到苹果而受到的物理刺激，r 代表说话者的反应，s 代表听话者杰克耳膜受到的物理刺激，R 代表听话者作出的反应——摘苹果。中间的虚线部分就是言语。言语又是刺激-反应活动，其中并无思想，他在另一篇著作 Bloomfield（1936）中说得很绝对：

> 非语言学家（除非他们恰巧也是物理主义者）常常会忘记说话只不过是发声音而已，他们相信话中带有不可捉摸的"思想"。语言学家应当仔细地指出：说话的人并不具有"思想"，有了声音已经足够了。

在这种观点指导之下，Bloomfield 和他的继承者认为语言学只能研究在一定的时间、空间条件下可以观察得到的物理现象，不能研究无从捉摸的心理智能。行为主义的刺激-反应学说也用来解释儿童是怎么学会语言的。婴儿牙牙学语时发出各种不同的声音，当发出的音接近本族语的语音时父母予以认可、鼓励或嘉奖，这样就产生了条件反射。后来通过自己模仿和师长指点，在周围环境影响下不断受到刺激，不断作出反应，逐渐巩固，养成习惯，终于学会了语言。这种观点的代表人物 B. F. Skinner 有关言语行为的著作 Skinner（1957）对当时的语言学和语言教学产生了巨大的影响。

20 世纪 50 年代美国学术思潮开始发生变化。理性主义（rationalism）占了优势，经验主义处于劣势；心智主义（mentalism）占了优势,行为主义处于劣势。理性主义与经验主义的论战,心智主义与行为主义的论战由来已久。在新的思潮推动下,50 年代中期学术界纷纷摆脱逻辑实证主义、行为主义的影响转向探索解释人类和动物行为的抽象认知模式。这种变化不仅反映在哲学、心理学及社会科学领域中,也反映在自然科学领域中,突出地反映在生物学对遗传的研究中。生成语法学对结构主义语言学的批判是这一学术思潮中的一个组成部分。

理性主义认为人的知识除了经验成分之外还有先验成分,心智主义认为人的行为背后还有心理活动。以这种认识为基础来看待语言,当然会导致与结构主义语言学家完全不同的看法,会发现结构主义语言观有严重的局限性。结构主义只承认语言有物理表现,不承认语言有心理表现,因此只能限于研究已经说出来或者写下来的句子,无法包括人头脑中可以造出来,但是并没有说出来或者写下来的句子。结构主义只承认语言是通过经验获得的,不承认语言与人脑结构有关,因此只能着眼于各种语言的不同之处,无法解释人类语言许多惊人的相似之处。结构主义只承认语言是通过刺激-反应养成的习惯,不承认有通过生物遗传获得的先天知识,因此不能解释为什么每个儿童都能在短短的两三年中凭极其有限的经验学会如此复杂的语言,而且任何一种语言都能在大致相同的时间内学会。在这一系列重大问题上生成语法学派都提出了系统的、完整的理论,作出了解释。解释的基点是:一、语言反映了心理;二、语言能力中包含天赋成分。

人们对 Chomsky 的"心智"(mind,也译"心理")和"天赋"两个概念有不少误解,有必要作些说明。

第一,Chomsky 的"心智主义"与 Bloomfield 批判的"心智主义"名称相同,内容不同。Bloomfield(1933) 写道:

> 心智主义理论……认为人类行为之所以会各式各样,是受了人人皆有的一些非物质因素——精神、意志、心智的影响。从物理主义的观点看,这种精神与物质是完全不同的,因而是出于其他来源的,也许根本没有来源。

Katz 是生成语法学家,也是心智主义哲学家,Katz(1964)对 Bloomfield 的评论作了以下说明:

Bloomfield 批判的并不是当代所指的心智主义,而是个神学概念。自称是心智主义者的人很少有人会把自己看作这类心智主义者。Chomsky 的"心智"与神学无关,与个人的意志、精神等也无关。有人把 mind 译作"心灵",把 mentalism 译作"心灵主义",更容易让人望文生义产生这类联想。

第二,Chomsky 的"心智"与理性主义鼻祖笛卡儿(René Descartes)的心智也不同。笛卡儿的观点是:一、世界上不仅有物质而且有心智;二、物体和心智是互相独立的。Chomsky 同意第一条,正因为如此,他常常引用笛卡儿的论点来批评经验主义、批评结构主义。但是 Chomsky 不同意第二条,他认为物质和心理不是互相独立的。那么是物质依赖心理还是心理依赖物质?他认为心理依赖物质。[1] 以物质与心理为题,Chomsky 在哥伦比亚大学作的一次报告 Chomsky(1978b)中说:

> 在笛卡儿看来,心理并不是生物世界的一部分,而且他似乎把心理看成统一不可分的整体。我们把人的心理看作是一个特定的生物系统,其中包括各个组成部分、各种成分,应该像研究物质世界任何其他部分一样来对它进行探索。有人也许会因此说我们其实并不在研究笛卡儿的问题。

讲演中另一处他明确指出:

> 当我用"心智""心智表现""心智运算"这类术语的时候,总是在从抽象的角度反映某一些物理机制的特点,这些机制人们迄今还一无所知。

1979—1980 年期间,欧洲学者 Riny Huybregts 与 Henk van Riemsdijk 多次走访 Chomsky,向他提了一系列问题。其中问道:Chomsky 常常说心智表现是"心智,最终是大脑中的表现",这是否是二

---

[1] 我曾当面问他这一问题,他作了明确的答复,后来他写给我的信中也肯定了这一观点。Chomsky 在不少著作中一再提到物质为基础的观点,可是这些著作都没有译成汉语。而且他讨论这些问题时用的是西方哲学家惯用的名词,不用我们熟悉的"物质第一性"之类术语。不知是否由于以上原因,我国有些研究西方现代哲学和语言学的学者评论 Chomsky 哲学观点时的说法与他本人的说法恰恰相反。我在此提供一些材料供大家进一步讨论。

元论。根据当时的录音记录 Huybregts & van Riemsdijk（1982），Chomsky 作了以下答复：

> 不妨把对心智的这种提法理解为从某一个抽象的高度谈论大脑中某些物质系统的特点。所以在我看来，说有心智并非在本质上就算二元论，正像说计算机有程序并不算二元论一样。我之所以要用这句话（心智，最终是大脑）实际上还是为了防止人家产生以下想法：既然是在谈心理就一定是二元论了。[1]

60 年代 Chomsky 用的术语是"心智"（mind），70 年代 Chomsky（1978a）用"心智，最终是大脑"（mind, ultimately brain），80 年代 Chomsky（1981a, b）干脆用"心智／大脑"（mind/brain）。他的观点是非常明朗的。

以上引的是 Chomsky 本人的话。以下从其他生成语法学家著作 Cairns & Cairns（1976）中引一段评论 Chomsky 认知心理学（cognitive psychology）的话。这段话中用的一些哲学名词我国读者比较熟悉。

> 认知心理学属于上述理性主义。然而很重要的一点是必须注意的：关于感觉和理解过程的理论是唯物主义的理论，[2]这就是指：相信研究中所假设的认知过程都是受到人脑物质活动影响的，认为心智活动虽然无法观察到，可是都有其物质基础。
>
> ……这里有一个很重要的区别。笛卡儿是最有影响的理性主义哲学家之一，他相信物体和心智属于不同的质。心智是由非物质的（超物质的），与物体不同的质构成的。这一观点被称为二元论，凡是不愿相信超自然或超物质现象的科学家都不肯相信。正因为笛卡儿的二元论与物体-心智两分法有关，往往有人把它与心智主义或论述心智过程的理论等同起来。有一些心智主义的理论确实是二元论的，但绝非一概都是。认知心理学和转换生成语法相信存在着无法观察到的认知过程（即心理过程），这种过程与观察得到的现象是不一样的，在这个意义上认知心理学和转换生成

---

[1] Chomsky 认为计算机硬件与软件的关系、行星与行星运行轨道的关系、人类大脑与心智的关系是类似的。以上三个对立体中前者当然都是物质，后者是物质的特点，在某种比较抽象的意义上也可以算作物质。他的看法是否正确不在本书研究范围之内，只想如实反映他的思想，还其本来面目。

[2] 原文用着重号。

语法属于心智主义。心理过程被认为与表面的行为有本质的区别。所以说心理语言学的过程是心理的过程,而不是行为的过程,但绝不是超物质的。这是一个很重要的区别,因为常常把认知心理学称为理性主义学说,这就把某些将心智主义与二元论等同起来的人搞糊涂了。

澄清了有关"心智"的误解,我们再来澄清有关"天赋"的误解。首先,Chomsky 认为人的语言知识中有天生的成分,但并不认为人的语言知识全部都是天生的。语言知识中有一部分是后天从经验中获得的。我国出版的有些西方现代哲学史论著和语言学著作中有"Chomsky 认为深层结构是天生的"之说。我从来没有见到过 Chomsky 任何著作中有此提法,也没有见过其他生成语法学家的著作中有此提法。其实,如果真正理解深层结构的概念,就不会产生这类误解。有关深层结构的概念 3.1.3.5 小节要谈。这里先说明一点:深层结构中包括词。因此说深层结构是天生的必然承认婴儿生来就知道一切语言中的词。这当然是极其荒唐的,Chomsky 或任何正常的人都不可能产生这种念头。词自然是后天学会的,不是天赋的。

其次,Chomsky 遗传学说的着眼点是人与动物的区别,不是人与人的区别。种族之间的差异、民族之间的差异、个人之间的差异,都可以忽略不计。世界上任何人通过遗传获得的语言能力都可以看作是相同的,这部分能力是千万年生物进化的结果。而各人非遗传获得的语言能力则是不同的,这不同是由环境影响和经验作用造成的。用我们惯用的话来说,前者就是人类获得语言的内部条件,后者是获得语言的外部条件。没有内部条件不可能获得语言,因此动物不会说话;没有外部条件也不能获得语言,因此狼孩不会说话。结构主义语言学家强调外部条件,生成语法学家强调内部条件。

最后一个问题:语言反映心智,心智怎么遗传?既然心智依赖于大脑物质,当然通过大脑物质遗传。人类大脑的物质结构限制着人类语言。至于怎么限制,凭目前科学对人脑的认识还无法解答。Chomsky 认为语言学最终要为探究人脑的奥秘作出贡献。

Chomsky 是国际上公认的当代思想家之一。研究他的思想时不仅要考虑他继承前人之处,更要看到他的独创性,尤其不宜用几百年前使用的术语框框来套他的观点。直接地、大量地阅读他本人的著作后会了解他的想法。[1]是否每个生成语法学家都赞同 Chomsky 的哲学思想呢?并非如此。在方法论方面大家基本一致,在认识论方面并不一致。有人建议把同意 Chomsky 提出的生成语法方法论的学者称为生成语法学家(generative grammarian),把生成语法学家中接受 Chomsky 的理性主义和心智主义语言观者称为生成主义者(generativist)。不过这种区分并未被大家普遍接受。

1.3 生物语言学

20 世纪 80 年代以来,Chomsky 又从哲学的高度对语言的本质和语言学学科的定位作了进一步的思考,在此基础上把他的语言学研究推向另一个新阶段。

Chomsky 一再强调他研究的语言学是心理学,最终是研究大脑的生物学,进而提出语言学应该纳入生物语言学。[2]于是 1.1.4 小节的 (8) 右下部还可以继续延伸如下:

(1)

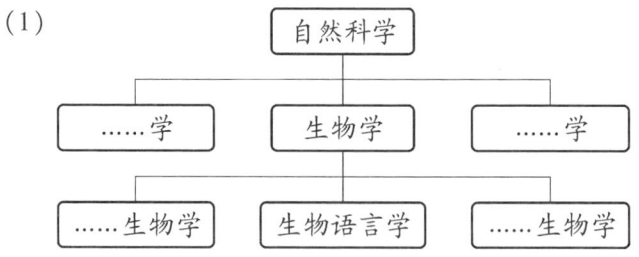

---

[1] 当年根据许国璋先生的建议,在本书中添加了这一节,介绍 Chomsky 理论的哲学基础。由于笔者哲学知识有限,不能作评价。只能把从他的著作中,从与他本人直接接触中,以及从与他的朋友、同事、学生交谈中所了解到的他的看法如实反映出来,供不具备这些方便条件的读者参考。同意他观点者和反对他观点者均可根据这些材料来评论、研究。本书初版后的 20 多年里又有许多著作向中国读者介绍 Chomsky 的哲学观。尽管如此,到了 21 世纪,国内出版的刊物上还有文章评论 Chomsky 的唯心主义,曲解他对二元论的看法。

[2] 生物语言学(biolinguistics)即语言的生物学(biology of language),本是一门新兴的交叉科学,由生物学家、神经科学家、心理学家和语言学家等各自从不同的角度研究语言。"生物语言学"的名称最早出现在 *Biolinguistics Handbook* 这本书的标题中。早年生物语言学的奠基作品是 Lenneberg(1967),近年来生物语言学的著作多起来,从语言学角度写的有 Jenkins(2000),从生物学角度写的有 Lieberman(2006),从哲学角度写的有 Hinzen(2006)。

在 Chomsky 看来,生物语言学这门学科的中心议题有以下几项:
(2) a. 语言知识包括哪些内容?
　　 b. 语言知识是怎么获得的?
　　 c. 语言知识是怎么使用的?
　　 d. 与语言知识相关的大脑机制是怎么样的?
　　 e. 语言知识是怎么进化的?

他把(2a)称为柏拉图问题(Plato's problem),把(2b)称为洪堡问题(Humboldt's problem),把(2c)称为笛卡儿问题(Descartes' problem)。他重点研究的是前两个问题,他在这两个问题上的观点构成了当前 Chomsky 语言学的哲学基础。代表他这方面观点的语言哲学专著有 Chomsky(1986a),论文集有 Chomsky(2000a)以及 Andriana Belletti 和 Luigi Rizzi 采访他以后根据记录整理出版的 Chomsky(2002)等。以下分三个方面介绍。

1.3.1　内在主义

近 20 年来 Chomsky 强调区分"内在性语言"(internalized language)和"外表化语言"(externalized language)两个概念,现在文献上一般都简称为"I 语言"(I-language)和"E 语言"(E-language)。他不但提出区分这两个概念,而且明确表示他要研究的是 I 语言,[1]而不是 E 语言。

I 语言指个人头脑中掌握的语言知识,或者说语言能力。婴儿出生时,大脑中已经储存着通过生物遗传、进化获得的一些语言能力,这是 I 语言的初始状态。随着年岁增长,幼儿接触到母语,I 语言成长。儿童学语言类似学走路,其实不是学习,而是大脑的发育成长。Chomsky 认为语言可以看作是人脑的一个特殊器官,他有时称之为语言机能(faculty of language,简称 FL)。语言机能是人类特有的,而动物是没有的。各人的语言机能基本相同,由于经验不同而略有差异。

---

[1] 字母 I 显然代表 internalized,意思是存在于人的大脑内部的。后来他给 I 充实了其他含义。Chomsky(1992,2000a:70)提到 I 也代表 intensional,即内涵的意思。Chomsky(1994b,2000a:118)又提到 I 也代表 individual,意思是个人的语言,而不是集体的、民族的语言。Chomsky(2000a:169)指出 I 兼有这三个含义。

Chomsky 所定义的 I 语言与大家通常所理解的英语、汉语等是不是一样呢？我们平常说"小张说汉语，约翰说英语"，往往着眼于不同民族使用不同的交际工具，所以把语言（language）看成各国语言（languages）的总称。而在 Chomsky 看来，语言是各人头脑中语言的总称。小张之所以会说汉语是因为他头脑里有 I 语言，约翰之所以会说英语也是因为他头脑里有 I 语言。两人认识的词不同，小张认识汉语的词，约翰认识英语的词，他们头脑里的 I 语言当然有所不同，但是他们头脑里的运算系统基本上是一样的。

小张掌握了语言运算系统加上汉语词汇就能理解任何汉语句子，也能说任何汉语句子。约翰掌握了语言运算系统加上英语词汇就能理解任何英语句子，也能说任何英语句子。事实上，小张过去和将来都不可能说全汉语中所有的句子，约翰也不可能说全英语中所有的句子。汉语所有句子的集合，英语所有句子的集合，Chomsky 称为 E 语言。20 世纪 80 年代以前，Chomsky 沿用传统的术语，把 I 语言称为语法，E 语言才称为语言。但是他不像传统的语言学家那样认为语法是从语言中总结出来的规律，因此不认为语言的概念是基本的，语法的概念是派生的，不认为语言第一性，语法第二性。Chomsky（1981b，1982b）指出语法存在于人脑中，而句子则以语法为基础，所以语法的概念是基本的，语言的概念倒是派生的，即语法第一性，语言第二性。后来 Chomsky（1986b：26）更明确指出：I 语言比 E 语言更具有物质性、更为基本。

> 外表化语言的技术概念至少在两个方面有问题。其一是，如上所述，这一意义上的语言并非现实世界之物，而是人为的，多少带点任意性的，也许是没有很大意义的东西。相比之下，知识的稳定状态及初始状态都是心智/大脑的特殊成分，属物质世界方面……换个方式说，外表化语言不论怎么理解，总是比内在性语言离物质机制更远，须要更高度抽象。

这种重视个人语言机能，而不重视民族共同语的观点显然与中国传统的语言观不一致，也与西方传统的语言观不一致。近代西方的语言观很大程度上来源于德国哲学家 Gottlob Frege 在 100 年以前持有的看法：人们有着代代相传的共同的思想宝库，共同的思想体现在共同的语言之中。继承 Frege 的当代哲学家，例如 Michael Dummett，认为英语那样的语言是独立存在于使用英语的人之外的。Chomsky 却认为这些所谓的语言和方言都只是政治、地理概念而已，并不是科学概念。彼得和玛丽说的语言相像，他们说的语言与邓小平说的语言不像。这种像与不像类似于：彼得和玛丽面貌相像，他们和邓小平面貌不像；波士顿与纽约相近，与伦敦不相近。Chomsky(1993b：19)指出根据相像来划分语言、方言如同根据相像来划分面貌一样没有太大价值。

另一个根深蒂固的传统观点来自 Ferdinand de Saussure 等语言学家，把语言看成符号，认为词语指称客观世界的事物，通过文化传统约定俗成，于是词才有意义。Chomsky 指出：词与客观世界的事物之间其实并不存在固定的客观指称关系，说话者可以在不同的场合主观地使用同一个词来指称不同的事物。假如一场大火不幸把英国的首都化为灰烬，1 000 年以后又重建一座城市，人们可以用同一个词"伦敦"来指称两座完全不同的城市。再看逻辑学教科书上用的经典例句："伦敦是，而且又不是，在泰晤士河边。"这难道也是在指英国首都吗？学校图书馆有两部托尔斯泰写的《战争与和平》分别被两个学生借走了，他们借的是同一本书还是不同的书？答案取决于我们要指具体的书，还是指抽象的书，并无所谓的客观所指对象。Chomsky(2004a)甚至说，把自然语言的语义学建立在词与所指对象关系的基础上就好像把自然语言的语音学建立在符号与声音关系的基础上一样徒劳无益。不通过人的大脑内在作用，词语是无法与外部世界建立联系的。

I 语言和 E 语言的不同导致内在主义(internalism)的语言学研究和外表主义(externalism)的语言学研究有许多原则性的不同之处，两种对立的观点当然会引起争论。

1.3.2　自然主义

Chomsky 语言哲学的另一个特点是自然主义(naturalism)，把语言学的研究对象——人的语言知识，或者说语言机能，看作自然世界的一部分。[1]大哲学家柏拉图、笛卡儿、康德的哲学思想各有不同,但是他们对心智的看法都是非自然主义的,他们都认为人的心智和心智的活动是非物质性的,不是受自然规律控制的。这并不是因为当时的科学还不够发达。现在仍然有人认为:要么认知的对象是非自然的,要么认知的过程是非自然的,或许两方面都是非自然的。

Chomsky 的自然主义根据何在?本书 1.2.2 小节提到他对笛卡儿物体-心智二元论的批判。他指出由于当代科学对物质、物体的概念难以下个定义,划分物体和心智并无科学价值。在无法划分物体和心智的前提下,他提出用自然科学使用的方法来研究作为心智的一个系统的语言,这样的自然主义观点称为方法论上的自然主义(methodological naturalism),方法论上的自然主义相对于方法论上的二元论(methodological dualism)。[2]

既然 Chomsky 宣扬自然主义,认为语言学是一种特殊的心理学,最终是生物学,甚至可以叫生物语言学,那么他是要把语言学并入生物学,甚至物理学研究吗?不是。他指出科学史上学科之间的统一并不是通过把一门科学并入另一门科学来实现的。20 世纪 60 年代科学界发生了两大科学革命,一个就是认知科学的革命,另一个是细胞分子生物学的兴起。然而生物学并没有因此并入化学、物理学。[3]语言学要真正成为生物学需要一个过程。[4]语言学理论的组成和所用的标准都会与生物学、物理学有所不同。在进行研究时,具体做法更加不同。Chomsky 做的生物语言学研究工作不是在显微镜下做实验,而是建立

---

[1] 自然主义与非自然主义的争论在许多领域中进行,从神学、道德哲学到心智哲学,在有些领域中自然主义已经得到广泛的认同。这里我们只考虑心智范围内的自然主义。

[2] Chomsky(1994a,2000a:Ch4)提到除方法论上的自然主义以外还有种种其他的自然主义:哲学上的自然主义(philosophical naturalism 或称 metaphysical naturalism),即本体论上的自然主义(ontological naturalism),传统的认识论上的自然主义(epistemic naturalism)以及以 Quine 为代表的当代认识论上的自然主义。

[3] P. W. Anderson 在《科学》(Science)上发表了一篇论文,文中把各门学科按以下次序排列(排在前面的学科要服从排在后面的学科中的规律):社会科学、心理学、生理学、细胞生物学、分子生物学、化学、多体物理学、基本粒子物理学。参见 Jenkins(2000)所引。

[4] Chomsky(1993b)记录着他讲演之后相关学科专家的讲评。哥伦比亚大学分子生物学教授 James H. Schwartz 问:Chomsky 惯用的"心智/大脑"中的斜杠符号究竟代表什么意思?他的许多生物学同行都看到分子和心智相距万里,对两者结合感到悲观。但也有人比较乐观。

语法运算的模型。[1]他在模拟大脑语言机制方面作了大量深入细致的研究,提出许多理论假设。

自然主义与上一小节讨论的内在主义是两个不同的概念。自然主义的研究可以从研究对象的内部进行,也可以从外部进行。研究星球可以着眼于其内部,也可以着眼于整个太阳系;研究蚂蚁可以着眼于其体内,也可以着眼于蚁群整体习性;研究人可以着眼于大脑心智,也可以着眼于外部环境。两类研究都可以是对自然世界某方面的研究,两者基本上是互补的。并不存在哪个合法,哪个不合法的问题。

Chomsky 并不怀疑自然主义的和非自然主义的研究都有用,内在主义的和非内在主义的研究都有用。他在多处(Chomsky 2000a：134 等)表明,他相信学习历史、阅读小说比起研究他提倡的语言学来,能够更加深入了解人的思想、感情、行为等。他还说过不仅应当把语用学看作语言学的一个方面,而且还应当看作是一个主要的方面。然而他毫不含糊地指出,他的目的是要建立属于自然科学的语言学,而人们普遍相信的许多有关语言的常识在他的语言科学中是没有地位的。正如人们普遍认为太阳在早晨升起时和月亮在近地平线时比较大一样,一些常识并不属于科学,虽然科学最好尽可能与常识一致,甚至能够解释人们的常识,但毕竟常识是常识,科学是科学。

1.3.3 完美性

20世纪80年代Chomsky的生成语法面临的问题是：应当把重点放在广泛描述语言现象上,还是放在充分解释现象背后的语感上。经过多年努力,Chomsky 终于研究出了一系列高度概括的、具有普遍性的原则,可以用来解释大量的、错综复杂的、表面看来没有联系的现象。到了90年代初,当大家以为余下的任务是如何从方法上提高一步、如何改进理论、如何避免重复、如何进一步发展理论的解释能力时,Chomsky却指出已经具备条件转向研究更为深刻的新问题了。他说的新问题是人类语言的设计、进化等问题。

---

[1] 麻省理工学院的科学家把这两者分别称为湿性和干性的实验。如果既不做实验,又不建立理论模型,那是空头生物语言学家。

人类的语言是多么精巧、奇妙,会不会是出自一种极其完美的最佳设计?所谓"设计"当然是一个比喻说法。语言并不是某个人设计、制造出来的,而是大自然的产物。自从伽利略以来,牛顿、爱因斯坦等众多大科学家都相信大自然对事物的设计构造是完美无缺的。人们常常用天上降落的雪花做例子,雪花呈六角形,图案对称、简洁,没有多余的东西。鱼会游,鸟会飞,人会说话,大自然妙得不可思议。Chomsky近年来的著作中反复坚持语言是完美的,屡有"自然选择的进化过程中接近完美无缺的产品"之类说法。

这些看法说明:Chomsky不满足于方法论上的完美,进而宣扬本体论上的完美。语言学研究和一切科学研究一样,研究方法应该力求完美,做到精简、概括、对称等等,大家对此是没有异议的。然而Chomsky进一步认为语言学的研究对象语言本身也是完美的,这一主张不免引起同行质疑。自然语言不完美的例子俯拾即是,歧义就是其中一例。人工设计出来的形式语言没有歧义,而自然语言都不免有歧义。Chomsky却指出这类质疑来自典型的功能主义观点,他说的语言完美性不在其功效方面,更重要的是指语言与其他认知系统的相互配合、相互作用。好比从功能的角度看肝脏有缺陷,承受不了大量酒精,害得人们只好有所节制地饮酒;但是肝脏与循环系统、泌尿系统配合得很好。语法只是认知系统的一部分,必须和其他部分相互协调,有些情况下不得不"让步"。语言中常常出现错位(displacement)现象,例如Clinton seems to have been elected '克林顿看来已经当选'一句中Clinton明明是动词的宾语,却偏偏放到了前面去。错位往往是为了有效地表达话题焦点、有指无指、新旧信息等才造成的,Chomsky认为这是受了语言系统以外因素的影响,是出自认知系统的其他部分的需要。在外部因素的干扰之下语言才显得不够完美。

那么哪些语料会否定他的语言设计完美论呢?Chomsky(1999,2002)承认随手拈来的语料都会成为反例。这不奇怪,因为这不是语言学特有的现象。他不赞成科学哲学中Karl Popper的证伪论,而赞成伽利略式研究。什么叫伽利略式(Galilean style)研究?这个说法来自核物理学家Steven Weinberg,他说物理学家的任务就是要让宇宙的数学模型得到高度体现。其实物理学界也是重理论轻事实的,当年伽利略敢于不顾事实维护理论;如今物理学对宇宙百分之九十的事实仍旧不能解释。牛顿的贡献在于揭示:凭早期的近代物理水平,世界根本就是不可理解的。Chomsky(1999,2002)对伽利略式研究的理解是:the dedication to finding understanding, not just coverage(不要致力于涵盖更多的事实,而要致力于深入理解)。怎样才算是好的理论? Chomsky说好的理论就是伽利略-牛顿式研究得到的理论,不要被干扰理论解释能力的现象引入歧途,记住世界原本就不是和常识感觉相一致的。

　　Chomsky说语言学最终是生物学,而大家知道生物学的对象并不像物理学的对象那样完美,人类脊椎骨的构造就不像雪花的形状那样完美。生物学界虽然也有接受伽利略研究方式的科学家,但是不代表生物学主流。生物学家并不认为生物进化过程是完美的、有规律性的,反而认为生物学研究无非是起一个"万能修补匠"(tinkerer)的作用。[1] Jackendoff(1997)和Culicover & Jackendoff(2005)把这一比喻从生物学搬到语言学,认为语法运算本质上是起零敲碎打的作用,而不是什么严密的系统。语言进化的漫长过程给人类提供的只不过是一个"工具箱"(toolkit)而已。Chomsky和支持他的语言学家(例如Boeckx & Piattelli-Palmarini(2005))的答复是:最近10年来已经见到生物学界伽利略研究方式有发展的趋势,并且将来还会有更大的发展。

---

　　[1] 这一比喻来自生物学家François Jacob。Tinkerer本是Marvel公司出版的通俗读物中的传奇人物,是个无所不能者。

2 生成语法学的研究内容及研究方法

上一章阐明生成语法学是一门科学。既然是一门科学它必然一方面具有与其他科学相同的普遍性,另一方面具有与其他科学不同的特殊性。本章具体阐明其普遍性与特殊性。

2.1 研究的对象

不同的学科有不同的研究对象。语言学的研究对象是语言,在这点上各派语言学家过去没有产生过分歧。他们的分歧在于什么是语言,在于研究语言的哪一方面。

2.1.1 语言

汉语、英语、法语等人们日常交谈使用的语言称为自然语言(natural language)。与自然语言相对的是逻辑语言、计算机程序语言等形式系统,它们都属于人工语言(artificial language)。自然语言与其他符号系统相比有共同之处,也有不同之处。Hockett(1960)、Hockett & Altmann(1968)曾列出过人类语言特点有16条之多,我们这里只从生成语法的角度谈语言的特点。2.1.1 小节介绍早期生成语法对语言的看法,这一节讨论的语言后来 Chomsky 称为 E 语言,而在早期他还没有提出 E 语言与 I 语言的区别。

2.1.1.1 无限性

生成语法学中语言概念的基础是集合论。每种语言都是句子的集合(set)。集合是语言学中最有用的数学概念之一。小于 10 的正整数、一个三角形的内角、复旦大学图书馆的藏书……都是集合,它们由一些数、一些图形和一些事物组成。集合里的各个成员叫做这个集合的元素(member)。语言集合里的元素是句子。集合有两类:含有有限多个元素的集合叫做有限集(finite set),以上举的三个例子都是有限集;含有无限多个元素的集合叫做无限集(infinite set),所有的自然数、所有的三角形……是无限集。如果集合 A 的任何一个元素都是集合 B 的元素,那么集合 A 是集合 B 的子集(subset),例如小于 10 的正整数是小于 100 的正整数的子集,因为凡是小于 10 的正整数都小于

100。以上有关集合的概念生成语法中常常用到。

自然语言集合中元素数目极多,这点很容易看出来。以下一张表引自 Gross (1972),类似语言教学中常用的替换练习:

(1)

this the	girl woman lady female	is	probably certainly surely I think I believe we think we believe	a	gorgeous pretty cute lovely beautiful ravishing	one girl woman lady female
1	2		3		4	5

从 1—5 项中每项依次取一个词就能构成一个句子。用这张表中的词就能构成 $2 \times 4 \times 7 \times 6 \times 5 = 1\,680$ 个句子。由 20 个词构成的句子总数不难达到 10^{50}。

自然语言集合不仅元素多,而且还是无限集合,这就是说每种语言都包含无穷多的句子。怎么能证明语言是无限集合?有些句法手段可以无穷重复使用。例如可以用连词把任意多个语言成分并列起来。[1]

(2) a. John is strong and stupid. (约翰身强而愚笨。)

　　b. John is tall, strong and stupid. (约翰高大、身强而愚笨。)

　　c. John is fat, tall, strong and stupid. (约翰肥胖、高大、身强而愚笨。)

　　d. ……

不仅并列结构可以无限延长,主从结构也可以无限延长,例如:

(3) a. I believe that John came yesterday. (我相信约翰昨天来过。)

　　b. I believe that you know that John came yesterday. (我相信你知道约翰昨天来过。)

---

[1] 并列成分数目太多的话,记忆负担就会过重,所以说话时不用太长的句子,但是在理论上句子的长度并无极限,关于这一点下文还要详述。

  c. I believe that you know that he thinks that John came yesterday.（我相信你知道他认为约翰昨天来过。）
  d. ……

这种无穷重复的句法手段称为递归性（recursiveness）手段。递归也是一个数学概念。类似的递归手段还有许多。取一个句子，不论它有多长，都有可能扩展成为另一个句子。用更通俗的话说，你任意说一个句子，我总有办法加上些成分变成一个新句子。所以自然语言中句子的数目是无穷的。自然语言是个无限集。

  对这一结论大家不难想通，然而接受这一点就可以作一系列推论，这些推论与从前的语言学家的看法大不一样。第一，既然句子是无穷的，学习语言就不可能是一句句学会的。人的生命是有限的，在有限的生命中不可能听到或看到无限多的句子。第二，既然句子是无穷的，研究语言就不可能先把语料收集全再进行研究，录音、做卡片等办法不是绝对科学的，靠这些办法获得的语料偶然性太大，不能保证没有重大的遗漏。第三，既然句子是无穷的，定义和描写一种语言时就不能只考虑已经说出来的或写下来的句子，即音义结合的或者形义结合的有物质形式的句子，还要包括那些没有说过、没有写过的可能的句子（possible sentence）。打个比方，有些位数极多的自然数，在人类漫长的历史中从来没有人有机会用过，可是我们还是把它们看作自然数集合中的元素。

2.1.1.2 离散性

  自然语言的句子还有一个特点——离散性（discreteness）。从物理学的角度看，人喉咙里发出的声是连续的，语谱图中音强、音高等与语流有关的一些声学参数在时间上都是连续不断的。可是从心理学角度看，句子是可以分割的，是由一个个不连续的成分组合成的，而且同一个成分可以反复出现。

  句子具有离散性才有可能用字母来记录。每种自然语言都可以使用数目有限的字母来构成数目无限的字母序列（string），可以使用数目有限的音位来构成数目无限的音位序列。也可以使用词或者语素作单位。词和语素的数目可以多达几万，甚至几十万，但毕竟是有限的，而词的序列、语素的序列是无限的。那么，每个序列中字母、音位或者词的数目有没有限制？换句话说，句子的长度有没有限制？Chomsky（1959a）说：语言是用有限的字母表构成的长度有限的句子的集合。Langendoen & Postal（1984）从集合论悖论方面对 Chomsky 的看法提出异议，他们认为句子的长度也可以看成是无限的。

2.1.1.3 结构层次性

不论长度有限还是无限，句子总是由一些可分割的单位组成的。单位与单位之间呈两种关系：一种是线性（linearity）关系，各单位依次排成序列；一种是结构层次（hierarchy）关系，句子先分成较大的单位，较大的单位可分成较小的单位，较小的单位再分成更小的单位……不仅句子体现了这两种关系，单词、音节也都体现了这两种关系。我们来打个比方。假如要把全校学生排成一列纵队，一个挨着一个站，除此而外别无要求，这样排成的队伍只体现了线性关系。但是假如要求按系排列，物理系在前，化学系在物理系之后，生物系在化学系之后……每个系要按专业排，每个专业按年级排……这样排成的队伍不但体现了线性，而且体现了层次性。语言就是后一类排列。举一个简单的例子：

（1）The boy often came.（这男孩常常来。）

这个句子由四个词构成，前后相继排成序列，这就体现了线性关系。然而各单位之间的关系并不都是一样的。the '这' 和 boy '男孩' 之间关系很密切，often '常常' 和 came '来' 之间关系也比较密切。而 boy 和 often 虽然相邻，两者之间的关系相对来说却不那么密切。所以全句可分为 the boy 和 often came 两个单位，每个单位又各自再分为两个小单位。这就体现了层次关系。

生成语法学出现之前结构主义语言学家早已注意到了语言的结构层次关系。他们把两个或两个以上单位组成的大单位称为结构体（construction），把组成结构体的小单位称为结构成分（constituent），简称成分。结构体可大可小，上文举的例子（1）是个完整的句子（sentence，简称 S），句子是一个结构体，the boy 和 often came 都是它的结构成分。前者通常称为名词词组（noun phrase，简称 NP），后者通常称为动词词组（verb phrase，简称 VP）。名词词组 the boy 也是一个结构体，不过是比句子小的结构体。限定词（determiner，简称 D，早期用

DET 或 Det)the 和名词(noun,简称 N)[1]boy 是名词词组的结构成分。动词词组 often came 也是一个结构体。副词(adverb,简称 ADV 或 Adv)often 和动词(verb,简称 V)came 是动词词组的结构成分。生成语法沿用了这些词组结构概念,把 S、NP、VP、N、V、D、ADV 之类统称语类(category)[2],NP、VP 等词组称为词组语类,N、V 等单个的词称为单词语类。语类结构体现了语言的层次性。

无限性、离散性和结构层次性都是自然语言的重要特点,这些特点使自然语言有别于其他交际系统。有人把动物的交际系统也称为语言,也有人把人的表情、手势、身势等也包括在语言范围之内。蜜蜂靠飞行路线构成的图形来交际。蜜蜂的"语言"不能分解成独立的单位,不具有离散性,也不具有结构层次性。手势、身势等可以离散,但是不具有结构层次性,也不具有无限性。这些也是交际工具,但是在生成语法中没有地位。

2.1.2 语法

上一小节中说句子是语言集合的元素,我们指的是正确的句子,并不包括不正确的句子。从词汇表里任意取出一些词,按任意的次序排成一个序列,这个序列当然不一定是个正确的句子。例如取 boy、came、the 三个英语单词可以排成六个不同的序列:

(1) a. boy came the
　　 b. boy the came
　　 c. came boy the
　　 d. came the boy
　　 e. the came boy
　　 f. the boy came

其中只有(1f)一个序列是英语中的句子。假如把每个词都存入计算

---

[1] 代名词(pronoun)也属名词,在讨论结构时不另设一类。
[2] category 必然令人想到亚里士多德的"范畴论",他的范畴是不能进一步概括的大类,如时间范畴、空间范畴。Chomsky 句法学中 category 的含义就是类别。他这种 category 是个种属通用的名称,名词是名词词组的一部分,名词词组又是句子的一部分。category 相当于传统语法的"词类"(part of speech),结构主义语法的"形类"(form class),译为"语类"更合适。

机,令机器任意抽取若干词打印出来,结果打出来的序列大多数不成句子。然而只要花足够多的时间,打印机最终可以把莎士比亚全集中的句子都打出来。这就说明英语句子所组成的集合 L,是用英语词汇 W 构成的序列的集合 W^* 的子集:$L \subset W^*$。每个句子都是一个序列,但有些序列不是句子。

对某种语言进行分析的第一步就是把成为句子的序列与不成句子的序列区别开来,把既是 W^* 元素又是 L 元素的序列与属于 W^* 元素但不是 L 元素的序列区别开来,以便对前者作进一步研究。靠什么来区分呢?靠语法。

2.1.2.1 语法的内涵

我们可以想象有一种机械装置能够识别句子。用专门的术语说,机械装置生成(generate)句子。我们把这种装置看作产生句子的语法,即生成语法(generative grammar)[1]。凡是语法装置能够生成的序列就是合乎语法的句子(grammatical sentence),有时借用一个逻辑术语,称合格(well-formed)[2]句子。凡是语法装置不能生成的句子就是不合乎语法的句子(ungrammatical sentence),用逻辑术语称为不合格(ill-formed)句子。每个合乎语法的句子 S 都是语言 L 的一个元素,所有的 S 构成 L 这一集合。生成语法的作用是把 L 从 W^* 中划分出来。

每个人的头脑里有一部他的本族语的生成语法。用20世纪80年代以来 Chomsky 著作中的说法就是:每个人的头脑里有 I 语言。正因为大脑里有这么一个"装置",才能知道哪些是合乎语法的句子,哪些是不合乎语法的句子,才能知道某个句子由哪些单位构成,某个单位由哪些小单位构成。例如英美人都知道 2.1.2 节(1a)—(1e)是不合乎语法的句子,(1f)是合乎语法的句子;英美人也都知道 2.1.1.3 节例句 (1)中 the boy 是一个单位,often came 是另一个单位,boy often 并不构成一个单位。

---

[1] 19世纪德国语言学家 Wilhelm von Humboldt 曾经提出过类似语法产生句子的思想,Humboldt 的用语是 erzeugen。Chomsky 认为 erzeugen 译成 generate 比较恰当,generate 原系逻辑术语。详见 Chomsky (1965)。

[2] 逻辑学中把符合形式要求的逻辑式称为 well-formed formula,简称 WFF。

人们凭直觉的知识所作出的这类判断称为语感或者直觉（intuition）。[1]请注意，这里我们假设每个人都掌握本族语的语法，只要他会讲话，能听懂别人的话，能凭直觉分辨正确句子与不正确句子，能分辨句子的构成单位，就表明他具有内在的语法知识（tacit knowledge）。

语法学家的任务是把人们头脑中内在的语感，或者说内在的语法知识，通过某种方式表达出来，构拟出生成语法学。语法学家掌握的生成语法知识不再是潜在的内在知识，而是明确的命题知识（propositional knowledge）。[2]这两种知识的区别不难理解。打个比方，每个会骑自行车的人都有内在的力学知识，知道如何平衡，如何掌握重心，但是并非大家都有力学理论知识。

语法学家通过什么方式来表达生成语法呢？大家知道，一个集合通常有两种方式表示：一种是列举法，把该集合中的一切元素都列举出来；另一种是描写法，或者称描述法，把元素的公共属性写出来。语言是个无限集合，不可能把所有的句子都列举出来，所以只好用描写法。语法学家曾经使用语法规则（rule）来描写语言，例如假设英语中应有以下规则：

（1）a. 句子是名词词组＋动词词组构成的序列
　　　b. 名词词组是限定词＋名词构成的序列

规则集成规则系统，生成语法规则系统是人们内在的语法知识的模型（model）。经过半个多世纪的发展，后来的模型与当初有了很大的不同，然而不论用什么模型都是在模拟人们内在的语法知识，模拟人们创造句子的能力。生成语法学家建立的模型采用明确的（explicit）、形式的（formal）方式来表达，不用传统语法学惯用的"一个句子表达一个完整的思想"之类不明确、无法检验是非的定义。所以生成语法学中

---

[1] 直觉知识不等于天生知识。英语 intuition、intuitive 等词都没有"天生"的含义，例如可以说：By experience with all kinds of people, the doctor had developed great power of intuition'这位医师从接触各类人物的经验中养成了巨大的直觉能力'。该句摘自 The World Book Dictionary (1981: 1108)。生成语法中往往用到直觉判断，如果认为直觉必定是天生的，不能是来自经验的，就会误认为生成语法中所谓语法知识都是天生的。

[2] 汉语可以把内在知识称为语感，把命题知识称为语法学。英语和许多其他语言都没有一个单独的词相当于汉语的"语法学"，只能统称为 grammar 等等。"生成语法学"当然只能指命题知识，"生成语法"则既可以指内在知识，也可以指命题知识。

的"生成"既有"产生""创造"含义,也有"明确"的意思,而"生成语法"则指表达明确的、形式化的语法,Chomsky认为这才是它的主要的意思。[1]

2.1.2.2 语法的外延

一个符号序列能否成为一个合格的句子,不仅仅取决于符号排列的顺序。例如:

(1) *Is raining.(在下雨。)

这一序列不成句子,原因不在于排列顺序不妥,把 is 和 raining 交换位置也不能构成合格的句子。问题也不在于语义方面,人们完全可以理解它所表达的意思,与它相应的汉语序列和意大利语序列完全合格。(1)并不缺少交际所需要的信息,而作为一个英语句子它的结构不完整,只要在前面加上一个并不含有任何意义,也不传递任何信息的 it,就成了合格句子:

(2) It is raining.

符号序列是否合乎语法也不仅仅取决于结构方面的原因。以下一个序列在结构上完全合格,不缺任何成分,而且排列顺序也正确:

(3) John's blackboard eraser was stolen.(约翰的黑板擦被偷了。)

按正常的美国英语读法,(3)包含五个重读音节,这五个音节相对的强弱[2]应该是:

(4) John's　blackboard　eraser　was　stolen.
　　　3　　2　　5　　4　　1

在某些环境下为了强调其中某一个成分,可以把它读得分外重一些,但是如果把强弱次序完全打乱,读成:

(5) *John's　blackboard　eraser　was　stolen.
　　　4　　3　　1　　2　　5

说英语的人都不能接受。(5)之所以不能成为正确的句子是出于语音系统方面的原因。

---

[1] Lasnik(2005:297)写道:"虽然 Chomsky 在他的著作中 generative 一语的用法是一致的,但在广大语言学界,它有时还是被用来与 Chomsky 所称的创造性运用语言联系在一起,即说话者在适当的环境中创造新句子的能力……"

[2] 1级重音为最强,5级最弱,其余类推。

符号序列也可以由于语义方面的原因不能成为正确的句子，例如：

(6) *John's married brother is a bachelor.（约翰已婚的兄弟是个单身汉。）

(6)不能成立是因为语义矛盾,已婚者不能成为单身汉。再举一个例子：

(7) a. Everyone thought that I was mad at him.（每个人都认为我在生他的气。）

　　b. If everyone doesn't show up, I will be mad at him.（如果是人人都不来,我要生他的气。）

以上两个句子结构都正确,意思也能理解。但是仔细想一下就会发现两个句子有点不一样。(7a)中代词 him '他'可以指本句中的 everyone '每人',这个句子的意思可以是甲以为我在生甲的气,乙以为我在生乙的气……；him 也可以指某一个特定的人,例如指 John。(7b)中的 him 只能指某一个特定的人；如果把 him 理解为指 everyone,把句子的意思理解为我生每个人的气,那就错了。掌握英语的人是不会犯这类理解上的错误的。怎样对句子作正确的语义解释也是语法知识的一部分。

以上几个例子分别代表了不合乎语法的句子的几种类型：不符合句法规则、不符合音系规则、不符合语义规则。人脑中的内在语法知识分三个部分：句法部分、音系部分、语义部分。三部分组合成完整的语法系统(system),每部分构成一个子系统(subsystem)。人们潜意识地掌握了各套规则,就能鉴别句子在句法、音系和语义方面是否合格,就能造出在句法、音系和语义方面都合格的句子来。生成语法学的三个分支——句法学、音系学、语义学——既有联系,又有分工,合起来成为一个整体,分开来各司其职,可以分别研究。

这里说的"语法学"(grammar)外延是相当广的。有些语言学家不把音系学包括在语法学之中,有些语言学家不把语义学包括在语法学之中,也有些语言学家把音系学和语义学都不包括在语法学之中,这种最狭义的语法学等于句法学(syntax)[1]。生成语法学派内部不同的人和不同的时期对语法外延的看法也有些差别。早期 Chomsky(1957)认为语义不在语法之内,他说:"企图以语义为基础来给'符合语法'这一概念下定义是无用的。"Katz & Fodor(1963)也提出过:"语言学描写减去语法学等于语义学。"后来 Katz 改变看法,把语义学归入语法学,20 世纪 60 年代中期,Chomsky 在他的影响之下一度也接受这一看法。这一时期生成语法学的外延最广。70 年代以来,Chomsky 认为(7b)之类语义问题属于语法学研究,(6)之类语义问题不属于语法学研究。80 年代的著作中,他把语法的三个组成部分改称为句法部分、语音式部分(Phonetic Form Component)和逻辑式部分(Logical Form Component)。

总之,生成语法学中"语法"的内涵有内在知识与命题知识之别。"语法"的外延不仅包括句法,也包括音系和一部分语义。

以上我们说清楚了语言是什么,语法是什么,以及语言和语法的关系。平时说某人掌握英语其实是指他掌握英语语法,并不是指他掌握全部可能的句子。打个比方,我们做算术是掌握了运算规则,并非掌握了全部运算题。用 20 世纪 80 年代以来 Chomsky 著作中的说法,每个人的头脑里掌握了 I 语言,必要时就有能力创造 E 语言中的任何句子。I 语言是 E 语言的基础,语言学研究的重点应当是 I 语言,也就是语法。

2.1.3 普遍语法

以上所说的语法和语法规则都是指某种语言的语法和某种语言的语法规则。例如 2.1.2.1 小节规则(1a)适用于英语,也适用于汉语,但并不适用于一切语言。波利尼西亚语系的圣诞岛语句子中动词在前,主语在后。"风吹了"要说成:

---

[1] 目前我国出版的实用语法书都把语法作狭义的理解。为了照顾这一习惯,有人主张把 syntax 译为"语法学",但是这么一来 grammar 怎么译呢?不能译作"语言学",因为语言学的范围比广义的语法学还要广。syntax 译为"句法学"也有些缺点,容易使人以为它只研究句子。syntax 的原意是排列组合,不论句子、词组还是词都有排列组合问题。比较恰当的译名似应是"语组学"或"语形学"。逻辑学家有把 syntax 称为语形学的。不过在语言学领域中已经约定俗成,只好不改。请读者注意,生成语法学中一般不分出独立的形态学(morphology),传统的形态学内容分别属于生成句法学和生成音系学。

(1) He hū fe tokerau. （过去时-吹＋这＋风）[1]

2.1.2.1 小节中的规则(1b)适用于英语, 也适用于圣诞岛语, 但挪威语名词词组中的冠词置于名词之后。圣诞岛语要用规则(2a), 挪威语则可用规则(2b):

(2) a. 动词词组在名词词组之前
　　b. 限定词在名词之后

自然语言的语法有没有共同点呢？显然是有的, 虽然英语、圣诞岛语和挪威语用不同的语法规则, 这些规则都以一个共同的基本假设为前提: 语言有结构层次, 以语类为单位。我们来设想一下: 假如语言只有线性特点, 没有结构层次性特征, 会产生什么情况？大家知道, 世界上有许多种语言把陈述句改为疑问句时要变更主语与动词的位置。可以设想有两种办法更换语序: 一种办法是以词为单位, 例如把第一个词与第二个词对换; 一种办法是以词组语类为单位, 把甲类与乙类对换, 例如把陈述句(3a)换成疑问句(3b)。

(3) a. The boy will visit the girl. （那男孩将访问那女孩。）
　　b. Will the boy visit the girl? （那男孩将访问那女孩吗？）

把这两个句子作语类分析, 句子各语类成分的顺序分别为:

(4) a. NP—I[2]—V—NP
　　b. I—NP—V—NP

由陈述句改为疑问句时 NP 和 I 互换了位置。似乎各民族都不约而同地"规定": 凡要变动语序必须考虑句子的结构, 要把语类作单位移动, 没有任何语言是以词为单位移动的, 这叫做以结构为本的原则(Structure-Dependent Principle)。没有一种语言的语法规则不以结构为基础, 例如没有一种语言用类似以下的语法规则: 由陈述句改为疑问句时把第二个词和第三个词互换位置。其实这种做法更简单, 电脑更容易操作, 可是没有一种语言是这样的。结构为本是自然语言的一

---

[1] 这个句子引自 Chapin (1978)。本书偶尔引用英语以外的外语例句, 必要时采取逐字翻译的办法, 并附加语法注释。

[2] will 是动词的形态变化(inflection), 用 I 表示, 早期用 INFL 或 Infl。I 也是一种语类, 助动词 do、have, 以及表示过去时的-ed、表示第三人称单数的-s 都属此类。

种共性,或者称普遍性(universal)。[1]

生成学派从 20 世纪 60 年代起就十分重视对普遍性的研究。Chomsky(1965)提出自然语言的共性表现在两个方面——内容普遍性(substantive universal)和形式普遍性(formal universal)。每种语言都有名词、动词等语类,这是内容方面的普遍现象;每种语言都有上列(2a)(2b)这种类型的规则,这是形式方面的普遍现象。生成学派当时对这些问题还只有一个比较笼统的认识。

经过多年研究,生成学派总结出了一套比较具体的有关语言共性的理论。下面我们从儿童获得语言的角度来认识普遍语法。人的语法知识包含两部分:一部分是全人类语言共有的,称为普遍语法(universal grammar,简称 UG);另一部分是各民族语言特有的,称为个别语法(particular grammar,简称 PG)。前者是人类通过生物进化和遗传先天获得的;后者是人出生以后在一定的环境下通过学习掌握的。出生时大脑构造已经决定了人有一定的语言能力,这部分能力是每个人都具有的,人人都一样。出生的时候大脑处于初始状态 S_0,出生以后人逐渐接触到周围其他人说的话,积累了一定量的经验(experience),他的语言知识也随之逐渐扩大、丰富,他的大脑也就从 S_0 出发,经过 S_1、S_2、S_3……一系列状态,最终到达一个相对稳固的状态 S_s。说英语的人与说汉语的人,S_0 是相同的,S_s 是不同的。S_0 就是普遍语法,S_s 中扣除 S_0 余下的就是个别语法。根据以上假设,人以大脑中的普遍语法为内因基础,以所处的语言环境为外因条件,获得完整的语法知识。可以用函数式 $y = f(x)$ 来模拟语言获得过程,$x = $ 经验,$y = S_s$,函数 f 就是普遍语法 S_0。

以上我们举了一个语言普遍性的例子,接着又从语言获得的角度说明普遍语法的机制。这里要作几点说明,澄清一些常见的误解。第一,普遍语法不是语法大全,不是像传统的普通语言学那样包罗万象;第二,它不是通用语法,不是万能语法,不能用来代替个别语言的语法;

---

[1] 各种语言之间的共性问题历来吸引着许多其他学派的语言学家的注意。以 Joseph H. Greenberg 为代表的学者从语言类型学(linguistic typology)的角度也对语言的普遍性作了不少有价值的研究。

第三,它不是像一本实用英语语法书那样的东西,根本不包括词形变化表、句法分析图之类。

Chomsky(1981b)说得很明白:

> 普遍语法当然不是一部语法,而是一系列条件,用来限制人类语法的可能范围。

生成语法的作用是确定句子的可能范围,语法也有一个可能范围,普遍语法的作用是用更为概括的原则(principle)来确定语法的范围。某种语言的生成语法规则排除不合格的句子,普遍语法原则排除不合格的语法。不妨说普遍语法是语法的语法。

个别语言的语法规则与普遍语法原则密切相关。如果把人类全部语法知识看作一个常量,普遍语法所占的比例越大,个别语法所占的比例就越小。把普遍语法的内容研究得越丰富、越透彻,对个别语法的限制就越严格,个别语法的可能范围就越小,选择的可能性也就越少,学起来就越容易。如果我们能够证明大量不合格的现象都是受到普遍原则限制的结果,那就不难解释为什么儿童在短短的两三年内就能学会复杂的语言,因为普遍语法知识是不必学的,是人们天生就知道的。

要使得普遍语法的内容丰富而恰当必须符合两条标准:一、所假设的普遍原则必须符合事实,适用于一切语言;二、所假设的普遍原则必须具体、明确。如果我们提出的都是些笼统的原则,当然不大会错,但是并没有多大科学价值。20世纪80年代,生成语法学家提出了一系列很具体的普遍语法假设,如管辖(government)的原则、约束(binding)的原则等等。

举一个当时认为很典型的普遍原则的例子。先看以下汉语句子:

(5) 小张说小李批评了他自己。

句中的反身代词"他自己"属于照应语或称照应成分(anaphor)。照应语类似复指成分,它本身不能用来独立指称某一对象,而要靠句中其他词语做中介,间接指称。光说"他自己",我们不知道指谁,放到句子中去就知道了,例如(5)中宾语"他自己"与主语"小李"指同一个人,即小李。值得注意的是,这一句子中"他自己"只能指小李,不能指小张,也不能指其他人。[1]这是个复合句,主句内套从句,"小张"是外层主语,"小李"是内层主语。照应语只能指内层主语而不能指外层主语。以下句子不合语法:

(6) *爸爸说女儿不能批评他自己。

因为这句中的"他自己"不能指女儿,除非改用"她自己""他自己"也不能指爸爸,因为照应语不能指外层中的成分。以下各句依次为英语、荷兰语、德语、瑞典语、挪威语、印地语(照应语和它所指的词语用斜体排印):[2]

(7) a. John said that *Bill* liked *himself*. (约翰说比尔喜欢他自己。)

b. Arnold hoorde *Marianne* op *zichzelf* mopperen. (阿诺德听见玛里安抱怨自己。)

c. Hans läßt *die Jungen* für *sich* selbst arbeiten. (汉斯让男孩为自己工作。)

d. Hans bad *henne* tvätta *sig själv*. (汉斯请她梳洗。)[3]

e. Hans ba *Knut* snakke om *seg selv*. (汉斯请克努特谈谈自己。)

f. Ashok ne kəha kii *Lalita əpne* liye cha kəreegi. (阿沙克说拉里塔为自己烧茶。)

各国语言中相当于"自己"的照应语都指内层主语,不指外层主语。普遍语法理论假设照应语都有一定的作用范围,只能指一定区域内的词语,不能随便超越区域界限。这就是普遍语法的原则之一。

整个普遍语法系统可以分解成为数不多的原则子系统,从中抽取几条原则配合起来就能说明一种语法现象,抽取另外几条原则配合起来就能说明另一种语言现象,好比组合式建筑或者组合式家具一样。这种理论称为组合理论(modular theory),它假设语法具有组合性(modularity)。

---

[1] 我们调查过100余人,其中有个别人认为"他自己"也可以指小张。
[2] 多数例句转引自 Yang (1983)。
[3] 直译:汉斯请她洗自己。

普遍与具体两条标准是矛盾的。原则越抽象,越容易有普遍性;反之,原则越具体越难适用于一切语言。上文说到的有关照应语的原则是非常具体的,因此很容易找出反例来:

(8) 小张说小李批评了自己。

汉语中不但能说"他自己""我自己",而且能用不带代词的"自己",[1] "自己"和"他自己"用法不完全一样,(8)中"自己"不但可以指内层主语"小李",也可以指外层主语"小张"。日语和韩语也有类似情况。以下是日语和韩语的例句,我们用拉丁字拼写,人名都用大家熟悉的英美人名字。

(9) a. John-wa Bill-ga Mary-no *zibun* ni taisuru taido-o hinansita-to omotte iru.(约翰认为比尔批评了玛丽对自己的态度。)

b. John-in Bill-i Mary-ka Tom-iy *caki*-e tæhan thæto-lɨl silhəha-n-ta-ko sæŋkakha-n-ta-ko mit-nin-ta.(约翰相信比尔认为玛丽恨汤姆对自己的态度。)

(9a)中日语 zibun 可以指任何一层句子的主语:John、Bill、Mary。(9b)中韩语 caki 也可以指任何一层句子的主语:John、Bill、Mary、Tom。还有其他情况,以下是印地语句子:

(10) Ashok ne Lalita se əpne liye cay bənane ko kəha.(阿沙克请拉里塔为自己烧茶。)

这句中 əpne 可以指内层主语 Lalita,也可以指外层主语 Ashok。(10)与(7f)的区别在于前者内层从句动词是不定式,后者内层从句动词有时态。有些语言中,动词的形式会影响照应语所指范围。各种语言的照应语都有一些共同的区域限制,只不过存在一些细微的差异,而差异也仅有有限的几种,选择性并不太大。这类差异称为参数(parameter)。

我们不妨把整个语法系统比作一架复杂、精巧的机器,把每条原则设想成一副旋钮,旋钮有左右两个位置,或者有左中右三个位置供选择。这些不同的位置就是参数差异。假定旋钮往左调,某条电路接通;

---

[1] 许多语言不能这样用,英语只能说 himself、myself 等,self 不可单独用。

旋钮往右调,某条电路切断,另一条线路接通。构造相同的机器由于各个旋钮调到不同的方向,电流运行线路也就不同。各种语言之间的差别就是由于各副旋钮调的位置不同而造成的。儿童学语言就是学调旋钮的方向,短短两三年"学语言"的经验所起的作用仅仅是调妥位置。一旦参数调定,所谓核心语法(core grammar)就形成了,这样学语言的过程就算大体上完成了,其他要学的都是些枝节的、边缘的或者是例外的个别问题了。如果语言获得的机制确实如此,那么儿童容易掌握语言也就不奇怪了。Chomsky 总是把语法理论与语言获得理论挂起钩来,希望语法研究最终能揭开 Chomsky (1982b,1986a)称之为"语言学中柏拉图问题"[1]的千古谜团。其他生成语法学家可以不接受他的语言哲学,不考虑语言获得问题,但是仍然可以和他一样用组合性的原则与参数理论研究普遍语法。

Chomsky(1981b,1982b,1986a)一再提到当代语言学研究经历的两次转折。第一次发生在 20 世纪中期生成语法初展宏图的时代,由重点研究物质化了的句子转向研究大脑中内在的语法,由研究 E 语言转向研究 I 语言。第二次转折从 80 年代开始,由重点研究个别语法的规则转向研究普遍语法的原则。普遍语法成为生成语法学研究的重点对象。

2.2 研究的范围

生成语法学家认为语言不仅包括已知的句子,而且包括一切可能的句子;语法不仅指已知语言的语法,而且指一切可能存在的语法。从这些方面看,生成语法学研究的范围比起其他学派的语法学来似乎广些。可是从另一些方面看,生成语法学研究的范围与其他学派相比却又要窄些,它把其他语法学派研究的某些内容排除在研究范围之外。

判断句子的正确与否以说该种语言的人的语感为依据。有人会提出疑问:一、每个人说话时总难免犯语病,写文章时也难免写错句。

---

[1] 罗素晚期著作中提出以下问题:人与世界的接触是如此短暂、狭隘、有限,但为什么能知道那么多事情呢? 他称其为柏拉图问题。

人们对外国语的语感固然不可靠,对本族语的语感是否一定可靠呢? 二、即使不考虑偶尔犯的语法错误,同一民族的人头脑里的语法是否相同呢? 三、有些句子在某些场合可以用,在另一些场合不可以用,遇到这种情况该说这些句子正确,还是说它们不正确? 我们从解答这三个问题着手划定生成语法学研究的范围。

2.2.1 能力

大家都有这样的经验:我们明明知道哪些句子符合语法,哪些句子不符合语法,可是偶尔会说出不合语法的话,写出不合语法的句子。正确句子与不正确句子的界限是否清楚呢?

Chomsky 强调要区别两个概念:语言能力(competence)和语言运用,或称语言使用(performance)。人们头脑中内在的语法知识是语言能力;说话、写文章等使用语言的具体行为是语言运用。每个人都具有语言能力,但并不是每次运用语言都不会出错。正像每个人都熟知乘法口诀表,但不能保证每回算账都不算错。运用语言时大脑要受到种种其他因素的影响,例如句子太长了或者太复杂了,超过记忆限度,就记不住了;说话说到一半注意力分散,就说不下去了,或者说漏了嘴。诸如此类的因素都与语法无关,但是会影响说话的正确性。如果我们用录音机把人们在非正式场合的谈话录下来分析,会发现其中大量句子是不符合语法的。有一位结构主义语言学家在写语法书 Fries (1952)时特意去窃听电话,他以为这样搜集到的是可靠的语料,是科学研究的证据。从生成语法角度看,这些是语言使用的材料,而不是语言能力的材料,用它们来作为研究语法的依据恰恰是靠不住的。

在运用语言的时候,一方面人们常常会不自觉地用一些不合乎语法的句子,而另一方面有些合乎语法的句子人们反而不用。例如:

(1) a. I called up the man who wrote the book that you told me about.
    b. ? I called the man who wrote the book that you told me about up.[1]

---

[1] 句子前打了问号"?"表示该句令人难以接受,但还没有到像打星号"*"的句子那样不合语法的程度。

无论用哪家语法分析,这两个句子都同样符合英语语法,但是人们在使用的时候都会挑选(1a),不愿用(1b)。这是什么原因?(1a)和(1b)都是复合句结构,不同之处在于(1a)是右分枝结构(right-branching construction),一层句子接着另一层句子,(1b)有框式结构(nested construction),一层句子套在另一层句子内。把各层次用括弧括起来就容易比较出两种结构的不同了:

(2) a. [I called up the man [who wrote the book [that you told me about]]]

b. [I called the man [who wrote the book [that you told me about]] up]

(2b)中 who wrote the book that you told me about 嵌在 I called the man up 之中,框式结构会增加记忆负担,人们不愿选用。汉语也有类似情况。如果把以上例句译成汉语有两种译法:

(3) a. 我打电话给那个人,他写了本书,你给我说起过。

b. ?我打电话给写那本你给我说起过的书的那个人。

(3b)是框式结构,说起来累赘,听起来费解,可是语法并没错。英语句子(1a)和汉语句子(3a)都是可接受的(acceptable)句子,而(1b)和(3b)都是不可接受的(unacceptable)句子。不可接受的句子不等于不合乎语法的句子。可接受与不可接受是相对的,不像合乎语法与不合乎语法那样绝对。可接受性(acceptability)是语言运用的概念;合乎语法性(grammaticality)是语言能力的概念。

结构主义语言学研究语言运用,生成语法学不研究语言运用[1],只研究语言能力。

2.2.2 理想化的能力

有许多句子谁都认为是对的,有许多句子谁都认为是错的,但是也有些句子大多数人认为是对的,而少数人坚持说是不对的,还有些句子大多数人认为是错的,少数人坚持说是对的。遇到有分歧的情况,怎么处理?是否两种看法都要考虑?以谁的语感为标准?

---

[1] 由心理语言学研究。

各人的语感略有差异这是难免的。为了把问题简化,不妨把所有说某种语言的人头脑中的语法都看成是一样的,彼此之间细微的差异尽可能忽略不计。[1] Chomsky（1965）提出:

> 语言学理论着眼的主要是在纯粹单一的语言集体之中的一个理想的说话者-听话者。他精通这种语言而且不受与语法无关的种种条件影响,如记忆限度、注意分散、兴趣转移和实际运用语言时犯的错误（包括偶然性的错误和典型性的错误）。

我们设想每种语言都是统一的,没有地方方言、社会方言和个人方言的差异,[2] 设想有一个精通语言的理想的人,以他的语感为标准。

生成语法研究理想的说话者-听话者的语感,并不研究所有具体的说话者-听话者的语感。

2.2.3 语法的能力

有的句子能用不能用很难确定。这些句子并非有人认为能用,有人认为不能用,而是在某些情况下能用,在某些情况下不能用。这会不会使正确的句子与不正确的句子界限模糊？例如:

(1) New York is 300 miles from Boston.（纽约离波士顿 300 英里。）

实际上纽约与波士顿之间的距离并不是恰好 300 英里,那么(1)是否是个语义上不正确的句子？尽管 300 英里并非是精确的距离,但这句话在许多场合还是可以用的。如果一个五岁的孩子问父亲纽约离波士顿多远,父亲回答 300 英里完全可以。如果某人要测算汽车里的汽油是否够从波士顿用到纽约,那么你告诉他两地相距 300 英里也许是不恰当的。再举个类似的例子:

(2) 长江长 6 300 公里。

(2)表达的命题是真还是假也取决于对精确度的要求。这句话如果出现在中学地理教科书内,可以认为是正确的,因为句中信息量对于中学生已经足够了。如果要告诉五岁的儿童长江有多长,这

---

[1] 生成语法学不考虑说话者文化程度的高低,说汉语的文盲的语感与中国最著名的作家的语感基本上一样。

[2] 要研究方言之间系统性的差别时,可以把方言当作语言一样处理。

句话含的信息量也许已经太多了,只要说长江长6 000公里,甚至说长几千公里就够了。但是如果这句话出现在地质地理勘测人员的专题报告中,可以认为是不正确的,因为对专业人员来说,句中含的信息量还太少。

假如我们想得再远一些,甚至可以认为几乎每个句子都有这类情况。请看以下句子:

(3) a. Shut the door.(把门关上。)
　　b. Would you please close the door?(请您把门关上好吗?)

这两个句子不存在命题真值问题,[1] 但是也都有一定的适用范围。(3a)一般用于比较不客气、熟悉的人之间,(3b)一般用于比较客气的、疏远的人之间。而且一般说来总要在门开着的时候才有必要说这么一句话,但有时候说(3b)是为了测试对方是否有求必应,或者用来暗示对方打开电炉开关,因为即使门关着屋里还太冷……这样无止境地想下去,很难确定一个句子能说还是不能说,在什么情况下能说,在什么情况下不能说。

上述这类问题生成语法学不研究,归语用学(pragmatics)研究。语法学研究说话者-听话者的语法能力(grammatical competence),语用学研究语用能力(pragmatic competence)。语用能力与语言运用也是不同的概念。语法能力的理论与语用能力的理论是互补的,而Chomsky(1978a)认为语言运用的理论中要包括语法和语用的研究。语法能力可以归结为语法规则和语法原则,语用能力也可以归结为语用原则,Grice(1975)提出的会话合作原则(cooperative principle)就是语用原则。语用原则在一定程度上也可以形式化,参见Sperber & Wilson(1986)、Kempson(1984)。生成语法学著作中所说的"能力",若非特别注明,一般只指语法能力,不指语用能力。

2.3　研究的目标

纵观语言学历史会发现,各个流派不仅研究的对象、范围有所不

---

[1] (1)和(2)是Austin(1958)所谓的述句(constative sentence),可真可假;(3a)和(3b)是所谓的行句(performative sentence),行句无所谓真假。

同,企图达到的目标也各不相同。有的学派满足于观察语言现象,有的学派致力于描写语感,生成语法学派则试图解释语感。

2.3.1 观察充分性

语法最低的目标是正确地观察语言现象,例如正确地指出哪些序列合格,哪些序列不合格。以下我们从音系学、语义学、句法学方面各举一些英语例子,每一组例子中都列出几个序列作对照。如:

(1) a. /pik/[1]

b. /blik/

c. /ftik/

这三个音素序列中(1a)代表一个英语词,而(1b)、(1c)不是英语的词。

(2) a. telegraph /ˈteligræf/（电报）

b. telegraphic /teliˈgræfik/（电报的）

c. telegraphy /tiˈlegrəfi/（电报术）

这三个是同根的词,但是三者重音不同,元音音素也不同。语音学、音系学著作中常常举到这类事实,提醒学语言的人注意。(3)也是常用的例子:

(3) a. torrent /ˈtɔːrənt/（激流）

b. torment /ˈtɔːment/（折磨）

这两个词音系结构很相似,但是(3a)中非重读元音 e 要弱化成/ə/,而(3b)中非重读元音 e 不弱化成/ə/。

(4) a. Who is eating his dinner? John is.（谁在吃饭？约翰在吃。）

b. *What is eating his dinner? The cat is.（谁在吃饭？猫在吃。）

这两个序列在句法上都合格,(4a)语义上也正常,(4b)不正常,至少是非常不自然。

(5) a. John is easy to please.（约翰容易讨好。）

b. John is eager to please.（约翰急于讨好。）

c. *Is easy to please John.

---

[1] 斜线之间是注音,本节中用国际音标注音,以后将按生成音系学惯用的符号注音。

在这三个由英语词组成的序列中,(5a)和(5b)是合乎英语句法的句子,(5c)不是。

语法如果能对原始材料作类似的正确观察便达到了观察充分性(observational adequacy)的目标,这是语法最起码的目标。

2.3.2 描写充分性

一般说来,描写[1]某一对象或某一过程就是回答以下这类问题:

(1) a. 它是哪一类客体或过程?
  b. 它有哪些性质?
  c. 它由哪些部分构成?
  d. 它的组成部分之间有什么联系?
  e. 它作为一个组成部分能构成什么?

语言学作为一门科学应该在观察的基础上描写研究的对象。生成语法学研究的对象是说话者-听话者的语言知识,就应当正确地描写语感,概括出规律。现在我们仍以上一小节所列举的一些材料为例来说明怎样才是以描写为目标的语法。

/pik/是英语中的一个词,/blik/和/ftik/都不是英语词,它们之间有差别。但是/blik/和/ftik/之间也有差别。/blik/之所以没有成为英语词汇成员是出于偶然的原因,而/ftik/不能成为英语词汇成员是出于必然的原因。今后如果出现了一个新概念,需要一个新词来表达,英美人有可能选用/blik/,拼写为 blick,但绝不会用/ftik/。上述两种差别中前一种差别能直接观察到,而后一种差别只能凭语感判断,无法观察到,也无法通过搜集语料用归纳法发现。以观察为目标的语法只须指出前一种差别,以描写为目标的语法要描写后一种差别,要总结出规律:哪一类音素序列可以成为词,哪一类音素序列不能成为词。

telegraph、telegraphic、telegraphy 三者重音有变化,元音有变异。以观察为目标的语法只须把正确的发音注出来,以描写为目标的语法要

---

[1] 这里说的是科学上的描写,不是日常所说的描写,更不是文学描写。具体说是指理论描写(theoretical description)。理论描写具有以下特点:一、临时性,所作的描写并不明显正确或错误;二、试验性,虽然描写得可能正确,但要经过试验证实;三、根本性,描写的内容应是相当重要的、基本的;四、整体性,所构成的命题应该是一个整体。

指出变化规律,例如指出以-ic 结尾的形容词重音都在-ic 前一个音节上。试比较:

(2) a. ˈtelegraph(电报)　　　　teleˈgraphic(电报的)
　　 b. ˈtelescope(望远镜)　　　teleˈscopic(望远镜的)
　　 c. ˈautomat(自动机)　　　　autoˈmatic(自动的)
　　 d. ˈaesthete(美学家)　　　　aesˈthetic(美学的)
　　 e. ˈatom(原子)　　　　　　aˈtomic(原子的)

这一规律反映了英美人的语感。凭语感可以推测其他同类词的重音,例如:

(3) a. ˈphotoscope　　　　　　　photoˈscopic
　　　　(透视镜荧光屏)　　　　　(透视镜荧光屏的)
　　 b. ˈmetronome(节拍器)　　 metroˈnomic(节拍器的)
　　 c. ˈagronome(农学)　　　　 agroˈnomic(农学的)

有些英美人可能不认识 photoscopic、metronomic、agronomic 这些词,但是他们一旦见到这些词就能够知道重音在哪一个音节上,能够正确地读出来。以描写为目的的语法要写出音系规则,正确地反映英美人的语感。

torrent 和 torment 发音的不同也反映了某种系统性的差异,试比较:

(4) a. torrent(激流)　　　　　　torment(折磨)
　　 b. effort(努力)　　　　　　　export(出口)
　　 c. tiger(老虎)　　　　　　　progress(进步)

左边一列名词重音在第一个音节上,第二个音节都弱化,读作/ə/;而右边一列名词重音也在第一个音节上,第一个音节读 1 级重音,第二个音节读得比较轻,读 3 级重音,但是不弱化成/ə/。以观察为目标的语法只须正确注音,以描写为目标的语法还应注意到右边一列名词都有相应的动词,动词的重音不在第一个音节上,而在第二个音节上,比较:

(5) a. torˈment　　　　　　　　ˈtorment
　　 b. exˈport　　　　　　　　　ˈexport
　　 c. proˈgress　　　　　　　　ˈprogress

还应当指出：动词重音在第二个音节上；由动词派生的名词重音移至第一个音节，重音前移后第二个音节不读 1 级重音，改读 3 级重音。这一切都有严格的规律。[1]

以上是几个音系方面的例子，现在来看看语义方面的例子。以观察为目标的语法只须指出 who is eating his dinner 是正常的句子，而 what is eating his dinner 不自然，这种说明可以在某些惯用法词典上找到。以描写为目标的语法还须指出英语中可以用 who 问人，用 what 问事物，但缺少一个疑问代词可以用来问动物。不定代词也有相应的语义空缺(semantic gap)，someone 指人，something 指物，两者都不宜用来指动物。语义空缺是偶然的，但是由此引起的一系列语义上有问题的句子是有规律性的。

最后来比较一下两个表面结构相同而内在不同的句子：

(6) a. John is easy to please.
    b. John is eager to please.

这两个句子的结构从表面观察都是名词 + 系词 + 形容词 + 动词不定式，看不出有什么区别，但是我们感到两者有所不同。(6a)中动词不定式 to please 的受事是 John，施事不是 John 而是其他人；(6b)则恰恰相反，to please 的施事是 John，受事不是 John。(6a)有别人讨好 John 的意思，而(6b)有 John 讨好别人的意思。我们感到在某种意义上 (6a)中 John 是 please 的宾语，而 (6b)中 John 不是 please 的宾语。以观察为目标的语法不反映这种语感，以描写为目标的语法应该设法予以反映，例如采用某种语法手段表明 (6a)可能以(7a)的形式出现，而(6b)却不能以(7b)的形式出现。(7a)能成立说明 John 是 please 的宾语，(7b)不能成立说明这里 John 就不是 please 的宾语。

(7) a. It is easy to please John.
    b. *It is eager to please John.

为了描写语感才提出转换语法(transformational grammar)，假设(6a)和

---

[1] 有时动词重音在第二个音节，相应的名词重音并不在第一个音节，如 research 作动词与作名词时读法一样。这里涉及词缀 re- 的读法等其他规则，此处不详述。

(7a)都来源于(8)：

(8) __ is easy to please John

如果把(8)中的 John 移至句首空位,就转换成(6a);如果不把 John 往前移,而在空位上添上 it 就转换成(7a)。采用转换来处理,一方面把表面上结构不同的(6a)和(7a)联系起来,一方面把表面上结构相同的(6a)与(6b)区分开来。

以上我们举了几方面例子说明语法如何反映语感,如果语法能正确地反映出语感便达到了描写充分性(descriptive adequacy)的目标。

Chomsky(1964)指出现代语言学流派中继承 Leonard Bloomfield 的美国结构主义学派和以 John R. Firth 为代表的伦敦学派都基本上只把观察语言现象作为研究目标。传统语法表达方式虽然不科学,研究目标都比这些现代流派高。传统语法想更多地反映语感,遭到了结构主义学者的批评。按 Otto Jespersen 的看法,(9a)和(9b)有所区别:

(9) a. the doctor's arrival（医生的到达）
　　b. the doctor's house（医生的屋子）

从表面结构上看,两者都是由限定词+名词所有格+名词构成的名词词组。但是(9a)中 doctor 和 arrival 之间的关系是主语与动词的关系,(9b)中 doctor 和 house 之间不存在这类关系。按结构主义的直接成分分析法,(9a)和(9b)的成分结构没有任何区别。因此 Nida(1943)曾批评 Jespersen"把形式和功能的价值严重地歪曲了,复杂化了"。实质上,他们的分歧在于 Eugene Nida 认为语法只要观察事实,不必寻求表面现象背后的内在规律,而 Jespersen 却试图达到更高一级的研究目标。

2.3.3 解释充分性

科学研究中比描写更高的目标是解释,所谓解释就是回答以下这类问题:

(1) a. 为什么会发生某种现象?
　　b. 为什么该现象具有某种一般性质?
　　c. 为什么该现象具有某个特殊性质?
　　d. 为什么某个客体处于某种状态之中?

这类问题都是在追究原因或理由。解释之所以高于描写是因为能描写仅仅知其然,能解释方知其所以然。现代科学都把解释作为研究目标。

语言学研究中解释什么？Chomsky 又是从语言获得机制的角度来看待这一问题的。儿童掌握语言过程中先是听成人说话,这就是观察语言原始材料,过了两三年具备了说话的能力,即内在掌握可能描写语感的生成语法。从中起作用的是大脑机制,儿童获得语言过程可以通过下图示意:

(2) 语言原始材料→ 语言获得机制 →生成语法

只想充分观察现象的语法只须与左端输入的原始资料打交道,要达到充分描写语感就要与右端输出的生成语法打交道,而如果语言学理论要以解释充分性(explanatory adequacy)为目标,则要与中间的语言获得机制打交道。

20 世纪 60 年代,Chomsky(1964)认为语言获得机制的解释作用体现在选择语法上,他说:

> 如果普遍语言学理论能提供原则性的基础,以便在所有符合某一语言现有材料的语法中选出能充分描写该语言的语法,那么这一理论就能起充分解释的作用。

各个语法学家可以提出不同的语法来处理同一种语言。一种语言 L 可以有许多套语法 $G_1, G_2, G_3, \cdots, G_n$，[1]各套语法之间当然有孰优孰劣之分。以什么标准来衡量语法的优劣呢?首先,要比较各套语法生成能力(generative capacity)的大小。假如语言 L 有三套语法:G_1、G_2、G_3,其中 G_1 生成能力最强,它能生成 L 中全部句子,而且还能生成一些 L 中没有的句子;G_3 生成能力最弱,它能生成 L 中一部分句子,但不能生成 L 中另一些句子;G_2 能生成 L 中全部句子,而且只能生成 L 中全

---

[1] 习惯于传统语法的读者往往认为一种语言只能有一个语法,只有 English grammar,没有 English grammars。生成语法学著作中常用复数 grammars,并不一定指各种不同语言的语法,也不一定指传统语法、功能语法等等,可以指生成语法范围内对同一种语言的各种不同处理。譬如有的语法学家认为句子由名词词组和动词词组两大成分构成,而有的语法学家认为句子由名词词组、助动词和动词词组三大成分构成。这就算是两套语法了。

部句子,既不多也不少。那么,G_2是最佳语法,因为只有G_2最符合人们头脑中对 L 的语感,正确描写了内在知识。这种标准是经验标准,用来衡量理论是否符合实际。其次,还有另一种与经验无关的理论标准,假如 G_2 和 G_4 生成能力完全相等,那么怎么来衡量评比呢?Chomsky 认为普遍语言学理论应该提出一套办法,称为评价方法(evaluation procedure)。早期的生成语法理论中用的标准是语法的简单程度测定(simplicity measure),语法应当越简单越好。普遍语法学说完善之后就不再用简和繁来衡量具体语言的语法了,而要求每种语言的语法都体现普遍语法。换句话说,用普遍语法来解释语感。普遍语法正是人头脑中的机制。20 世纪 90 年代以后,Chomsky 又从另一个高度重提以精简作为衡量尺度,参阅本书 1.3.3 小节以及第 8 章的论述。

如果再进一步追问:人类语言为什么会出现普遍原则,那就无法在语言学范围之内解释了,而要通过心理学、神经生理学等其他学科研究人脑语言机制寻找答案了。在语言学范围之内的解释称为内部解释(internal explanation),在语言学范围之外的解释称为外部解释(external explanation)。

2.4 研究的验证

任何科学知识都能够验证,凡是无法验证的说明、假设都不成其为科学知识。语言科学也不应例外。传统语法学的说明、假设常常无法检验。一个典型的例子是给句子下以下这类定义:句子是一个完整的意思。什么叫意思?对此并没有统一的看法。怎样算意思完整,怎样算不完整,界限更加不清楚。所以既无法证明上述对句子的定义是错误的,也无法证明它是正确的。传统语法学的其他概念也往往是用含糊的词句定义的,因此现代语言学家批评传统语法不科学。

相比之下生成语法学下的定义很明确,很容易验证。假如甲语法学家设英语语法规则(1),乙语法学家设英语语法规则(2):

(1) a. 句子是名词词组 + 动词词组构成的序列

    b. 名词词组是限定词 + 名词构成的序列

（2）a. 句子是动词词组＋名词词组构成的序列
　　　b. 名词词组是名词＋限定词构成的序列

我们很容易检查出来究竟是甲正确还是乙正确，或是两人都正确，或是两人都不正确。

怎么检验正确还是不正确呢？一个办法是推导，我们可以把要证明的规则看作定理，设法从公设或者从其他定理推导出来。假如已知(1a)和(1b)都是正确的，那么我们可以推导出(3a)是正确的，(3b)和(3c)都是不正确的：

（3）a. 句子是限定词＋名词＋动词词组构成的序列
　　　b. 句子是动词词组＋限定词＋名词构成的序列
　　　c. 句子是名词＋限定词＋动词词组构成的序列

语法规则和化学公式一样需要实验证明。必须先证明了(1a)和(1b)或证明了(2a)和(2b)之后才有可能证明(3a)—(3c)。我们不能随便立几条规则作为公设，以它们为出发点推出定理。每条规则都必须符合实际情况，所谓符合实际情况就是实验证明符合人们头脑中的语感。

可是，语法学怎么做实验呢？目前使用的是一种特殊的心理实验法——内省法(introspection)。具体做法是：取一些有关句子，要求任何人——语言学家本人或者没有受过语言学训练的人都可以——凭他们对本族语的语感来判断这些句子是否合乎语法。不妨取以下一组句子，请一些以英语为本族语的人来判断。

（4）a. The boy went to school.（这男孩去学校。）
　　　b. Went to school the boy.
　　　c. Boy the went to school.
　　　d. Went to school boy the.

如果大家认为只有(4a)是正确的序列，证明只有规则(1a)和(1b)是英语语法规则；如果大家认为只有(4b)是正确的序列，证明规则(2a)和(1b)是英语规则；如果大家认为只有(4c)是正确的序列，证明(1a)和(2b)是英语规则。实验的预期结果可以通过以下表格反映出来（加号表示正确，减号表示不正确）：

(5)

	(1a)	(1b)	(2a)	(2b)
(4a)可证明	+	+	−	−
(4b)可证明	−	+	+	−
(4c)可证明	+	−	−	+
(4d)可证明	−	−	+	+

为了提高实验的可靠度可以扩大范围,用更多的同类句子试验,请更多的人参加判断。结果大家一致认为只有(4a)类的序列是正确的,(4b)、(4c)、(4d)各类都是不正确的,于是实验证明规则(1a)、(1b)是英语的语法规则,而(2a)、(2b)不是英语的语法规则。

这个实验的前提是句子、名词词组、动词词组等语类概念已经确立,在这一基础上测定各语类在句子和词组中的排列顺序。以下我们举一个汉语的例子来证明如何通过实验证明语类。

1981—1982年期间,《中国语文》杂志曾就汉语析句方法问题展开讨论。讨论中涉及对"他打了你"这类基本结构的看法。有人主张分析为(6a),有人主张分析为(6b):

(6) a.   b.

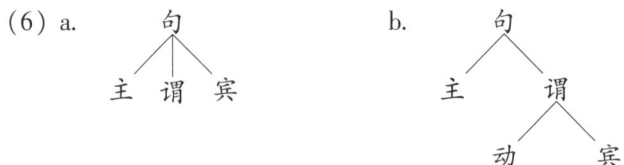

我们不用"成分分析法""层次分析法"等术语,用生成语法学惯用的语类术语把(6a)和(6b)分别改记为:

(7) a.   b.

不论用什么名称,这两种看法分歧的实质在于,用结构式(7a)者假设

汉语中没有 VP 这一语类,用(7b)者假设汉语中有 VP 这一语类。设汉语没有 VP 者认为,汉语中 NP$_1$ 与 V 的关系和 NP$_2$ 与 V 的关系一样密切;设汉语有 VP 者认为,汉语中 NP$_2$ 与 V 的关系比较密切,而 NP$_1$ 与 V 的关系比较疏远,这是主-宾语不对称(subject-object asymmetry)现象。

我们来设计一个心理实验,测试说汉语的人的心理状态,以期证明(7a)正确还是(7b)正确。实验所用的材料是以下一系列句子。参加实验者凭语感作了判断,在他们认为不合格的句子上打上了星号:

(8) a. 他不但骂了你而且打了我。
　　b. *不但你骂了而且他打了我。
(9) a. 也许他打了你。
　　b. 他也许打了你。
　　c. *他打了也许你。
　　d. 是他打了你。
　　e. 他是打了你。
　　f. *他打了是你。
(10) 他不应该打我,你也不应该。
(11) 打人,你不应该。
(12) 你打了我,他也这么做了。

现在来解析实验是怎么构想的,并说明实验结果证明了什么。

(8)用的是并列(coordination)试验。一般说来,连接词只能连接同型的语类,不能连接不同的语类,也不能连接非语类。例如"昨天来""今天来"是语类,而且是同型的语类,可以连起来:

(13) 他不但今天来而且昨天也来。

但是"你今天"和"他今天"都不是语类,不可以连起来:

(14) *不但你今天而且他今天来。

(8a)能成立,因为"骂了你"和"打了我"都是动词词组,即(7b)中 V 和 NP$_2$ 构成的 VP,可以用连接词"不但……而且"连起来。而(8b)不能成立,因为"你骂了"和"他打了",即(7b)中的 NP$_1$ 加 V 并不构成独立的语类,不可以用连接词连起来。并列试验证明汉语中有 VP,NP$_2$ 与 V 的关系密切,NP$_1$ 与 V 的关系疏远,证明人们在心理上接受(7b),不接受(7a)。

(9)用的是插入(insertion)试验。用"也许"和"是"插入句中不同的位置。[1] (9a)和(9d)中插入语置于句首,并不拆散任何词类,句子当然成立,(9b)和(9e)中"也许"和"是"插在 NP_1 和 V 之间,句子仍可以成立,而(9c)和(9f)中"也许"和"是"插在 V 和 NP_2 之间,句子就不能成立。这一试验十分清楚地表明 NP_1 与 V 关系疏远,NP_2 与 V 关系紧密。插入语既不可进入 VP 之内,也不可进入 NP 之内,例如不可以说:

(15) a. *这个也许学生打了你。

b. *这个是学生打了你。

应当注意,把(9f)中的 NP_2 作为句子的焦点在语义上和逻辑上完全合理,可以采用其他语法手段表达。一个办法是采用(9e)结构,而重读"你";另一个办法是改用以下结构:

(16) 他打的是你。[2]

(10)用的是删略(deletion)试验,(11)用的是移位(movement)试验,(12)用的是替代(substitution)试验。可把(10)(11)(12)分别与(17)(18)(19)相比较:

(17) 他不应该打我,你也不应该打我。

(18) 你不应该打人。

(19) 你打了我,他也打了我。

我们可以认为(10)是在(17)基础上删去了"打我"构成的省略句,(11)是在(18)的基础上把"打人"移至句首构成的话题句,(12)中"这么做了"用来替换"打了我"。删略、移位和替代都是常用的语法手段。在一定的条件下可以删去某个语类,或者省略某个语类,可以把某个语类从一个位置移到另一个位置,可以用代词来替代某个语类。一般说来,不能删略、移动或替换两个或两个以上虽然相邻却不构成语类的词

---

[1] 要尽量选用语义空泛的词语做试验,否则插入某词语后可能由于语义限制使句子不成立。我们用的是"是",它几乎没有语义,只表示强调,也可用语气词"啊"做插入试验。

[2] (9e)是断裂句(cleft sentence),(16)称为准断裂句(pseudo-cleft sentence)。生成语法学对这两种结构都有不少研究。

语。既然"打我""打人""打了我"等 V 加 NP$_2$ 结构可以被删、移、代,那么它们就都是一个语类。而 NP$_1$ 加 V 是无法被删、移、代的。删略和移位还有其他条件限制,[1]但是并列、插入、删略、移位、替代五种试验的结果都有利于结构式(7b),不利于结构式(7a),有相当充分的证据说明汉语中 VP 是一个语类。并非每种语言都有 VP,不少人证明过日语和韩语没有 VP。一种语言的句子结构中有 VP 还是没有 VP,句子应该两分还是三分,要通过实验测定说话者的大脑心理状态。一种假设正确反映了语感,另一种假设没有正确反映语感,两者的区别不是析句法优劣问题,更不是继承中国传统还是借鉴西洋语法的问题。

再来看另一个实验。20 世纪 80 年代生成语法学中心议题之一是空语类(empty category)。空语类是指那些只有语义内容而没有语音形式的词语。比较陈述句(20a)和相应的疑问句(20b):

(20) a. You will see the boy. (你将要看见这个男孩。)

　　b. Which boy will you see? (你将要看见哪个男孩?)

在语义上(20a)中动词 see 的受事是 the boy,(20b)中 see 的受事是 which boy;在句法上(20b)的疑问词必须置于句首。为了反映出 see 和 which boy 的关系我们假设(20b)是从(21)转换来的。

(21) you will see which boy

而且还假设当 which boy 移至句首之后,在原来的位置上留下一个听不见、看不到的痕迹,称为语迹(trace),通常用字母 t 代表。因此移位后,(21)成为(22):

(22) Which boy will you see t?

语迹 t 属于空语类。语迹无声无形,在物理上不存在,结构主义语言学家不会承认它是语言成分。转换-生成语法学家说它在心理上存在。有何根据?请看以下实验:

(23) a. Who do you want to see? (你要看见谁?)

---

[1] 例如不能在(ia)基础上构成(ib):
　　(i) a. 你没打我,他打我。
　　　 b. *你没打我,他。
虽然"打我"是 VP 语类,但是还有这里没有提到的其他条件没有满足,所以不能删去。

b. Who do you wanna see?

　　c. Who do you want to see Bill？（你要谁看见比尔？）

　　d. *Who do you wanna see Bill?

听到这组句子的人作出一致的判断：(23d)不合语法。一般说来 want 和 to 连在一起可以成为 wanna，称为缩合（contraction），所以(23a)可以说成(23b)。为什么(23c)不能说成(23d)呢？我们采用上文的假设，认为(23a)和(23c)转换之后的结构是(24a)和(24c)，并且认为移位会留下语迹，(24b)和(24d)中都有 t。

（24） a. you want to see who

　　b. who do you want to see t?

　　c. you want who to see Bill

　　d. who do you want t to see Bill?

(24d)中紧跟着 want 的 t 阻止 want 和 to 缩合成 wanna。(24b)中的 t 并不影响 want 和 to 的缩合。这一实验证明了空语类在人们心理上确实存在，尽管没有物理性质，人们还是意识到它的存在。

　　说到语言与心理问题必须澄清一个概念。当我们说某个语法概念在心理上存在、在心理上有所反映，或者说有心理体现（psychological reality），我们都是指在语言知识范围内，而不扩大到语言使用范围中去。

　　狭义地说，语法概念在心理上有否体现指能否说明语感，即直觉判断；广义地说，语法概念在心理上有否体现兼指能否反映理解、记忆等心理过程。前者是语言知识问题，后者是语言使用问题。上文举的例子都是有关直觉判断的实验，有关心理过程的研究也在进行，例如有些心理语言学家，如 Fodor, Bever & Garrett（1974）研究人们使用或理解句子时是否确实需要经过一个转换的心理过程。Chomsky 和许多转换-生成语法学家都限于研究狭义的心理体现，并不要求语法有广义的心理体现。[1]

---

[1] 例如他们认为语法转换能反映语感，但不认为经过转换的句子难以理解或者难以记忆。但有些生成语法学家例如 Bresnan（1979，1982b）主张兼顾。

Chomsky认为目前语言学之所以被看作一门独立的学科,主要是因为它用一套独特的内省心理实验法。[1]将来生理学、神经科学发展到更高的程度时,也应该采用其他实验方法来测试人脑的语言知识。到那时,也许语言学就不必作为一门独立的学科存在了。

2.5 研究的程序

生成语法的研究程序体现了一般自然科学方法论著作中指出的科学研究共性。我们按Botha(1981)的提法把研究的全过程分为9个主要步骤:定向、选题、发现、描写、解释、推广、论证、批评、反应。在具体阐述之前,提请读者注意以下几点:第一,他列举得相当全面,但并不意味着语法研究只能包含这9个方面,不能再有其他方面;他划分得相当清楚,但并不意味着一定要按照他的分法,不能采用其他分法。第二,并不是每一项研究都非包含9个步骤不可。其中有些方面是每项研究必须具备的,例如每项研究都要选定题目。另外有些方面不是每项研究必须具备的,例如并非每项研究都要对别人的见解提出批评。第三,步骤不等于阶段,步骤不是完全按时间顺序划分的,有时可以先走这一步,有时可以先走那一步。最后要说明,这一节中举的实例目的在于介绍研究方法,并不反映研究结论,也不一定代表笔者本人的观点。为了通俗易懂起见,尽量避开技术性的、形式化的处理。对有些概念、规则、原则,都只能不加论证地引用,以后的章节中将对其作比较严密、比较透彻的论述。

2.5.1 定向

定向就是前面几节所说的确定研究的对象、范围、目标等等。每门科学都有一定的研究方向,改变了研究方向就会改变学科的性质。如果研究的对象不是语言(或者称语法),那当然就不是语言学了;如果研究的范围不是语言知识而是使用语言的心理过程,那就不是语法学而是心理语言学了;如果研究的目标是观察语言

---

[1] 这种实验很简单,不须用特殊的仪器装置。一般语法论文不用实验报告形式报道,只须提出一些例句加以说明、推导,内行的读者一看就明白作者的用意。

现象，那就不是生成语法学了；如果不要求经验检验，把词语当作不经过解释的任意符号处理，那就不是自然语言的语法，只能是形式语言的语法了。

2.5.2 选题

研究语言学和研究其他科学一样，主要是解题目。把某些有问题的、目前还不理解的现象，即知识中的空白点，提出来以便寻求解答，这就叫选定题目。

语言学范围内的实质性的问题不外乎以下几种类型。

(1) a. 如何说明某一语句 U（utterance）的某一性质 P（property）？
   b. 如何说明某一类语句 C_1（class of utterances）与另一类语句 C_2 的相似性质 S（similarity）？
   c. 如何说明某一类语句 C_1 与另一类语句 C_2 的不同性质 D（difference）？

(2) 某一语言单位 LU（linguistic unit）在某个表达层面 L（level）上应该赋予什么样的表达式？

(3) a. 从某一表达式 RP_1（representation）构成另一个表达式 RP_2 要使用什么规则？
   b. 在什么条件下使用某条规则 R（rule）或某几条规则 R_1，R_2，…，R_n？
   c. 什么原则制约着某些规则 R_1，R_2，…，R_n 或某些结构表达式 RP_1，RP_2，…，RP_n？

我们举一些汉语中的例子来说明上列各类研究题目。

(4) a. 他学过英语。
   b. 他英语学过。
   c. 他学英语。
   d. 他英语学。
   e. *他学英语得好。
   f. 他英语学得好。

第(1)类题目要求阐明某个语句的性质，并与其他有关语句作比较。

上列句子中(4a)、(4c)、(4e)是以主—动—宾语序排列的,(4b)、(4d)、(4f)是以主—宾—动语序排列的。为什么(4a)与(4b)都合格,而(4d)不如(4c)自然?为什么(4e)不能成立,只能用(4f)?句内各成分在排列顺序方面表现出来的相似性质与不同性质很值得我们研究。这是典型的生成语法学研究题目。

第(2)类题目要求给某个语言单位作结构描写,确定其表达式(representation)[1]。什么叫表达式?数学表达式是用数字或字母加上一定的符号构成的,例如:$2 \times (3+5)$,$a+(b-c)$等。语法学中的表达式由词(或者音标)加上一定的符号构成,例如:

(5) a. [[他] [学过][2] [英语]]
    b. [[他] [[学过] [英语]]]

以上两个表达式的区别不难看出来,(5b)比(5a)多了一层括弧,把"学过英语"括在一起。(5a)和(5b)的区别相当于2.4节中(7a)与(7b)的区别。用括弧还是用树形图表达只是标记的不同,没有本质区别。我们在2.4节中已经论证过,(7b)正确反映说汉语者的语感,(7a)不能正确反映语感。根据论证,我们确定上面句子(4a)的表达式应该是(5b),而不是(5a)。这种论证属于(2)类研究题目。

(4a)与(4b)两句用的是相同的词,表示的是相同的意义,仅仅句法表达的形式有所不同而已。[3] 两者之间的关系可以通过2.3.2节中提到过的语法转换手段反映出来。转换就是把一种句法表达式变换为另一种句法表达式。两种表达式处于两个不同的表达层面(level of representation)[4]。每一个表达层面都有相应的表达式,有时用"深层""表层"等比喻说法。所以说到表达式时我们往往要注明是哪个层面的表达式。

第(3)类题目要求总结出语法规则。从一个层面的表达式变换为另一个层面的表达式要使用一定的规则。例如我们可以假设(4a)是

---

[1] 表达式也译作"结构表达式"或"结构式"。
[2] 这里为了简便起见,把"学过"当作一个单位。"过"在表达式中的地位应另作研究。
[3] 文体风格不同、强调重点不同等等,不在语法研究范围之内,不予考虑。
[4] 表达层面与句中各成分的结构层次是不同的概念,请注意区分。

基础结构,在(4a)的基础上把名词词组"英语"从动词后面移到动词前面,构成(4b)。也可以反过来假设(4b)是基础结构,把"英语"从动词前面移到动词后面,构成(4a)。还可以假设(4a)和(4b)都来源于表达式(6):

(6) 他英语学过英语

转换过程中或者删去动词前的"英语",构成(4a),或者删去动词后的"英语",构成(4b)。究竟应该用哪一条规则,这属于上文(3a)类研究题目。

转换有一定的条件,(4a)和(4b)之间能转换,(4c)和(4d)之间、(4e)和(4f)之间就不能转换。说明在什么条件下可以使用转换规则,在什么条件下不能使用转换规则,这属于上文(3b)类研究题目。

有时受到的限制不是对某一条规则或者某一类规则的限制,不是对某一种语言或某几种语言的限制,而是普遍语法原则的限制。对普遍语法原则的研究属于上文(3c)类研究题目。

提出科学研究题目本身已经包含着前科学的观察和分析,必须以一定的材料和一定的科学知识为基础才能提得出问题来。

2.5.3 发现

确定了研究的题目以后,科学家开始对存在疑问的现象提出自己的见解,这时他已经有所发现。科学家的发现就是假设研究的现象具有规整性(regularity)、模式(pattern)、结构(structure)、机制(mechanism)、原因(cause),有待于证实。

我们接着研究上一小节中(4a)—(4f)中列出的一些材料。假如有人认为其中并没有任何规则可循,那他就无所发现。也有人认为(4a)、(4b)、(4c)、(4f)正确,而(4d)欠自然,(4e)不正确,完全是由于表达功能或者语言环境的原因,那么他在语法方面就无所发现。在生成语法学家看来,这种观点说明不了问题。说话者并不能任意选择表达方式,例如(4e)和(4f),不论在任何语言环境中都只许选用(4f),不许选用(4e),其中必有语法规则在起作用。有人认为(4d)不自然是因为"学"成了"光杆"动词,它后面一无所有;有人认为(4e)不正确是因为动词后面有两个补语[1]。他们设想汉语生成语法在这些方面对结构有所限制。有这类假想就算有了初步的发现。

接着要从许多方面来检验上述设想,并与一些有关的结构作比较,例如:

(1) a. ? 他这句话听见。

　　b. 他这句话听见吗?

　　c. 他这句话没听见。

　　d. ? 你这些问题考虑。

　　e. 你这些问题考虑考虑。

(1a)说明不仅单音节的光杆动词受限制,多音节的光杆动词也受限制。(1b)说明动词后不仅加了助词能打破限制,加了语气词也能打破限制。(1c)说明不仅在动词后加上某个成分能打破限制,在动词前加上某个成分也能打破限制。(1d)和(1e)的对比说明,即使不加其他成分,只要重叠一下动词,就不受限制了。这些例子充分说明限制在于形式方面,与表达的意义无关。[2]再看另一些材料:

(2) a. 他教我英语。

　　b. 他教我说英语。

这两个句子中动词后面都有不止一个补语,由此可见不能认为"*他学英语得很好"不能成立是因为"学"后面有两个补语。经过检验,有些见解可以初步肯定,有些见解要否定或修正。

2.5.4 描写

什么叫科学描写,我们在 2.3.2 小节中已经阐明。这里只简单说一下生成语法学中的理论描写。[3] 描写的基本工作是:确立语法概念,下定义,提出假设和提出理论。

现在仍接着上面的例子分析。我们要说明以下结构的不同:

(1) a. 他教我英语。

　　b. 他教我说英语。

---

[1] 生成语法学中一般把宾语也看作一种补语(complement)。
[2] 顺便提请注意,对比结构中光杆动词不受限制:
　　(i) 他这句话听见,那句没听见。
本节举例是为说明方法,不能把提到的问题一一解决。
[3] 语法学中常常把描写过程称为建立语法(construct a grammar)。

c. *他教英语得好。

为了说明"得好"为什么与"我""说英语"等不同,有必要提出一个语法概念,梅广在 Mei(1972)中称为动词词组补语(verb phrase complement)。提出了语法概念后要下定义,要指出其特性。梅广认为动词词组补语不是动词的补语,而是动词词组的补语。(1a)中"我"和"英语"都是动词"教"的补语;(1b)中"我"和"说英语"也都是动词"教"的补语;(1c)中"英语"是动词"教"的补语,"得好"却是动词词组"教英语"的补语。按线性分析,动词补语和动词词组补语未必能分清;按层次分析,两者可以分清。

(2)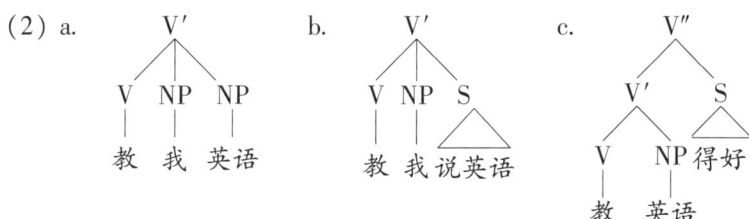

由于需要区分三个层次,前几节中用过的 V、VP 两级符号不够用,所以改用 V、V′、V″多级符号。[1] 从图上可以看出:"我""英语""说英语"都是与 V 平级的成分,而"得好"是与 V′平级的成分。这样我们不一定要用梅广的术语,也可以区分这两类成分。有这样的层次分析为基础,我们可以很清楚地描写有关的汉语结构的规律性了。凡是句子中最终出现(2c)结构则不合格。有人提出以下语法假设:

(3) 汉语只用结构 a,不用结构 b:[2]

这是一个语法描写的例子,通过确立与 V 平级的成分提出语法假设。把类似的有关语法假设结合起来就构成某种语法理论。

---

[1] 本书 5.1 节和 6.1 节会详细介绍该符号系统,这里读者只须知道 V、V′、V″代表动词词组中低、中、高结构层次,图中 S 及 S 以下的三角形代表什么暂时也可不考虑。

[2] 例如 Huang(1982)有这类观点,他提出的规律更概括,不但涉及动词词组结构,也涉及名词词组结构、形容词词组结构、介词词组结构等。另一个问题是,"他教得好"中"教得好"怎么分析?这里不作进一步研究。

2.5.5 解释

我们仍以前面几小节的问题为例具体说说怎么解释。

假如语法研究的目的只是为了描写语感,我们可以提出一条与上一小节(3)不同的语法假设:

(1) 带"得"补语不能紧跟宾语

这种假设也找出了语法规律性,也可以区分下列(2a)类合格句和(2b)类不合格句:

(2) a. 他教我说英语。
　　 b. *他教英语得好。

如果两种假设无经验差别,也就是说它们能处理的语言事实完全相同,[1]应当选择哪一种?有人会选择假设(1),因为直截了当,通俗易懂。但是它无法说明以下问题:为什么带"得"补语有此性质?如果语言学理论要达到充分解释的目标,恰恰必须回答这类问题。那么2.5.4小节中对 V′与 V″结构区别的假设能不能提供解答呢?根据这一假设,(2a)之所以合格是因为"英语"是与 V 平级的成分,(2b)之所以不合格是因为"得好"是与 V′平级的成分。带"得"补语为什么与 V′平级?这可以用普遍语法中的 θ 理论来解释。所谓 θ,大致相当于我国语法学家说的动词的向。[2]"醒"是个单向动词,只有一个相关成分,如"他醒了"中的"他"。"学"是个双向动词,有两个相关成分,如"他学英语"中的"他"和"英语"。"给"是个三向动词,有三个相关成分,如"他给我一本书"中的"他""我"和"一本书"。所谓相关成分不一定是名词词组,上文句子(2a)中的"教"也是三向动词,三个相关成分是"他""我"和"说英语",其中"说英语"不是名词词组。但是 θ 理论中的 θ 可以不考虑主语,所以在 θ 系统中三向动词有两个相关成分,双向动词有一个相关成分,单向动词没有相关成分。每个动词相关成分的数目是一定的,可以省略,但不能任意增加。生成语法学中把相关成分叫做主

---

[1] 所谓有经验差别是指两种假设能处理的语言事实不相同,例如有些句子只符合其中一种假设,不符合另一种假设,那么后一种假设就不能充分描写。现在我们暂且假定两种解释在经验方面完全相等,都能充分描写。实际上,两者是否都能充分描写汉语事实,与我们这里要探讨的问题无关。

[2] 更详细的介绍参阅6.2小节。

目成分或主目语(argument)，以别于附加成分或称附加语(adjunct)。带"得"补语不是动词的主目语，而是附加语，因为任何动词都可以加上带"得"补语，在句法上并无限制。θ 理论告诉我们：主目语与动词 V 平级，而附加语要比 V 高一级，可以与 V′ 平级。动词词组以 V, V′, V″ 为中心组成树形结构。这是普遍语法的原则，体现了各种语言的共性。

(3)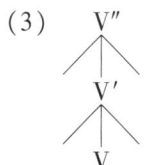

上图左右两边空着的分叉是主目语或附加语的位置。每一层中主目语加在左侧还是右侧，附加语加在左侧还是右侧，左边可以有几个，右边可以有几个，各种语言有具体规定。这是普遍语法原则的参数，体现了各种语言的个性。如果从结构层次的角度来描写，不仅能指出为什么(2a)合格，(2b)不合格，而且能解释其中的原因。这种语法假设一方面体现了人类语言的普遍性，一方面体现了汉语的特性。

2.5.6 推广

所谓"推广"是用从某些现象中研究出来的结论来推测其他现象，用"已知"来解决"未知"。在语言学研究中可以通过研究现代英语的语法规则来预测未来英语的某些规则，也可以推测古英语和中古英语的某些规则。更多的是推广从已经研究过的语言材料中得出的结论，从而认识未曾研究过的语言材料。

生成语法学的研究方法与结构主义语言学不同，不必搜集大量材料，而有必要集中精力对少量材料作极其细致深入的研究，提出假设或理论，然后用其他材料验证、推广、修正。有一个时期生成语法比较偏重于研究英语，正是因为希望在大家最熟悉、已经研究得最透彻的英语语法方面有所突破，然后再予以推广。[1] 当 Huybregts & van Riemsdijk

---

[1] 后来生成语法研究的语种已经相当多，即使在早期，生成语法也不只研究英语。据 Newmeyer(1980)统计，20 世纪 60 年代麻省理工学院语言学博士论文中 60% 是研究其他语言的。有人说生成语法只研究英语，这种说法不确切。从 80 年代开始，生成语法相当热衷于研究汉语，许多有影响的著作中都使用了汉语材料。

(1982)采访 Chomsky,问到建立理论体系与大量占有材料的关系时,Chomsky 的回答是材料多不等于研究深。他说:

> 我认为集中在小范围内研究是明智的,在这些范围内可以提出一些能作解释性答复的问题。

他还指出物理学等自然科学研究的材料与几百年前相比也趋向于集中。

2.5.7 论证

有了实验结果可以作为证据来证实语法假设和理论,这种证据称为支持性证据(supporting evidence)。还有一种证据称为确认性证据(confirming evidence),与上一小节所说的推广有关。如果假设能够成功地推广到其他有关现象,那就证实了假设。考察的现象越丰富,现象的类型越多样,假设的正确性、可靠性越大。请看以下汉语实例:

(1) a. *他唱了那支歌三遍。

b. 他那支歌唱了三遍。

c. 他把那支歌唱了三遍。

d. 那支歌,他唱了三遍。

e. 那支歌被他唱了三遍。

f. 他唱那支歌唱了三遍。

我们已经知道(1a)是不合格的结构。只要把"那支歌"从动词后面移走,就有可能成为合格的结构。(1b)结构前面几小节已经讨论过;(1c)是汉语语法书中常说的"把"字句;(1d)是话题句,或称主题句;(1e)是"被"字句,或称被动结构;(1f)重复动词"唱"。这些结构在传统语法的相关文献中有不少,一般都分散论述,在生成语法中则要把它们都联系起来,放在一起论证汉语的结构层次。在表达功能方面,每种结构都有些特点,但是更重要的事实是采用这种种形式都是为了"救活"(1a)。虽然这些是"不经济"的表达方式,把动词重复一遍并不能多传达信息,反而多费口舌,但是最"经济"的表达形式(1a)恰恰为汉语句法结构所不容,所以不得不舍简就繁。这种种证据合起来确认了有关汉语的结构假设,证明了汉语和西方语言一样有独立于表达功能之外的、纯形式的结构限制。

2.5.8 批评

有些语言学研究探索的是还没有人作过系统、深入研究的新问题,通过研究有了发现,提出假设或理论,并用来解释和推广,这类研究称为立论。另一类研究并不探索新问题,而是继续研究别人已经研究过的问题。可以从正面论证,或充实、发展别人的论点,也可以从反面质疑、批评或否定,即所谓"驳论"。批评与论证,一破一立,用同样的手段而达到相反的目的。

语法研究中的批评可以从几方面进行。第一,可以指出对方所使用的材料不可靠,不符合人们的语感。假如有人认为"他唱了那支歌三遍"也是合格的句子,这就是对材料提出异议。第二,可以指出对方的论据不可靠、不充足或者难以令人信服。例如可以对下列句子的分析提出疑问:

(1) a. *他学了英语三年。

　　b. 他学了三年。

按有些人的看法,(1a)中"三年"是V′平级的成分,而(1b)中"三年"是与V平级的成分,因为(1b)中没有动词宾语。这理由还不够充分,"三年"只是附加语,应该与V′平级,为什么没有宾语就可以把附加语降一级呢?[1]这还需要进一步研究。第三,可以指出对方的假设仅仅在有限的范围内适用,不能解释其他现象,不能推广使用。请看以下句子:

(2) a. 他今年回来。

　　b. *他回来今年。

"今年"当然是附加语,可以位于动词之前,但是如果可以降到与V平级,那么也可以位于动词之后。(2b)应该和(1b)一样合格,但事实上(2b)不合格。为什么"三年"可以下降到与V平级,"今年"不可以下降到与V平级?[2]第四,可以指出对方提出的几个论据不是相互独立

---

[1] 注意以下句子:
　　(i) 他学了三年英语。
这句中有宾语,而附加成分"三年"位于宾语之前,但也只能与V平级,这又是什么原因? 这里的"三年"会不会不是状语? 这些问题有待另行研究。

[2] 如果我们说两者区别在于"三年"表示一段时间,"今年"表示一点时间,这就是语义区别,不是句法结构区别了。

的,可以从一个论据推出其他论据,因而属于孤证。

批评某一假设或某一理论不仅可以着眼于语言事实,也可以着眼于理论体系。对于符合语言事实的语法假设也可以提出批评。有时候两种假设都符合事实,人们可以评比优劣,评价的标准大致如下:第一,能起解释作用的假设比只起描写作用的假设优越;第二,具体的、精确的假设比笼统的、模糊的假设优越;第三,用一般概念做的假设比用特设概念做的假设优越;[1]第四,普遍适用于一切自然语言的假设比仅仅适用于个别语言的假设优越。

在科学研究中开展批评本来是理所当然的事,但是常常听到传统语法学家嘲笑生成语法学家为了一些具体的问题长篇大论,反复争辩。也常常听到传统语法学家嘲笑生成语法学家提出的某条规律有漏洞,或者某条原则不适用于有些语言。其实,这里有个取高标准还是取低标准的问题。有的语法学只观察不描写,或者只描写不解释;有的语法学只作笼统的表述而不列出精确的规则;有的语法学只研究个别语言,不考虑普遍语法。要找出低标准语法的反例相对说来不太容易,但是这样的理论科学价值相对说来不会太高。而生成语法学取的是高标准,反例多、争议多是不奇怪的。

2.5.9 反应

反应指对批评作出的反应。生成语法学派,特别是 Chomsky,受到不可胜数的批评。对于别人的批评可以采取各种不同的态度,我们略举一些生成语法学发展史上的典型例子。一、不予理会。20 世纪 60 年代,结构主义代表人物之一 Charles Hockett 曾写过一本书 Hockett (1968),尖锐地对生成语法学理论展开全面批判。Chomsky 的态度是置若罔闻,这本书没有起作用。[2]二、捍卫理论。当转换-生成语法标准理论受到 Chomsky 一些学生的批评时,Jerrold Katz 最坚决地捍卫,力图驳回 James McCawley、Ray Jackendoff 等人的攻击,他还批评 Chomsky

---

[1] 要避免为了说明某个问题专门设立一个别无用处的概念。但是请注意这里说的概念都是本语法系统中的概念,并不是说用一般人都懂的传统语法概念比用一般人不懂的生成语法概念好。

[2] Chomsky 曾对我说,对来自其他学派的批评,他的基本态度是不予理会。他强调正面阐述自己的观点,培养研究生,让年轻一代语言学家自己去判断、取舍。

没有坚决顶住。三、反批评。反批评与捍卫的区别在于后者论证自己的观点,而前者批驳批评者的观点。当生成语义学学派攻击解释语义学学派的时候,后者主要靠证明前者理论的谬误取胜。四、局部修改。Chomsky 不断地在修改自己的理论。20 世纪 80 年代发表的一些著作 Chomsky（1980;1981a;1982a;1986a,b）,每一篇都修改了前一篇中的某些方面,Chomsky 每年的讲课中都对几条普遍语法原则有新的发展。五、放弃原来的理论或改变其中重要部分。一个典型的例子是 Chomsky 放弃标准理论,改用扩充的标准理论。上述几次争论的具体内容以下各章要详细谈到。

反批评也好,改变观点也好,都可能促进科学的前进。这本是人所皆知的,可是不习惯于把语言学看作自然科学的人往往不理解,对 Chomsky 一再修改自己的理论表示不满,甚至感到幸灾乐祸的也大有人在。其实,自然科学研究中往往可以凭一个实验的结果推翻某一假设,一旦提出更好的理论就应该毫不犹豫地放弃原有的理论。这是科学发展道路上的正常现象,只有这样,科学才有生命力。

以上我们具体说明了生成语法学研究的各个步骤,着重反映生成语法学与其他自然科学研究的共同之处,以及生成语法学与其他某些语言学的不同之处。如果认识不到这一点,对生成语法学就难于理解,易于误解。

2.6　研究的表达形式

科学研究的成果必然要通过某种方式表达出来。生成语法的表达方式与传统语法不同。

2.6.1　形式化

语言学研究的某些结果可以用自然语言或者用专用符号来表达。过去的传统语法以及某些当代语法基本上只使用自然语言来描写,这种描写称为非形式化(unformalized)描写。转换生成语法则往往采用专用符号来描写,这种描写称为形式化(formalized)描写。形式化(formalization)是生成语法学在表达语言学理论方面的一大特点,也可以说是一大进步。

"形式语法"（formal grammar）、"形式理论"（formal theory）、"形式化的语法"（formalized grammar）、"形式化的理论"（formalized theory）……这些术语容易混淆，这里作几点说明。首先，要区分是指自然语言，还是指非自然语言。逻辑系统等人工语言称为形式语言（formal language），这种语言的语法是形式语法。汉语、英语等自然语言不是形式语言，但是可以用符号、公式等形式化的手段来研究其语法。这种语法称"形式化的语法"，但有时也称"形式语法"。这样表达的理论称"形式化的理论"，但有时也称"形式理论"。其次，"形式"这一术语在指自然语言时还有几个含义。第一，形式可与意念（notion）、语义相对。Bloomfield（1933）所说的"语言形式"，用的就是这一含义。这一意义上的形式语法是不依赖语义的语法，例如不能用"名词是人、地、物的名称"之类定义。第二，形式可指精确（exactness），这条含义来自数理逻辑。这一意义上的语法不依赖读者的智力。传统语法常用的办法是举几个例子，然后让读者运用自己的智力或有关知识把语法学家没有交代清楚的部分补出来。这不是形式语法。第三，形式可指明确（explicitness）。既然要做到明确，就要用符号、公式，所以这一意义上的形式语法相当于形式化的语法，也相当于"生成语法"的两个含义之一。生成语法学家主张把语法说明形式化，这究竟有哪些优点？第一，容易检验。自然语言难免有歧义，而专用符号没有歧义。越是明确、精确的说明越容易检验。第二，容易发现错误，例如语法说明中的矛盾或者语法概念的前后不一致。第三，容易发现遗漏的环节。如果在推论的过程中缺少某个环节或某个步骤，很容易看出来。用自然语言作的描写往往蕴含着某些假设而没有明确地表达出来，因此推论往往不够严密。习惯于传统非形式化描写的人往往觉得形式化描写不易懂，其实这只不过是初学者的感觉。凡是学过一点化学、物理学的人都会感到公式比文字说明更容易懂，而不是更难懂。形式化是各门科学发展总的趋势。假如数学不形式化，简直就不堪设想。与语言学密切相关的逻辑学终于也走上了形式化的道路。语言学的形式化也是不可避免的。

本书为了适应初学者，在第 1 章和第 2 章中尽量避免形式化。本章最后一小节中比较集中地介绍一部分生成语法学常用的符号、标记。[1]从第3章起开始使用形式符号。

2.6.2 符号·标记

生成语法经过多年来的发展,已经建立了一套标准的标记惯例(notational convention)。Chomsky 推广他的自然语言生成语法理论的同时提出了形式语言的语法理论。在描写自然语言的语法时大量采用了形式语言语法所用的符号表达方式。

最常用的符号是字母。生成语法中既用拉丁字母,也用希腊字母;既用大写字母,也用小写字母;既用字母表中开头几个字母 A、B、C,也用字母表中最后几个字母 X、Y、Z。字母有时可以自由选择,但往往要按照一定的惯例。大体上说,小写拉丁字母代表终极符号(terminal vocabulary,简称 V_T),大写拉丁字母代表非终极符号(nonterminal vocabulary,简称 V_N),用希腊字母则不特别表明是终极符号还是非终极符号。什么叫终极符号、非终极符号?非终极符号是语法类别名称,例如句法学中的语类名词 N、动词 V,音系学中的元音 V、辅音 C,习惯上用大写字母。终极符号是词 boy、come 等,音素 /i/、/t/ 之类。词和音素习惯上一般都用小写字母。在语法描写的过程中必然要用到非终极符号,但最后生成的句子是由终极符号构成的。N、V 等非终极符号相当于集合,boy、come 等终极符号相当于集合的元素。集合论中惯于用大写字母表示集合,用小写字母表示集合的元素。需要区分单个符号与符号序列时,用字母表中开头几个字母 A、B、C 来代表单个符号,用字母表中最后几个字母 X、Y、Z 代表符号序列。

有时只用字母还不足以表示细致的区别,需要采用字母复合体,给某个字母添上附加标记。例如给动词 V 加上一撇、两撇、三撇记号:V′、V″、V‴,用来表示各个结构层次;在元音 V 上方加上一弯写成 $\tilde{V}$,表示该元素是个鼻化音;在 V 下方加上一个小圈写成 $\underset{\circ}{V}$,表示该元素是个清音;在元素 V 右方加上两点写成 Vː,表示该元素是个长元音。在更

---

[1] 读者一时记不住不要紧,以后用到时还要重新介绍,把符号排在一起的原因之一是便于读者查检。

多情况下添标不是加在字母上方、左方和右方,而是加在右上方或者右下方。加在右上方的角标称为上标(superscript),例如把吐气双唇闭塞音写成 p^h,字母 p 表示该音素属于双唇闭塞音,右上方的 h 表示这是个吐气音。加在右下方的角标称为下标(subscript)。下标常常用来表示所指关系,称为指标(index)。例如 he_i said he_i would come 表示两个 he 指同一个对象,he_i said he_j would come 表示两个 he 指不同的对象。这种情况下通常选用居字母表中间的几个字母 i、j、k 为下标。字母上添加的标记不一定是字母,也可以是数字,例如 t_1、t_2、t_3,或者既不是字母也不是数字,例如 W^*。

生成语法有时用到阿拉伯数字,例如音系学中用 1、2、3 来表示重音的等级,如:$t^1eligr^3æf$。除了字母和数字以外还采用了不少其他符号,最常用的有:

(1) ±:加号"+"和减号"−"常常用来表示是否具有某一特征(feature)。例如 [+VOCALIC] 表示具有元音性特征,[−VOCALIC] 表示不具有元音性特征。有时候加号有其他用途,音系学中用"+"来分隔词中的语素:tele+graph。

(2) #:双加号用来分隔词与语素,例如 telegraph 是一个词,telegraphic 是另一个词,后者写作 tele+graph#ic。

(3) ##:并列双加号分隔词与词,如##the##boy##。

(4) ∅:表示零,即空位。

(5) ( ):通常把可有可无的符号放在圆括弧中,例如 A(B) 表示或者 A,或者 AB。

(6) [ ]:方括弧有三个用途,放在方括弧中的符号可能是:一、特征,例如 [+VOCALIC]、[−VOCALIC];二、音素,例如 $[p^h]$;三、结构成分,例如:[学过][英语]。

(7) { }:花括弧也有几个用途:一、表示语素音位;二、表示某个集合的元素,例如{a, b}代表由 a 和 b 构成的集合;三、表示选择关系,例如$\begin{Bmatrix}A\\B\end{Bmatrix}$代表或者 A,或者 B。

(8) →:箭头表示改写(rewrite),用于写语法规则,用箭头的规则称为改写规则(rewrite rule)。A→BC 表示把符号 A 改写为符号 B 和 C,或者说把符号 A 扩展为符号 B 加上符号 C。所谓"改写""扩展"其实就是下定义,箭头左端表示被定义的概念,箭头右端就是定义项。例如英语句子由名词词组加上动词词组构成,用改写规则表达为 S→NP VP。这条规则表示句子可改写为,或扩展为,或定义为名词词组加上动词词组。

(9) __:横线代表某个符号的位置。以下的横线表示符号 A 的位置:__B 表示 A 应位于 B 之前;B__ 表示 A 应位于 B 之后;B__C 表示 A 应位于 B、C 之间。

(10) /:斜线表示符号的环境,例如 A→B/C 表示如果 A 处于 C 之前则把 A 改写为 B,即把 AC 改为 BC。斜线之前部分 A→B 是规则内容,斜线之后部分是使用规则的条件。规则条件说明只有在特定的环境中才能使用规则。只有当 A 处于 C 之前才能把 A 改写为 B。

大体说来,以上这些非字母符号的作用是表示某种关系,而字母符号则是它们的关系项。形式化的语法规则的性质与数学、化学中的方程式是一样的,都是表达项目之间的关系。

语法学不仅可以通过线性序列表达,也可以通过图形表达。以下三种表达方式是等价的:

(11) a. S→NP VP
  b. [_s[NP][VP]]
  c. S
     ∧
   NP VP

(11a)是改写规则,(11b)称为标示括弧式,(11c)称为树形图。请注意这些不是不同的分析方法,而是不同的表达方式。

现在来总结第 2 章。这一章讨论生成语法学研究的对象、范围、目标、方法等问题,讨论过程中我们始终强调两点:一是生成语法学与其他科学,尤其是自然科学,有许多共同之处;二是生成语法与以往的语言学,尤其是结构主义语言学,有许多不同之处。美国、欧洲和其他地方常有人把创立生成语法学称为语言研究领域中的一场革命,他们指的当然是科学革命。一讲起科学革命大家就会想到哲学家 Thomas Kuhn 的著作 Kuhn(1962),这部关于科学革命的结构的著作在西方知识界影响极为深远。作者说一场科学革命建立一个新的范式(paradigm)。要成为一个新范式必须具备两个条件:能提出新思想、新问题;能不断发展改进。新范式一旦建立,旧范式就黯然失色,原来引发人们兴趣的问题就渐渐少有问津者了。Katz & Bever (1976)有一段话:

> 语言学中转换派革命符合 Thomas Kuhn 对科学革命的论述。……推翻了结构主义的这场革命,用生成语法的范式来取代,把语法分析看作是建立和试验有关说话人内在语言能力的理论。

现在的生成语法理论中包含多少真理、多少谬误,有待不断论证、评判。但是,生成语法理论在研究内容和方法方面的破旧立新,[1] 及其不断发展革新的生命力,是毋庸置疑的。用 Kuhn 的标准来综观当代其他语言学流派,就会发现它们不是属于与生成语法不同的旧范式,就是属于与生成语法相当的新范式。当然,目前的生成语法学与一些成熟的自然科学差距还很大。Chomsky 认为还不能说语言学已经完成了伽利略式的科学革命。他说"第一次革命也许已在地平线某处"(见 Huybregts & van Riemsdijk (1982))。

---

[1] 生成语法学当然也继承了其他学派以往的研究成果,但是它对结构主义的否定多于肯定。当然不会有人因为 Chomsky 也承认句子有结构而把他归入"结构主义"派。如果承认句子有结构就是结构主义,谁不是结构主义? 有人不赞成"Chomsky 革命"的提法,有关这一问题的争论可参阅 Newmeyer (1986)。

3 规则及规则系统

用早期生成语法学惯用的话来说,语法是一个由语法规则组成的系统。在生成语法学发展的初期,语法学家做了大量深入细致的工作,力求用规则充分描写各种语言中的合格句子。通过共同的努力和相互启发,语法学家研究清楚了语法规则的性质、形式、类别,以及规则与规则之间的关系,明确了由句法、音系和语义三个子系统组成的完整的语法规则系统。虽然后来 Chomsky 放弃了由规则构成的语法模型,但了解他们当时的设想仍有助于学到形式语法的一些基础知识。

3.1 句法学与句法规则

句法学是生成语法学的一个分支,其任务是研究人头脑中的句法知识。syntax'句法'一词来源于希腊语 syntassein'排列、组合'。句法知识是指对句子内结构成分的排列、组合的知识。句法知识由句法规则反映。

3.1.1 语类规则

基本的句法规则是语类规则。这一小节讲什么是语类,什么是语类规则,语类规则起什么作用。

3.1.1.1 词类与语类

先说说怎样描写人们对句子结构成分的排列、组合,例如,怎样描写以下句子:

(1) The boy hit the ball. (男孩击中了球。)

语法描写要运用语法概念。比较以下两种描写法及所用的概念:

(2) D + N + V + D + N (限定词 + 名词 + 动词 + 限定词 + 名词)

(3) a. NP + VP (名词词组 + 动词词组)

    b. D + N + VP (限定词 + 名词 + 动词词组)

    c. D + N + V + NP (限定词 + 名词 + 动词 + 名词词组)

    d. D + N + V + D + N (限定词 + 名词 + 动词 + 限定词 + 名词)

(2)是一次描写法,使用的概念是词类,描写的结果是由一组词类构成的序列。(3)是多次描写法,描写的结果(3d)与(2)是一致的,但是描写过程中多了几个步骤:(3a)先把句子分成名词词组与动词词组两部分;(3b)把名词词组再分成限定词和名词两部分;(3c)接着把动词词组分成动词和名词词组两部分。这种描写法不仅要用到词类的概念,还要用到词组类的概念。用(2)描写的语法称为词类语法(word class grammar),用(3)描写的语法称为语类语法(category grammar)。语类(category)[1]是句法结构成分的类别,包括 N、V 等单词语类(lexical category)和 NP、VP 等词组语类(phrasal category)。

生成语法学采用语类语法描写,不用词类语法描写。以下我们把两种语法作一番比较。

第一,不用语类概念就无法用有限语法规则生成无限的句子。某些传统语法和结构主义语法的目的是分析句子。取出一定数目的已知句子用词类语法分析未尝不可,但这不是生成语法的任务,生成语法要描写的是该语言中全部的句子,这项任务只能靠语类语法来完成。2.1.1.1 小节中说到有些句法手段有递归性,可以反复使用,例如:

(4) a. John knows Bill.(约翰认识比尔。)
  b. Mary knows John knows Bill.(玛丽知道约翰认识比尔。)
  c. Susan knows Mary knows John knows Bill.(苏珊知道玛丽知道约翰认识比尔。)
  d. Tom knows Susan knows Mary knows John knows Bill.(汤姆知道苏珊知道玛丽知道约翰认识比尔。)
  e. ……

以此类推,永无止境。如果以词类为基础来描写句法结构,每增加一个句子都要加一条规则:

(5) a. N + V + N
  b. N + V + N + V + N
  c. N + V + N + V + N + V + N
  d. N + V + N + V + N + V + N + V + N

---

[1] 参阅第 30 页注[2]。

e. ……

由于句子的长度并没有一定的限度,句法规则数目也必须是无限的。用这样的规则组成的语法系统就不是生成语法了。生成语法必须是个有限的规则系统,而能生成句子的无限集合。如果改用以语类为基础的语法,只须增加一条规则:动词词组可以由动词加句子构成,即 VP 的结构为:

(6) V + S

这样一来,只须用数学中最简单的代入法就可以了,以 NP + VP 取代(6)中的 S,再将 V + S 代入 VP。要代多少次,就代多少次,句子长度可以无限延伸。

第二,不用语类概念就无法充分描写说话者有关结构的语感。以下再细分几方面论证。

不用语类就无法反映出成分的分布。过去的语言学家早就指出句法主要研究分布问题:哪些词类可以出现在哪些位置,不可以出现在哪些位置。例如:

(7) A little boy hit the colorful ball. (小男孩击中了彩色球。)

假如只用词类不用语类描写,可以把(7)分析为(8),其中 A 是形容词(adjective)的缩写,也用 ADJ 或 Adj。

(8) D + A + N + V + D + A + N
　　　1—2—3—4—5—6—7

这样分析反映不出一个重要事实:1—2—3 项与 5—6—7 项之间存在着相同关系。两者所含的项目相同,项目排列次序也相同。用词类分析法会使人以为这种分布是偶然的,用语类分析法引入 NP 概念才能说明 D、A、N 的分布是必然的,不论出现在动词之前还是出现在动词之后总是按同一序列组合。

不用语类就无法反映出结构歧义。例如:

(9) little boys and girls (小的男孩和女孩)

这句话有两个意思:一是小男孩和小女孩;二是小男孩和女孩(女孩可大可小)。如果用词类语法描写可写成(10),其中 CONJ 是连接词(conjunction)的缩写,也用 Conj。这样分辨不出两者的差异。

（10） A + N + CONJ + N
　　　 1—2 — 3 —4

如果引入 NP 概念就有办法处理了。第一种描写办法是先把 2—3—4 项组合为一个 NP，第二种描写法是先把 1—2 项组合为一个 NP。两种描写法分别代表两个不同的意思。

不用语类就无法反映出成分之间关系的密切程度。假如我们把副词 probably'可能'加到上文举到的句子（1）中各个不同的位置上观察其结果：

（11） a. Probably, the boy hit the ball.
　　　 b. *The, probably, boy hit the ball.
　　　 c. The boy, probably, hit the ball.
　　　 d. *The boy hit, probably, the ball.
　　　 e. *The boy hit the, probably, ball.
　　　 f. The boy hit the ball, probably.

就会发现（11a）、（11c）、（11f）合格，（11b）、（11d）、（11e）不合格。这是什么原因？（11b）和（11e）不合格是因为 probably 插入名词词组 the boy 之间，（11d）不合格是因为 probably 插入动词词组 hit the ball 之间，其余几句中 probably 都插在两个词组之间。可见 probably 虽然是个位置比较自由的插入语，但是只能插在两个词组之间，而不能插入词组之内。词组是一个比较紧密的结构体，词组内结构成分关系密切。假如不用词组语类概念，只用词类概念，就无法作出解释。

3.1.1.2　语类规则及其表达方式

生成语法学的创造性表现在哪里呢？表现于以下两个特点。一个特点是形式化，有别于传统语法学。传统语法学用文字来描写句法结构，生成语法学则用专用符号组成的规则来描写。另一个特点是演绎法，有别于结构主义语法学。结构主义语法学用归纳法分析句子，从实际句子出发，经过切分，总结出名词、动词之类句法概念。生成语法用演绎法，从语类概念出发经过推演生成句子。由于句法学研究的是句子范围内的结构，所以演绎从句子开始，由句子到词组，由词组到单词。英语句子演化的过程用 2.6.2 节介绍过的形式化规则写出来是：

(1) a. S→NP VP[1]
    b. NP→D N
    c. VP→V NP

这种以语类为基础的演绎规则称为语类规则(categorial rule),或称词组结构规则(phrase structure rule),简称 PS 规则。[2]

句法结构演绎如同代数式中代入置换。以(1a)为基础,使用公式(1b)与(1c)逐步取代箭头右端的项目可得:

(2) a. S→NP VP（用规则(1a)代去 S）
    b. S→D N VP（用规则(1b)代去(2a)中的 NP）
    c. S→D N V NP（用规则(1c)代去(2b)中的 VP）
    d. S→D N V D N（用规则(1b)代去(2c)中的 NP）

把词组语类都代去得到完全由单词语类组成的符号序列。单词语类也还是非终极符号,这样构成的是词汇前结构(pre-lexical structure)。下一步要用终极符号来取代非终极符号。2.6.2 节说过非终极符号代表一个集合,终极符号代表集合中的一个元素。用终极符号取代非终极符号就是在某个集合中挑一个元素来代表该集合。具体的做法是在英语词汇表中选一个限定词取代(2d)中的 D,选一个名词取代 N,选一个动词取代 V……[3]

(3) a. S→the N V D N
    b. S→the boy V D N
    c. S→the boy hit D N
    d. S→the boy hit the N
    e. S→the boy hit the ball

---

[1] 最早 Chomsky (1957) 的写法是 S→NP + VP,后来 Chomsky (1965) 改为 S→NP⌒VP,再后来 NP 与 VP 之间不用任何符号。
[2] phrase 汉语中没有统一的译法,本书中译为"词组",另一译法"短语"也通用,所以词组结构规则也可称为短语结构规则。
[3] 也可以用代公式办法处理:
    (i) a. D→the
        b. N→boy
        c. V→hit
把(ia)代入(2d)得(3a);把(ib)代入(3a)得(3b);把(ic)代入(3b)得(3c),依次类推。

把 the、boy、hit、ball 等逐个代入(2d)，把非终极符号都代去，最终得到完全由终极符号组成的序列(3e)，这是词汇后结构(post-lexical structure)。假如不用以上几个元素，而改用集合中的其他元素，也就是说用别的词代入，或者仍用这几个元素而改变其顺序，则得到句法构造相同的其他句子，例如：

(4) a. The girl wrote a letter.（女孩写了一封信。）
  b. This man bought that book.（这个人买了那本书。）
  c. The ball hit the boy.（球击中了男孩。）

(2)和(3)称为句子的推导式(derivation)，不用推导式可以改用图形来表达语类结构：

(5)

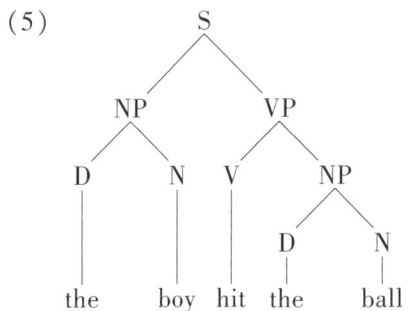

这种图形称为词组标示(phrase-marker)，因为形状像棵倒生的树，故称树形图(tree diagram)。树形图清楚明了，得到了广泛的使用。

语类结构还可以改用以下办法表示：

(6) [ₛ[ₙₚ[_D the] [_N boy]] [ᵥₚ[ᵥ hit] [ₙₚ[_D the] [_N ball]]]]

(6)中的括弧相当于(5)中的线条，每套括弧都标上 S、NP 等语类名称，所以这种标记法称为标示括弧(labelled brackets)。[1] 这种表达法

---

[1] 本书将语类名称标在左边括弧的内侧，也有的书上标在外侧，或者标在右边括弧，或者一对括弧左右两边都标。以下各种标法没有本质区别：

(i) a. [ₛ]
 b. ₛ[ ]
 c. [ₛ]
 d. [ ]ₛ
 e. [ₛ ₛ]
 f. ₛ[ ]ₛ

的优点是节约空间,便于打字和书写。

有时候我们并不需要把结构中每一细节都表达出来,可以略去几个括弧,例如可以把(6)写成(7),只分析到 NP、VP 为止,不细究 NP、VP 的内部结构。

(7) [s[NP the boy] [VP hit the ball]]

在树形图中可以采用相应的简化办法,可以用三角形代表略去的语类标示,如(8a);如果不用三角形也可改用直线,如(8b):

(8) a.   b.

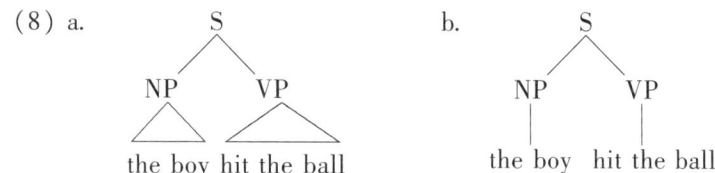

3.1.1.3 语类规则及其生成能力

上一小节的讨论都围绕着同一种构造的句子,只列出了三条规则:

(1) a. S→NP VP
    b. NP→D N
    c. VP→V NP

这三条规则当然不足以生成英语中全部的句子,而只能生成英语句子集合中的一个子集。例如不能生成以下句子,这几句中用斜体字母印的成分都无法纳入(1a)、(1b)、(1c)三条规则。

(2) a. The boy hit the *colorful* ball. (男孩击中彩球。)
    b. The boy hit *at the mark*. (男孩向目标击去。)
    c. The boy *will* hit the ball. (男孩将击中球。)
    d. The boy hit*s* the ball. (男孩击中球。)
    e. He said *the boy had hit the ball*. (他说男孩击中了球。)
    f. He wanted *the boy to hit the ball*. (他要男孩击中球。)
    g. He said *that the boy had hit the ball*. (他说男孩击中了球。)

要生成以上句子必须充实语类规则。具体的做法是增加新规则或者修改已有的规则。增加规则(3)就可以生成(2a)了。

(3) NP→D A N

这条规则可以用来生成 the colorful ball。把(3)和(1b)合起来可以

写成:

(4) NP→D (A) N[1]

根据 2.6.2 小节(5),放在圆括弧中的成分是可有可无的成分。

要生成(2b)这类句子应增加规则(5):

(5) a. VP→V PP
  b. PP→P NP

PP 代表介词词组(prepositional phrase),P 代表介词(preposition)。这两条规则可以用来生成(2b)中的介词词组 at the mark。把(5a)和(1c)合起来可以写成:

(6) VP→V $\begin{Bmatrix} NP \\ PP \end{Bmatrix}$

花括弧中并列的 NP、PP 表示可在这两个成分中取一个。

要描述(2c)需要增加规则(7):

(7) S→NP I VP

I 代表形态变化,这个语类包括 am、are、is、have、has、shall、will 等助动词以及动词过去式词尾 -ed、动词单数第三人称现在式词尾 -s 等等。有的书上称为 AUX 或 Aux,AUX 代表助动词(auxiliary)。因此,(2c)中的助动词 will 属于 I,(2d)hits 中的词尾 -s 也属于 I。这里要作两点说明:第一,hits 中 V 在前 I 在后,而规则(7)中 I 在前 V 在后,对此怎么处理? 这就需要另外用一条规则来调整次序。调整位置的规则不是语类规则,而是转换规则。第二,动词单数第三人称现在式 hits 中有 I,那么过去式 hit 中有没有 I 呢? hit 是个不规则动词,其过去式词尾不取 -ed,而取零形式,零形式在语音上虽然不存在,在句法结构上还是存在的。因此更确切地说,the boy hit the ball 也应该由规则(7)生成。既然如此,以后的分析中我们只用(7),不再使用(1a)了。

(2e)是个复句,he said ... 是个主句(matrix sentence),而 the boy

---

[1] 其实 D 也是可有可无的,例如以下句子中的 John 是由单个名词组成的 NP,前面既没有 A,也没有 D:
  (i) John hit the ball. (约翰击中了球。)
因此(4)也可以改为(ii):
  (ii) NP→(D) (A) N

had hit the ball 是嵌入主句中的内包句或称内嵌句(embedded sentence)。要生成这类复句需要用规则(8)[1]：

(8) VP→V S

把(8)和上文(6)合起来可以写成：

(9) VP→V $\begin{Bmatrix} NP \\ PP \\ S \end{Bmatrix}$

(2f)与(2e)相似，不妨把(2f)中的 the boy to hit the ball 也看作一个内包句。它与(2e)中的内包句 the boy had hit the ball 只有一个差别：to hit 是个没有时态的不定式(infinitive)动词；had hit 是个有时态的定式(finite)动词。说得更明确些，差别只在于 I。(2e)中的 I 是有时态变化的 had，(2f)中的 I 是没有时态变化的 to。它们都是 I 这一集合中的元素。

最后我们来说明(2g)怎么生成。把(2g)与(2e)相比，可以看出(2g)在内包句之外还多了一个 that。这个 that 没有语义内容，仅仅起一个句法标志作用，表示它后面的成分是内包句 S。这个内包句是动词的补语，所以把 that 称为补语化成分(complementizer，早期简称 COMP，后来都缩写为 C)。后来发现 that 引导的内包句并不都是动词的补语，例如(10)中从句就不是动词的补语：

(10) That the boy hit the ball amused them. （男孩击中球逗乐了他们。）

Bresnan(1970)更进一步假设不但从句中有 C，主句中也有 C 位置，简单句(2a)、(2b)、(2c)、(2d)等结构中也都有 C 位置，简单句和复合句的主句中 C 都取零位形式，C 位置空着。Bresnan 建议用以下规则描写：

(11) S′→C S

S′有人称为超句(super-sentence)，是比 S 更大的语类。引入 S′概念后，(2f)和(2g)的差别仅仅在于(2f)从句中 COMP 取零形式，(2g)中

---

[1] 这条规则就是 3.1.1.1 小节的规则(6)。

COMP 取 that。规则(11)可以用来概括任何句子。例如(2a)的树形图应是：

(12)
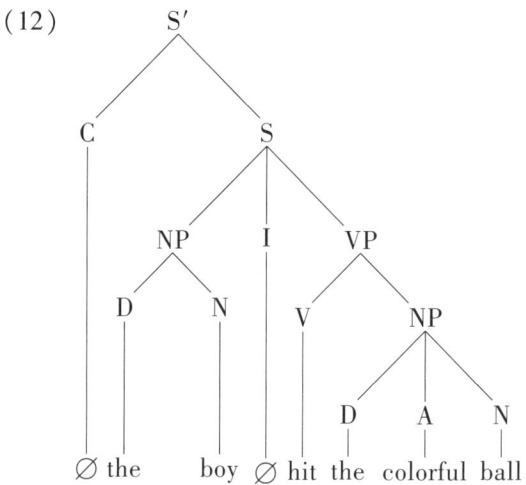

其中 C 和 I 都取零位形式。既然 C 的含义已经起了变化，就不再是补语标志而成了任何句子的标志，把它译成"补语化成分"会引起误解，所以我们译为标句词，也可称标句成分。

经过以上的补充和修改之后，(2a)—(2g)那些句子也都已生成了。现在把以上确定的几条规则总结如下：

(13) a. S'→C S

　　　b. S→NP I VP

　　　c. NP→D A N

　　　d. VP→V $\begin{Bmatrix} NP \\ PP \\ S' \end{Bmatrix}$ [1]

以上这些规则我们都没有提供实验证明，也许有的读者会怀疑其中某条规则不符合说英语者的语感。例如有人会怀疑(13b)。何以见得 I 与句首 NP 平级？会不会 I 与 VP 构成一个语类？以(2c)为例，试比较两种不同的描写：

---

[1] 请对照(13d)与(9),(9)中的 S 在(13d)中改为 S'。

(14) a.
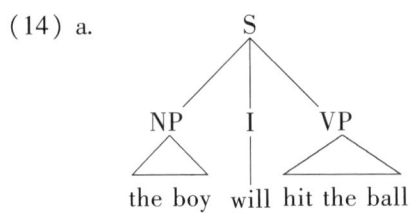
b.
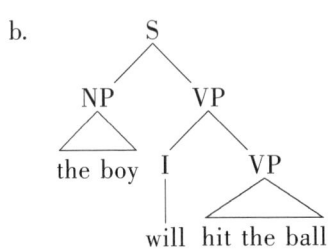

(14a)是按(13b)得出的词组标示;(14b)是另一种假设,这一词组标示中 I 位于 VP 之内。[1] 以上我们取(14a),但有些生成语法学著作中取(14b)。究竟哪一种假设对,可以按 2.4 节介绍的心理实验办法来验证。

先用插入法验证。3.1.1.1 小节例(11)中曾用 probably 插入句中,发现它的位置虽然相当自由,但是不可插入 VP 之内。它能不能插在 will 与 hit the ball 之间呢?(15b)说明它能插入,证明两者关系不太紧密。

(15) a. *The boy will hit, probably, the ball.

　　 b. The boy will, probably, hit the ball.

再用删略法验证。比较:

(16) a. Who will hit the ball?(谁将击中球?)

　　 b. *The boy will hit.

　　 c. The boy will.

(17) a. The girl won't hit the ball, but the boy will hit the ball.(女孩不会击中球,而男孩会击中球。)

　　 b. *The girl won't hit the ball, but the boy will hit.

　　 c. The girl won't hit the ball, but the boy will.

(16b)、(17b)不成立,证明 hit the ball 组成 VP,不能省略其中的一部

---

[1] (14b)中有两个 VP,应把其中一个改换成其他名称,例如可以把上层 VP 改称谓语词组(predicate phrase,简称 PREDP 或 PredP)。用什么名称不影响这里讨论的问题。

分;(16c)、(17c)成立,证明 will 不在 VP 之内,可以省略 VP 保留 will。

最后用移位法验证。以下句子表明 hit the ball 可以作为完整的语类 VP 前置,而 will 可以与 VP 隔开:

(18) Hit the ball, the boy will. (击中球,这男孩会的。)

这一系列实验证明,作为 I 的 will 不在 VP 之内,证实了(13b)。[1](13a)、(13c)和(13d)也可以用类似的办法证明,具体证明过程都从略了。

用(13)中四条规则生成的句子当然比用(1)中三条规则生成的句子多,不过也还只能生成英语句子这一集合中的一个子集。继续增加扩充规则终究可以生成英语中全部合格的句子。充实语类规则就是增强语法的生成能力。

3.1.1.4 语类的高低与先后关系

有了一条条语类规则就能够生成一个个词组标示,形象地说,能够画出一棵棵树来。这一小节我们将解析一棵树,研究其内部关系。

(1)

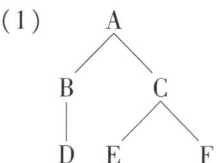

树枝的分叉处称为节点(node)。有时借用亲属关系作比喻,平级的节点可以称为姐妹节点(sister node),(1)中 B、C 为姐妹节点,E、F 为姐妹节点,但 D 与 E、F 不是姐妹节点[2]。

每两个节点之间都存在一定的关系,或者是上下关系,或者是先后关系。居高(dominance)和领先(precedence)是结构层次关系中两个常用概念。位于上层的节点居高。(1)中 A 居最高位,其他各点都是 A 的下属,都从属于 A。其中 B、C 直属于 A;D、E、F 从属于 A,但不直属于 A。B 居 D 之上,D 从属于 B。C 居 E、F 之上,E、F 从属于 C。D 位

---

[1] 句子的结构以及 I 在句中的位置一直是有争议的问题,本书第 6 章、第 7 章还要进一步讨论。

[2] 有些著作中把 A 称为 B 的母节点(mother node),把 D 称为 B 的子女节点(daughter node),但用得不多。

置虽然比 C 低一级,但不从属于 C;E、F 虽然比 B 低一级,但不从属于 B。位于左边的节点领先。(1)中 B 领先,C 随后。D 领先,E、F 随后。E 领先,F 随后。F 不但随 E 之后,也随 D 之后,但不紧随 D 之后。两个节点之间存在上下关系就不再存在先后关系。A 虽然位于 C 左边,但 A 已经居于 C 之上,所以不先于 C。B 虽然位于 A 左边,但 B 已经从属于 A,所以不先于 A。总之,节点 X 与节点 Y 之间必然存在下列四种关系之一:

(2) a. X 居高,Y 属下
    b. Y 居高,X 属下
    c. X 领先,Y 随后
    d. Y 领先,X 随后

X、Y 之间也只能存在一种关系,不能同时存在两种关系。

上述关系在句法学中相当重要。传统语法注重先后关系,即线性关系,现代语法注重高低上下关系,即层次关系。且看以下例子:

(3) a. John hates his father.(约翰恨他的父亲。)
    b. He hates John's father.(他恨约翰的父亲。)

(3a)中 John 和 his 可以指同一个人,(3b)中 he 和 John 不能指同一个人。(3a)可以指约翰恨自己的父亲,(3b)只能指别人恨约翰的父亲。传统语法用先后关系说明(3a)与(3b)的对比,作以下假设:当一个名词与一个代词指同一对象时,先用名词,后用代词。这一假设能说明(3a)与(3b)不同,但无法说明(4a)与(4b)为什么相同:

(4) a. John's father hates him.(约翰的父亲恨他。)
    b. His father hates John.(他父亲恨约翰。)

(4a)与(4b)中,John 和 him,John 和 his 都可以指同一个人。上述假设也不能说明为什么(5a)中名词 John 在前,代词 he 在后,可是 John 和 he 不能指同一个人;(5b)中代词 his 在前,名词 John 在后,可是 his 和 John 反而能指同一个人。[1]

---

[1] 传统语法学家也许会含糊地说这种现象是受了分词 seeing 的影响。生成语法不能用含糊的话,要说得明确,说得概括,不论是分词从句还是其他从句中的名词、代词的使用都要受句法上下层次的限制。

(5) a. Seeing John's father, he felt happy. （看到约翰的父亲,他感到高兴。）

　　b. Seeing his father, John felt happy. （看到他父亲,约翰感到高兴。）

这些例子证明只用先后关系不足以说明问题,必须用上高低关系。

3.1.1.5　语类结构层次与主宾关系

传统语法学著作中主语和宾语是广泛使用的基本概念,但是从来没有对其下过明确的定义。有的语法书上避而不下定义,作者与读者之间靠"心有灵犀一点通"取得默契;有的语法书上根据意义下定义,例如:

(1) a. 主语是句子表述的对象。

　　b. 主语是动作的施事(即动作的发起者)。

主语、宾语是句法概念,不是语义概念,句法和语义不完全一致,根据语义给句法概念下定义是行不通的。以下是两句反例:

(2) a. No one has seen the ball. （没有人看过那只球。）

　　b. The ball rolled over. （球滚过去了。）

句子(2a)表述的对象是宾语 the ball '球',不是主语 no one '没有人'。[1] (2b)中 the ball 不是动作的施事,球自己不会滚,是人或其他外力使它滚起来的。施事不作主语的典型句型是被动结构。

(3) The ball was hit by the boy. （球被男孩击中了。）

不但不能按意义给主语下定义,也不能按先后关系给主语下定义,即不能按词序下定义(4):

(4) 句中第一个名词词组是主语。

这样定义虽然明确,不含糊,但并不正确。以下句子(5)是(4)的反例,(5)中 John 不是句子的主语:

---

[1] 有人会问: no one 为什么不可以是对象? 这里说的"对象"(object)是语义学用语,以哲学上"存在"(existence)的概念为基础,不能按通俗话来理解。no one、who '谁'之类没有对象,这些是语义学讨论中常用的典型例子。

(5) John's boy hit the ball.[1]（约翰的男孩击中了球。）

Chomsky（1965）主张用语类在层次结构中的上下关系来定义,他提出：

(6) a. 直属于 S 的 NP 为主语。

　　b. 直属于 VP 的 NP 为宾语。

有时把主语写作[NP,S],把宾语写作[NP,VP]。现在来看几个例子,采用树形图表明从属关系：

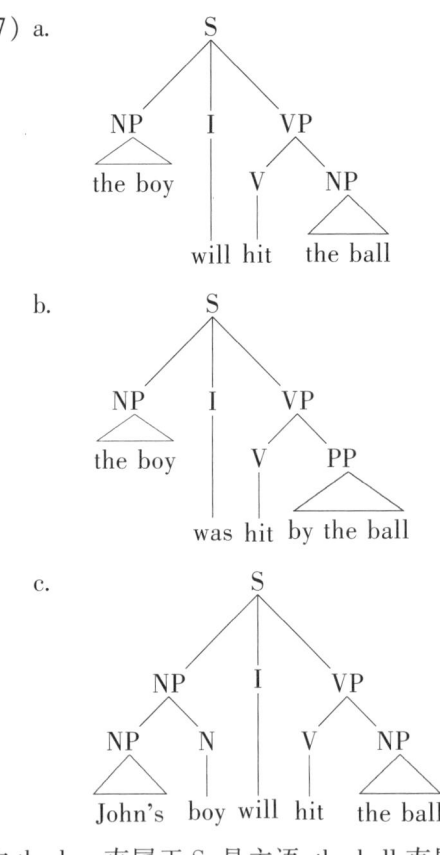

(7a)中 the boy 直属于 S,是主语;the ball 直属于 VP,是宾语。(7b)中

---

[1] 有人会说：John's 是所有格,当然不能作主语;boy 是主格,就是主语。请注意定义(4)中并没有说所有格不可作主语,这条规定是熟悉传统语法的读者自行补充的。生成语法把一切交代明确了,可传统语法学家不守此原则,所以总认为生成语法说服不了他们,认为不用生成语法也能解决问题。

the ball 直属于 S,是主语,该句没有直属于 VP 的 NP,所以没有宾语。(7c)中 John's boy 直属于 S,是主语;the ball 直属于 VP,是宾语。

Chomsky 把语类结构的高低上下关系,或者说层次关系,作为基本概念;把主语、宾语等语法关系项(grammatical relation),或称语法功能项(grammatical function),作为派生概念。派生概念可以靠基本概念定义,其他语法关系也可以用语类的层次来描写。比较:

(8)

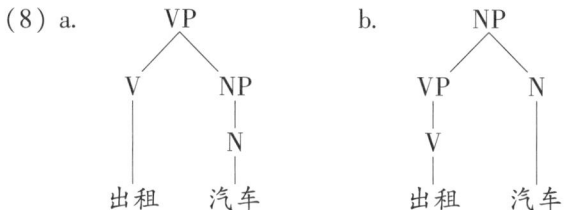

(8a)是传统语法学所说的动宾关系,(8b)是传统语法学所说的偏正关系。[1] 生成语法学完全从形式方面来给有关的句法概念下定义。我们将沿用传统的"主语""宾语"等名称,但是都要按(6a)、(6b)的定义理解,提请读者注意。

每一种语言都有一整套以语类为基础的规则,用来生成句子结构,语类规则的集合构成句法规则系统中的一个子集,称为语法的语类部分(categorial component)。以后我们每介绍一部分就画一个方框,然后把几个方框连成流程框图。先画第一个:

(9) 语类部分

3.1.2 词库

3.1.2.1 词项插入

用语类规则生成的是由语类组成的结构,用规则(1a)—(1c)可以生成结构(2):

(1) a. S→NP I VP

　　b. VP→V NP

　　c. NP→D N

---

[1] (8a)是 VP,把(8b)也误作 VP 会以为语类层次不足以区分"出租汽车"的结构歧义。VP 可以扩展为 V + NP,如果 NP 中没有 A 等,则最终扩展为 V + N。但并不意味着凡是 V + N 都是由 VP 扩展来的。

(2)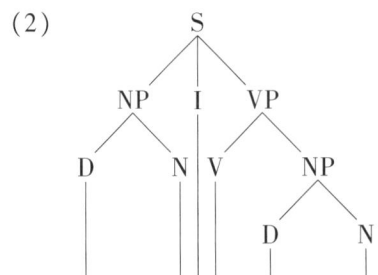

(2)是词汇前结构,由非终极符号构成,要把非终极符号化成终极符号,才能成为词汇后结构,最终成为句子。所以,要生成句子除了需要语类规则以外,还需要词。语类规则是说话者-听话者知识的一部分,词也是说话者-听话者知识的一部分。要说话,或听别人说话,头脑中不仅要掌握语类规则系统,还要掌握一部词典供使用。我们把头脑中掌握的抽象的词典称为词库(lexicon)。

词库由词项(lexical item)[1]组成,好比印刷出版的词典由词条组成。每个词项都要包括以下信息:

(3) a. 词的语音特征
　　b. 词的句法特征
　　c. 词的语义特征

知道一个词就该知道它怎么读,是哪一类词,名词还是动词,表达什么意思。从词库中挑选出适当的词按类别填进语类结构才得到有终极符号的结构。例如选用 the、boy、hit、will 等词分别填入(2)中 D、N、V、I 等语类项目之下得到:

(4)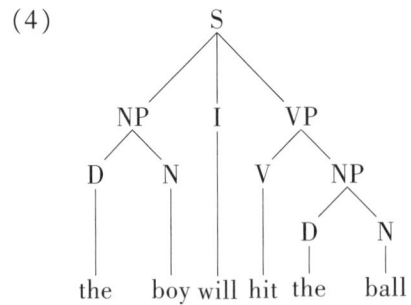

---

[1] 词项不仅包括词,也包括习语等等,习语虽然不止一个词,但因为是固定组合,所以只作一个词项看待。

把词填入语类结构,即由上文(2)构成(4),称为词项插入(lexical insertion)。有些著作中也用规则处理,由(2)构成(4)的规则称为词项插入规则(lexical insertion rule)。

(5) a. D →the

b. N →boy

c. I →will

d. V →hit

e. D →the

f. N →ball

3.1.2.2 子语类化

假定不选以上那些词,而选其他词插入,生成的结构是否都符合语法?假如在以上例子中不用动词 hit,而从词库中选别的动词 run 或者 put,生成的是:

(1) a. *The boy will run a ball.（男孩将跑一只球。）

b. *The boy will put a ball.（男孩将放一只球。）

凭语感我们知道(1a)和(1b)都不合乎语法。理由大家都知道,run 是个不及物动词,它后面不能跟一个名词词组;put 是个及物动词,后面应该跟个名词词组,但是只跟一个 NP 还不够,必须再加上一个介词词组,下列句子都合格:

(2) a. The boy will run.（男孩将跑。）

b. The boy will put a ball in a box.（男孩将把球放入盒中。）

要生成(2a)应该用规则(3b),要生成(2b)应该用规则(3c),而都不用规则(3a)。

(3) a. VP→V NP

b. VP→V

c. VP→V NP PP

为了生成英语中全部合格的句子,英语语法中必须增加(3a)、(3b)、(3c)等等规则,必须把英语动词后面可以出现的某一种语类或某一些语类无遗漏地列出来。可是增加规则只能生成更多合格的句子,还不能保证所生成的句子都是合格的。例如,只能保证生成(2a)、

(2b),却不能防止生成(1a)、(1b)。所以一方面要增加语法的生成能力,一方面还要设法限制语法的生成能力,这样才能恰到好处。限制生成不合格句子的办法是把动词分成小类,然后指出哪一类动词用哪一条规则。这种小类称为子语类(subcategory),它们都属于动词这一基本语类。每一个子语类都是动词这一集合之中的一个子集合。

给动词划分子语类的具体做法是把动词词项标为:

(4) a. hit [+V, +__ NP]
　　b. run [+V, +__]
　　c. put [+V, +__ NP PP]

(4)中"+V"表示该词项具有动词特征,属于"动词"这一基本语类。"+__ NP、+__、+__ NP PP"则表示动词属于哪一个子语类,即说明可以使用规则(3a)、(3b)还是(3c)。

划分和标明子语类时有几个问题应注意。第一,2.6.2节(1)提到过生成语法惯用加号表示具有某一特征,用减号表示不具有某一特征。如果写得更全面些,(4)可以写成:

(5) a. hit [+V, +__ NP, −__, −__ NP PP]
　　b. run [+V, +__, −__ NP, −__ NP PP]
　　c. put [+V, +__ NP PP, −__ NP, −__]

不过为了简便起见,大家一般用(4),而不用(5)。不标明某词项具有某一特征就表示该词项不具有该特征。打个比方说,在选举时只要写出选某人就表示不选别人。

第二,有些词项属于一个以上子类,例如动词 eat '吃' 既可以作及物动词也可以作不及物动词,可以写成:

(6) eat [+V, +__ NP, +__]

第三,分子类时所涉及的 NP、PP 元素都是指在树形图中与 V 平级的姐妹节点语类,并不涉及与 V 不平级的语类。请看以下句子(7a)的结构(7b):

(7) a. On Sunday I will put the book on the shelf on your account.
　　(星期日我将为了你的缘故把书放在架子上。)

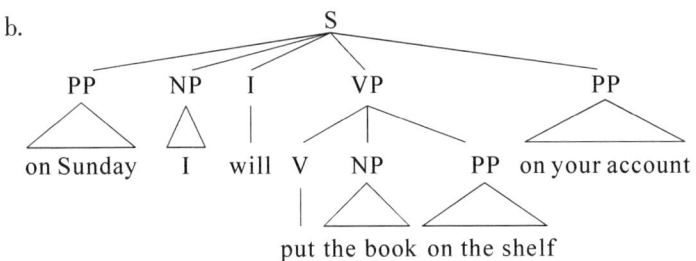

(7a)中有三个 PP,其中 on Sunday'在星期天'和 on your account'为了你的缘故'都在比 V 更高的层次上,一个在动词前,一个在动词后,只有 on the shelf'在架子上'是 V 的姐妹节点,与 V 共同从属于 VP。2.5.5 小节中说过,与 V 平级的是其主目语,不能随便增删,与 V 不平级的是附加语,可有可无。给动词分子语类时只考虑其主目语,不考虑其附加语。所以 put 的特征是(4c),不是(8):

(8) [+V, +__ NP PP, +__ PP, +__ PP]

无论用哪一个动词都可以加上表示时间、地点、原因的介词词组,并不需要在词项下特别标明。

生成语法中把标明动词子语类的做法称为子语类化(subcategorization),如果用规则处理,则称为子语类化规则(subcategorization rule)。

3.1.2.3 选择限制

子语类化虽然能防止生成上一小节中举到的不合语法的句子,可是不能防止生成以下(1b)、(2b):

(1) a. The boy will buy a ball. (男孩将买球。)
    b. *A ball will buy the boy. (球将买男孩。)
(2) a. Sincerity may frighten the boy. (真诚会使这男孩感到害怕。)
    b. *The boy may frighten sincerity. (这男孩会使真诚感到害怕。)

语法除了考虑动词的句法环境之外还必须考虑动词与名词的搭配关系。一个动词往往只能与某一类名词搭配。一般说来,buy'买'的主语应该用指人的名词,buy 的宾语才可以用指物的名词,所以(1a)合格,(1b)不合格。frighten 的主语都只能是抽象的名词,而 frighten 的宾语才是指具体人物的名词。[1]因此有必要给名词分类,例如根据抽象[+ABSTRACT]还是非抽象[-ABSTRACT],指人[+HUMAN]还是不指人[-HUMAN]等特征进行分类。给名词分类的具体做法是在每个名词词项下注明特征:

(3) a. boy [+N, +HUMAN]
　　b. sincerity [+N, +ABSTRACT]
　　c. ball [+N, -ABSTRACT, -HUMAN]

注意,既然注了[+HUMAN],就不必注[-HUMAN],也不必注[-ABSTRACT];注了[+ABSTRACT],就不必注[-ABSTRACT],也不必再注[-HUMAN]。因为同时具有[+HUMAN][-HUMAN],[+ABSTRACT][-ABSTRACT]或[+ABSTRACT][+HUMAN]特征的名词是不存在的。

同时,每个动词词项之下应相应地注明:

(4) a. buy [+V, +[+HUMAN]__[-ABSTRACT]]
　　b. frighten [+V, +[+ABSTRACT]__[+HUMAN]]

(4)中横线表示动词的位置,横线前是对其主语特征的要求,横线后是对其宾语特征的要求。这样规定限制了动词选用哪一类名词作主语,哪一类名词作宾语。这种限制称为选择限制(selection restriction)[2],或称同现限制(restriction of co-ocurrence)。选择限制和子语类化一样都是限制语法的生成能力,防止生成不合格的结构。会说某种语言的人都具备这类知识,生成语法学提出这些概念是模拟人头脑中的知识。

这一小节讲词项中包含的句法内容。词项组成的集合为词库,词库是生成句子必要的材料来源。

(5) 词库

词库与句法的语类部分合称为基础(Base)。

---

[1] 比喻用法当然不受限制,比喻不属语法讨论范围。
[2] 有的书上称 selectional restriction。

(6)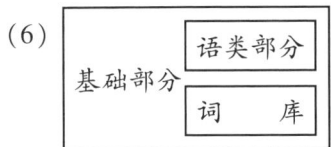

20世纪60年代的生成语法对词库的研究相当粗略,生成语法学中没有独立的词法学。到了70年代初,Halle(1973)等研究了词的内部结构,提出了语法系统中的构词部分(Word Formation Component)。70年代中期以后,出版了研究构词理论的专著 Aronoff(1976)、Siegel(1979)等。80年代继续研究词的结构,出版了一些新的著作 Selkirk(1982)等。80年代中期,Chomsky(1986a)提到,应当在语法系统中确立一个词汇部分(Lexical Component)。后来他不再用具体的选择限制规则,只笼统地提到词的语义特征。

3.1.3 转换规则

如果生成语法学只用语类规则加词项,那么它在句法描写方面并不比其他语法学高明。转换-生成语法还使用另一类规则——转换规则。

3.1.3.1 转换规则的性质

什么叫转换规则?它与语类规则有什么区别?要从根本上弄清这两个概念,还须从语法规则形式说起。

把3.1.1小节与3.1.2小节列出的规则察看一遍会发现它们都采用以下类型:

(1) a. NP→D N
    b. D→the

(1a)把一个非终极符号演化为别的非终极符号,(1b)把一个非终极符号化为一个终极符号。箭头左端的符号在右端不再出现,不采用以下形式的规则:

(2) a. AB→BA
    b. AB→B
    c. A→AB

(2a)把符号移位,(2b)删去左端的符号 A,(2c)在右端插进了符号 B。

（2a）、（2b）、（2c）之类规则不是语类规则，称为转换规则（transformational rule，简称 T 规则），以下各类规则属于转换规则：

(3) a. NP VP→VP NP
　　b. NP VP→VP
　　c. VP→NP VP

不仅使用语类规则，而且使用转换规则的语法称为转换语法（transformational grammar）。不用转换规则，只用语类规则，即词组结构规则的语法称为词组结构语法（phrase structure grammar）。[1]

20 世纪 50 年代末，Chomsky（1957，1959a）和 Postal（1962）论证了结构主义语言学惯用的一些语法生成能力太弱，不足以生成自然语言中一切合乎语法的句子。他们是从数学角度论证的，使大家都信服。语法改革势在必行。语言学家的兴趣集中到研究如何增强语法的生成能力上。使用转换规则显然能增强语法的生成能力，于是大家力图发现各种转换规则。转换生成语法迅速发展。

3.1.3.2 转换规则的作用

为什么用转换规则的转换语法比不用转换规则的词组结构语法好？转换规则能起什么作用？早期生成语法学家主要从两个方面考虑：一是词组结构语法有不便之处，二是词组结构语法有不足之处。

先说不便之处。我们在 3.1.1.3 小节中提到过 I 在句中位置的问题，比较以下两句：

(1) a. John will work.（约翰将工作。）
　　b. John worked.（约翰曾工作。）

(1a) 中的 I 是 will，(1b) 中的 I 是 -ed，所以 (1a)、(1b) 不能用同一条规则生成，只好分别由规则 (2a)、(2b) 生成：

(2) a. NP I VP
　　b. NP VP I

问题还不止于此，(2a)、(2b) 都无法生成以下句子：

---

[1] 继承美国结构主义的一些语法体系，以及继承 John R. Firth 理论的伦敦学派的系统语法，在本质上都属于词组结构语法，虽然他们用不同的标记方法。

(3) a. John will be working.
    b. John has worked.

这两句中, will be ... ing 和 has ... ed 分列动词 work 左右。英语的时、体、态变化相当复杂, 许多别的语言也很复杂。如果只能用语类规则描写, 就需要用许多条规则来处理 I 的位置。假如我们只用以上(2a)一条语类规则, 再加上转换规则来调整位置则要简便得多。这种转换规则可称为 I 移位规则(I-Movement), 也称词缀越位规则(Affix Hopping)。

再说不足之处。有些内在关系语类规则根本无法反映, 例如:

(4) a. Bring in the man. (带进这人。)
    b. Bring the man in. (带这人进来。)

bring in 称为词组动词(phrasal verb, 简称 V_{ph}), 由一般动词加上助词(particle, 简称 PRT 或 Prt)构成。宾语可以置于助词之后, 也可以置于助词之前, 所以有(4a)和(4b)两种序列。(4a)很容易用语类规则(5)描写, 用树形图(6)画出来。

(5) a. VP→V_{ph} NP
    b. V_{ph}→V PRT

(6)

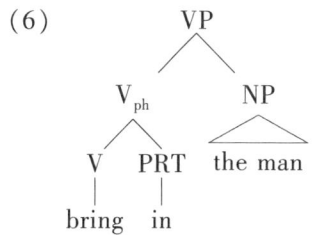

可是(4b)无法用树形图表达, 因为无法使 NP 插在 V 与 PRT 之间。解决的办法是立一条规则把(6)中的 in 和 the man 交换位置。这种规则就不是语类规则, 而是属于 3.1.3.1 小节的(2a)类移位转换规则, 可称为助词移位规则(Particle Movement)。

3.1.3.3 转换规则的写法

转换规则怎样表达? 例如, 助词移位规则该怎么写? 这条规则的目的是把(1a)结构变换成(1b)结构:

(1) a. We will bring in the man. (我们将带进这人。)

b. We will bring the man in.（我们将把这人带进来。）

第一步，先把序列(1a)划分成几项，并编上号码，每一项称为一个因子(factor)。将序列划分成因子称因式分解(factorization)。

　　(2)　we will-bring- in -the man
　　　　　　X　- V　-PRT-　NP
　　　　　　1　　 2　　 3　　 4

为什么要这样划分？因为这条规则涉及的是 V、PRT、NP 三项的次序。而句首的 we 和 will 与规则无关，所以合放在一起用变项 X 表示，不论用什么词类代入 X 都对本规则没有影响。

第二步，把 1—2—3—4 顺序换成 1—2—4—3，具体的写法是：

　　(3)　　X-V-PRT- NP
　　　　　　1 2　 3　　 4
　　　　⇒　1 2　 ∅　　4 +3

为了与词类规则相区别，转换规则中常用双箭头，∅ 表示空白，4 + 3 表示把原来的第三项移至第四项之后。通常把转换前的结构称为结构描写(structural description，简称 SD)，把转换后的结构称为结构变换(structural change，简称 SC)。

3.1.3.4　转换规则的操作类型

为了全面了解生成语法学发展的来龙去脉，本节大致说一下转换规则有哪些类型。

第一类是移位(movement)规则，特点是 SC 中改变 SD 符号的顺序，其程式为(1)(=3.1.3.1 小节的(2a))：

　　(1)　AB→BA

上一小节提到的 I 移位规则和助词移位规则都属此类。还有一条常用的移位规则是疑问词移位规则(wh-Movement)：

　　(2) a. It is John's book.（这是约翰的书。）
　　　　b. Whose book is it?（这是谁的书?)

在这类疑问句中不仅要用 I 移位规则，把 I 移到主语之前，还要用疑问词移位规则，把后面的 NP 移至句首。

第二类是删略(deletion)规则，也译省略规则。特点是在 SC 中删

去 SD 中某一个或某几个符号,其程式为(3)(=3.1.3.1 小节的(2b)):

(3) AB→B

英语中构成命令句时要删去主语,把(4a)改为(4b):

(4) a. You read the book.(你读这本书。)

b. Read the book.(读这本书。)

这叫命令句删略规则(Imperative Deletion),写法如下:

(5)   NP-   V - X
        [2ND PER]
        1   2 3
   ⇒ ∅   2 3

2ND PER 代表第二人称(second person)特征,说明第一项 NP 必须是第二人称,也就是说 you'你'可以删去,he'他'、they'他们'等不能删去。语法学家讨论得比较多、对后来的语法理论发展影响较大的是等同名词词组删略规则(Equivalent NP Deletion),简称同语删略规则(Equi Deletion)。当一个句子中出现两个等同的名词词组时删去一个。比较:

(6) a. John wants Bill to go.(约翰要比尔去。)

b. John wants John to go.(约翰要约翰去。)

c. John wants to go.(约翰要去。)

当句中两个 John 指同一个人时,不用(6b)而删去一个 John 成为(6c)。

第三类是插入(insertion)规则,特别是在 SC 中增加 SD 中没有的符号。其程式为(7)(=3.1.3.1 小节的(2c)):

(7) A→AB

英语存在句(existential sentence)中的虚词 there 可以看作是插在一般句子中的。比较:

(8) a. Two men were in the room.(两个人在房里。)

b. There were two men in the room.(有两人在房里。)

(8b)可以用 there 插入规则(*there* Insertion)构成:

(9)   NP-   be- X
        [−DEF]
        1   2   3
   ⇒*there* 2 +1 3

DEF 代表有定的(definite)，在 NP 下注明[－DEF]特征表示只有当 NP 是不定的名词词组时才能转换。如果 NP 是有定的名词词组，即具有[＋DEF]特征的 NP，就不能用 there 插入：

(10) a. The two men were in the room.（这两人在房里。）

　　b. *There were the two men in the room.（有这两人在房里。）

英语疑问句和否定句中有时要加上助动词 do，例如：

(11) a. He came.（他来了。）

　　b. Did he come?（他来了吗？）

　　c. He didn't come.（他没有来。）

疑问句(11b)、否定句(11c)都是在(11a)基础上插入 do 的过去式 did 构成的。这条插入规则称为加 do 规则(Do-Support)。

第四类是改变特征(feature changing)规则，特点是不变更符号顺序，不减少也不增加符号数目，而是在 SC 中变换 SD 某符号的特征，例如：

(12) a. I like you.（我喜欢你。）

　　b. I like them.（我喜欢他们。）

　　c. I like John.（我喜欢约翰。）

　　d. *I like me.（我喜欢我。）

　　e. I like myself.（我喜欢自己。）

从(12)中很容易看出：如果 like 的主语是第一人称单数 I，宾语可以是任何名词或代词，唯独不可以是第一人称单数代词 me。如果要表示"我喜欢自己"的意思，必须把 me 改成 myself。myself 和 me 的区别在于前者具有[＋REF]特征，后者具有[－REF]特征，REF 代表反身(reflexive)。myself 是第一人称单数的反身代词，me 是第一人称单数非反身代词。两者其他特征相同，都是第一人称(first person，简称 1ST PER)，都是单数(singular，简称 SIN)，比较：

(13) a. me　　　　　　b. myself

　　　[1ST PER]　　　　[1ST PER]

　　　[＋SIN]　　　　　[＋SIN]

　　　[－REF]　　　　　[＋REF]

把(13a)换成(13b)的规则称为反身化规则(Reflexivization)：

(14)　　NP- V- X- NP
　　　　 1   2 3 4
　　　⇒1   2 3 4
　　　　　　　　 [+REF]
　　　　条件：1 = 4

规则(14)中加了一个条件1 = 4，表示第1项NP与第4项NP必须相等，必须指同一对象。加这一条件是为了防止转换成以下不合语法的句子：

(15)　*I like himself.（我喜欢他自己。）

第五类是复制(copying)规则，特别是在SC中重复已有的符号，例如：

(16)　a. He is bright.（他聪明。）
　　　b. He is bright, isn't he?（他聪明，不是吗？）

(16b)句尾中的is和he都是(16a)中已有的符号。这条复制规则称为句尾形成规则(Tag Formation)：

(17)　　NP- I- X
　　　　 1   2 3
　　　⇒1   2 3 2-*not* 1
　　　　条件：a. 如果第3项中包含not，则后面不用not
　　　　　　　b. 第二次出现的1须为代词

附加条件(17a)防止出现(18a)之类句子，条件(17b)防止出现(18b)之类句子：

(18)　a. *John isn't bright, isn't he?
　　　b. *John is bright, isn't John?

以上所举的移位、删略、插入、改变特征、复制都是转换规则的类型，更具体地说，是规则的操作(operation)类型。有些规则要用到不止一种操作方法，最常提到的多种操作规则是被动化规则(Passivization)。要把(19a)转换成(19b)：

(19)　a. John burnt the book.（约翰烧了这本书。）

b. The book was burnt by John. （这本书被约翰烧了。）

既要把 John 移位，又要插入 by，规则如下：

(20)　　NP- I- V- NP

　　　　1　2　3　4

　　⇒ 4　2 be en 3　by 1

以上举的类型并没有穷尽，每类举的例子更有限，各条规则因式分解法和具体写法各部著作中也不尽相同。

3.1.3.5 转换前后的表达式

语类规则的作用是演化，演化出句法表达式；词汇插入规则的作用是词化，把表达式中的语类符号化成词；转换规则的作用是变化，变换出另一个句法表达式。这三种规则依次使用：

(1) a. 用语类规则 $C_1, C_2, \cdots, C_n$ 得表达式 R_c

　　b. 用词汇插入规则 $L_1, L_2, \cdots, L_n$ 得表达式 R_l

　　c. 用转换规则 $T_1, T_2, \cdots, T_n$ 得表达式 R_t

(1a)得到的表达式 R_c 中各项都是非终极语类符号，(1b)得到的表达式 R_l 中各项是词或语素-ed[1]等等。使用转换规则之前的表达式 R_l 称为深层结构（deep structure），(1c)得到的表达式 R_t 称为表层结构（surface structure）。生成语法学的术语中以"深层结构"与"表层结构"两者给许多传统语法学家印象最深刻，借用最多。可是对这两个术语表示的概念往往不理解，误解也最多。

误解之一是把深层结构与语义等同起来。深层结构是句法表达式，生成语法学中另有语义表达式，要表达语义尽可使用"语义表达式"名称，不可与"深层结构"相混。以下一对句子尽管语义相同，深层结构却不同。

(2) a. John sold a car to Bill. （约翰卖了一辆车给比尔。）

　　b. Bill bought a car from John. （比尔向约翰买了一辆车。）

误解之二是把深层结构与词汇前结构等同起来。下面的图中

---

[1] 有的著作中不直接用-ed 等，改用语类元素 PAST'过去'插入，再用别的规则把词汇元素和语法元素合成词，例如 work 和 PAST 合成 worked，write 和 PAST 合成 wrote，等等，本书 3.2.2 小节要述及。

(3a)是(1a)中的 R_c,是词汇前结构;(3b)是(1b)中的 R_1,是词汇后结构,(3b)才是深层结构。在(3a)中插入不同的词,或者说把(3a)中的语类化为不同的词项便得到不同的深层结构(4a)、(4b)。

(3) a.

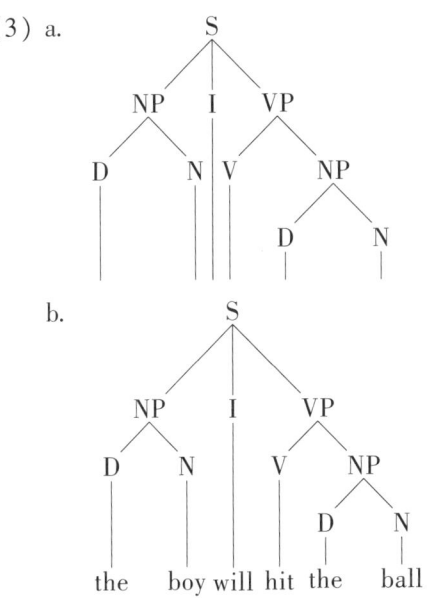

b.

the　boy will hit the　　ball

(4) a. The boy will hit the ball. （男孩将击中球。）
　　b. The ball will hit the boy. （球将击中男孩。）

(4a)与(4b)深层结构不同,它们的词汇前结构相同。

误解之三是把深层结构与结构描写等同起来。结构描写是专为某一条转换规则而作的。对一个深层结构使用不同的转换规则时,采用不同的结构描写。例如(3b)在用被动化规则时,结构描写为(5a);用句尾形成规则时,结构描写为(5b):

(5) a. NP- I- V- NP
　　b. NP- I- X

因为句尾形成规则只与句首的 NP 及 I 有关,与 V 无关,与后一项 NP 也无关。所以不必分解出 V 和 NP,而把它们合在一起作为变项。

弄清楚了深层结构与结构描写的区别不难作出以下推论:第一,两种不同的语言不可能有相同的深层结构。虽然两种语言的句子也许都可以描写为 NP-I-V-NP,但是词项是不可能相同的。第二,深层结构绝不可能是天赋的。除非婴儿天生知道 boy、hit、ball 等词，否则就不可能天生知道深层结构(3b)。任何生成语法学家都不可能提出婴儿天生知道词的荒唐假设。由此可见，所谓"深层结构天生论"纯属没有懂得深层结构概念的人产生的误解。

误解之四是把深层结构与句子等同起来，例如(6)是 I 移位之前的深层结构：

(6) John -ed work（约翰曾工作）

(6)作为句子当然是不合格的，-ed 不可以在 work 之前。[1]

误解之五是从字面理解，以为深层结构存在于思想"深处"，或者以为深层结构比表层结构更为"深刻"。其实 Chomsky 认为深层结构和表层结构只有狭义的心理体现(参阅 2.4 节)。他并不认为人说话时头脑里要经历一个从深层结构到表层结构的过程。深层结构与表层结构两个表达式的关系就像$(a+b)^2$与$a^2+2ab+b^2$两个数学表达式的关系一样，无所谓先后。Chomsky(1982b)说得很明白，究竟哪个表达式在先，哪个在后，根本无所谓。为了免得纠缠不清，深层结构和表层结构这两个术语只用了很短时间就不再用了。

误解之六是把深层结构看成是生成语法学家的"主观臆断"。举个例子说明：

(7) a. What did the boy hit?（男孩击中了什么？）
　　 b. the boy hit what

有人问：怎么知道(7a)的深层结构是(7b)？他们以为，说(7a)是(7b)经过疑问词移位转换来的缺乏根据。我们提供三条证据，证明疑问词移位。

第一，根据 3.1.2.2 小节(4a)，词项 hit 是个及物动词，属于语类(8a)，不属于(8b)，后面应该跟一个 NP，应该用语类规则(9a)，不用(9b)：

---

[1] 深层结构只是句法结构，严格说来不应译成其他语言，因为译文是译语句，但是为了便于不熟悉外语的读者，我们只好勉强翻译供参考。句子起首字母按惯例大写，句末用标点符号；表达句法结构而非句子的符号序列时，原则上句首符号不大写，句末不用标点。但有些情况下我们并非一律严格执行，问号和中间的逗号一般都加上。

(8) a. [+ V, + __ NP]
　　b. [+ V, + __]
(9) a. VP→V NP
　　b. VP→ V

然而(7a)中 hit 后面没有 NP,怎么解释这一现象？如果我们假设(7a)的深层结构是(7b),问题就迎刃而解了。(7b)中 hit 后面是跟着一个 NP,不过在表层结构中这个 NP 移了位置。可见说(7b)是(7a)的深层结构是有根据的。

第二,请比较以下句子：

(10) a. Which boys did he say [were coming]？（他说哪些孩子在来？）
　　 b. *Which boys did he say [was coming]？
(11) a. Which boy did he say [was coming]？（他说哪个孩子在来？）
　　 b. *Which boy did he say [were coming]？

为什么(10a)、(11a)合格,(10b)、(11b)不合格？两对句子的差别在于 was 和 were 的交替。用 was 还是用 were,取决于其主语是单数还是复数。但是在用括弧括起来的从句中 was 和 were 的主语并不出现,怎么知道主语是单数还是复数？假如把句首的 which boy 和 which boys 换到从句的主语位置：

(12) a. he said [which boys were coming]
　　 b. *he said [which boys was coming]
(13) a. he said [which boy was coming]
　　 b. *he said [which boy were coming]

一看就明白为什么(12a)、(13a)合格,(12b)、(13b)不合格。所以我们把(12)、(13)分别假设为(10)、(11)的深层结构,这样就可以说明为什么(10a)、(11a)符合语法,(10b)、(11b)不符合语法。这样假设不是主观臆断而是反映语感。

有的读者说：传统语法也能说明以上问题,传统语法也把(10)、(11)中的 which boy、which boys 分析为 was、were 的主语。传统语法也试图描写语感,而且在这个问题上描写得很对。如果传统语法的分析可以接受,生成语法假设的深层结构为什么是"主观臆断"呢?对(10)、(11)的两种处理办法并没有经验差别,但是有理论体系的差别,差别在于传统语法不给"主语"之类概念下精确的形式化定义。凭什么说which boy 和which boys 是 was 和 were 的主语?用深层结构表达式正是为了精确地说明为什么 which boy 和 which boys 明明出现在主句里,却是从句的主语,是直属于从句 S 的 NP。

第三,再比较另一组句子:

(14) a. Who did he say [was coming]?(他说谁在来?)
　　 b. *Whom did he say [was coming]?

主语是直属于 S 的 NP,只有假设 who 和 whom 在深层结构中直属于从句 S,才能断定能用 who,不能用 whom。所以有理由认为(14)的深层结构是(15):

(15) a. he said [who was coming]
　　 b. *he said [whom was coming]

以上三组例子分别从子语类化、主语与动词数的一致性以及主语的格三个不同方面论证了深层结构的假设并不是"主观臆断"而恰恰是人脑心理状态的"客观反映"。

3.1.3.6 转换规则的使用顺序

有时候生成一个句子要用不止一条规则:

(1) a. The police arrested a young man.(警方逮捕一个青年。)
　　 b. A young man was arrested by the police.(一个青年被警方逮捕。)
　　 c. There was a young man arrested by the police.(有一个青年被警方逮捕。)

(1a)的结构可以描写为 NP-I-V-NP,符合被动化规则的要求,使用转换规则后得(1b)。(1b)的结构可以描写为 NP-be-X,符合 there 插入规则的要求,使用转换规则后得(1c)。还可以继续转换,譬如把(1c)转换成疑问句。假定转换就到此为止,我们可以把(1c)看成表层结构,把(1a)看成深层结构。(1b)没有通用的专门术语,有时把(1a)和(1b)

统称下层结构(underlying structure)。

规则顺序(rule order)是有关使用转换规则的一个重要议题。最早引起注意的是 Lees & Klima (1963) 对带有反身代词的命令句构成的研究,如:

(2) Wash yourself. (给你自己洗洗。直译:洗自己。)

3.1.3.4 小节说到命令句是使用命令句删略规则删去陈述句主语构成的,而反身代词是通过反身化规则转换来的。所以(2)的深层结构应是:

(3) you wash you (直译:你洗你)

由(3)转换成(2),应该是先用命令句删略规则,还是先用反身化规则? 应该是先删去第一个 you,还是先把第二个 you 改成 yourself? 先用删略规则得:

(4) wash you (直译:洗你)

可是(4)已经不符合使用反身化规则的条件了,因为反身化规则规定的结构描写是:

(5) NP- V- X- NP[1]

    1 2 3 4

    1 = 4

而(4)中只有一个 NP,所以无法把 you 换成反身代词 yourself。现在把使用规则的次序颠倒一下,先把反身化规则用于(3)。由于(3)中第一个 NP 和第二个 NP 都是 you,符合规则使用条件:

(6) you wash yourself (你洗自己)

然后再用命令句删略规则把 you 删去,得(2)。

以上论述清楚地表明:先用哪条规则,后用哪条规则,并不是任意的。因此提出了规则有序理论(Ordering Theory)。

3.1.3.7 转换层级

注意以下结构:

(1) John wants Bill to look at him. (约翰要比尔看他。)

---

[1] 变项等于零,不影响使用规则,只要其他各项都不空缺。

这是一个复合句结构,主句(用 S_1 代表)是 John wants ... ,其中包含着一个从句(用 S_2 代表),从句是 Bill to look at him。结构层次如下:

(2)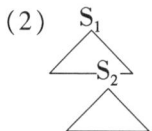

假如要使用反身规则,把(1)中的 him 转换成 himself,应该把规则用于 S_1 呢,还是用于 S_2? 假定用于 S_2,会产生什么结果? S_2 的结构可描写为:

(3) Bill to look at him
    NP- V-   X- NP
    1   2   3 4

当 4 = 1(即 him 和 Bill 指同一个人)时,符合反身化规则使用条件,可以把 him 换成 himself。于是(1)可以转换成:

(4) John wants Bill to look at himself.(约翰要比尔看比尔自己。)

现在假定我们把转换规则用于外层的 S_1,看看会产生什么结果。S_1 的结构可描写为:

(5) John wants Bill to look at him
    NP- V-   X-   NP
    1   2   3   4

当 4 = 1(即 him 和 John 指同一个人)时,符合反身化规则使用条件,应该也可以把 him 换成 himself,(5)转换成:

(6) John wants Bill to look at himself.(约翰要比尔看约翰自己。)

请注意(4)和(6)表层形式完全一样。但是在转换成(6)时我们假定 him = John,所以如果(6)这句话能成立,意思应该是:John 要 Bill 看 John 自己。大家都知道 John wants Bill to look at himself 这句话只能解释为 John 要 Bill 看 Bill 自己,不能解释为 John 要 Bill 看 John 自己。由此可见,在这种情况下,反身化规则只能用于内层的 S_2,不可用于外层的 S_1。

这类问题是复合句特有的,复合句的程式是:

(7) [S_1[S_2[S_3...[S_n]...]]]

用树形图画出来是(8)：

(8)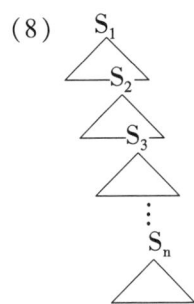

S_1在(7)中处于最外一层,在(8)中处于最高一级;S_n在(7)中处于最内一层,在(8)中处于最低一级。每一个 S 称为一个层级(cycle)[1]。Fillmore(1963)首先提出在转换过程中有必要确定一些"交通规则"。转换规则应该由内及外,自下而上逐层逐级进行。后来 Chomsky(1965)正式提出了规则使用中的层级原则(cyclic principle),创立了层级理论(Cyclic Theory)。

转换层级与转换次序有密切的关系。Lakoff(1966)发现转换过程中出现一个值得注意的事实。假设(9d)的深层结构是(9a),从(9a)转换成(9d)要经过以下过程：

(9) a. [$_{S_1}$ the authorities believed [$_{S_2}$ IRA had planted the bomb]]
（当局相信爱尔兰共和军放了炸弹）

b. [$_{S_1}$ the authorities believed [$_{S_2}$ the bomb had been planted by the IRA]]

c. [$_{S_1}$ the authorities believed the bomb [$_{S_2}$ to have been planted by the IRA]]

d. [$_{S_1}$ the bomb has been believed by the authorities [$_{S_2}$ to have been planted by the IRA]]

从(9a)到(9b)用的是被动化规则。从(9b)到(9c)用的是主—宾提升规则(Subject-to-Object Raising),把从句中的主语提升为主句中的宾语,提升后从句成为主语空缺的不定式从句。从(9c)到(9d)用的又是

---

[1] cycle 也译为"循环""周期",但不太妥当;因为那些译法容易使人误以为在同样的范围内反复使用规则。

被动化规则。从(9a)到(9d)规则使用的顺序是：

(10) a. 被动化

b. 主—宾提升

c. 被动化

(10)表明主—宾提升规则既用在被动化之后，又用在被动化之前。假设转换系统中各条转换规则 $T_1, T_2, \cdots, T_n$ 先要在最内层的句子范围内依次考虑一遍能不能使用，然后再在较高一层的句子范围内重新依次考虑一遍，这样由低级到高级反复考虑就形成：

(11) $S_n: T_1, T_2, \cdots, T_n$

$S_{n-1}: T_1, T_2, \cdots, T_n$

⋮

$S_1: T_1, T_2, \cdots, T_n$

转换的层级与转换的顺序虽有密切联系，但却是两个互相独立的概念。

每一种语言都有一套转换规则用来变换表达式，把深层结构转换为表层结构。转换规则的集合构成句法规则系统中的一个子集，称为语法的转换部分(Transformational Component)。

(12) | 转 换 部 分 |

语法的转换部分位于基础部分之后，我们用以下流程框图表示：

(13) 基础部分 → 语类部分 / 词库 → 转换部分

3.2 音系学与音系规则

音系学是生成语法学的一个分支，其任务是研究人头脑中的音系知识。phonology'音系学'一词来源于希腊语 phonos'语音'。音系知识指对于词、词组、句子等在发音、语调等方面的知识。

研究语音的学科不止一门。从物理、生理角度对语音进行研究称为语音学(phonetics)，语音学是语言学的边缘学科。语言学核心学科中研究语音的是音系学,布拉格学派的 Nikolai Trubetzkoy 和 Roman Jakobson 等人对音系学作出了不少贡献。美国结构主义语言学家在音系方面取得的成绩远远超过在句法方面。典型的做法是把搜集的语音素材切分和归并,发现音位(phoneme),确定音位系统,通过一套音标表达出来。这种以音位为中心的音系研究称为音位学(phonemics)[1]。

生成句法学成为句法研究领域中的主流后不久,生成音系学也成了音系研究领域中的主流。代表人物是麻省理工学院教授、美籍拉脱维亚裔学者 Morris Halle。他早年师承 Jakobson,20 世纪 50 年代末开始接受 Chomsky 的观点,发表了一系列生成音系学著作 Halle(1959)、Halle(1962)等。60 年代后期出版的 Chomsky & Halle(1968)一书,许多年来一直被看作生成音系学的经典著作。70 年代以后,发展出音步音系学(metrical phonology)、自主音系学(autosegmental phonology)、词汇音系学(lexical phonology)、CV 音系学(CV phonology)等。本节内容主要以 Chomsky & Halle(1968)为依据。

3.2.1 音系知识

音系学研究音系知识,先举个例子说明什么叫音系知识:

(1) A student looked at the giraffe.(一个学生看着长颈鹿。)

这是个很简单的句子,懂英语的人都会说,人们也许没有想过要正确说出这一句子必须掌握许多知识,以下列出其中一部分:

(2) a. student 的重音在第一个音节;
  b. student 中第一个 t 不要吐气,第二个 t 读得慢时可以吐气;
  c. looked 中的 -ed 不读[d]而读[t];
  d. 介词 at 中的元音 a 弱化;
  e. giraffe 中的字母 g 不读[g]而读[ǰ][2];
  f. giraffe 中两个 f 当一个 f 读;

---

[1] phonology 也译作"音位学",generative phonology 也译作"生成音位学"。由于生成学派认为音位并非独立的表达层次,最好把他们的研究称"音系学",以别于结构主义的"音位学"。

[2] 3.2 节中都采用 Chomsky & Halle(1968)中用的音标,/ǰ/相当于国际音标/dʒ/。

g. giraffe 中末尾的 e 不发音；
h. student、look 和 giraffe 三个词比 a、at 和 the 读得重；
i. 三个读得重的词各重读一个元音；
j. 三个重读元音中 giraffe 的 a 读得最重，student 的 u 次之；
k. 句子最后用降调；
l. ……

这种语音知识不是个别的零星的语音知识，而是系统的语音知识，称为音系知识。

3.2.2　音系表达式

句法知识要用深层结构、表层结构等不同表达层面来描写，音系知识也要用不同的表达层面来描写。音系部分在表层结构的基础上开始操作。以前我们提到表层结构的组成元素都是词，但是我们仔细想一下就会发觉还回避了一些问题。例如 books'书'、pins'针'等复数形式怎么处理，没有提到过。在词汇插入时，从词库中选取的词项都是抽象的形式，没有名词的单、复数之分，也没有动词的人称、时、体之分。实际上，books、pins 除了词汇元素（lexical formative） book、pin 之外，还有表示复数的语法元素（grammatical formative），不妨采用符号 PL（plural'复数'）代表。语法元素后来称为语法特征（grammatical feature）。音系部分最初的表达式是由这些抽象符号构成的：

(1) a. [[book] PL]
　　b. [[pin] PL]

(1)称为词项表达式（lexical representation）。

要用一定的语法规则把(1a)变为 books，把(1b)变为 pins，这种规则不是语类规则，也不是句法转换规则，而是另外一类规则，称为再调整规则（readjustment rule）。这种规则起的作用是把语法元素 PL 之类具体化：

(2) a. [[book] s]
　　b. [[pin] s]

(2)是用字母拼写的，如果改用音标可写成：

(3) a. /bukz/

  b. /pinz/

语法元素 PL 都用/z/代表,这种表达式称为音系表达式(phonological representation)。[1]

  音系表达式比词项表达式具体了些,但是仍然比较抽象,一个明显的事实是 books 的复数词尾和 pins 中的复数词尾都用了符号/z/表达。因为在抽象的心理表达式中两者代表同一个语法元素。但是在具体发音时两者的物理形式是不同的,books 中的词尾读[s],pins 中的词尾读[z]。因此还需要通过另外一类规则表达出来,称为音系规则(phonological rule),音系规则把(3)变换成(4):

  (4) a. buks

    b. pinz

(4)称为语音表达式(phonetic representation)。我们再举一个例子,2.3.2小节提到过以下一组词的发音:

  (5) a. telegraph

    b. telegraphic

    c. telegraphy

我们按惯例用单加号"+"表示词汇元素或语法元素的界限,用双加号"#"来表示词的界限,(5)抽象的表达式为:

  (6) a. #tele + graph#

    b. #tele + graph#ic#

    c. #tele + graph#y#

(6a)、(6b)、(6c)中#tele + graph#是一样的,经过音位规则作用最终得到的语音表达式中三者在音质和音重[2]方面都有区别:

  (7) a. têligrǽf

    b. tèligrǽfik

    c. tilêgrəfi

---

  [1] 早期称为语素音位表达式(morphophonemic representation)或系统音位表达式(systematic phonemic representation)。当时把再调整规则称为语素音位规则(morphophonemic rule)。后来 Chomsky 和 Halle 决定不用"音位"这一名称,所以也不再用以它构成的复合词。

  [2] ˆ表示一级重音,' 表示三级重音。

词项表达式、音系表达式和语音表达式代表语法音系部分的不同层面。

从 20 世纪 70 年代中期到 80 年代,对音系表达式的研究有了较大的进展,主要表现在两个方面:一、表达式的层面,二、表达式的内部结构。

先说层面。以上介绍的是 60 年代末以前的生成音系学。这一时期音系学只与句法学发生关系,不大与词法学挂起钩来。在整个语法系统中,词法学根本没有独立的地位。70 年代后,词汇研究有了进展,词汇与音系关系的研究也深入发展。Kiparsky（1982）、Mohanan（1982）区分词汇音系学与词汇后音系学(postlexical phonology)。前者研究与词汇有关的音系规则,称词汇规则(lexical rule);后者研究与句法有关的音系规则,称词汇后规则(postlexical rule)。在词汇音系层中又细分几个层面,分别处理与单词素词、复合词、词缀等有关的语音、语调问题。这样一来,音系学的内部层面更丰富了,上文所说的词汇表达式的演化可以表达得更加细致了。以下我们画个示意图,反映音系的表达层面。

(8)

再说表达式内部的结构。70 年代中期的研究(Goldsmith（1976）等)在这方面的重大突破是发现音系表达式不应该呈线性,而应该由几个独立自主的音片(tier)组成,从而建立了自主音系学。这一结论来自对非洲语言声调所作的研究。60 年代设计的音系表达式适宜于用来表达音段知识,不宜用来表达声调等超音段知识。声调与音段的关系相当复杂,这一课题吸引了许多生成音系学家,发表了 Halle & Vergnaud(1980)等著作。虽然自主音系学的研究材料往往是班图语所属的一些非洲语言,但也有人用汉语声调为素材进行研究。

3.2.3 语音描写

以上表达式中采用的都是未经解释过的符号。对这些符号要进行语音描写,传统语音把/s/描写为舌尖-齿龈摩擦清辅音,把/z/描写为舌尖-齿龈摩擦浊辅音。现代语音学有一套统一的分类法来描写每个音的各种语音特征。用一条特征 F 的对立关系就可以区分两个音:

(1) a. [+F]

  b. [-F]

[+F]表示具有特征 F,[-F]表示不具有特征 F。用 F_1、F_2 两条特征就可以区分四个音:

(2) a. [+F_1][+F_2]

  b. [+F_1][-F_2]

  c. [-F_1][+F_2]

  d. [-F_1][-F_2]

用上三条特征就能区分八个音,以此类推。特征是用来起区别作用的,所以称为区别性特征(distinctive feature)。

语音学家可以提供出一张人类语言的区别特征总表,每一种语言都用到其中的一部分。各人提出的特征不相同,这里只介绍 Chomsky & Halle (1968)所用的特征,一共有以下几个方面:

一、基本特征(major class feature):响音性(sonorant)、成节性(syllabic)、辅音性(consonantal)。有响音性的音指有周期性频率的音;有成节性的音指能独立成音节的音;有辅音性的音指发音时气流受阻的音。用这三对特征可以作以下区分:

(3) a. 元音:[+SON][+SYLL][-CONS]

  b. 成节流音、鼻音[1]:[+SON][+SYLL][+CONS]

  c. 非成节流音、鼻音:[+SON][-SYLL][+CONS]

---

[1] 指 bottle 中的[l]、button 中的[n]等单独成为一个音节的流音或鼻音。

  d. 半元音：[+SON][-SYLL][-CONS]

  e. 一般辅音：[-SON][-SYLL][+CONS]

  二、腔位特征（cavity feature）：高位性（high）、低位性（low）、后位性（back）、冠位性（coronal）、前位性（anterior）、圆唇性（round）、鼻音性（nasal）等。这类特征按舌、唇等位置分类。高位性、低位性、后位性按发音时舌头部位分。圆唇性按发音时嘴唇形状分。冠位性、前位性按发音时发音器官受阻的部位分，代替传统语音学的舌尖音、前腭音、后腭音等分法。前位性指受阻部分在口腔前部的音；非前位性指受阻部分在后部的音；冠位性指受阻部位在中间的音；非冠位性指受阻部分在前或在后的音。用这两对特征（COR 代表冠位性，ANT 代表前位性）可区分以下几个音：

  (4) /t/: [+COR][+ANT]

    /č/[1]: [+COR][-ANT]

    /p/: [-COR][+ANT]

    /k/: [-COR][-ANT]

  三、发音方法特征（manner of articulation feature）：延续性（continuant）、紧张性（tense）等。有延续性的音指摩擦音等可以延续的音，无延续性的音是闭塞音。紧张的元音指长元音，不紧张的指短元音。

  四、声源特征（source feature）：浊音性（voice）、刺耳性（strident）等。浊音性可区分清音和浊音，刺耳性指/f/、/v/、/z/、/c/、/č/、/ǰ/、/š/、/ž/等咝音[2]。

  五、韵律特征（prosodic feature）：重音性（stress）、长音性（length）等。指音重、音长等超音质特点。

  每一个音素都可以看成一组特征的集合。例如/u/是具有以下特征的复合体（为方便读者起见特征名称用英汉对照）：

---

[1] /č/相当于国际音标中的/tʃ/。

[2] /c/、/ǰ/、/š/、/ž/分别相当于国际音标 /ʃ/、/dʒ/、/ts/、/dz/。

(5) $\begin{bmatrix} + \text{SYLL} \\ - \text{SON} \\ - \text{CONS} \\ + \text{HIGH} \\ - \text{LOW} \\ + \text{BACK} \\ - \text{ANT} \\ - \text{COR} \\ + \text{ROUND} \\ - \text{TENSE} \end{bmatrix}$ '成节性'
'响音性'
'辅音性'
'高位性'
'低位性'
'后位性'
'前位性'
'冠位性'
'圆唇性'
'紧张性'

上一小节把每一个词的音系表达式都写成音标符号系列,每个符号代表一个音段。在引入特征概念后就可以用特征的集合来表达音段了,例如 books 的音系表达式 /bukz/ 可写作:[1]

(6)

		b	u	k	z
SYLL	成节性	−	+	−	−
SON	响音性	−	+	−	−
CONS	辅音性	+	−	+	+
HIGH	高位性		+	+	−
LOW	低位性		−	−	
BACK	后位性		+	+	
ANT	前位性	+	−	−	+
COR	冠位性	−	−	−	+
ROUND	圆唇性		+		
TENSE	紧张性		−		
VOICE	浊音性	+		−	+
CONT	延续性	−		−	+
NASAL	鼻音性	−		−	−
STRID	刺耳性	−		−	+

---

[1] 有些特征只有元音有,表上辅音空着;有些特征只有辅音有,表上元音空着。

用特征描写起来比 /bukz/ 麻烦得多,但是精确得多。(6)是由纵横两个向度构成的分类矩阵(matrix),纵列是特征,横行是音段。每个音系表达式都可以看作一个矩阵,其程式为:

$$(7) \quad \begin{bmatrix} F_1 \\ F_2 \\ \vdots \\ F_n \end{bmatrix} \begin{bmatrix} F_1 \\ F_2 \\ \vdots \\ F_n \end{bmatrix} \cdots \begin{bmatrix} F_1 \\ F_2 \\ \vdots \\ F_n \end{bmatrix}$$
$$\quad\quad P_1 \quad\quad P_2 \quad\quad\quad P_n$$

3.2.4 音系学规则

引入特征和矩阵的概念后我们可以对音系学中的规则(再调整规则或音系规则)进一步理解和表达。

3.2.4.1 音系规则的操作类型

所谓规则无非是把矩阵中的某一音段 P_i 作些调整,例如改变 P_i 中某一个特征 F_i。现在举例具体说明规则在矩阵的调整中起的作用:

一、改变特征。books 的音系表达式是 /bukz/,而在语音表达式中 /z/ 要改读成 /s/。这叫清音化规则(Devoicing)。由 /z/ 改为 [s] 只须要变动一个特征,只须把音段 /z/ 中一个特征 [+ VOICE] 变为 [- VOICE]。所以只要用一条规则把矩阵(6)中第 4 列中第 11 个特征变一下符号就可以了。矩阵其他各纵列、其他各横行都不必更动。如果用 α、β 表示 + 或 -,这类规则的程式是:

(1) [αF] → [βF]

(1)表示或者把 [+ F] 变换为 [- F],或者把 [- F] 变换为 [+ F]。

二、增添特征。pins 实际发音的时候元音 /i/ 由于受到后面鼻音 /n/ 的同化也要带上鼻音。英语元音本来是没有鼻化特征的,但是在这类情况下需要在矩阵中增添一条特征 [+ NASAL],这就是元音鼻化规则(Nasalization)。这类规则的程式为:

(2) ∅ → [F]

三、插入音段。有时规则起的作用不仅是增加一项特征,而是增加整个音段,包括一列特征。英语中以 /s/、/z/、/š/、/ž/、/č/、/ǰ/ 结尾的名词在构成复数时在 /z/ 前要加上一个元音音段 /i/。bus '公共汽车'的复数不是[bʌsz]而是[bʌsiz]。使用名词复数词尾 i 插入规则（i-Insertion）的结果是矩阵中将增加一列。规则的程式为：

（3） $\varnothing \rightarrow \begin{bmatrix} F_1 \\ F_2 \\ \vdots \\ F_n \end{bmatrix}$

四、省略音段。有的规则能起省略音段的作用。英语中 b 省略规则（b-Elision）规定词尾的 /b/ 如果在处于 /m/ 之后要省去，因此 bomb '炸弹'读作[bɔm]，不读[bɔmb]。e 省略规则（e-Elision）规定词尾的 /e/ 要省去，因此 giraffe '长颈鹿'读[ʤiræf]不读[ʤiræfe]。这类规则的程式为：

（4） $\begin{bmatrix} F_1 \\ F_2 \\ \vdots \\ F_n \end{bmatrix} \rightarrow \varnothing$

五、音段换位。音段换位比较少见，但英语中还能找到个别例子。美国某些方言中把 ask 读作[æks]，两个辅音交换了位置。[1]

以上从操作类型角度给音系学规则分类。在一个音系表达式的基础上可以使用不止一条规则，R_1、R_2、…、R_n 分别作用于矩阵各列、各项，多次操作调整特征或音段，最终得到语音表达式。

3.2.4.2 音系规则的写法

现在来介绍生成音系学中规则的写法。我们采用改写规则：

（1）A→B

A、B 代表所涉及的特征或特征的复合体，但是这样的写法并没有把周围环境条件表达出来。/bukz/ 中的 /z/ 读作[s]，因为受了它前面的清辅音 /k/ 的影响；/pinz/ 中的 /z/ 不读作[s]，而读作[z]，因为它前面是有声辅音 /n/。/pinz/ 中的 /i/ 要带鼻音，因为受了它后面的鼻音 /n/ 的

---

[1] asking 仍读作[æsking]。

影响。规则中应该反映前后有关因素。按惯例应把(1)扩充为：

(2) A→B/X__Y

斜线之后的部分表示 A、B 所处的环境。(2)表达的意思是：当 A 处于 X 之后,Y 之前时,改写为 B(X、Y 可以等于零)。(2)相当于(3)：

(3) XAY→XBY

按这样的程式,以上两条规则可分别写作：

(4) /z/ → [－VOICE]/[－VOICE] __ #

(5) /i/ → [＋NASAL]/ __ [＋NASAL]

但是(5)这样的写法还不够概括,不仅是元音/i/在鼻音前鼻化,任何元音在鼻音前都要鼻化。因此可以把所有的元音都列在箭头左端,但是列一长串元音太累赘,通常用的办法是只列出元音的特征。

(6) $\begin{bmatrix} +\text{SON} \\ -\text{CONS} \end{bmatrix}$ →[＋NASAL] / __ [＋NASAL]

具有响音性而又不具有辅音性的就是元音,因此(6)表达的意思是：凡元音在鼻音之前都要鼻化。

3.2.4.3 音系规则的使用顺序

以上几小节中提到过两条与构成名词复数形式有关的规则：一条是把清辅音后的词尾/z/读成清辅音[s],我们称为清音化规则；一条是在咝音之后插入元音/i/,我们称为 i 插入规则。这两条规则的次序必须是插入规则在先,清音化规则在后。如果先用清音化规则,bus/bʌs/所加的复数词尾/z/应该读作[s],再插入元音 i 就要读作[bʌsis],而不是[bʌsiz]了。

3.2.4.4 音系规则的层级

音系部分的规则与语法部分的规则一样,要由内及外,自下而上,一层层、一级级使用。需要一级级使用的音系规则主要是与重音有关的一些规则：

(1) a. 复合词重音规则(Compound Stress Rule)：复合词重读前面一个单位,如 blackboard'黑板'中重读 black。

b. 核心重音规则(Nuclear Stress Rule)：词组重读后面一个单位,如 John's eraser'约翰的刷子'中重读 eraser。

c. 重音调整规则(Stress Adjustment Rule)：确定重读单位后非重读单位音量降一级,如 blackboard 中 black 音量为 1 级,board 即为 2 级。

现在来展示怎样反复使用以上三条规则来确定下列句子的重音：

(2) Take John's blackboard eraser. (拿约翰的黑板刷。)

句子(2)的表层结构用标示括弧表达如下：

(3) [$_S$ take [$_{NP}$ John's [$_N$[$_N$ black board] eraser]]]

首先给每个词分派一个 1 级重音,单音节词元音得 1 级重音,多音节词,如 eraser'刷子',一个元音得 1 级重音,其他元音则不重读。现在我们给(3)中各个重读元音标上 1 级重音：

(4) [$_S$ take [$_{NP}$ John's [$_N$[$_N$ black board] eraser]]]
     1   1   1   1   1

以(4)为基础从最内层括弧开始逐步使用(1)中所列的规则。

第一步处理(4)最内层括弧中的[$_N$ black board]。这是个复合词,用规则(1a),重读前面一个单位 black。再根据规则(1c),把后面一个单位 board 音量降一级。处理完毕后除去最内层括弧,得：

(5) [$_S$ take [$_{NP}$ John's [$_N$ black board eraser]]]
     1   1   1   2   1

第二步处理(5)中最内层括弧中的[$_N$ black board eraser]。这也是个复合词,在比刚才高一级的范围内再次使用规则(1a),重读前面第一单位 black。然后再次用规则(1c)把 board 和 eraser 的音量各降一级。处理完毕后除去括弧,得：

(6) [$_S$ take [$_{NP}$ John's black board eraser]]
     1   1   1   3   2

第三步处理(6)中内层括弧中的 John's black board eraser。这不是复合词,而是词组,所以用规则(1b),重读后面一个单位 black board eraser。这次 black 得 1 级重音,根据(1c),John's、board、eraser 音量各降一级。这是第三次使用(1c)了,每次都在比上次更高的层级中使用。处理完毕后除去括弧,得：

(7) [$_S$ take John's black board eraser]
    1   2   1   4   3

第四步,也就是最后一步,将除去最外层的括弧。(7)是个动词词

组,用规则(1b)重读后一个单位,所以 black 得 1 级重音,根据(1c),其他词音量各降一级,最后得:

(8) take John's black board eraser
   2 3 1 5 4

(8)中重音的升降曲线 23154 完全符合英美人对句子(2)的读法,用按层级处理、反复使用规则的办法正确地描写了说英语者的语感。生成音系学用层级理论揭示了过去的语法学未能发现的内在规律。

3.2.5　生成音系学特点

这里总结一下生成音系学区别于其他音系学的特点。

一、生成性。生成句法学的"生成"与生成音系学的"生成"含义不完全一样。生成句法学的"生成"有两个意思:一是产生无数合格结构;二是用明确的形式规则表达。生成音系学的"生成"只有后一个意思,没有前一个意思。语法的音系部分不能独立产生结构,只是把句法部分生成的表层结构演化为音系表达式、语音表达式。这种性质的工作用数学术语说这是映射(mapping),用逻辑术语说是解读(interpretation)。音系规则只起映射、解读作用。但是映射,或者说解读,用的是明确的形式规则,所以这种音系研究被称为生成音系学。

二、抽象性。生成音系学中的音系表达式比结构主义的音位抽象。试比较以下左列形容词与右列名词:

(1) a. divine（神圣的）   divinity（神圣）
  b. serene（安详的）   serenity（安详）
  c. profound（深刻的） profundity（深刻）
  d. sane（清醒的）   sanity（清醒）
  e. verbose（冗长的） verbosity（冗长）

这几对词中的重读元音在语音表达式中不同,在结构主义语言学家看来都是不同的音位。

(2) a. [ay]   [i]
  b. [īy]   [e]
  c. [æw]   [ʌ]
  d. [ey]   [æ]

　　　　e. ［ōw］　　　　　　　　　［a］

但是在生成音系学中,形容词与相应的名词中的重读元音使用相同的音系表达式:

（3） a. /i/
　　　b. /ē/
　　　c. /ū/
　　　d. /ā/
　　　e. /ɔ̄/

（3）中的都是抽象的下层形式(underlying form),实际上读出来是(2)中的那些音。生成音系学把结构主义分类音位学中的音素(phone)和语素音位(morphophoneme)中间的层级取消了。早期的生成音系学著作中还使用音位(phoneme)这一术语,后来 Chomsky & Halle (1968)声明不再使用了。这不是名称问题,而是实质性问题。尽管同根的形容词和名词元素读法不同,但是人们感到它们在心理上属同一单位,拼写时也用同样的字母。结构主义音位学从物理角度研究,生成音系学从心理角度研究。用抽象的形式能更高度概括,充分反映出问题的深度和复杂性。

　　三、普遍性。分类音位学给每种语言总结出一张音位表,两种语言当然会有一些共同的音位,但在结构主义音位学家看来这是偶然的。生成音系学强调普遍性,以上举的都是英语特有的音系规则,然而它们是以区别性特征分类以及规则使用层级性等人类语言的共性为基础的。

　　四、系统性。结构主义语言学中音位学与句法学截然分开,在分析音位时不能考虑句法。生成语法学家认为,音系学是语法学的一部分。音位学必须以句法学为基础,必须用到句法信息,例如必须知道句子的语类结构才能确定句子的重音。

　　再调整规则和音系规则的集合是语法规则的一个子系统,称为语法的音系部分(Phonological Component)。

（4） | 音　系　部　分 |

语法的音系部分位于句法转换部分之后,我们用以下流程图表示:

(5)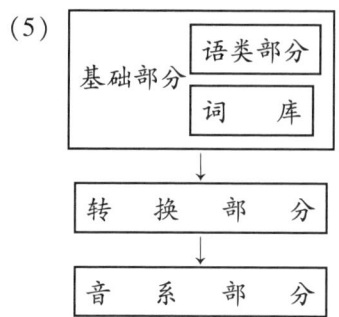

3.3 语义学与语义规则

有一个时期语义学也被看作生成语法学的一个分支,其任务是研究人头脑中的语义知识。semantics'语义学'一词来源于希腊语 sēma'符号'。与句法学、音系学相比,语义学是一门比较年轻的学科。

历来语义研究是在哲学领域和语言学领域中分别进行的,主要是在哲学领域中进行的。语义研究中面临的第一个难题是:什么是意义?哲学家对此提出过各种观点,主要有:指称论(referential theory),认为意义是词语所指的对象;意念论(ideational theory),认为意义是语法在人头脑中产生的意念、形象;真值条件论(truth conditional theory),认为意义是语句的真值条件;用法论(use theory),认为意义是词语的用法;刺激—反应论(stimulus-response theory),认为意义是促成言语行为的刺激和言语行为引起的反应。每种观点都说出了一定的道理,但是都有一定的缺陷。这些观点的共同之处是不承认有语义或试图把意义归结为已知的其他概念——事物、形象、真值、用法、行为等等。Katz(1972)发表了他的看法。他认为"什么是意义"本质上不同于"法国的首都在哪里""爱因斯坦哪年退休"之类的问题,而属于"什么是物质""什么是光"之类的问题。前一类问题有现成的答案,后一类问题必须提出整套理论假设。答案在语义理论研究之后才会得到,而不能等待取得答案后再研究。

哲学领域中的语义研究围绕着"什么是意义"的问题探讨;语言学

领域中的语义研究要研究"怎么描写语义"的问题。以往在传统语言学基础上作过一些研究,曾经从历时性的角度探讨过语义演变的类型、规律、原因,从共时性的角度描写过同义词、反义词、多义词等等,但是由于理论和方法的局限性而不能成为系统的科学。[1]结构主义语义学家认为语义很难作客观分析,他们有意识地忽视语义研究。20 世纪 60 年代初有了生成语法理论,引进了形式化的表达手段。语法学家开始着手建立系统的、科学的语义理论。起初 Chomsky(1957)没有把语义看作语法的一部分。Katz & Fodor(1963)也有"语言描写 – 语法学 = 语义学"之说。不久 Katz & Postal(1964)提出语法学中应包含语义部分。这一观点为 Chomsky(1965)采纳,从而建立了句法、音系、语义三足鼎立的标准理论,不过这一观点只维持了几年。

3.3.1 语义知识

语义学研究人头脑中的语义知识。什么叫语义知识?我们举一系列例子说明。每个通晓英语的人凭语感都知道以下事实:

(1) a. John loves Mary's only sister. (约翰爱玛丽唯一的姐妹。)
    b. John loves the female sibling of Mary.

(1a)与(1b)语义相同。sibling 泛指弟兄或姐妹,female sibling 指姐妹。汉语中没有相应的词可以同时指哥哥、弟弟、姐姐、妹妹。

(2) a. dog(狗)、stone(石头)、leaf(树叶)、mountain(山脉)、car(汽车)
    b. shadow(影子)、image(形象)、reflection(反映)、hope(希望)、opportunity(机会)

(2a)组五个词在语义方面有某些共同之处,(2b)组五个词在语义方面也有一定共同之处,而这两组词语义的共同之处是不一样的。

(3) a. open(开)—— close(关)

---

[1] 传统语言学家把语义片面理解为词义。他们提出语音学、语法学、词汇学三分法,把语义学归在词汇学之内。其实词、词组、句子等各级单位都有音系、句法(指广义的句法,包括词法。我们在 3.1 节说过句法研究排列组合问题,词内也有排列组合问题)和语义规律,因此相应地有音系学、句法学和语义学三门分支。与词有关的知识除了音系、句法、语义等系统知识外,剩下的都是非系统的零星知识,因此词汇研究不可能成为与音系学、句法学、语义学并列的科学,生成语法学与其他许多现代语言科学理论中都没有一门词汇学,道理就在此。

b. whisper（耳语）—— shout（喊叫）
　　　c. boy（男孩）—— girl（女孩）
以上各组中并列的两个词语义都相反,或者说相对。
　　(4) a. finger（手指）—— thumb（拇指）
　　　b. dwelling（住房）—— cottage（小屋）
　　　c. human（人）—— man（男人）
以上各组中并列的两个词语义上有种类关系,"拇指"是手指的一类,"小屋"是住房的一类,"男人"是人的一类。
　　(5) a. a smelly soap（有气味的肥皂）
　　　b. a smelly itch（有气味的痒）
(5a)有意义,语义正常;(5b)没有意义,语义不正常。
　　(6) I've found the button.（我找到了纽扣/我找到了按钮。）
button 有不止一个意思,可以指衣服上的纽扣,也可以指电铃及其他东西上的按钮。句子(6)也有不止一个意思。
　　(7) a. my female sister（我女性的姐妹）
　　　b. a naked nude（赤身的裸像）
(7a)和(7b)都含有冗余的话,female 的意思已经包含在 sister 之内,naked 的意思已经包含在 nude 之内。
　　(8) a. Brothers are male.（兄弟是男的。）
　　　b. Babies are not adults.（婴儿不是成年人。）
以上两句表达的一定是真命题,兄弟一定是男的,婴儿绝不是成年人。
　　(9) a. Brothers are female.（兄弟是女的。）
　　　b. Babies are adults.（婴儿是成年人。）
以上两句表达的一定是假命题。
　　(10) a. Brothers are verbose.（兄弟很啰唆。）
　　　b. Babies are cute.（婴儿很逗人喜爱。）
以上两句表达的命题是真是假不能从句子的语义上判断出来,而要根据实际情况判断。有些人的兄弟说话啰唆,有些人的兄弟说话简洁;有些婴儿长得令人喜爱,有些婴儿长得不讨人喜欢。
　　(11) a. John is alive.（约翰活着。）

b. John is dead.（约翰死了。）

(11a)与(11b)意思不相容,两句表达的命题中必有一真一假,不能都真,也不会都假。

(12) a. The paper is red.（这张纸是红的。）

b. The paper is colored.（这张纸是有颜色的。）

(12a)蕴含(12b)的意思。如果一张纸是红的,它必须是有色的。

(13) a. Where is the key?（钥匙在何处?）

b. The key is somewhere.（钥匙在某处。）

(13a)必须以(13b)为先决条件,必须要有钥匙放在某处,才有必要提(13a)的问题,否则就问得没有意义。

(14) a. When did John arrive?（约翰什么时候到的?）

b. John arrived at noon.（约翰中午到。）

c. John arrived on Tuesday.（约翰星期二到。）

d. John arrived a minute ago.（约翰一分钟前到。）

e. John loves to eat fruit.（约翰爱吃水果。）

f. John is Mary's brother.（约翰是玛丽的兄弟。）

g. Bill arrived yesterday.（比尔昨天到。）

(14b)、(14c)、(14d)可以用来回答问题(14a),而(14e)、(14f)、(14g)不能用来回答(14a),否则就是答非所问。

(15) a. Is the spinster female?（这个老处女是女的吗?）

b. What is the color of my red car?（我的红汽车是什么颜色的?）

以上两个问题中已经把答案讲了出来。

诸如此类的语感是说英语的人共有的,语义学家的任务是提出一套理论假设来描写和解释词语、句子中表现出来的种种意义特点以及词语、句子之间的种种意义关系。

在语义领域内也和在句法领域内一样,应该区分语法知识与语用知识,区分语言能力与语言使用。请考虑以下两句话:

(16) a. Ronald Reagan won the 1985 Presidential election.（罗纳德·里根在1985年总统选举中获胜。）

b. Walter Mondale lost the 1985 Presidential election.（沃尔特·蒙代尔在1985年总统选举中失败。）

(16a)蕴含(16b)，(16b)也蕴含(16a)。但是要掌握这两句中的蕴含关系，除了必须懂得英语外，还必须知道里根和蒙代尔两人在1985年分别作为共和党和民主党候选人竞选美国总统，但这不是语法知识。再看以下句子：

(17) No one ever has used or ever will use any sentence.（从来没有人用过任何句子，以后也永远不会有人用。）

大家会觉得以上句子意思不对。但是从语言能力的角度看，(17)语义正常，至于是否有人会说这种明显违反常识的话，则不属于语义学研究的范围。又如上文说到(14b)、(14c)、(14d)可以用来回答(14a)，而(14e)、(14f)、(14g)不能用来回答(14a)，但是在一定的语言环境中，对话双方中甲方说了(14a)后，乙方也可能接着说(14e)、(14f)或(14g)，譬如为了故意改变话题等缘故。这是语用因素在起作用，而不是语义因素。作为生成语法学一个分支的语义学研究的语义，比通常非科学术语所谓的"意义"或"意思"范围窄一些。

3.3.2 语义描写

描写语义似乎很容易，只须给上一小节(1)—(15)种种语义特点(semantic property)和语义关系(semantic relation)各定一个名称，把它们依次称为(1a)—(1o)：

(1) a. 同义(synonymy)

b. 共义(semantic similarity)

c. 反义(antonymy)

d. 上义(superordination)

e. 无义(meaninglessness)

f. 歧义(ambiguity)

g. 冗言(redundancy)

h. 分析性真值(analytic truth)

i. 矛盾(contradictoriness)

j. 综合性真值(syntheticity)

k. 不相容(inconsistency)

l. 蕴含(entailment)

m. 先设(presupposition)

n. 可能回答(possible answer)

o. 自答问题(self-answered question)

然后再给(1a)—(1o)各下一个定义。几乎每本词典和许多初级教科书上都说：意义相同的词是同义词。或者说：表达同一概念的词是同义词。似乎这样就完成了描写语义的任务。可是，无论是用意义来定义同义，还是用同义来定义意义都是循环论。哲学家 Willard V. O. Quine 在他那篇经典性的论文 Quine(1953)中批判了这种定义在方法论上的严重错误。

要解决 Quine 提出的难题，必须假设一套元语言(metalanguage)来定义自然语言的意义。定义项与被定义项用的不是同一种语言，就不会产生循环论了。语义学研究过去曾把语素看作最小的意义单位，看作语义上不可分解的整体。现在不妨假设一套语义特征(semantic feature)，用来对语素的意义进行分析。语义特征是用来定义任何自然语言语义的元语言。语义特征有人称为语义成分(semantic component)、语义元素(semantic primitive)、义素(seme)。[1] Katz 用的术语是语义标示(semantic marker)。

现在举英语中 bachelor '单身汉'一词为例进行语义特征分析。这个词的意思是未婚男子。既然是未婚男子就当然是个人，而且必须是个成年人，也只指男性，还必须是没有结婚的人。经过这番分解我们知道这一词包含以下特征：

(2) [HUMAN][ADULT][MALE][NEVER MARRIED]

印刷和书写时通常把特征置于括弧中。请注意特征本身不是词，仅仅是为了方便起见才约定用英语写，不要与 human、adult 等等英语词混淆。用汉字把(2)写成(3a)，甚至用任意数字写成(3b)也未尝不可。

---

[1] "语义成分"与语法的"语义组成部分"用同一名称(semantic component)，请勿混淆。本书只把 semantic component 用于后一意义。我们不用"义素"这一术语，"语义元素"和"语义标示"下文要讲到。

(3) a. ［人类］［成年］［男性］［未婚］
    b. ［15］［84］［72］［289］

语义特征与语音特征、句法特征一样，可以用对分法表示。某个词语具有特征 F 就记作［+F］，不具有特征 F 就记作［-F］。英语中 bachelor '单身汉'、spinster '老处女'、wife '妻子'、woman '女人' 四个词的词义可以分别记作：

(4) a. bachelor：［+HUMAN］［+ADULT］［+MALE］［-MARRIED］
    b. spinster：［+HUMAN］［+ADULT］［-MALE］［-MARRIED］
    c. wife：［+HUMAN］［+ADULT］［-MALE］［+MARRIED］
    d. woman：［+HUMAN］［+ADULT］［-MALE］

如果不用 ± 符号，可以把［-MALE］改用［FEMALE］，［-MARRIED］改用［NEVER MARRIED］处理，或者用［SEX^M］［SEX^F］来表示男性和女性。这些都是符号不同，没有实质差别。

　　说英语的人怎么知道这几个词可以分解为以上特征呢？所谓的"知道"当然是潜意识地知道，属于内在知识，而不是命题知识。通晓英语的人掌握了英语词汇，用生成语法的术语说，头脑中有一个词库。词库中包括许多词项，词项应该包含句法特征、语音特征以及语义特征。词项的语义特征及其句法特征、语音特征都是没有规律的非系统知识。每学一个词就要记一组特征。

　　语义学特征分析不仅仅是为了用来描写词项中的非系统知识，更重要的是为了描写系统的语义知识。用上语义特征我们就可以给(1a)—(1o)列出的种种语义特点和语义关系下定义。同义词都是语义特征相同的词；共义词是有部分语义特征相同的词。相同的特征越多意义越相近。如果甲词有三个特征，而乙词除了这三个特征以外还有第四个特征，那么甲词是上义词，乙词是下义词。例如(4b)、(4c)、(4d)都有三个共同的特征，而(4b)和(4c)各有一个(4d)没有的特征，所以 woman 是 wife 和 spinster 的上义词。如果甲词和乙词有一对特征符号相反，而其他特征都相同，那么甲、乙为反义词，如(4a)和(4b)有三个特征相同，但(4a)还有［+MALE］特征，而(4b)有［-MALE］特征，所以 bachelor 与 spinster 为反义词。

有关语义特征争议很多。语义特征究竟有多少,其实连大概的数目都估计不出。我们可以推想特征数目一定很大,也许会超过一种语言里词的数目。对这一问题学者进行过讨论,不过从理论上说,语义特征究竟有多少其实并无所谓。另一个问题是(2)、(3)、(4)中列出的特征是否是最小的单位? 我们把最小的单位称为语义元素,问题就是:语义特征是否都是语义元素? 看来不是。[HUMAN]难道就不能进一步分解吗? 譬如按照亚里士多德的观点分解为:客体、物质、动物、有理性。

(5) [OBJECT][PHYSICAL][ANIMAL][RATIONAL]

Katz(1972,1982)把可分的特征和不可再分的元素统称为语义标示,包括简单标示和复合标示。以下我们不用"语义特征",改称"语义标示"。[人类]是个复合标示,为了简便起见在语义描写中允许采用复合标示,不必都分解到简单标示。

3.3.3 语义表达式

以上我们把词义都分析成一组语义标示:M_1, M_2, …, M_n(M代表marker'标示')。Katz假设这些标示是有结构层次的,例如单词human'人'的语义的结构如下:

(1)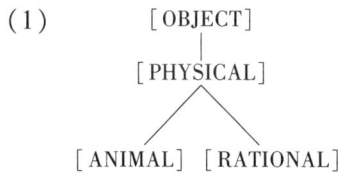

从树形图(1)中可以看出[OBJECT]、[PHYSICAL]、[ANIMAL]的层次关系,动物属于物体,物体属于客体。正因为语义结构与句法结构都有层次,都可以用树形图表达,所以才采用"语义标示"术语与句法中的"词组标示"相对。bachelor的词义和spinster的词义结构分别为(2a)、(2b):

(2) a.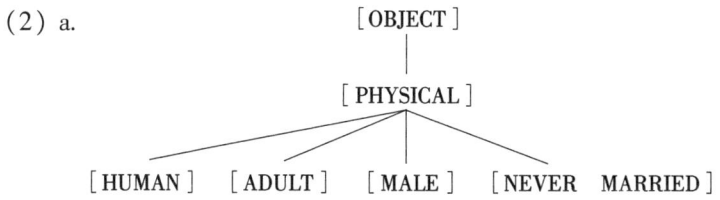

b.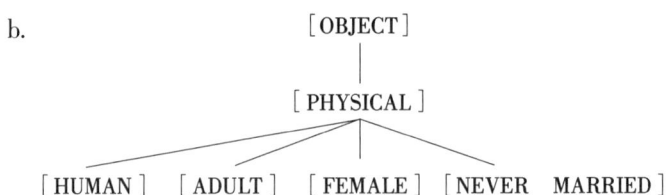

(1)、(2)称为语义表达式(semantic representation)。这种把句子、词组、单词的意义分解成语义标示,用语义表达式表示语义的理论称为分解理论(Decompositional Theory)。

3.3.4 语义规则

到现在为止,我们只涉及了单词的语义,这一小节要描写词组和句子的语义,讨论词组和句子的语义表达式。

语义表达式要以句法表达式为基础。句法部分是独立的,语义部分不是独立的。以下列句子为例:

(1) The bachelor chased the spinster. (这个单身汉追逐那个老处女。)

要知道句子(1)的语义需要哪些知识?首先,要知道句子每个词项的词义;其次要知道句法结构,要知道 the bachelor 与 the spinster 哪个是动词 chase 的主语,哪个是宾语。传统语言学家也认识到这一点,按传统观念,学会一种语言靠两个法宝——一部词典与一册语法书。词典解释每个词的意思,语法书提供用词造句的规则。掌握这两样就能造出别人能理解的句子,也能理解别人造的句子。但是从科学角度看还需要一种知识,还需要一种能力,那就是把词义按句法结构合成语义的能力。这种能力体现为一套规则,借用数学术语来说,规则的作用是把词项的语义表达式投射(projecting)到词组、句子上去。这种规则称为投射规则(projection rule)。投射规则的使用有合成性,合成(composition)指把单词意义合成词组语义,把小词组语义合成大词组语义,最后合成句子语义。投射规则有递归性,可以无限反复使用,这样才能给语言中无穷多的句法结构一一作出语义解释。

投射规则有三种合成方式,或者说三种操作类型,以下分别举例说明。

第一类是内包(embedding),以句子(1)为例。bachelor 和 spinster

的语义表达式已经写过,chase 的表达式如下:

(2)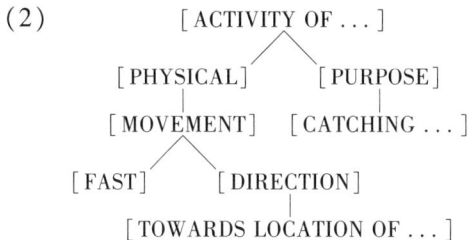

标示[ACTIVITY]表明这是一个活动概念,[PHYSICAL]表明这是物体活动,不是思考之类的活动,[MOVEMENT]表明这是引起物体空间位置转移的活动,[FAST]表示移动速度比较高,[DIRECTION]表明移位有方向性,[TOWARDS LOCATION OF …]表明目标趋向……,[PURPOSE]表明这是有目的的活动,[CATCHING …]表明其目的是追上……。

(2)中几个标示带有符号"…"代表的空位。合成句子语义时必须用名词词组语义标示代入动词语义标示中的空位,例如把 bachelor、spinster 的语义表达式代入空位。但是哪个表达式代入哪一个空位不能任意选择,这是 chase 的语义规定的。chase 的动作者只能是其主语,chase 的方向只能趋向其宾语,目的只能是追上宾语。这些特点也是词项 chase 的语义表达式的一部分。我们用(NP, S)代表主语,即直属于 S 的 NP;用(NP, VP, S)代表宾语,即从属于 S 直属于 VP 的 NP。表达式(2)应扩充为(3):

(3)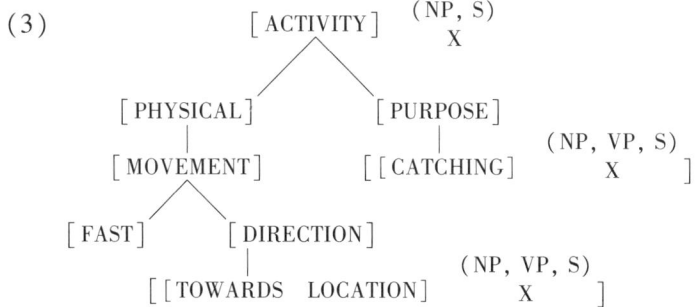

图(3)上不再用空位符号"…",而加了变项 X,以便用 bachelor、spinster 等名词词组的语义表达式代入。X 上方括弧中的内容表明 X 的句法条件,表明应该以句中主语的语义表达式代入还是以宾语的语义表达式代入。

语义表达式(3)中还应该加注选择限制,以便处理以下句子:

(4) a. A square chased the spinster. (一个古板的人追逐那个老处女。)

b. *A rectangle chased the spinster. (一个长方形追逐那个老处女。)

(4a)中的 square 有几个意思,比较常用的意思是正方形,还有一个只用于俚语的意思,指古板拘泥的人。但是句子(4a)并无歧义,因只有人、动物或机械物体才能追逐某人,正方形不能追逐某人。由于同样缘故,(4b)是个没有意义的句子。语义表达式中,(3)应当把诸如此类选择限制注明,按惯例在尖括弧中注明 X 具有物体性:

(5) (NP, S)
[ACTIVITY] X
     ⟨PHYSICAL⟩

不仅对动作者有选择限制,对追逐的对象也有限制,所以在图(3)其他几个变项 X 下方也应注上选择限制。在变项的句法条件和选择限制条件下,用名词词组的表达式代入动词的语义表达式中的变项 X,就得到完整的句子语义表达式。这种动词词组表达式内包含名词词组表达式的合成方式属内包性投射规则。

第二类合成称为添加(attachment)。添加指在谓词或名词基础上扩充语义标示,使语义表达更丰富、更精确。例如:

(6) a. The bachelor chased the spinster madly. (这个单身汉疯狂地追逐那个老处女。)

b. The bachelor chased the spinster with a stick. (这个单身汉带了根棒追逐那个老处女。)

(6a)和(6b)的语义表达式以(1)的语义表达式为基础,只须在树形图上分别挂上 madly 的表达式和 with a stick 的表达式。添加合成与内包合成的区别,相当于句法学中附加语与主目语关系的区别。请看以下句子中语义表达式的合成:

(7) The bachelor followed the spinster with the purpose of catching her. (这个单身汉跟着那个老处女想抓住她。)

动词 follow 的语义表达式为(8a),介词词组 with the purpose of catching her 的语义表达式为(8b),把(8b)添加于(8a),从属于[ACTIVITY],得到的复合表达式相当于(3),正是动词 chase 的表达式。所以句子(7)与(1)同义,因为它们的语义表达式是相同的。假如英语中没有 chase 这么一个词,那么要表达 chase 语义的时候,便可以用添加的方式合成。任何语言都能表达任何复杂的意义,可以通过投射规则来合成语义。

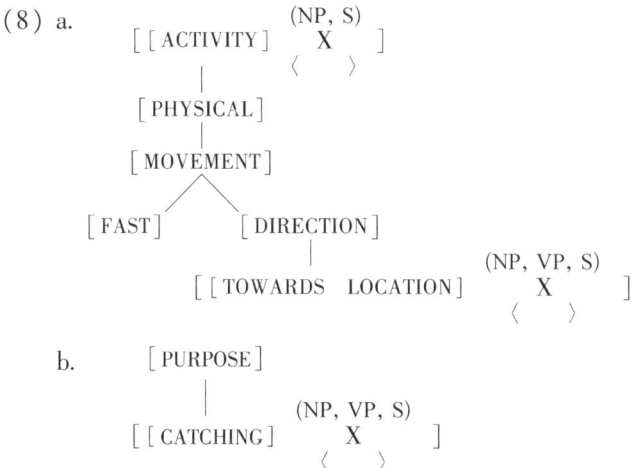

第三类合成方式称为转化(conversion)。比较以下两句:

(9) a. John intentionally killed himself. (约翰故意杀了他自己。)
    b. John committed suicide. (约翰自杀了。)

(9a)与(9b)是同义的,按上文的说法这两句的语义表达式应该相同,语义表达式的树形图比较复杂,我们不全部画出来,只画出一部分:

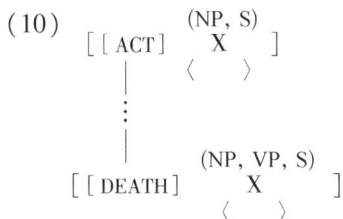

从(10)中已经可以看出"杀"这个动作的执行者是其主语,而死者是其宾语。(9a)中有主语 John,又有宾语 himself,但是(9b)中只有主语,没

有受事宾语。两者能不能共用表达式(10)？可以,因为语义表达式虽然以句法结构为基础,但是不等于句法结构。从句法角度看,(9b)比(9a)少一个主目语,从语义角度看,"杀"总有一个对象,所以(9b)虽然没有在句法上表明杀的对象,但其语义表达式还是(10),不过要把其中的(NP, VP, S) 改为(NP, S),得:

(11)
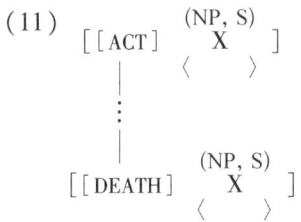

而(9a)中的反身代词 himself 也通过一条规则把(NP, VP, S) 转化为(NP, S),这样(9a)与(9b)语义表达式完全相同。转化操作还能处理许多其他语义现象,例如 kill'杀'与 killer'凶手'的关系,perfect'完美'与 flawed'有缺点'的关系等等。

使用投射规则可以得出句子的语义表达式,语义表达式虽然也是树形结构,但它是与深层结构等句法表达式不同的树形结构。投射规则系统属于语法的语义部分(Semantic Component):

(12) 语　义　部　分

按照20世纪60年代转换-生成语法学理论,语义部分在整个语法流程框图中的位置如下:

(13)
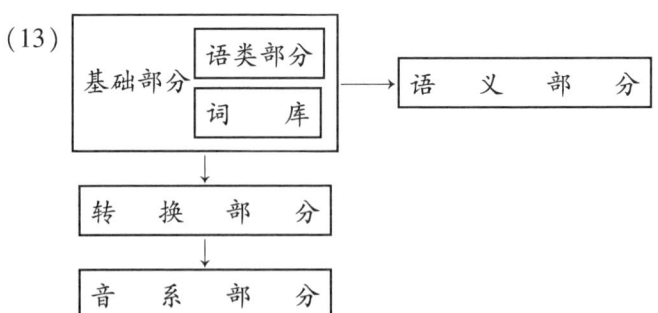

这一模式反映了两个重要观点。第一,语法的语义部分和音系部分一样都不能产生句子结构,而是以句法结构为基础演化表达式。所以语义部分和音系部分一样是起解读作用，而不是起生成作用的。[1]因此，生成语法学中语义学的作用与逻辑学中语义学的作用是一致的。第二，图(13)表明在基础部分之后语法就"兵分两路"，一路经过句法转换和音系变换演化出语音表达式，一路经过语义投射演化出语义表达式。这两路都以基础部分为起始点，但是此后它们之间不再有联系。这一模式假设句子的发音和句法的转换都不影响语义。最先提出这一假设的是 Jerrold Katz 和 Paul Postal，所以有 Katz-Postal Hypothesis 之称。根据这一假设，相应的陈述句与疑问句、肯定句与否定句、主动句与被动句语义都相同。这套理论称为转换-生成语法的标准理论(Standard Theory，简称 ST)。

我们已经将语法的句法、音系和语义三个组成部分都讲了。最后来总结一下第 3 章的内容。先列一个规则系统总表：

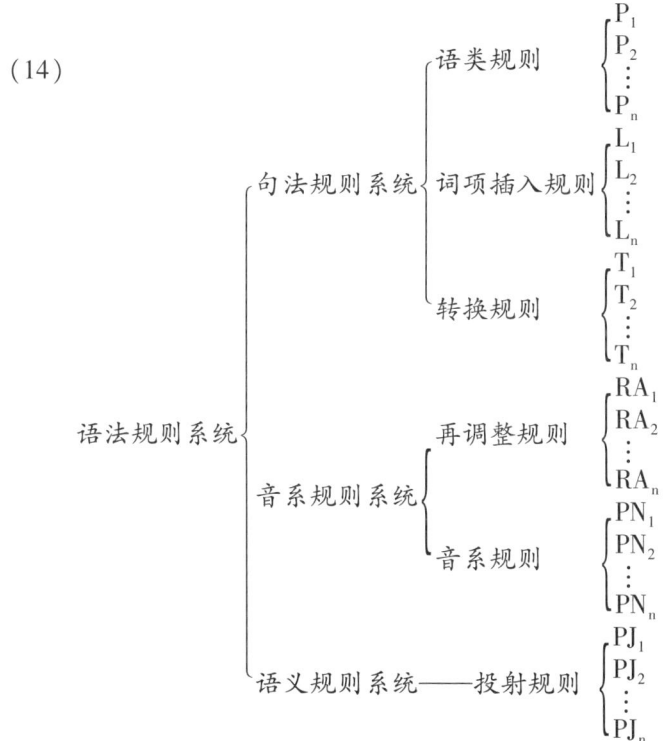

---

[1] 指"生成"的一个含义——产生结构——而言，而不是指"生成"的另一个含义——明确的形式化。

每用一次规则产生一个表达式,用了规则 P_1 得到表达式 R_1,用了规则 P_2 得到表达式 R_2,用了规则 P_n 得到表达式 R_n。每一套规则构成一个表达层次,一共有六套规则就有六个表达层次。每个层次最终得到的表达式都有一个专门的名称。用过语类规则 P_n 得到的表达式是词汇前结构;用过词项插入规则 L_n 得到的是词汇后结构,即深层结构;用过转换规则 T_n 得到的表达式就是表层结构。在生成音系学中表层结构也称词项表达式,以别于用于再调整规则 RA_n 后得到的音系表达式和用过音系规则 PN_n 后得到的语音表达式。用了投射规则 PJ_n 后得到的是语义表达式。表达式之间关系的流程框图如下:

(15)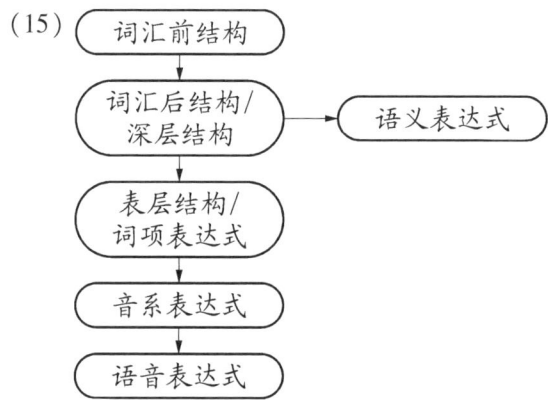

最后我们把语法组织的框图(13)与表达式层次的框图(15)合起来略加简化画成(16):

(16)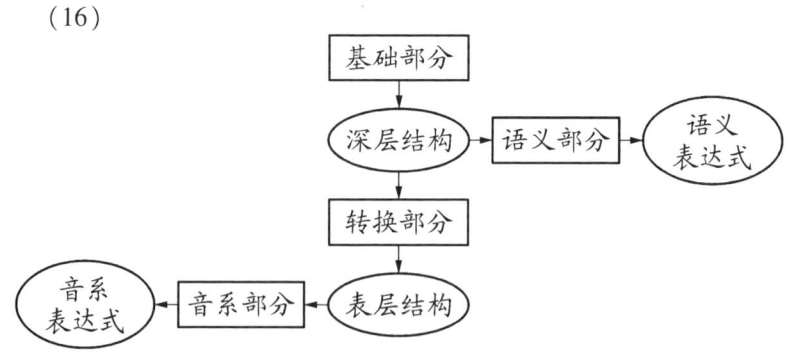

方框代表规则系统,圆框是规则处理后构成的表达式,箭头表示输入和输出方向。

4 表达式及表达式之间的关系

1965年生成语法学规则系统建设工作基本完成,虽然许多细节问题还须探究,框架已经有了,一套套规则各司其职,一层层表达式各有特色。然而生成语法学家没有止步不前,他们对上一章中最后列出的流程框图提出了以下各方面的质疑:

(1) a. 是否一定要把句法中语类部分当作第一个表达层面?
b. 表达层面间的演化顺序,或者说方向,是否可以有变动?
c. 是否必须有这么几个表达层面?
d. 每一个表达层面是否只能和它相邻的层面发生关系?
e. 语义部分是否是最边缘的层面?是否能追究到语义之外?

以上五个问题是从概念出发提出来的。本章将反映生成语法学是怎样从具体的语言事实出发,围绕表达层面的数目、性质、方向、关系问题批评标准理论,从而展开一场大论战的。

4.1 生成语义学

从20世纪60年代中期起,Chomsky的一些同事和学生Paul Postal、George Lakoff、James McCawley、John Robert Ross等就以上所列问题(1a)—(1e),对标准理论提出异议,逐渐形成了自己的学术思想,即通常所称的生成语义学(generative semantics)。从他们讨论的问题可以看出,他们的兴趣并不在于研究语法的语义部分本身,而在于研究语法各个表达层面之间的关系。所以生成语义学不是语义学理论。这一派在两三年之内达到鼎盛时期,影响普及全美国,到了70年代初已经销声匿迹。但是他们提出了许多前人未曾发现的问题,促使人们思索并推动理论发展。[1]

4.1.1 句法抽象化

标准理论中深层结构对句子的语义表达,或者说语义解读,起着关键作用。原因是:第一,根据Katz-Postal假设,转换不改变语义,因此表层结构与语义解读无关,只有深层结构才与语义解读有关;第二,当

---

[1] 批评Chomsky标准理论的不止生成语义学派,但是他们的影响不能和生成语义学相提并论。

时的语义投射规则只能起相当机械的作用——把小单位的语义结合成大单位的语义。[1] 在这种情况之下，如果一个句子有歧义，它就该有几个不同的深层结构，否则很难通过投射规则体现出歧义来。以下每个句子都应有不止一个深层结构。这些句子都是当时提出来讨论过的。[2]

（1）a. I don't steal from John because I like him.（我不偷约翰的东西，因为我喜欢他。/我偷约翰的东西不是因为我喜欢他。）

b. John and Mary left.（约翰走了，玛丽走了。/约翰和玛丽一起走了。）

c. John began the book.（约翰开始读这本书。/约翰开始写这本书。）

（1a）是个明显的歧义句，有两个意思，一个意思是：我没偷约翰的东西，因为我喜欢他。另一个意思是：我偷了约翰的东西，但并不是由于我喜欢他的缘故，而是因为其他缘故。为了反映出这两种不同的解读必须假设（1a）有两个不同的深层结构。Lakoff 假设：在作上述前一种解读时否定成分与 I steal from John 并列，否定范围只限于内层句子[$_S$ I steal from John]；在作上述后一种解读时，否定成分直属于外层 S，否定范围涉及外层全句[$_S$ steal from John [because I like him]]。

某些人把（1b）也看作歧义句，认为这个句子也有两个意思。一个意思是约翰和玛丽一起离开；另一个意思是约翰离开，玛丽也离开，但两人分别走。于是不得不煞费苦心假设两个不同的深层结构：

（2）a.
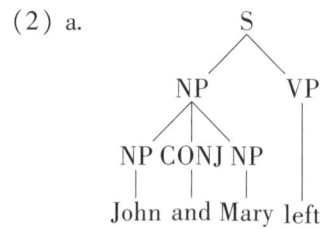

---

[1] 3.3.4 小节中介绍的投射规则是 20 世纪 80 年代的，已有改进。
[2] 转引自 Newmeyer（1980）。

b.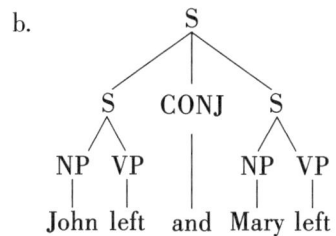

这个句子其实只是语义含混(vagueness)而不是歧义。they left 也只是语义含混,假如要看作歧义,那不知有多少种解读呢。因为主语 they 人数不定,各人可以分别离开,也可以一起离开,可以两个两个走,三个三个走,三五成群走……

以上两个句子的深层结构还不难设想,第三个句子就更加复杂了。(1c)也算一个歧义句,可以指约翰开始读这部书,也可以指约翰开始写这部书,等等。所以深层结构中应当留出一个位置,给表示"读""写"之类动作的、具有[+ACTIVITY]特征的词。有人建议采用这样的深层表达式:

(3)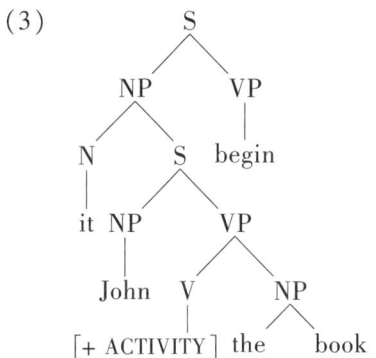

意义不同的句子要有不同的深层结构,意义相同的句子就应该有相同的深层结构,例如:

(4) a. He sympathized with her. (他同情她。)
　　b. He was sympathetic to her. (他对她同情。)

这两个句子意思一样,最好是假设它们的深层结构是一样的,于是有人认为形容词 sympathetic 在深层结构中也是个动词。Ross(1970)甚至认为以下这种句子也可以看作是同义的:

(5) a. Prices slumped. (价格暴跌。)

b. I say that prices slumped.（我说价格暴跌。）

它们应该有个共同的深层结构，大致是：

(6)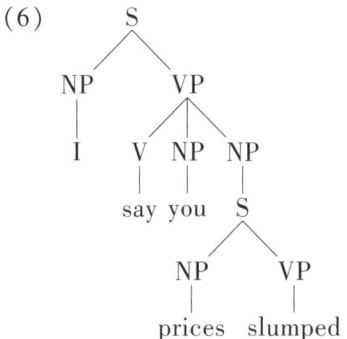

推而广之，任何陈述句之前都可以加上 I say '我说'。

朝着这个方向走下去，深层结构与表层结构之间的距离越拉越远，深层结构也变得越来越抽象了。这叫做抽象化句法（abstract syntax）。

4.1.2 词项分解说

上一节中提到的为了说明歧义现象和同义现象所假设的深层结构虽然比较抽象，但还没有触动词项插入层面。根据标准理论，一旦词项插入以后，至多可以作些形态变化，但是不可以换成其他词。因此语类结构相同而词项不同的句子不可能有共同的深层结构。例如：

(1) a. John gave a book to Bill.（约翰给比尔一本书。）
  b. Bill received a book from John.（比尔从约翰处得到一本书。）

(2) a. Mary sold a car to Susan.（玛丽卖了一辆车给苏珊。）
  b. Susan bought a car from Mary.（苏珊向玛丽买了一辆车。）

可是(1a)与(1b)，(2a)与(2b)明明是同义句子。假如坚持同义的句子深层结构相同这一原则，那么上列两对句子都应该有共同的深层结构。

Postal (1970)认为甚至(3a)与(3b)也应该有相同的深层结构：

(3) a. Max reminds me of Peter.（麦克斯使我想起彼得。）
  b. Max strikes me as similar to Peter.（麦克斯使我感到像彼得。）

怎样才能使上列一对对表层不同的句子有共同的深层结构呢？有

一个很自然的解决办法：假设深层中出现的词和表层中出现的词可以不同。如果采取这一办法，以下一组句子也可以有相同的深层结构：

(4) a. John killed Bill.（约翰杀死了比尔。）

b. John caused Bill to die.（约翰致比尔死去。）

c. John caused Bill to become dead.（约翰造成比尔死亡。）

d. John caused Bill to become not alive.（约翰造成比尔不复生存。）

McCawley（1968a）认为（4a）—（4d）的深层结构都是：

(5)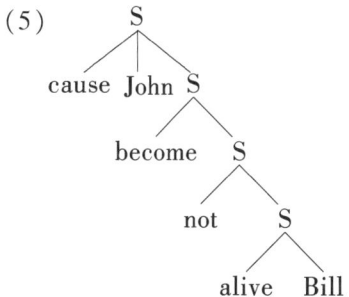

怎么把（5）演化为（4a）、（4b）、（4c）或（4d）呢？McCawley 用词项置换的规则处理，他假设词库中 dead、die、kill 三个词项[1]应分别记作：

(6) a. dead：

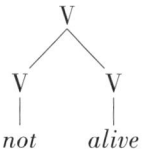

b. die：

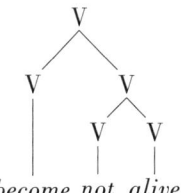

---

[1] McCawley 在分解词项，而不是分解语义，分解的结果是词汇元素，不是 Katz 的语义标示，所以（6）中 alive 等用斜体，不用大写正体，请注意其区别。

c. kill：

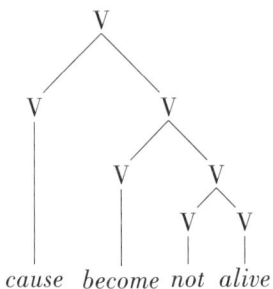

用(6c)置换(5)中高层的 S,得到表层结构(4a);用(6b)置换中层的 S,得到(4b),用(6a)置换较低层的 S,得到(4c)。如果不置换,就从深层(5)直接化为表层(4d)。这一处理办法是以对词项作分解为基础的,称为词项分解说(lexical decomposition)。

Chomsky(1972)批评了 McCawley 的词项分解说。他指出 x kill y 可以分解为 x cause-become-not alive y,那么下列句子应该有四个意思:

(7) John almost killed Bill. (约翰几乎杀死了比尔。)

因为 almost 可以修饰 cause、become、not、alive 四项中任何一项。但是实际上人们不觉得(7)有歧义。

4.1.3 深层结构无用论

1967 年 3 月,Lakoff 和 Ross 在写给 Arnold Zwicky 的一封信中扬言要取消深层结构这一层面。同年 4 月,在得克萨斯大学召开的讨论会上,这一主张引起了共鸣。后来以信中部分内容为基础发表了一篇以"要不要深层结构?"为题目的论文 Lakoff & Ross(1967)。

他们指出:标准理论之所以要假设有深层结构这一层面,是为了要在这一层面上完成下列四项工作:

(1) a. 把词项插入结构树;
　　b. 确定主语、宾语等语法关系;
　　c. 规定选择限制和同现限制;
　　d. 以便进入转换层面。

这四项工作是深层结构赖以生存的条件,如果这几项工作不必在这一层面进行,那么深层结构也就失去了理论价值。

假如接受上一小节说到的词项分解说，那么词项插入工作就不一定要一下子完成，也不一定要在转换开始之前完成，可以在任何一个表达层面，在任何一个表达式基础上进行。

他们认为主语和宾语这些语法关系概念与语义解读无关。主语不等于施事，宾语不等于受事，试比较：

（2）a. John tortured Max.（约翰折磨麦克斯。）

　　b. John underwent torture.（约翰受折磨。）

两句中 John 都是主语，但是 John 在（2a）中是施事，在（2b）中是受事。主语、宾语之类概念唯一的用途是区分以下情况：

（3）a. A dog bites a man.（狗咬人。）

　　b. A man bites a dog.（人咬狗。）

而这种区别完全可以在表层进行。

至于选择限制或同现限制，McCawley（1968b）认为是语义现象而不是句法现象。他提出几个论点：

第一，有些动词或形容词例如"怀孕"要求用阴性的名词作主语，但是要求的是在语义上属于阴性的词作主语，而不是句法上阴性的词作主语，比较：

（4）a. Das Weib ist schwanger.（妇女怀孕。）

　　b. *Die Tür ist schwanger（门怀孕。）

（4a）中德语 das Weib'妇女'虽然句法上是中性，但是语义上是阴性，因此可以作 schwanger'怀孕'的主语；（4b）中 die Tür'门'虽然句法上是阴性，但是语义上不是阴性，因此不可以作 schwanger 的主语。

有些动词例如 count'数'要求用复数名词作宾语，可以说（5a）不可以说（5b）：

（5）a. I counted the boys.（我数数有几个孩子。）

　　b. *I counted the boy.

这里所谓的复数也是指语义上的复数，不是指句法上的复数，因为句法上为单数而语义上为复数的名词是可以作 count 的宾语的：

（6）I counted the crowd.（我数人群。）

第二，有些违反选择限制或者同现限制而不能成立的句子可以出

现在内包句中或否定句中。试比较:

(7) a. *Rocks get diabetes.（石头得了糖尿病。）

　　b. John said that rocks get diabetes.（约翰说石头得了糖尿病。）

　　c. Rocks don't get diabetes.（石头不会得糖尿病。）

可见并不是 rock '石头'不可以与 get diabetes '糖尿病'搭配在一起,而是因为(7a)语义异常。McCawley 的结论是:这类问题应该放在语义表达式中处理,而不是在句法层面中处理。

Lakoff & Ross (1967) 在论文中论证了(1a)、(1b)、(1c)三项工作都不必专门设立一个深层结构表达层面来进行。(1b)可以在表层结构中处理,(1c)可以在语义表达式中处理,而(1a)可以穿插在转换部分处理。这样一来(1d)也就没有必要了,不必在转换之前加上一个深层结构把各个层面联系起来。他们由此推论出:

如果根本没有任何理由说明句法一定是生成性的,语义一定是解读性的,并没有理由说明(1a)—(1d)一定要在同一表达层面上进行,而且(1a)—(1d)并不都有道理,那么说语义是生成性的又怎么样呢?

这就是所谓的"生成语义学"。生成语义学派认为语义是生成性的,句法是解读性的。

现在来画出生成语义学语法组织与表达式层面的流程框图:

(8)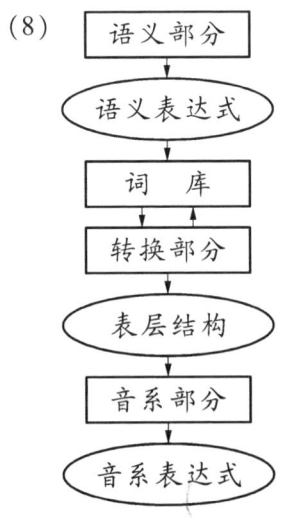

因为词项插入规则和转换是交错进行的,所以图(8)中出现逆方向箭头。

4.1.4 普遍基础假设

生成语义学语法模式中取消了深层结构,整个语法系统中基础的表达层面是语义层面。从这点出发可以顺理成章地推想出以下两点:第一,语义表达式与逻辑式(logical form)很相似;第二,各种语言表层结构纵然千差万别,语义-逻辑表达式可以说是一致的。于是有人作如下假设:人类语言的语法基础是相同的、普遍的。这一观点称为普遍基础假设(Universal Base Hypothesis),代表人物为 Emmon Bach。

什么叫逻辑式?传统的古典逻辑通常将命题(proposition)中表示思维对象的词称为主词(subject),把表示对象性质的词称为谓词(predicate)。在"雪是白的"这一命题中,"雪"是主词,"是白的"是谓词。现在数理逻辑中不用"主词"这一名称,而将命题分解为个体词(individual)和谓词。个体词也称主目(argument)[1]。谓词表示个体词的性质或者个体词之间的关系。举例如下:

(1) a. 雪是白的
  b. 小孩爱雪

命题(1a)中"雪"是个体词,"是白的"是谓词,表示雪的性质。命题(1b)中"小孩"和"雪"是个体词,"爱"是谓词,表示"小孩"与"雪"之间的关系。命题用逻辑式表达,在逻辑式中谓语用大写字母,个体词用小写字母。逻辑式写法不统一。(1a)可写作(2a)或(3a),(1b)可写作(2b)或(3b):

(2) a. Pa
  b. aPb
(3) a. P(a)
  b. P(a, b)

(2)和(3)写法虽不同,表示的意思是一样的。学习生成语法学必须具

---

[1] 请注意这里的"主目"是逻辑学命题的元素,不同于自然语言中的"主目语"或"主目成分",虽然英文都用 argument。我们把逻辑中的 argument 译作"主目",把自然语言中的 argument 译作"主目语",以便区分。

备一定的数理逻辑知识。这里先作最初步的介绍。

逻辑式的概念可以运用到自然语言的语法中来。句子相当于命题,动词相当于谓词,而名词或名词词组相当于个体词。McCawley(1970)把句子(4a)的语义表达式写作(4b):

(4) a. The man killed the woman.(这男人杀了那女人。)

b.

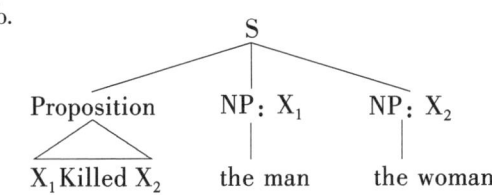

4.1.5 全应规则

上一小节讲到生成语义学派取消了深层结构,重新调整了各个层面的次序。下一步考虑的问题是:各个层面之间是否都只存在局部性关系。所谓局部性(locality)是指:第二层与第一层发生关系,第三层与第二层发生关系,第四层与第三层发生关系……但是第四层与第二层、第一层没有直接关系,标准理论中的词组结构规则和转换规则都是局部性规则(local rule),每条规则只把相邻的两个表达式联系起来,不能超越局部范围把不相邻的表达式联系起来。Lakoff(1970)认为有许多语言现象仅仅用局部性规则还不能反映,因此有必要打破标准理论的局部性框框,设立另一类作用范围更广的规则。这类规则可以把并不相邻的表达式联系起来。他把这类规则称为全应规则(global rule)。

Lakoff(1970)一文中举出了许多各种各样的全应规则,这里我们只举两个例子说明。

英语系词 be 常常可以缩略,am 可以缩成 'm,are 可以缩成 're,is 可以缩成 's。它们缩略后与前面的音节合在一起读,这种现象称为缩合。以下三句中 's 代表 is:

(1) a. There's this much wine in the bottle.(瓶里有这么多酒。)

    b. Bill's very rich these days.(比尔这几天很阔。)

    c. The concert's here at two o'clock.(音乐会两点钟在这里举行。)

但是在下面几个句子中把 is 缩成 's 就不合语法了。

(2) a. *I wonder how much wine there's in the bottle.（我想知道瓶里有多少酒。）

b. *Sam's richer than Bill's these days.（这些天山姆比比尔阔。）

c. *Tell Harry where the concert's at two o'clock.（告诉哈里音乐会两点钟在哪里举行。）

以上三个句子有个共同特点,它们都是用了转换规则以后构成的。可见转换影响了 is 的缩略。例如(2c)是疑问句,用过疑问词移位规则。转换前的表达式是:

(3) tell Harry the concert is where at two o'clock

疑问词 where 移位后构成(2c)。转换以后句中疑问词后的 is 就不能缩成 's 了。然而,陈述句(4)中的 is 可以缩成 's:

(4) Tell Harry that the concert's here at two o'clock.（告诉哈里音乐会两点钟在这里举行。）

因为陈述句不需要通过转换构成。

这一事实说明了什么问题？我们知道缩合是个语音问题,缩合规则应该属于音系规则。而移位是个句法问题,移位规则属于转换规则。两者分属两个不同的表达层面。要把 where 的移位与 is 的缩略联系起来,必须超过局部范围。Lakoff 以此为论据说明全应规则的必要性。

以上是一个句法与音系关系的例子,下面举一个语义与句法关系的例子:

(5) a. The Red Sox will play the Yankees tomorrow.（红袜队明日将战美国佬队。）

b. The Red Sox play the Yankees tomorrow.（红袜队明日战美国佬队。）

(6) a. The Red Sox will beat the Yankees tomorrow.（红袜队明日将胜美国佬队。）

b. *The Red Sox beat the Yankees tomorrow.（红袜队明日胜美国佬队。）

(5a)与(6a)中动词前有 will，(5b)和(6b)中用删略规则把 will 删去。为什么(5b)中删去了 will 仍能成立，而(6b)中删去了 will 不能成立呢？(5)与(6)有什么区别？(5)讲的是说话者预先知道的确定事实，以事实为前提；而(6)讲的是不确定的推测，没有事实为前提。两者的区别显然是语义区别，然而这一区别竟会影响到 will 的删略。当时语法学家把删略看作句法部分的转换规则。但从这个例子可见语义规则越过语类规则，与转换规则发生了关系。这种关系 Lakoff 认为只能由全应规则处理。

Lakoff 举了许多类似问题，其中一个引起广泛讨论的题目是古希腊语的形态变化问题，后来给 Chomsky 派解决了(参见 Baker & Brame (1972))。上述缩合问题也被对方用加下标的办法解决了(参见 Selkirk (1972))，全应规则显得不必要了。

4.1.6 模糊语法

上面介绍的是生成语义学派在 20 世纪 60 年代末的一些主张。到了 70 年代，生成语义学派对全应规则也感到不满足了，认为全应规则还不足以说明全部语言事实。其中一个很关键的问题是他们把"语言事实"这一概念大大地扩充了。有许多事实原来看作是属于语用范围的，而不是语法范围的，原来是属于语言使用范围的，而不是语言能力范围的，到了这一阶段他们觉得这些事实也会影响人们对句子的正确性的判断，因而有必要在语法中予以处理。上一小节(5b)和(6b)两句结构完全一样，其区别完全在于说话者能肯定两队将进行比赛，但不能肯定哪一队将取胜。过去认为先设之类因素语法中是不必考虑的，到了 70 年代生成语义学家觉得凡是影响句子的正确性的因素都要考虑。类似例子是很多的，比较以下两句：

(1) a. John told Mary that she was ugly and then SHE insulted HIM. (约翰对玛丽说她丑，然后她侮辱了他。)

b. *John told Mary that she was pretty and then SHE insulted HIM. (约翰对玛丽说她美，然后她侮辱了他。)

后半句中用的是对比结构，大写的 SHE 和 HIM 都要重读。用了对比重音表明后半句与前半句对立，后半句是 SHE insulted HIM '她侮辱了他',那么前半句中必须含有 HE insulted HER'他侮辱了她'的意思。(1a)前半句可以理解为约翰侮辱了玛丽,因为他当面说她丑。而(1b)前半句无法理解为约翰侮辱了玛丽,因为说她美不能算侮辱她。所以(1a)中用对比重音是恰当的,而(1b)中用对比重音就不恰当了。为什么当面说人丑是侮辱,当面说人美就不是侮辱,这并不取决于语音、句法、语义因素,而取决于社会风俗因素。(1a)合理,(1b)不合理,这是以与语法并不直接相关的社会标准为前提的。假如把句子略改一下,说成:

(2) John called Mary a Republican and then SHE insulted HIM.（约翰说玛丽共和党,然后她侮辱了他。）

这个句子是否合格就不是以社会标准为前提,而是以个人对共和党的好恶为前提了。朝着这一方向发展下去,语法中应该考虑的事实和语法中不必考虑的事实之间的界限越来越模糊了。

生成语义学家觉得既然有模糊数学,为什么不可以有模糊语言学?于是干脆打出了模糊语法(fuzzy grammar)的旗号。Lakoff(1973)认为所谓"合乎语法"与"不合乎语法"只不过是程度问题。以下一组句子都是介于完全合乎语法与完全不合乎语法之间的句子,合乎语法程度各不相同。

(3) a. John is the kinda fella that accidents naturally happen to him.（约翰是当然出事故的那种人。）

b. John is the kinda fella that it is likely that accidents'll happen to him.（约翰是可能会出事故的那种人。）

c. John is the kinda fella that people think accidents naturally happen to him.（约翰是人们认为当然出事故的那种人。）

d. John is the kinda fella that I know that accidents happen to him.（约翰是我知道出事故的那种人。）

e. John is the kinda fella that I realize that accidents happen to him.（约翰是我意识到出事故的那种人。）

f. John is the kinda fella that you find out that accidents happen to him.（约翰是你发现出事故的那种人。）

Lakoff 给上列每个句子打了分数：(3a) 80 分, (3b) 70 分, (3c) 60 分, (3d) 50 分, (3e) 40 分, (3f) 30 分。[1]

Ross（1973）更进一步提出："合乎语法"与"不合乎语法"是模糊概念。一切语法结构界限都是模糊不清的。哪些是名词，哪些是句子，也是个程度问题。他举的例子是：

(4) a. that Max gave the letters to Frieda（麦克斯把信给弗里达）
    b. for Max to have given the letters to Frieda
    c. how willingly Max gave the letters to Frieda
    d. Max giving the letters to Frieda
    e. Max's giving the letters to Frieda
    f. Max's giving of the letters to Frieda
    g. Max's gift of the letters to Frieda

(4a)—(4g)意思基本相同，7 种结构中(4a)是最典型的句子，(4b)次之，而(4g)是最典型的名词，(4f)次之。排在越上面的结构句子性越强，排在越下面的句子名词性越强。

提倡模糊语法的学者嫌形式化研究太绝对，而强调模糊的结果是再没有语法理论，没有语言科学可言。模糊语法终于发展到自身的反面，人们失去了信心和兴趣，而它也失去了人们的支持。

4.2 解读语义学

生成语义学的语法模式以语义为基础，语义部分有生成性，句法部分只有解读性。与它相对立的模式以句法为基础，句法部分有生成性，语义部分只有解读性，这种观点后来称为解读语义学（interpretive semantics）。解读语义学和生成语义学一样，主要不是语义理论而是关于语法各部分组成关系的学说，第 3 章中介绍的标准理论对于语法组成关系的假设都属于解读语义学范畴。不过在生成语义学成名之前，并不使用解读语义学这一名称。持解读语义学观点的学者都反对生成

---

[1] 汉语译文基本直译，看不出与英语类似的程度区别，不过还是可以感到彼此之间的可接受程度有所不同。

语义学,但是并不都坚持标准理论。有许多人,包括 Chomsky 本人,主张对标准理论进行修正、发展。他们的修正、发展也是围绕着本章一开始提出的一些问题,不过是与生成语义学作出不同的修改,往不同的道路发展而已。

4.2.1 表层结构与语义的关系

问题也是从 Katz-Postal 假设引起的。根据这一假设,疑问句与相应的陈述句语义应该相同,被动句与相应的主动句语义也应该相同,因为疑问词移位和被动化转换都不影响语义。可是后来发现事实并非如此。

Chomsky(1972)用以下例子证明被动转换会影响语义。在英语中说到已经去世的人做过某件事时,动词只能用过去时,不能用现在完成时。爱因斯坦已经去世,因此不可以说:

(1) a. *Einstein has visited Princeton.(爱因斯坦访问过普林斯顿大学。)

　　b. *Einstein has taught me physics.(爱因斯坦教过我物理。)

然而与(1a)、(1b)相应的被动句却能够成立:

(2) a. Princeton has been visited by Einstein.(普林斯顿大学曾被爱因斯坦访问过。)

　　b. I have been taught physics by Einstein.(我曾由爱因斯坦教过物理。)

(1a)、(1b)需要以爱因斯坦活着为前提,否则句子不能成立,(2a)、(2b)不需要以爱因斯坦活着为前提。由此可见转换在一定程度上可能影响语义。

Joseph Emonds 发现疑问转换等也可能影响语义,试比较:

(3) a. I shall go downtown.(我将到市内商业区去。)

　　b. Shall I go downtown?(我该到市内商业区去吗?)

　　c. I wonder whether I shall go downtown.(我不知道是否要到市内商业区去。)

(3a)是陈述句,(3b)是疑问句,(3c)是把(3b)作为从句的内包结构。它们之间存在着转换关系。请注意(3a)与(3c)中 shall 仅仅表示将来时,而在(3b)中 shall 有情态意义,略带有 should'应该'的意思。如果 Katz-Postal 关于转换不影响语义的假设是正确的,就不应出现这种情况。

表层结构影响语义的例子集中表现在两个方面,以下两小节分别论述。

4.2.1.1　量词辖域

Ray Jackendoff 发现了一个规律:带有 many'许多'、every'每'等数量词的句子经过否定位置转换(Negative Placement)会影响语义解读。这一发现引起了学者的极大关注,比较:

(1) a. Not many arrows hit the target.（并非许多箭都中靶。）

　　b. Many arrows didn't hit the target.[1]（许多箭并未中靶。）

按标准理论这两句的深层结构应该是一样的,大致是:

(2) not [many arrows hit the target]

在转换成表层结构时否定词 not 可以移到不同的位置上,或者位于句首,或者位于动词之前,但是表层位置的变化不应造成语义上的区别。然而(1a)与(1b)意思不同,(1a)中否定的是整个命题,(1b)中否定的只是动词词组。

带有数量词的句子不仅用否定转换会改变语义,用被动转换也会影响语义,请看:

(3) The target was not hit by many arrows.（靶子未被许多箭射中。）

在形式上(3)是(1b)的被动结构,(3)与(1b)语义应该相同,然而事实上(3)的语义却与(1a)相同。这些事实与 Chomsky(1957)早就注意过的两个句子有关:

(4) a. Everyone in the room knows two languages.（房间里的每个人都懂两种语言。）

　　b. Two languages were known to everyone in the room.（有两种

---

[1] 这两个句子意思略有不同,(1b)表明许多箭未射中,但并不否认还有许多箭射中了。

语言房间里每个人都懂。)

这一例子中含有数量词 every'每'和 two'两'。主动句(4a)和被动句(4b)表层结构虽然不同,其深层结构却是相同的,语义解读也应该相同。然而人们却感到两句话意思不同。(4a)只说每人懂两种语言,大家懂的语言可能不同,例如甲懂英语和汉语,乙懂法语和日语,丙懂德语和阿拉伯语;(4b)却说房里每个人都懂同样的两种语言。

以后又有人进一步发现含有数量词的句子使用其他转换规则后也要影响语义。其中之一是连接结构缩略规则(Conjunction Reduction)。

(5) a. The men are married and the men are happy.(这些人结了婚,而且这些人幸福。)

    b. The men are married and happy.(这些人结了婚而且幸福。)

(5a)和(5b)的深层结构一样,(5b)是把连接结构中重复部分略去后构成的,两句意思相同。再比较:

(6) a. Many people are married and many people are happy.(许多人结了婚,许多人幸福。)

    b. Many people are married and happy.(许多人结了婚而且幸福。)

(6a)与(6b)的句法关系和(5a)与(5b)的句法关系一般无异,可是(6a)和(6b)意思不同。(6b)意味着结婚者就是幸福者,(6a)并不意味着结婚者和幸福者是同一些人。

这些反例都有一个共同的特点:句中含有数量词 every、many、some、no 等等。这些数量词相当于逻辑学中的量词(quantifier)[1]。在逻辑学中,量词在语义解读中起着极其重要的作用。每个量词都有一定的作用范围,称为辖域(scope)。自然语言中数量词也有其辖域,以(1a)、(1b)为例。这两句中各有两个量词:副词性否定量词 not 和 many arrows 中的量词 many。(1a)中 not 的辖域比 many 的辖域大,用

---

[1] 汉语语法中表示数量的单位"个""只""张""片"等也称量词,与逻辑量词是不同的概念。

术语说,not 占广域(wide scope),many 占窄域(narrow scope)。(1b)正相反,many 占广域,not 占窄域,即 many 处于 not 的辖域之外。这种区别就是量词辖域的区别。

自然语言中还有一些词语,主要是一些副词,虽然不属于逻辑量词,但是也有一定的辖域,例如英语中的 only'只有'和 even'甚至'。

(7) a. Only John reads books on politics.（只有约翰读政治书）。

b. John only reads books on politics.（约翰只读政治书）。

c. John reads only books on politics.（约翰读的只是政治书）。

(7a)中副词 only 的辖域是作主语的名词词组,(7b)中 only 的辖域是动词词组,(7c)中 only 的辖域是作宾语的名词词组。

Jackendoff 从这些反例中得出结论:辖域的大小取决于表层结构,而不取决于深层结构。这就证明 Katz-Postal 假设是不正确的。

Katz (1980)作了反击。他指出被动句与主动句在量词辖域方面的差别不像 Jackendoff 所说的那么绝对,比较:

(8) a. Many men read few books.（许多人只读少数几本书）。

b. Few books are read by many people.（只有少数几本书许多人都读）。

Jackendoff 说(8a)中 few books 指不同的书,(8b)中 few books 指相同的书,例如大家都读过《红楼梦》和《水浒》。Katz 说(8b)中 few books 未必一定指相同的书,假如把这两个句子稍为改动一下,主动句和被动句的差别更不明显:

(9) a. Many men read only a few books.

b. Only a few books are read by many men.

这两句都可以作两种解读,可见主动句与被动句在语义方面并无不同。Katz 又指出上文(4a)和(4b)都不止有两种解读,还可以有另一个意思:房间里有些人说同样的语言,另一些人说的两种语言各不相同。假如有 m 个人说 n 种语言,搭配的可能性极多。以下几句中(10a)歧义比(10b)多,(10c)则有无穷歧义:

(10) a. Every one of the 17 people in the room speaks 28 languages.

（房间里 17 个人中各人说 28 种语言。）[1]

b. Every one of the 11 people in the room speaks 16 languages.（房间里 11 个人中各人说 16 种语言。）

c. Every one in the room speaks infinitely many languages.（房间里各人说无数种语言。）

这类句子其实不是歧义而是语义含混（Quine（1960））。这些不同都不是语义方面的不同而是语用方面的不同。Katz 造了一个特殊的句子：

(11) 63 languages are spoken by everyone in the room at the linguistic conference.（语言学会议上房间里的人说 63 种语言。）

在理解这个句子时不得不把 everyone 当作整体而不是当作个体来看待，因为很难想象每个人都能说 63 种语言。这种因素当然与语法无关。

Katz 的看法不无道理，但是后来坚信标准理论的人已经很少了，他的反批评并未受到重视。

4.2.1.2 焦点与先设

另外一类严重威胁标准理论的反例是句子焦点（focus）和先设（presupposition）方面的问题。

(1) a. Is it JOHN who writes poetry?（是约翰写诗吗？）

b. No, it is BILL who writes poetry.（不，是比尔写诗。）

c. No, John writes only short STORIES.（约翰只写短篇小说。）

用正常的语调读，句中用大写字母排印的词应读得最重。如有人用（1a）提问，对方可以用（1b）回答，这是最自然的回答（natural response），假如用（1c）来回答就不那么自然。要解读其中原因需要用到"焦点"和"先设"这两个概念。问句（1a）表达的意思可以分解成两个部分。一部分是有人写诗，另一部分是谁写诗。问话者显然已经知道有人在写诗，这是问话的先设。问话者所不知道的是谁在写诗，这是

---

[1] 汉语量词辖域与英语可能不尽相同，这些英语句子的汉译只能供不熟悉英语的读者参考，不能凭汉语译文判断英语原句的歧义。

问话的焦点。所谓"先设"大体上就是句中的已知信息,所谓"焦点"大体上就是新信息。答句(1b)中保留问句(1a)中的先设,提供了新的信息——BILL,以此为焦点,所以是正常的回答,而答句(1c)中原来的先设(有人写诗)已经不复存在,所以显得不自然。

Chomsky(1972)认为要正确理解句子必须掌握焦点和先设的区别,必须在语义解读中有所反映。焦点和先设是通过表层结构体现出来的,因为与句子的重音有关。

(2) a. Was it an ex-convict with a red SHIRT that he was warned to look out for?(有人警告他要当心的是一个穿红色衬衫的刑满释放分子吗?)

b. Was it a red-shirted EX-CONVICT that he was warned to look out for?(有人警告他要当心的是一个穿红色衬衫的刑满释放分子吗?)

c. Was it an ex-convict with a shirt that is RED that he was warned to look out for?(有人警告他要当心的是一个穿红色衬衫的刑满释放分子吗?)

这三个句子的深层结构是一样的,经过不同的转换形成了三种不同的表层结构。假如焦点和先设都是由深层结构决定的,那么以下三句都既可以用来回答(2a),也可以用来回答(2b),又可以用来回答(2c)。

(3) a. No, he was warned to look out for a convict with a red TIE.(不,有人警告他要当心一个戴红领带的刑满释放分子。)

b. No, he was warned to look for a red-shirted AUTOMOBILE SALEMAN.(不,有人警告他要当心一个穿红衬衫的汽车推销员。)

c. No, he was warned to look for an ex-convict with a shirt that is GREEN.(不,有人警告他要当心一个穿绿色衬衫的刑满释放分子。)

事实上只有用(3a)回答(2a),用(3b)回答(2b),用(3c)回答(2c)才是正常的、自然的,否则就显得答非所问了。关键在于答句中的焦点和问句中的焦点必须相配,由此可见表层结构应在语义解读中起一定的作用,从而否定了 Katz-Postal 假设。Katz 反驳 Chomsky 的观点,他认为回答得自然不自然不是语法问题,而是语体问题,生成语法学理论不必考虑。

4.2.2 词汇说

20 世纪 50 年代提出用转换规则来描写语言现象,并论证了使用转换规则的语法比不用转换规则的语法优越。此后 10 年中许多语法学家都致力于扩大语法中的转换部分,尽量把各种表面上不一样而意义相同的结构都设法通过转换规则联系起来。后来大家又发现做得太过分了,有些不宜用转换规则来描写的现象也被硬说成是转换的结果。Chomsky 于 1967 年提出要纠正这一偏向,三年后发表了 Chomsky(1970)一文。

Chomsky 选择了动词名物化现象为突破口,论证英语动词用作名词不宜看作是由动词通过名物化规则(Nominalization)转换来的。所谓动作名词是指以下句子中用斜体排印的名词,他用的术语是派生名词(derived nominal)。

(1) a. John's *eagerness* to please(约翰想讨好的迫切心情）

  b. John's *refusal* of the offer（约翰对那条建议的拒绝）

  c. John's *criticism* of the book（约翰对那本书的批评）

派生名词不同于动名词(gerund),试比较(1)与(2):

(2) a. John's being eager to please

  b. John's refusing the offer

  c. John's criticizing the book

动名词确实是转换的结果,动名词词组(2a)、(2b)、(2c)是由句子(3a)、(3b)、(3c)分别转换来的:[1]

(3) a. John is eager to please.（约翰迫切想讨好。）

---

[1] 严格地讲,不能说(2a)、(2b)、(2c)是由(3a)、(3b)、(3c)转换来的。(2a)、(2b)、(2c)和(3a)、(3b)、(3c)都是表层结构。应该说:(2a)、(2b)、(2c)的深层结构与(3a)、(3b)、(3c)的深层结构相同。(2a)、(2b)、(2c)是深层结构经过转换得到的表层结构,而(3a)、(3b)、(3c)是与深层结构形式相同的表层结构。然而生成语法学著作中常常采用以上那种不严格的说法,已为大家承认,务请读者注意,不要把概念搞混。

b. John has refused the offer. （约翰拒绝了那条建议。）

c. John criticized the book. （约翰批评了那本书。）

为什么说(2)是由(3)转换来的，而(1)不是由(3)转换来的，Chomsky提出三个论据。

第一，由句子转换成动名词词组没有句法限制，而派生名词的出现有一定的条件限制。例如句子(4a)、(4b)、(4c)可以转换成动名词词组(5a)、(5b)、(5c)，但是相应的派生名词词组(6a)、(6b)、(6c)都不成立。

(4) a. John is easy to please. （约翰容易讨好。）

b. John is certain to win the prize. （约翰肯定能得奖。）

c. John amused the children with his stories. （约翰讲故事逗孩子。）

(5) a. John's being easy to please

b. John's being certain to win the prize

c. John's amusing the children with his stories

(6) a. *John's easiness to please

b. *John's certainty to win the prize

c. *John's amusement of the children with his stories

第二，派生名词与相应的动词语义往往不完全一致，例如名词revolution不仅有"旋转"的意思，而且有"革命"的意思，后一种意思动词revolve是没有的。

第三，派生名词词组完全具有名词词组的内部结构，前面可以带冠词，后面可以跟上一个介词词组，而动名词词组并不呈现这种结构：

(7) a. the proof of the theorem （这条定理的证明）

b. *the proving of the theorem

派生名词还有复数形式，可以与数词连在一起用：

(8) John's three proofs of the theorem （约翰对这条定理的三种证明）

反之，动名词词组具有动词词组的某些内在结构，例如有完成体形式：

（9）John's having proved the theorem（约翰已经证明这条定理）

鉴于以上三条论据,Chomsky 得出结论：动名词是转换得来的,而派生名词不是转换得来的,是从词库里取出来用语类规则直接构成的,eagerness、refusal、criticism、easiness、certainty、amusement 等等以某种形式[1]列在词库中。于是有了两派对立的观点,一派认为派生名词由转换构成,称为转换说(transformationalism),以 Robert Lees 为代表；另一派认为派生名词由词库列出,称为词汇说(lexicalism)。

Chomsky 的目的当然不仅仅在于说明派生名词是怎么来的。他想使原来人们认为应该由转换部分担当的任务改由词汇部分担当。当时的形势是生成语义学派甚嚣尘上,Chomsky 提出这么一个问题,表面上看来他批评的是另一些人,并没有直接与生成语义学派交锋,但实质上他是在以迂回的方式否定抽象句法。他想说明不必把表达式设计得十分抽象,不必拉开深层与表层表达式的距离。不过他这种策略并不成功。当时大家并不都能体会到他的意图,本来他可以通过批驳对方的论点取胜,但当时他先正面提出自己的论点,反而遭到了对方的批评,而且他选择了"词汇说"这一名称与"转换说"相对抗,使不明真相的人以为他承认转换语法是错误的。

4.2.3 照应规则

到了 20 世纪 70 年代初,大多数不赞成生成语义学的生成语法学家都由转换观点改变为词汇说观点。用新观点处理,语法转换规则大大减少,结果使有些原先认为是通过转换规则联系的结构脱了钩。最突出的例子是含有代词的结构。

过去生成语法学著作把照应性的代词都看作是由名词转换而来的,因此(1a)和(2a)的深层结构分别是(1b)和(2b)：

(1) a. The president has promised that he will end the war.（总统答应他要结束战争。）

---

[1] Chomsky 认为在词库中派生名词与动词可以合用一个词项,记作 refus-、easi-、criticis- 等等。

b. The president has promised that the president will end the war.（总统答应总统要结束战争。）

(2) a. The president killed himself.（总统杀了自己。）

b. The president killed the president.（总统杀了总统。）

(1a)中的 he 和 the president，(2a)中的 himself 和 the president 都指同一个人。the president 称为先行语或先行成分(antecedent)，与先行语呼应的人称代词 he 和反身代词 himself 都称照应语或照应成分。[1]照应语与先行语之间的关系称为照应关系(anaphora)。当时认为照应语在深层结构中都是以名词词组形式出现的，后来由于代名化规则(Pronominalization)和反身化规则的作用才变换成人称代词或反身代词的。

用转换规则来处理照应关系有很大的缺点。Dougherty（1969）发现如果先行语中有量词，那么转换之后的表层结构与深层结构意思并不一样，比较：

(3) a. Each of the men thought that he was the tallest.（每人都以为他最高。）[2]

b. Each of the men thought that each of the men was the tallest.（每人都以为每人最高。）

(3a)与(3b)意思不同。其他带有量词的词组代名化之后也会出现类似的现象。

(4) a. Most politicians believe that everyone loves them.（大多数政治家相信人人都喜欢他们。）

b. Most politicians believe that everyone loves most politicians.（大多数政治家相信人人都喜欢大多数政治家。）

(5) a. Every bride hopes that she will have a happy marriage.（每个新娘都希望她婚姻幸福。）

---

[1] 这是照应语广义的概念，狭义的概念只指反身代词等，不指人称代词。

[2] 译文中最好把"他"改为"他自己"，以下(4a)和(5a)中也宜把"他们"和"她"改为"他们自己"和"她自己"。但是这里是讨论代名化规则，不是讨论反身化规则，所以我们都按英语的人称代词直译。

b. Every bride hopes that every bride will have a happy marriage.（每个新娘都希望每个新娘婚姻幸福。）

Bresnan（1970）指出，下列用 some 的句子也有类似问题，名词词组并不都能转换为代词，例如在存在句（7a）中不能出现代词。

（6）a. Some students said that they had been in the office.（有些学生说他们曾在办公室里。）

b. Some students said that some students had been in the office.（有些学生说有些学生曾在办公室里。）

（7）a. *Some students said that there had been they in the office.（有些学生说曾有他们在办公室里。）

b. Some students said that there had been some students in the office.（有些学生说曾有些学生在办公室里。）

把（6a）看成是由（6b）转换来的还无妨，但是（7b）不能按同样的规则转换成（7a）。

甚至连非照应性代词也有类似问题，名词词组也不是都能转换为代词的。Emonds（1972）举了以下词组动词的例子：

（8）a. John turned her away.（约翰把她抛弃了。）

b. John turned the girl away.（约翰把那姑娘抛弃了。）

（9）a. *John turned away her.（约翰抛弃了她。）[1]

b. John turned away the girl.（约翰抛弃了那姑娘。）

鉴于以上事实，与其把所有的代词都说成是从名词转换来的，还不如取消代名化规则。但是这么一来，以上各例中的（a）句和（b）句都脱离关系了。例如（1b）就不再被看作是（1a）的深层结构了。那么怎么能说明（1b）中的 he 是指 the president 而不指别人呢？于是有必要采用另一种规则——照应规则（anaphoric rule），让它来起原来由转换规则起的作用。具体的做法是在有关的名词右下角加上字母 i、j、k 等，这种做法称为添标，或者叫加指标（indexing）。所加的字母称为下标。

---

[1] 汉语译文只译意思，反映不出英语句法结构问题。（7）、（8）、（9）、（10）几句还涉及代名化规则与 there 插入规则的顺序，以及代名化规则与助动词移位规则的顺序，问题比较复杂，这里不详细说明。

（10a）和（10b）可以标成：

(10) a. the president$_i$ has promised that he$_i$ will end the war

b. the president$_i$ has promised that he$_j$ will end the war

（10a）中 he 和 president 都加下标 i，两者出现同标（co-indexing），表示它们指同一个对象。（10b）中的 president 加上了下标 i，而 he 加上了 j，两者出现异标（counter-indexing），表示它们指不同的对象。两个词语指相同的对象时，两者之间的关系称为共指关系或称同指关系（coreference），用了添标的办法不必追溯深层结构，在表层结构中就可以说明照应关系了。

既然代词可以通过照应规则处理，不必再看作是由与先行语等同的名词词组转换来的，那么下列句子（11a）是否要看作是由（11b）转换来的呢？

(11) a. Ivan has a camel, but I haven't. （伊凡有一匹骆驼，而我没有。）

b. Ivan has a camel, but I haven't a camel.

是否还有必要认为（11a）是在（11b）基础上删去 a camel 构成的？能不能也用照应规则来解读？对这个问题有过不少争论。Grinder & Postal（1971）认为只能用删略规则处理，他们举的例子之一是：

(12) a. [I've never ridden a camel], but [Ivan has], and [he says it stank horribly] （我从来没有骑过骆驼，可是伊凡骑过，他说它臭极了。）

b. I've never ridden a camel, but Ivan's ridden a camel and he says it stank horribly.

（12a）中有 3 个并列句子，分别用 3 套括弧表明，第三个句子中 it 的先行语是在第一个句子中还是在第二个句子中？it 的先行语显然不会是第一句中的 camel，因为假如把第二句去掉就成了：

(13) *I've never ridden a camel ... it stank horribly.

可见 it 的先行语必然在第二个句子中，因此证明第二个句子深层的表达式中必然有 a camel，如（12b）所示，在转换过程中它被删除了。

Postal 代表转换派观点,认为在诸如此类照应关系中深层表达式中必有一个名词词组。相反的是解读派观点,以 Wasow(1972)、Jackendoff(1972)和 Fiengo(1974)为代表。解读派的办法是在句法结构中设一个没有词汇成分的空节点,如[$_{NP}\varnothing$]、[$_{VP}\varnothing$]等。后来在这一设想的基础上发展出空语类的理论。2.4 节中说过,所谓空语类是在句法、语义表达式中存在,而在音系表达式中没有音系矩阵的成分,常用字母 e 来代表这类虽有句法、语义作用,而不发音的成分。引入 e 后(11a)可以写作:

(14) Ivan has a camel, but I haven't e

在表达式中用上了 e 有个好处,e 也可以和有形的代词一样加下标来表示所指关系,例如:

(15) a. he$_i$ wants himself$_i$ to win (他要自己赢。)

　　　b. he$_i$ wants e$_i$ to win (他要赢。)

这样不论是有形代词还是无形代词都可以通过照应规则在表层处理。[1]

4.2.4 语迹论

由转换说发展到词汇说,由深层解读语义发展到深层表层共同解读语义,这些趋势结合起来促使 Chomsky 下决心修改标准理论语法系统中各个表达式关系的模式。现在我们来画一张流程框图,表明修改以后语法系统的内部组织:

(1)

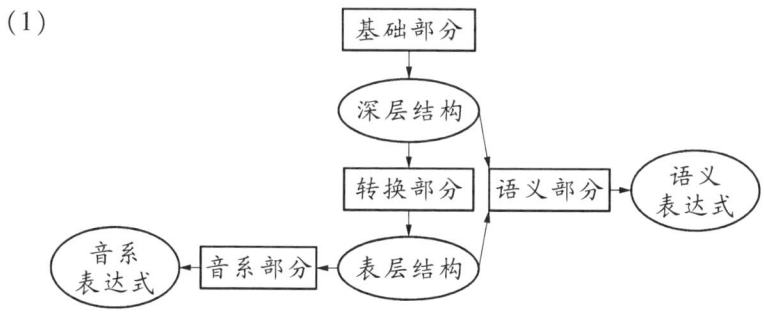

---

[1] 当时有关照应问题最完整的论述是以 Wasow 的博士论文 Wasow(1972)为基础的专著 Wasow(1979)。此外 Hankamer & Sag(1976)也有很大影响,他们指出了两种不同性质的照应:句法照应和语用照应。

修改后的理论称为扩充的标准理论（Extended Standard Theory，简称EST）。把扩充标准理论框图(1)与3.3.4小节的标准理论框图(16)比较，可以看出图(1)不如图(16)对称。图(1)音系部分只与表层结构联系，而语义部分与深层结构、表层结构都有联系。语义信息要从两个渠道输入，这不是一个理想的程序。那么是否可以反过来使语义信息都从表层结构获得呢？20世纪70年代前半期，Chomsky采取了这一处理办法。

Chomsky的做法是引入语迹（trace）[1]概念，充实表层结构。什么叫语迹？假设当一个词语从X位置移到Y位置后，在原来X的位置上留下一个痕迹，这个痕迹就叫语迹，通常用trace的第一个字母t来代表。举以下句子为例来说明：

(2) a. Beavers build dams. （海狸筑堤。）
　　b. Dams are built by beavers. （堤是海狸筑的。）

(2a)是深层结构，(2b)是表层结构。深层结构和表层结构各有各的语义信息。深层结构中所含的语义信息是：dams是build的宾语，因此"堤"是"筑"这一动作所产生的结果。这条信息在表层结构中体现不出来。[2]表层结构则含有深层结构不含的语义信息：堤都是海狸筑的。[3]如果要把这两条语义信息都集中在表层结构，必须能从表层结构中看出dams原来是build的宾语，即在表层结构中反映出dams原来位于build之后。只须在(2b)中加上语迹，表明dams移位之前的位置，就能达到这一目的：

(3) dams are built t by beavers

有了语迹t，原来包含在深层结构中的语义信息在表层结构中也有所体现，因此在表层结构的基础上就能进行语义解读，不必再参考深层结构

---

[1] 语迹也译"词迹"，有人指出，移走的成分不一定是词，可以是任何语类，似以译"语迹"更确切。

[2] 早期的分析法是用一条被动化转换规则把dams从动词后面移到动词前面，把beavers放到by后面，参见3.1.3.4小节中(20)。后来不再用这种一步转换法，而分为名词词组前置(NP-Preposing)与名词词组后置(NP-Postposing)两条规则处理。再后来by beavers中的beavers不再看作是前面移过来的。这些具体技术细节这里不考虑。我们重点研究一下dams位置的变化。

[3] (2a)只说海狸筑了一些堤，(2b)有更进一步的意思：堤都是海狸筑的。

了。这样一来就可以把语法系统内部关系简化,可以把流程框图(1)改为(4):

(4)

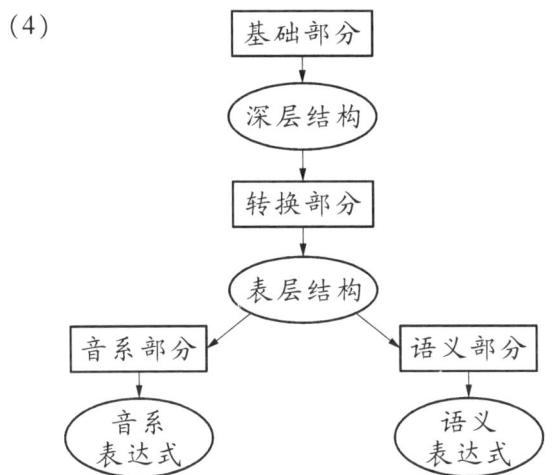

(4)比(1)更简单,因为省去了深层结构与语义部分之间的连线。

语迹论(Trace Theory)不仅有理论价值,而且有经验价值。所谓经验价值是指能用它来说明更多的语言现象。

移位规则一般都是把某一个成分从后面往前面移,从右边往左边移,从树形图看是由低层往高层移,因为英语句子用左高右低结构。最普遍的例子是疑问句和话题句(topic sentence)。(5a)中的疑问词组 which book 和(5b)中的话题(topic)都是从 t 位置上移过来的。

(5) a. which book have you read t?(你读了哪本书?)
    b. this book, I have read t(这本书,我读了。)

把一个成分从前面往后面移,即从左边往右边移的规则是很少见的。偶尔有些句子,如(6a),宾语太长,显得头重脚轻,为了文体的需要可以把宾语往后移,构成(6b):[1]

(6) a. Jones gave the book that you told me about to him.(琼斯把你对我说起过的那本书给了他。)

---

[1] Fiengo(1977)中对这类情况有所说明。

b. Jones gave to him the book that you told me about.

这种多往前移、少往后移的现象可以用语迹论得到说明。语迹不能独立，必须依赖移走的成分。如果一个句子中语迹先出现，信息处理就会比较困难。正如一个句子中出现两个相同成分时一般都省略低层中的成分，不大会省略高层中的成分。[1]语迹与省略成分一样具有依赖性。

还有一个很有意思的语言现象，是 Postal（1971）首先发现的。比较：

(7) a. who$_i$ said Mary kissed him$_i$？（谁说玛丽吻了他？）

b. *who$_i$ did he$_i$ say Mary kissed?（他说玛丽吻了谁？）

(7a)中 who 和 him 可以指同一个人，可以用相同的下标。(7b)中 who 和 he 不可以指同一个人，用了相同的下标就不对了。从译出来的汉语句子中可以看出来，汉语和英语存在同样的现象：(7a)中"谁"和"他"可以指同一个人，(7b)中的"谁"和"他"不能指同一个人。Postal 从这类例子中总结出一条规律：wh 词移位时不可以跨越同标的代词，(7b)之所以不成立是因为 who$_i$ 从句末移至句首时跨越了 he$_i$。他把这种现象称为跨越（crossover）。现在来看看怎么用语迹论来说明跨越现象。(8a)和(8b)都是 who 移位后构成的，表层结构中都有语迹 t：

(8) a. who [$_S$ t said Mary kissed him]

b. *who [$_S$ he said Mary kissed t]

说明(8a)和(8b)的区别要比说明(7a)和(7b)的区别简单得多，只要与(9a)、(9b)对比一下就清楚了：

(9) a. John$_i$ said Mary kissed him$_i$

b. *he$_i$ said Mary kissed John$_i$

有了语迹论就不必另立一个名目"跨越"，(7a)成立，(7b)不成立，因为(9a)成立，(9b)不成立[2]。

---

[1] 英语是右分枝结构，在层次结构中位于高处的节点，在线性顺序中就位于前面。因此省略低层成分往往就是省略后面的成分。

[2] (9b)为什么不成立，涉及"统制"的概念，我们将在 5.5.1 小节中介绍。

以上论证了语迹论的合理性。Fiengo（1977）等把语迹的作用看得很重，认为语迹论的产生是标志着转换-生成语法进入一个新阶段的里程碑。他们把框图（4）代表的语法系统理论称为修正的扩充标准理论（Revised Extended Standard Theory，简称 REST）。Chomsky 不同意这一提法，他认为语迹论的思想早已包含在过去的理论中，现在明确提出，顺理成章。他主张不用修正的扩充标准理论这一名称，而统称扩充的标准理论。[1]

4.2.5　逻辑式

上一小节说到 wh 移位构成的句子在表层结构中表明语迹可以写成（8a）、（8b），再发展一步，不妨用以下形式表达。

（1） a. (for which person x) (x said Mary kissed him)

　　　b. (for which person x) (he said Mary kissed x)

用汉语来翻译（1a）、（1b）就是：

（2） a. x 说玛丽吻了他，x 是哪一个人？

　　　b. 他说玛丽吻了 x，x 是哪一个人？

为什么要写成（1a）、（1b）这种形式？熟悉逻辑学的读者立刻会想到这无非是逻辑式（logical form）的翻版。（1a）、（1b）这种形式的表达式就叫做自然语言的逻辑式。

我们在 4.1.4 小节中已经初步介绍过逻辑式的概念及其写法，不过当时我们只介绍了常项（constant），没有更多介绍变项（variable）[2]的概念。变项没有确定的所指对象，如：

（3） Mary kissed someone.（玛丽吻了某人。）

（3）代表的命题中 someone 并没有指定是哪一个人，是一个变项。变项习惯上用 x、y、z 等字母表示。（3）中的命题用逻辑式表达应写作：

---

[1] 有些生成语法学界以外的人，对 Chomsky 理论的分期很感兴趣，大大小小文章言必称四大阶段或者四大时期。实际上在生成语法著作中很少提到分期问题，这种分法连 Chomsky 本人也认为不恰当。

[2] 生成语法文献中"变项"这一名词用途很广，含义不同。例如，这里的"变项"与 3.1.3.3 小节及以后 5.1 节讲到转换规则写法时用的"变项"意思不同。这一小节把变项用于类似逻辑学中"变项"的意思。

(4) (∃x)(mKx)

∃称为存在量词(existential quantifier),把(2)翻译成汉语是:存在着一个 x,玛丽吻了这个 x。逻辑中除了存在量词以外还有一个全称量词(universal quantifier),用 ∀ 代表。(5)中的 everyone 就要靠全称量词处理:

(5) Mary kissed everyone.(玛丽吻了所有人。)

(5)中的命题用逻辑式表达应写作:

(6) (∀x)(mKx)

(6)表达的意思直译出来是:

(7) 对于一切 x 来说,玛丽吻了 x。

把上文的(1a)、(1b)与逻辑式(4)、(6)比较一下,不难看出相似之处。前面一个括弧中的 for which person x 相当于量词,有时称为准量词(quasi-quantifier)。自然语言逻辑中把 person 之类名词也放到了量词的位置。后面括弧中的 x 是变项,有变项往往有量词,有量词往往有变项。量词与变项的关系称为约束。量词约束变项,变项受量词约束。受到约束的变项称为约束变项(bound variable)。以上介绍的是逻辑学的最基本的知识,现在生成语法大量借用逻辑概念和表达方式,要了解当前的生成语法必须有这些知识。

20 世纪 70 年代中期以后,Chomsky 认为:语法中要研究的语义问题,主要是与逻辑有关的语义问题。于是他把语义分成两个层面。第一个层面是一类语义解读规则(SR_1 规则)[1])构成的系统。这一层面只处理照应及量词辖域等等语义关系。通过这一层面把表层结构演化为逻辑式。第二个层面是二类语义解读规则(SR_2 规则)构成的系统。这一层面中,语义规则要与其他思维结构配合,以逻辑式为基础,作出更完整的语义解读。根据这一观点,Chomsky(1975 b,1977 a)画成的框图是:

---

[1] SR 是 semantic interpretation rule 的缩写。"SR_1 规则"和"SR_2 规则"这两个术语现在已不用。

(8)

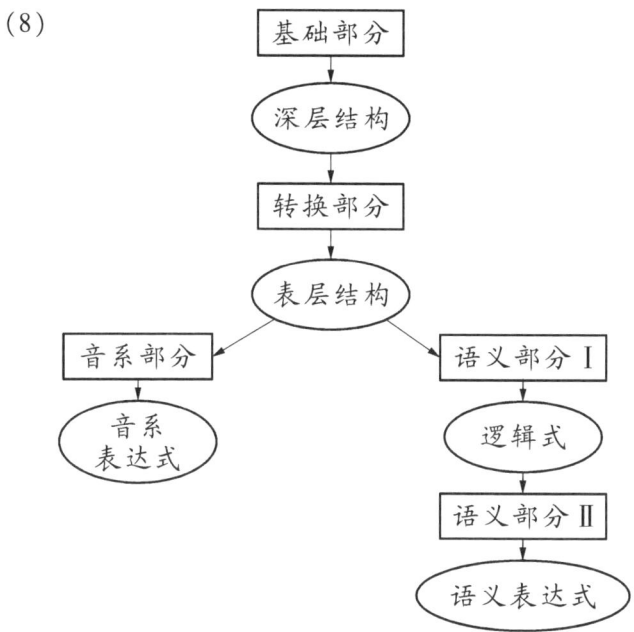

Chomsky 说句子语法(sentence grammar)到逻辑式为止,逻辑式以后的部分已超出转换-生成语法研究的范围。

后来 Chomsky 把一类语义规则系统称为语法的逻辑式部分(logical form component),从此以后,Chomsky 把标准理论语义部分中的大多数内容(3.3 节中的内容)都排除在语法之外了。Katz(1980)严厉地批评了这一观点,指出 Chomsky 的"逻辑式"并不真是逻辑式,其中该包括哪些内容,不该包括哪些内容,没有标准,没有定义。[1] Chomsky 走这一步,说明对语义的看法发生了动摇,又回复到 1965 年以前的立场。

现在总结一下第 4 章。4.1 节讲生成语义学,及它对标准理论的批评;4.2 节为解读语义学,内容主要是讲从标准理论向扩充的标准理

---

[1] Katz 曾对我说,他认为 Chomsky 走这一步与生成语义学派的批评有关。生成语义学派试图混淆语义学与语用学的界限,如果句法学与语义学的界限也不清楚,那么语用学逐步渗透必然危及句法的自立性。句法自立是 Chomsky 的基本观点,他决不放弃。因此宁可割断语义与句法的关系,把语义这一难题从句法中排除出去。

论[1]发展的动机和过程。实际上两大派别都是在修改标准理论,不过朝着相反的方向发展。

问题的起源都是对 Katz-Postal 假设的怀疑。人们发现了大量事实说明标准理论中的深层结构还不足以确定语义,从深层结构转换为表层结构时语义会起一定的变化。面临这一困境,不外乎采取两种办法:或者充实深层结构,使它能担当起语义解读任务;或者削弱深层结构,卸去它的一部分甚至全部语义解读任务,移交给表层结构。Postal 等人和 Chomsky 作了不同的抉择。生成语义学派把深层结构搞得越来越抽象、复杂,与表层结构差距越来越大,最终与语义表达式合二为一。这实质上是取消深层结构,保住 Katz-Postal 假设。Chomsky 的做法恰恰相反,放弃 Katz-Postal 假设,保住深层结构。这是分歧之一。

生成语义学是以语义为基础的理论,从语义出发设计结构;解读语义学是以句法为基础的理论,从结构出发解读意义。意义是语法领域内最难以捉摸的部分。语义位于句法与语用之间的边缘地带,语义与语用的界限并不总是很清楚。以语义为基础的研究很容易把许多语用因素带进来,从而扩大了语法研究的范围。而以句法为基础的研究便于收缩语法范围,把无法从结构上处理的因素排除在语法之外。所以,生成语义学研究范围最大,从逻辑到语体样样要包括,标准理论次之,加强表层结构的扩充标准理论研究的范围最小。Chomsky 放弃 Katz-Postal 假设后进一步收缩语法范围,把大部分语义问题排除在语法之外。这是分歧之二。

与语法范围大小有关的问题是语法能力的大小。生成语义学要处理更多的问题,因此相应地要扩大语法的能力。Lakoff 说,使用全应规则的语法要比只用局部规则的语法优越,就像使用转换规则的语法比只用语类规则的语法优越。到了 20 世纪 70 年代,他进一步提出会话假设(conversational postulate)之类手段,用其来处理言外之意。与之相

---

[1] "解读语义学""词汇说""扩充的标准理论"这三个概念有交叉,都可以用来指 20 世纪 70 年代初以 Chomsky 为代表的转换-生成语法观点。

反, Chomsky 提出了词汇说,用它来削弱被持转换说观点者不适当地扩大了的语法能力。这是分歧之三。

　　排除了生成语义学的干扰以后,从 70 年代起,Chomsky 等人研究的主攻方向就是限制语法的生成能力,下一章专门探讨这一问题。

5　限制及限制的作用

第 2 章讲到可以把生成语法比作一种自动化机械装置,机械运转便能产生数目无穷的符号序列。一部理想的机器应当符合两条标准:一、能够生成一切合格的符号序列;二、只能生成合格的符号序列。这两条标准对机械的性能提出了相反的要求。为了满足第一条标准,机器的生成能力应该越大越好;为了满足第二条标准,生成能力应该越小越好。要同时满足两条标准,生成能力就该恰到好处,不太大也不太小。什么叫生成能力大小? 大小以什么为标准? 这个问题要到形式语法[1]中去解决。

形式语言的语法属数学研究。本书前面几章中多少提到并使用过一些形式语法的概念,这里再比较系统地总结和补充一下。[2]

形式语法由非终极符号 V_N、终极符号 V_T、起始符号 S 及规则 P 组成。2.6.2 小节介绍符号标记时提到:非终极符号用大写字母 A、B、C、……、X、Y、Z 代表,终极符号用小写字母 a、b、c、……、x、y、z 代表,如果不特别注明是终极符号还是非终极符号时用希腊字母 α、β、γ、……、φ、χ、ψ、ω 表示。单个符号用 A、B、C 等开头几个字母,符号列用 X、Y、Z 等末尾几个字母表示。

形式语法分四大类,分类的标准根据语法规则的形式。以下(1a)、(1b)、(1c)为三种不同的规则形式,都采用(1a)形式规则的语法称为 1 型语法,都采用(1b)形式规则的语法称为 2 型语法,都采用(1c)形式规则的语法称为 3 型语法。

(1) a. φ A ψ → φ ω ψ, ω ≠ ∅
　　b. A → ω, ω ≠ ∅
　　c. A → x B, A → x

规则(1a)的意思是把非终极符号 A 改写成 ω,ω 可以是终极符号或非终极符号,可以是单个符号或符号列,但不可以是零。A 前面的 φ

---

[1] 这里说的"形式语法"指形式语言的语法,以它为基础再考虑自然语言的形式化语法,参阅 2.6.1 小节。

[2] 有关形式语言语法的基本知识可参阅 Wall (1972)、Gross (1972)。

和后面的 ψ 代表符号 A 所处的环境。按习惯，环境可以用斜线表示，因此(1a)也可以写成 A→ω/φ ___ ψ。其中 φ 或 ψ 可以是零，也可以两者都是零。这种规则要考虑环境，考虑上下文，所以称为上下文有关规则(context-sensitive rule)。用这类规则构成的 1 型语法称为上下文有关语法(context-sensitive grammar)。

规则(1b)也是把 A 改写成 ω，与规则(1a)不同之处是附加一个条件：φ 和 ψ 都等于零。这就是说规则(1b)必须适用于任何环境、任何上下文。这种规则称为上下文自由规则(context-free rule)。由这种规则构成的 2 型语法称为上下文自由语法(context-free grammar)。[1] 把两种语法比较一下可以看出，1 型语法的规则只须适用于某些环境，而 2 型语法的规则必须适用于一切环境，因此 2 型语法比 1 型语法严格，生成能力不如 1 型语法大。

规则(1c)中箭头右边至多有一个大写字母，意思是：非终极符号 A 至多只能改写成另一个非终极符号 B 加上一些终极符号，不可以出现 A→AB 这类情况。规则(1c)比规则(1b)限制性更大了一些。用这种规则构成的 3 型语法称为有限状态语法(finite-state grammar)，又称正规语法(regular grammar)。3 型语法生成能力不如 2 型语法大，更不如 1 型语法大。

比 1 型语法生成能力更大的语法是 0 型语法，又称无限制改写系统(unrestricted rewriting system)，这种语法所用的规则没有上述任何限制，例如可以出现 φAψ→φψ，即删去一个符号。0 型语法生成能力最大。

如果我们把每一类语法看成一个集合，则有四个集合 G_0、G_1、G_2、G_3。1 型语法 G_1 是 0 型语法 G_0 的子集合，2 型语法 G_2 又是 1 型语法 G_1 的子集合，3 型语法 G_3 是 2 型语法 G_2 的子集合，四个集合的关系是：

(2) $G_0 \supseteq G_1 \supseteq G_2 \supseteq G_3$

我们把语法 G_3 生成的语言 L_3 称为有限状态语言(finite-state

---

[1] 更确切的译法应是"与上下文无关的规则"或"不考虑上下文的规则"，但是计算机科学中都把 free 译作"自由"，而且已经通用，这里就不加改动了。

language)或正规语言(regular language),把语法 G_2 生成的语言 L_2 称为上下文自由语言(context-free language),把语法 G_1 生成的语言 L_1 称为上下文有关语言(context-sensitive language),把语法 G_0 生成的语言 L_0 则称为递归可数集合(recursively enumerable set)。这四类语言之间也存在着与四类语法之间相应的子集关系:

(3) $L_0 \supseteq L_1 \supseteq L_2 \supseteq L_3$

现在从形式语言回到自然语言。自然语言最接近 L_2,即上下文无关语言。因此用来描述自然语言的语法也应当接近 G_2,即上下文无关语法。如果用 G_3 生成的语言 L_3 只是 L_2 的一个子集合,即不能生成全部合格句子,只能生成其中一部分,G_3 显然不能用来描述自然语言。20 世纪 50 年代末,Chomsky 正是这样证明了结构主义语言学用过的有限状态模式是不足取的,需要生成能力更强的语法,从而树立了转换语法的地位。70 年代初,Stanley Peters 和 Robert Ritchie 发表了几篇极其重要的论文 Peters & Ritchie(1969,1971,1973),从数学高度证明:转换语法如果不加以限制,其生成能力相当于 0 型语法。如果这样,就是从一个极端走到了另一个极端。0 型语法虽然可以生成一切合格的句子,但是也能生成许多不合格的句子,满足了本节一开始说的生成语法第一条标准,但是不能满足第二条标准,这种语法也应当废弃。这是一个极其严重的问题,不能等闲视之。后来 Chomsky 一再告诫大家不要误解了 Peters 和 Ritchie 文章中的意思。他们是说,转换语法如果不加以限制,则等于 0 型语法。所以,要使转换语法成为描述自然语言的恰当工具,问题不在于生成能力太小,而在于生成能力太大。生成语义学派从各个方面来扩大语法能力,而 70 年代 Chomsky 等人所做的工作则恰恰相反,全力以赴研究如何限制语法能力。

5.1 对基础部分的限制

早在 20 世纪 60 年代生成语法学家就研究过怎样限制句法基础部分的语类规则,防止生成以下这类句子:

(1) a. *The boy will run a ball.(这男孩将跑一只球。)

b. *A ball will buy the boy.(一只球将买这男孩。)

3.1.2 小节中提到的办法是在词库中对词项注明子语类及选择限制。

但是语类规则还有其他的,也许是更严重的问题,譬如以下几条规则:

(2) a. VP→A
    b. NP→P
    c. N→NP

生成语义学派曾经用过(2a)这类规则,认为形容词在深层是动词。(2b)和(2c)很荒唐,当然没有人用过,但是语法系统中并没有明确规定不能用这类规则。这类问题从传统语法的观点看是不成其为问题的,因为传统语法总是要求使用者发挥自己的才智,自动避免做荒唐事。然而生成语法强调把一切交代得清晰无误,发出的指令机器也能执行。所以应该设法防止(2)中的一些规则。办法是规定非终极符号的演化规则必须采用以下形式:

(3) a. NP→ ⋯N⋯
    b. VP→ ⋯V⋯
    c. AP→ ⋯A⋯
    d. PP→ ⋯P⋯

(3)这类规则的特点是:一、箭头左端和右端必须含有同样的符号;二、带 P 的词组语类符号必须出现在箭头左端,不带 P 的单词语类符号必须出现在右端,即单词从属于词组。如果把 N、V、A、P 等概括起来用一个变项 X 代表,规则(3a)—(3d)可以概括成:

(4) XP→ ⋯X⋯

(4)不是一条规则,而是规则程式(rule schema)。上面举到的(2a)、(2b)、(2c)三条规则显然不符合程式(4),于是都可以排除。

这样解决了一些问题,但是还有别的问题。层次比较多的结构,如 the good speaker'这位好的演说家'应该怎么描写?能不能用树形图(5)?

(5)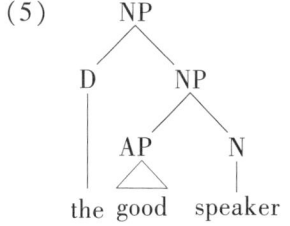

(5)并不符合程式(4),因为树形图中一个 NP 从属于另一个 NP,用规则写起来箭头左、右两侧都要出现 NP:

(6) NP→⋯NP⋯

我们仍用变项 X 代替 N,(6)可写成(7):

(7) XP→⋯XP⋯

如果只许用(4),不许用(7),那么虽然可以描写 the speaker 之类两层的结构,却无法描写 the good speaker 之类三层的结构。初步看来,似乎不得不允许程式(7)和(4)同时存在。但是这种处理办法也有缺陷,这样一来,the speaker 是 NP, the good speaker 是 NP,good speaker 也是 NP,既然 S→NP VP,三者就应该都可以代入规则中 NP 的位置。然而事实并非如此,比较:

(8) a. A good speaker is admired by few people.（一位好的演说家被很少人赞赏。）

b. *Good speaker is admired by few people.

(9) a. *A good speaker though he is, few people admire him.

b. Good speaker though he is, few people admire him.（虽然他是一位好的演说家,但很少有人赞赏他。）

(8)句句首 NP 只能用 a good speaker,不能用 good speaker;(9)句句首 NP 却只能用 good speaker,不能用 a good speaker。由此看来,为了防止生成(8b)、(9a)之类不合乎语法的句子,应该使 a good speaker 与 good speaker 分属不同的语类。于是有人建议把(5)改成(10):

(10)

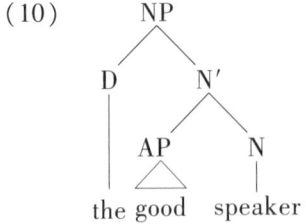

在中间一层的 N 上面加上一短横,写成 N̄,后来为了书写和印刷方便,写成和印成 N′,既区别于 N,又区别于 NP。这一标记办法当然也适用

于其他语类,采用 V′、A′、P′ 等相应写法,概括起来写成 X′[1]。总的程式应是:

(11) a. XP → ⋯X′⋯
　　 b. X′ → ⋯X⋯

用程式(11)可以描述三层结构。四层结构也只须类推,再增加一个语类,在 X′ 基础上再多用一个附加符号,写成 X″[2],(11)就可以扩充为(12):

(12) a. XP → ⋯X″⋯
　　 b. X″ → ⋯X′⋯
　　 c. X′ → ⋯X⋯

既然如此,有人主张不妨将 XP 取消,统一标记,(12a)中的 XP 可改成 X‴。但是由于难以确定上限,难以确定最多有多少层,所以有些人主张仍用 XP 封顶。还有一个办法是最高层用 X^n,以下递减为:X^{n-1},X^{n-2},⋯,X^1,X^0。X^0 即是 N、V、A、P 等单词语类。整个词组语类可以用以下树形图表示:

(13)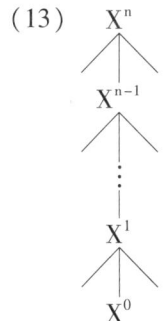

X^n,即 XP,称为 X 的最大投射(maximal projection)[3],在它的范围内一切节点均从属于它。这就是 X′ 理论(X′-theory)。X′ 理论的雏形形成于 20 世纪 60 年代末,70 年代初见诸文字如 Chomsky(1970)。

---

[1] X′ 读作 X-bar,bar 原来是指 N̄ 上面的一横,虽然后来为了打印方便见改为在 N 的右上角加一个符号,写成 N′,但仍旧称为 X-bar。
[2] X″ 读作 X-double bar。
[3] "投射"是几何学术语,从一点出发引两条射线构成一个投射角。这里用由点及面来比喻由单词扩展到词组。

X′理论初创的几年中大家对它的概括性、限制能力等方面认识不足,因此没有予以应有的重视。70年代中期以后,逐渐有一些相关的论文及比较全面的专著发表,如 Jackendoff(1977)。但还是有好些问题意见不统一,如:X、X′、X″…,一共有几层?动词词组、名词词组等层数是否都一样?句子 S 能不能作为动词的高层 V‴看待?在相当长一个时期内,大家把 X′理论作为普遍语法的一个子系统看待。

X′程式(X′-schema)对语法的基础部分作了限制,这是语法系统中限制生成能力的第一关,以下各节将逐步设第二关、第三关……本章每一节最后都将有一张语法组织框图供对比,图中给每一关都画了一个框表示。

(14)　| 基础部分:X′程式 |

5.2　对转换的限制

如果英语语法转换规则可以随意使用,生成的句子中会有相当大一部分不符合英美人的语感,因此必须对转换作一定的限制。可以从两大方向去限制:一是限制规则的形式,不符合形式要求的规则不成立;二是限制规则的使用,不符合使用条件的不能使用。

原来设想的转换规则由结构描写和结构变换两部分组成,每一部分都列出一定数目的有关项目,称为因子,因式分解后因子相继排列成 $\alpha_1, \alpha_2, \cdots, \alpha_n$。可以充当 α 的是非终极符号——语类、终极符号——词项及变项 X、Y 等,除此而外均不能作为因子。例如被动化规则的结构描写可写成(1a)或(1b):

(1) a.　X - NP - AUX - V - NP - by - φ - Y
　　 b.　(Vbl, NP, AUX, V, NP, by, φ, Vbl)

(1a)中 by 和 φ 都是终极符号,X 和 Y 是变项,其他几项都是非终极符号。(1b)与(1a)没有本质区别,符号略有不同而已,用 Vbl 代表变项(variable)。

然而实际上大家并不遵守这种形式的限制,所以在提出的规则中,屡屡出现不应有的项目,例如把主语、宾语等功能概念引入规则,因此不写 NP,而写 SUBJ、OBJ,或者把几个语类混成一个项目,甚至把语义概念、语用概念一起混进来。[1]所以后来 Chomsky(1977a)重申要遵守规则形式限制,而且认为(1)的写法限制得还不够,因为所列出的项目中有好几项在转换中都没有起变化。这条规则实际上是把一个名词词组从一个位置提到另一个位置,因此只有两个 NP 项目才真正参与,他建议把被动化规则的结构描写用以下最简单的形式表达:

(2)(Vbl, NP, Vbl, NP, Vbl)

这样对规则的要求就严格多了。所以后来有些规则和原则都只写出直接受影响的项目,略去其他项目。

限制使用有两个办法处理:一是在每条规则后面附上一定的使用条件;二是针对一切规则或一类规则,整理出一些适用面较广的总原则。这些原则有的称限制(constraint),有的称条件(condition),有的称原则(principle)。怎么称呼是约定俗成的,其作用都是控制转换规则使用,防止生成不合语感的句子。以下把一些主要的进行逐条介绍。

5.2.1　A 盖 A 原则

20 世纪 60 年代初期就发现了一条转换限制。先举一个例子:

(1) John destroyed many books about Christianity.（约翰毁了许多关于基督教的书籍。）

这个句子的宾语 many books about Christianity 是一个名词词组,词组中又套一个内层的名词词组 many books 及一个介词词组 about Christianity。(1)的层次结构可以用标示括弧表达为(2):[2]

(2) John destroyed [$_{NP}$[$_{NP}$ many books] about Christianity]

现在来把(1)转换成疑问句。可以对外层名词词组提问,说成(3a),但是不可以对内层名词词组提问,说成(3b):

(3) a. how many books about Christianity did John destroy t[3]?（约

---

[1] 生成语义学派用的规则就是这类大杂烩。
[2] 我们只标出有关的语类,省略了无关的语类。
[3] t 表示移位后留下的语迹,参阅 4.2.4 小节。含有 t 的序列虽然是表达式,严格说来却并不是句子,所以我们一般不加句点,也不把第一个字母大写。

翰毁了几本关于基督教的书籍?)

  b. *how many books did John destroy t about Christianity?

可见疑问化转换规则只能用于外层,不能用于内层。再把(1)与(4a)比较一下。(4a)可以转换成疑问句(4b)。

 (4) a. John wrote many books about Christianity?（约翰写了许多关于基督教的书籍。）

  b. how many books did John write t about Christianity?

为什么(4b)能成立,而(3b)不能成立? 因为(4b)的结构是(5a),不是(5b)。

 (5) a. John wrote [NP many books] about Christianity

  b. John wrote [NP [NP many books] about Christianity]

(5a)中介词词组直接与动词 wrote 发生关系,并不与 many books 组成一个成分结构。为了使语法能生成(3a)和(4b),而不能生成(3b),必须给转换规则加上一项条件限制:

 (6) 凡属以下结构,转换规则只能作用于上层 NP,不能作用于下层 NP:

以上是两层名词词组相套的例子,以下再举一个两层介词词组相套的例子(7):

 (7) he will emerge [PP out [PP of [NP that tunnel]]]（他将从那条地道里出来。）

如果要把(7)转换成疑问句,可以把转换规则用于外层介词词组 out of that tunnel,构成(8a),但不可以用于内层介词词组 of that tunnel,构成(8b)。不把规则用于介词词组,而用于名词词组 that tunnel,构成(8c),也是可以的。

 (8) a. Out of which tunnel will he emerge?（他将从哪条地道里出来?）

  b. *Of which tunnel will he emerge out?

c. Which tunnel will he emerge out of?

为了防止语法生成不符合语感的句子(8b)，使用转换规则必须遵守以下条件：

(9) 凡属以下结构，转换规则只能作用于上层PP，不能作用于下层PP：

显然应该把(6)和(9)合并起来，用变项XP来取代NP和PP。但是当时X′结构还没有提出来，所以就用了字母A来代表任意语类，(6)和(9)可以合成(10)，这就是A盖A原则(A-over-A Principle)。

(10) 凡属下列结构，转换规则只能作用于上层A，不能作用于下层A：

5.2.2 禁区条件

Chomsky(1964)早就注意到A盖A原则有些缺陷，由(1a)转换成(1b)要违反这一原则，因为移到句首去的who本来是内层的名词词组，可是英美人认为可以这样说。

(1) a. you would approve of [$_{NP}$ my seeing [$_{NP}$ him]]（你会同意我见他。）

b. who would you approve of my seeing t?（你会同意我见谁？）

John Robert Ross在麻省理工学院写的毕业论文Ross(1967)发展和改进了A盖A原则，20年后才出版为Ross(1986)。他的论文被大家公认为当时对转换限制研究的经典著作，后来的研究都是以此为基础的。以下介绍其中主要的几条。

5.2.2.1 复合名词词组限制

先比较以下两个同义句子(1a)和(1b)。两句中动词的宾语都是名词词组，中心语都是statement，所不同的是(1a)中补语是个介词词组,而(1b)中补语是个从句。[1]

(1) a. I read [$_{NP}$ a statement [$_{PP}$ about that man]]（我读过一篇关于那个人的声明。）

b. I read [$_{NP}$ a statement [$_S$ which was about that man]]

现在来给两个句子中的 that man '那个人' 使用一条转换规则——关系化(Relativization)规则。[2]

(1a)经过转换得到的结构(2a)符合语感,而(1b)经过转换得到的结构(2b)不符合语感。

(2) a. The man who I read a statement about is sick.（我读过一篇关于他的声明的那个人病了。）

b. *The man who I read a statement which was about is sick.

句子中关系代词 who 代表 that man。按照 Ross 的分析,who 是从 about 后面移到前面去的。疑问词移位前的深层结构是(3),移位后的表层结构是(4),(4)中的 t 是 who 移走后留下的语迹。

(3) a. the man I read [$_{NP}$ a statement [$_{PP}$ about who]] is sick

b. the man I read [$_{NP}$ a statement [$_S$ which was about who]] is sick

(4) a. the man who I read [$_{NP}$ a statement [$_{PP}$ about t]] is sick

b. *the man who I read [$_{NP}$ a statement [$_S$ which was about t]] is sick

由此可见(5a)结构中成分 A 可以移出,而(5b)结构中的成分 A 不能移出。

(5) a. [$_{NP}$…[$_{PP}$…A…]]

b. [$_{NP}$…[$_S$…A…]]

---

[1] 汉语译文中反映不出与英语相应的区别,因此只译一句。以后遇到类似情况均同此。

[2] 举一个汉语句子"那天老师批评了学生"来说明什么叫关系化。这个句子有三个名词词组:"老师""学生""那天"。这几个名词词组中任何一个都可以关系化,经过转换得到以下带关系从句的结构:

(i) a. 那天批评了学生的老师。

b. 那天老师批评的学生。

c. 老师批评学生的那天。

(5b)这种内套从句的名词词组称为复合名词词组(complex noun phrase)。把(5b)中的标示括弧改用树形图,复合名词词组的结构是:

(6)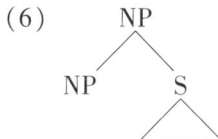

为了防止通过移位产生(2b)这类结构,语法中应该有以下这条限制:

(7) 复合名词词组中的任何成分都不能通过转换移出。

Ross 把(7)称为复合名词词组限制(Complex Noun Phrase Constraint)。

复合名词词组限制可以推广说明为什么(8a)可以经过转换构成(8b),而(9a)不可以经过转换构成(9b)。

(8) a. I believed [$_S$ that Otto was wearing this hat](我相信奥托戴着这顶帽子。)

b. The hat which I believed that Otto was wearing is red.(我相信奥托戴着的帽子是红的。)

(9) a. I believed [$_{NP}$ the claim [$_S$ that Otto was wearing this hat]](我相信奥托戴着这顶帽子这一说法。)

b. *The hat which I believed the claim that Otto was wearing is red.

把代表 this hat 的关系代词 which 从(8a)中移位只不过是移出了从句,而把它从(9a)中移位是移出了复合名词词组,因此违反了(7)的限制。

5.2.2.2 并列结构限制

Ross 提出的第二类限制涉及并列结构。以下句子中有并列结构:

(1) He will put the chair between some table and some sofa.(他将把椅子放在桌子与长沙发之间。)

句子中 some table and some sofa 是用连接词 and 连在一起的两个名词词组,句法转换中不得将其中任何一项移出。

(2) a. *what sofa will he put the chair between some table and t?

b. *what table will he put the chair between t and some sofa?

并列结构可以由两个以上成分构成,其中任何一项或几项都不得移出。[1]这类结构的树形图为:

(3)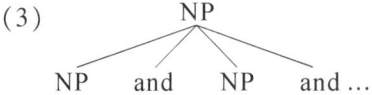

Ross 建议在语法中加入以下限制,称为并列结构限制(Coordinate Structure Constraint)。

(4) 并列结构中并列的成分及并列成分中的任何成分都不能移出。

5.2.2.3　左分枝条件

Ross 提出的第三条称为连环法(Pied Piping Convention),他举的有些例句结构相当复杂。这里只举一种比较重要的、大家常讨论到的限制条件。Ross 的例句之一是:

(1) We elected the boy's guardian's employer president.(我们选了这孩子的监护人的雇主当主席。)

其中 the boy's guardian's employer 是个三层名词词组,其树形结构如下:

(2)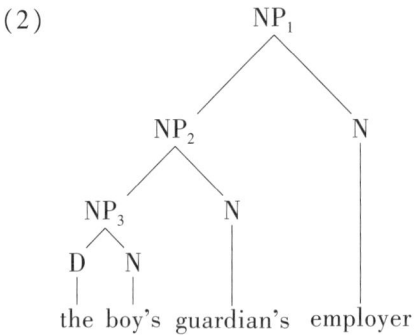

为了叙述方便起见我们把三层名词词组分别标成 NP_1、NP_2、NP_3。Ross 发现使用转换规则时只能用于最高层的 NP_1,不能用于 NP_2 或 NP_3。先把(1)转换成疑问句:

(3) a. which boy's guardian's employer did we elect t president?(我

---

[1] 把所有各项及连接词一起移出是可以的,如:
(i) a. He wants this table and that chair.(他要这张桌子和那把椅子。)
    b. which table and which chair does he want t?(他要哪张桌子和哪把椅子?)

们选了哪个孩子的监护人的雇主当主席?)

  b. *which boy's guardian's did we elect t employer president?

  c. *which boy's did we elect t guardian's employer president?

(3)表明只能把 NP_1 全部移至句首,不可把其左侧的 NP_2 移出,也不可把 NP_2 左侧的 NP_3 移出。再用话题化规则(Topicalization)转换,把(1)转换成话题句,结构与疑问句相仿:

  (4) a. the boy's guardian's employer, we elected t president (这孩子的监护人的雇主,我们已选为主席。)

  b. *the boy's guardian's, we elected t employer president

  c. *the boy's, we elected t guardian's employer president

根据(3)和(4),Ross 得出结论:

  (5) 当一个名词词组处于更大的名词词组左侧时,不能移位。

这就是左分枝条件(Left Branch Condition)。[1]

5.2.2.4 主语从句限制

Ross 的第四条限制涉及以从句作主语的结构。比较下列三种结构:

(1) a. the reporters expected [that the principal would fire some teacher] (报告者指望校长会开除某教员。)

  b. [that the principal would fire some teacher] was expected by the reporters

  c. it was expected by the reporters [that the principal would fire some teacher]

可以认为三者的深层结构是一样的。表层的区别在于以 that 引导的从句位置不同:从句在(1a)中处于宾语位置,在(1b)中处于主语位置,在(1c)中移到了句末。现在把从句中的名词词组 some teacher 作关系化转换,构成:

  (2) a. the teacher [who the reporters expected [that the principal would fire]] is a crusty old battle-ax (报告者指望校长会开

---

[1] 扩展树形图中的左侧节点成为左分枝(left-branching)结构,扩展右侧节点成为右分枝(right-branching)结构。

除的那个教员是个无耻的凶老头。)
  b. *the teacher [who [that the principal would fire] was expected by the reporters] is a crusty old battle-ax
  c. the teacher [who [it was expected by the reporters [that the principal would fire]]] is a crusty old battle-ax

Ross 根据(2),提出另一条限制:

(3) 如果一个从句从属于一个名词词组,而该名词词组直属于一个句子,则从句中任何成分都不能移出。

这就是主语从句限制(Sentential Subject Constraint)。(3)中描述的结构用树形图画出来是:

(4)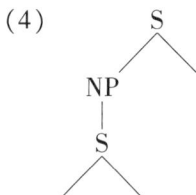

(4)中的 NP 就是主语,只有主语 NP 才直属于句子 S。

以上是 Ross 论文第 4 章的主要内容。他在小结中说复合名词词组限制和并列结构限制是普遍性的。主语从句并不适用于一切语言,Ross 提到它不适用于日语。[1] 他举的几条限制都说明:某些句法结构构成一个"封锁"区域,该区域内的成分不得外移。所以这些限制有禁区条件(island conditions)[2]之称。

5.2.2.5　疑问词禁区限制

另外还有一条属于这一类的区域条件,称为疑问词禁区条件(Wh-Island Constraint),不过不是 Ross 首先提出的。Chomsky 在 20 世纪 60 年代初就注意到同一个句子有两个疑问词时有一种值得注意的现象。

---

[1] 笔者认为它也不适用于汉语。例如以下(ia)是个以从句作主语的句子,但是可以把它转换成话题句(ib),把其中的名词词组"这句话"移出去。
  (i) a. [他说这句话]不合适
     b. 这句话,[他说t]不合适
[2] island 本来是"岛"的意思,把这些特定结构比作岛,与外界不能连通。由于汉语中不习惯用"岛"作这类比喻,所以我们译为"禁区"。后来有人把 island condition 译为"孤岛条件"。

（1）a. he wondered [where John put what]（他想知道约翰在哪里放了什么。）

　　　b. *what did he wonder [where John put t]

(1a)从句中有 where 和 what 两个疑问词,(1b)把 what 移了出来,就成了不合乎语感的句子。以疑问词 where 引导的句子构成了一个疑问词禁区。转换必须受到疑问词禁区限制。这条限制是:

（2）疑问词禁区中的成分不能移出。

最后要作一点说明。对禁区限制的研究是转换-生成语法的一个重要课题。这几条限制所排除的句子(打星号"*"的句子)都不是学外语时典型的语法错误。生成语法要研究这类问题,一方面因为作为精密科学不能忽视明显的事实,另一方面值得深思的是:为什么各国语言都有类似的限制?为什么任何学语言的人都不会犯这类错误?考虑这些问题可以使普遍语法的研究更深入、更具体。

5.2.3　20 世纪 70 年代初发现的转换限制

70 年代初,Chomsky 研究的重点是转换限制。Chomsky（1977a）收入了 4 篇讨论这一题目的文章,其中标题为"论转换的条件"的一篇影响尤其深远,欧洲一些语言学家把这篇论文看作生成语法学发展中的一个重要里程碑。[1]

5.2.3.1　领属条件

Chomsky 把 Ross 等人列出的转换限制进一步概括,整理出以下规律:

（1）在下列结构中 Y 不能移至 X 位置:

　　　a. ···X···[$_{NP}$···[$_{NP}$···Y···]···]

　　　b. ···X···[$_{NP}$···[$_{S}$···Y···]···]

　　　c. ···X···[$_{S}$···[$_{S}$···Y···]···]

并列结构限制、左分枝条件属(1a),复合名词词组限制、主语从句限制属(1b)。(1c)指以下这类情况:

---

[1] 这篇文章最初于 1971 年由印第安纳大学语言学俱乐部油印散发,两年后编入一本纪念文集 Anderson & Kiparsky（1973）,即 Chomsky（1973）,再后来又收入 Chomsky（1977a）。

(2) a. [$_S$ he stammered that [$_S$ he had seen a figure]]（他结结巴巴地说他见到过一个人影。）

b. *what [$_S$ did he stammer that [$_S$ he had seen t]]（他结结巴巴地说他见到过什么？）

(2a)中 a figure 位于内层句子中,把(2a)转换成疑问句时,代表 a figure 的疑问词 what 移至句首,越过了两个句子界限,违反了(1c),移位产生的结构不能成立。

这里有一个问题需要说明。为什么(2b)中把 what 划在最左侧的括弧之外,而不划在括弧之内？如果 what 位于括弧之内,这一句子就不违反(1c)了。(2a)也有类似的问题,为什么把 that 放在内层句子之外？[1] 这里的 that 是个标句词,它位于 S' 之内（参见 3.1.1.3 小节规则 (11)）。S' 的树形结构为：

(3)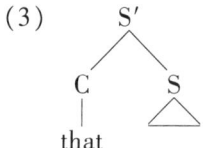

Bresnan（1970）建议把一切句子,不论从句还是主句,都分析为 S'。主句中没有 that,就把 C 位置空着,因此 he said something 的结构是：

(4)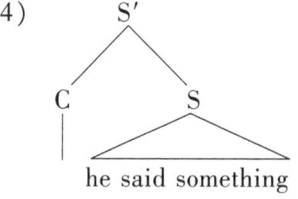

把这个句子转换成疑问句时,疑问词 who、which 等移入空着的 C 位置,如：

(5)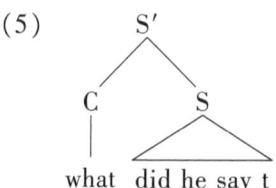

---

[1] 上文的例句中把 that 和 who、which、what 之类都放在括弧之内,因为还不到解释这一问题的时候,免得引起疑问。

因此 C 位置中可以有两类成分,一类是 wh 词,另一类是 that。中古英语有 that 与 wh 的词语并存的句子,现代英语没有,可以用 C[+WH] 和 C[−WH] 来区分两者,合起来是:

(6) C → ±WH

现在回过来看(2)。把 S′ 加进去以后,(2) 更确切的表达式应是:

(7) a. [$_{S'}$[$_S$ he stammered [$_{S'}$ that [$_S$ he had seen a figure]]]]
　　b. *[$_{S'}$ what [$_S$ did he stammer [$_{S'}$ that [$_S$ he had seen t]]]]

(7b) 中 what 越过两个 S 和一个 S′ 界限。(7b) 不合格,证明了(1c)不可违反。既然(1a)、(1b)、(1c)都正确,可以把这三条概括写成(8),称为领属条件(Subjacency Condition)。

(8) 在结构式…X…[$_\alpha$…[$_\beta$…Y…]…] 中,当 α、β = NP 或 S 时,Y 不能移至 X 位置。

现在来给(1c)找一个反例。只要把(7b)中的动词 stammer 换成 say,句子就对了:

(9) [$_{S'}$ what [$_S$ did he say [$_{S'}$ that [$_S$ he had seen t]]]]

Chomsky 的解释是(9)中的 what 可以分两段移位。第一步从 seen 后面移到内层句子的 C 位置,和 that 在一起,即:

(10) [$_{S'}$[$_S$ did he say [$_{S'}$ what that [$_S$ he had seen t]]]]

第二步再移到外层的 C 位置。这种从一个 C 位置移到另一个 C 位置的移法当时称为 COMP 到 COMP 移位(COMP-to-COMP Movement)。利用了中间的 C 位置作中转站就不再违反(1c),也就为领属条件(8)许可了。

进一步要问:为什么 say 后面从句中的 what 可以分段移出,而 stammer 后面从句中的 what 无法分段移出?这完全是不同动词的个性,不能在句法中得到说明。一部完整的语法可以在词库中把动词分两类:say'说'、know'知道'、think'想'、tell'告诉'、believe'相信'等称为通行动词(bridge verb),stammer'结结巴巴说'、grunt'咕哝说'、mutter'喃喃说'等则为不通行动词,每个动词词项中应予标明。[1]有些语言,例如俄语,没有通行动词,不会出现违反领属条件的反例。有关通行动词的全面总结,参阅 Erteschik-shir (2006)。

5.2.3.2 时态句条件

Chomsky (1973)一文中谈到了另一条限制。他提出比较以下一组例子:

(1) a. The candidates each hated the other. (两个候选人互相憎恨。)

b. The candidates each expected the other to win. (两个候选人都希望对方获胜。)

c. The candidates each expected that the other would win. (两个候选人都希望对方会获胜。)

这三句中 each 都位于动词之前,假如用一条转换规则[2]把 each 移到后面去替换 the,结果前两句可行,最后一句不行。

(2) a. The candidates hated each other.

b. The candidates expected each other to win.

c. *The candidates expected that each other would win.

这三句的区别在于(2a)中动词的宾语是个名词词组,(2b)中宾语是个没有时态的不定式从句,(2c)中宾语是个有时态的从句。事实说明 each 可以插进名词词组,也可以插进没有时态的句子,但是插不进有时态的句子。于是 Chomsky 提出(3),称为时态句条件(Tensed-S Condition,简称 TSC)。

(3) 在结构式…X…[$_\alpha$…Y…]…中,当 α 是时态句时,规则不能使 X、Y 发生关系。

所谓"发生关系"指:把 X 移至 Y 位置,把 Y 移入 X 位置,因 X、Y 相同而省略 Y 等等多种情况。

---

[1] 所谓"在词项中标明"意思是无严格规律可循,学语言者只得逐个记忆。至少可以发现通行动词一般是常用词,而不通行动词都是意义比较特殊的词。其中有许多都表示各式各样的"说"。这些词在声音方面也有一些特点,往往包含/k/和/p/等音素,所以有 krispy klauses 之称。这些特点最早是 Fodor (1967)发现的。

[2] 这是当时的分析法,后来这类带 each 的句子已不再作这样的分析了,而把 each other 当作照应语处理。

再举一个例子,试比较:

(4) a. John seems [$_S$ to be a nice fellow]

　　b. *John seems [$_S$ is a nice fellow]

　　c. it seems [$_S$ John is a nice fellow]

按现在通行的分析法,(4a)中的 John 是从后面从句中移到前面主句中去的,而(4b)中 John 移出去就产生了不合语法的句子,因为(4a)中的 S 是个非时态句,而(4b)中的 S 是个时态句。时态句中的成分不能移动,所以只能在主句主语位置上加个没有意义的 it,构成(4c)。

后来把时态句条件改为命题禁区条件(Propositional Island Condition,简称 PIC)。

5.2.3.3　明确的主语条件

还有一条限制总是和时态句条件一起讨论的,两者所用的例句也有一定关系。比较以下两对句子:

(1) a. the candidates each expected [$_S$ the other to win]（两个候选人都希望对方获胜。）

　　b. the candidates expected [$_S$ each other to win]

(2) a. the men each expected [$_S$ the soldier to shoot the other]（两个人都希望士兵射伤对方。）

　　b. *the men expected [$_S$ the soldier to shoot each other]

(1a)和(1b)是上一小节中一开始举过的例子。把(1a)作为深层表达式,在这基础上用转换规则把动词前的 each 转换到动词后的宾语从句,即内层 S 中去,替换 the,结果产生的(1b)是个合格句。内层 S 是个非时态句,移位不受限制。(2a)和(1a)内层的 S 一样是非时态句,不必受时态句条件限制。但是用同样的规则转换成的(2b),却是一个不合格句。不难看出区别在于(1b)中 each 插入从句中的主语位置,而(2b)中 each 插入从句中的宾语位置。然而,还不能因此就得出结论:凡处于宾语位置者一概不得与外界发生关系。还须观察、对比另一类结构:

(3) a. the candidates each expected [$_S$ to defeat the other]（两个候选人都希望击败对方。）

b. the candidates expected [$_s$ to defeat each other]

这两组句子的区别在于：(2)从句中动词 shoot 的主语 soldier 是明确说出来的，而(3)从句中动词 defeat 的主语仅仅是暗含的，没有明确表达出来。为了说明上述事实，Chomsky 提出了明确的主语条件(Specified Subject Condition，简称 SSC)。"明确的"(specified)是当时的用语，后来通行的说法是"用词表达的主语"(lexical subject)，与"空主语"(empty subject)相对。

(4) 在结构式 $\cdots X \cdots [_\alpha \cdots Z \cdots WYV \cdots]$ 中，当 Z 是 α 中 WYV 明确的主语时，规则不能使 X、Y 发生关系。[1]

70 年代后期，Chomsky 对时态句条件和明确的主语条件作了进一步研究。

5.2.4　对规则使用次序的限制

上文说的是对某一条规则使用的限制，这一节说要用几条规则时应该先用哪一条。这也是一种限制，是对规则使用次序的限制。

5.2.4.1　规则顺序限制

3.1.3.6 小节初步讨论过规则有没有顺序的问题。从理论上看，无序有一定的好处。Pullum(1979)说得很透彻：假如英语语法有 27 条规则，而每条规则的次序都是一定的，一共可以排列出多少种可能的次序？大家知道答案将是 27 的阶乘(27!)，即 27×26×25×24×⋯×1 种可能性。这是个天文数字。这样的有序论意味着儿童掌握语言的过程中必须在这么多可能性中选出一种！无序论没有这个理论上的缺陷，但是有违背语言事实的缺陷。无序语法生成能力强，有序语法生成能力弱。如果我们要限制生成能力，那么规定规则顺序可以防止产生过多的不合语法的句子。

早期生成语法学家中许多人认为：转换规则系统中各条规则应以一定的顺序排列成 $R_1, R_2, R_3, \cdots, R_n$。每次产生一个表达式都必须把各条规则依次审察一遍，看看哪些规则能用。每一个表达式经过一

---

[1] 这是最初的提法，不太精确，Chomsky 根据其他事实一再修改。这里我们仅以此说明道理。具体细节可参阅原著 Chomsky (1973, 1977a, 1980, 1981a)。

个循环,最终得到表层句子。这种观点称为严格有序论(Strict Ordering Theory)。后来发现,并不是任何两条规则都像上述反身化规则与命令句删略规则那样有固定不变的顺序。有一类规则,它们之间并不存在固定的顺序,可以先用 R_i,再用 R_j,也可以先用 R_j,再用 R_i。于是有人认为语法只须把一部分规则的次序加以说明,这种观点称部分有序论(Partial Ordering Theory)。另外一些语法学家干脆主张无序论(Unordering Theory),认为规则没有顺序。[1]

20世纪70年代,印第安纳大学几位学者对规则顺序作了详尽的研究。Koutsoudas(1971,1972)把上述三种观点作了比较。要否定严格有序论只须提出一个确定的证据,证明有些规则不必按固定次序使用。反之,要否定无序论只须提出一个确定的证据,证明有些规则必须按固定的次序使用。怎样才是确定的证据?应当举出一个结构,它既符合用规则 R_i 的条件,又符合用规则 R_j 的条件,而一定要先用 R_i 再用 R_j。可是现有的证据都不是这样的。现有的例子中的结构都只符合使用 R_i 的条件,要等到用了 R_i 转换成另一个结构时,才具备使用 R_j 的条件。而且还要考虑有些规则是强制性的,有些规则是随意性的。Koutsoudas 认为 Postal(1968,1971)、Lakoff(1968)提出的例证都不足以否定无序论。既然无法否定无序论也就无法肯定部分有序论,部分有序只能正面阐述,无法用个别例子来肯定或否定。

既然使用转换规则的一些限制可以是普遍性的,那么不难设想使用规则的某些顺序也可能具有普遍性。[2] 例如有人认为如果一个结构符合使用两条规则的条件,其中一条是强制性规则,而另一条是随意性规则,那么必须用强制性规则。

从20世纪60年代到70年代初,Chomsky(1965,1973)一直是赞成有序论的,70年代中期以后,Chomsky & Lasnik(1977)认为句法规则无序。随着规则类别和数目大大减少,规则顺序问题也就不突出了,但是这一问题并非完全不存在。1984年,以欧洲生成语法学家

---

[1] 这里举的例子都是句法转换规则,有关规则顺序理论的讨论也适用于音系学领域。
[2] 有关这一题目的论文很多,如 Koutsoudas, Sanders & Noll(1974)、Pullum(1979),这里不详细介绍。

为主的欧亚语言学会在丹麦哥本哈根召开过一次年会,专题讨论顺序问题。

5.2.4.2 严格层级原则

3.1.3.7 节说过层级理论的基本思想是:在复杂的结构中使用规则要自下而上,一层一层进行。20 世纪 70 年代提出了严格层级性原则(Strict Cyclicity Principle)限制语法的生成能力。这一原则是:

(1) 在每一层级中都不能把层级性规则用于完全属于下一层级的结构。

各种语类中只有 S 和 NP 具有层级性,S 和 NP 有层级性节点(cyclic node)之称。有些规则要由小到大一层层依次使用,称为层级性规则(cyclic rule),而有些规则与层级无关,不属层级性规则。[1]画一个树形图来说明上述原则。

(2)
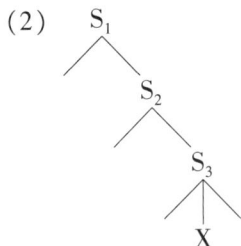

使用规则应从最下层结构 S_3 开始,在 S_3 范围内把规则使用完毕再进入 S_2 范围,在 S_2 范围内把规则使用完毕后方能进入 S_1 范围。到达 S_2 或 S_1 层级时,不可以再把规则用于 S_3 所属的结构,例如不能再把规则用于图(2)中的 X。原则(1)的意思是:当进入上一层级后,不得再返回到下一层级。现在举个例子:

(3) [$_S$ Betty expects [$_S$ Betty to prove [$_S$ Betty to be electable]]]
   (贝蒂希望贝蒂证明贝蒂值得中选。)

这是个深层的表达式,有外层、中层、内层三个句子相嵌套,每句中都出现一个 Betty,指同一个人。在转换到表层时要处理掉后面两个 Betty。

---

[1] 没有把 cyclicity 译为"周期性",因为这里不是用于时间概念,而是用于空间概念。译为"循环"似乎也不太妥当,没有体现出从小范围到大范围层层扩大的意思。本书已经把"层次"用于其他意义,所以把 cyclicity 译为"层级性"。

假如按严格层级性原则办,应先对内层 S 中的 Betty 用主—宾提升规则,由内层的主语提升为中层的宾语,得(4a)。然后在中层用两条转换规则:一是把升上来的宾语 Betty 用反身化规则转换成反身代词 herself,得(4b);二是用等同名词删略规则,把中层主语 Betty 删去,得(4c)。这样得到一个完全合格的表层句子。

(4) a. [$_S$ Betty expects [$_S$ Betty to prove Betty [$_S$ to be electable]]]
    b. [$_S$ Betty expects [$_S$ Betty to prove herself [$_S$ to be electable]]] (贝蒂希望贝蒂证明自己值得中选。)
    c. [$_S$ Betty expects [$_S$ to prove herself [$_S$ to be electable]]] (贝蒂希望证明自己值得中选。)

假如在内层转换时不把 Betty 提升为中层宾语,会产生什么结果?假如在(3)基础上先把中层的 Betty 删去,得(5a),然后违反严格层级性原则,回过来处理内层的 Betty 行不行? 不行。这时即使把它提升,也无法换成反身代词 herself 了,因为(5a)的中层主语 Betty 已经删去,不符合反身化转换结构描写的条件(参见 3.1.3.4 小节规则(14))。于是只好把内层的 Betty 作代名化转换,得(5b)。

(5) a. [$_S$ Betty expects [$_S$ to prove [$_S$ Betty to be electable]]] (贝蒂希望证明贝蒂值得中选。)
    b. [$_S$ Betty expects [$_S$ to prove [$_S$ her to be electable]]] (贝蒂希望证明她值得中选。)

(5b)虽然是个合格的表层结构,但是这句中的 her 已经不能指 Betty,只能指其他人了。[1]

严格有序论为大家放弃之后,严格层级性原则仍为许多人接受。Chomsky (1973)用它来分析 wh 词的移位,在这基础上后来发展出界限理论和约束理论,这些理论将在下一章中论述。后来 Freidin(1978)论证了层级性原则可以从其他原则中推导出来,不必单独提出。

---

[1] 用 4.2.3 节中添加下标的办法,(5b)应标成(ia),而不能标成(ib):
  (i) a. Betty$_i$ expects to prove her$_j$ to be electable
     b. Betty$_i$ expects to prove her$_i$ to be electable

以上就是语法转换部分的各种限制。我们把基础部分的限制和转换部分的限制合在一起用以下框图表示语法系统中的限制：

(6)
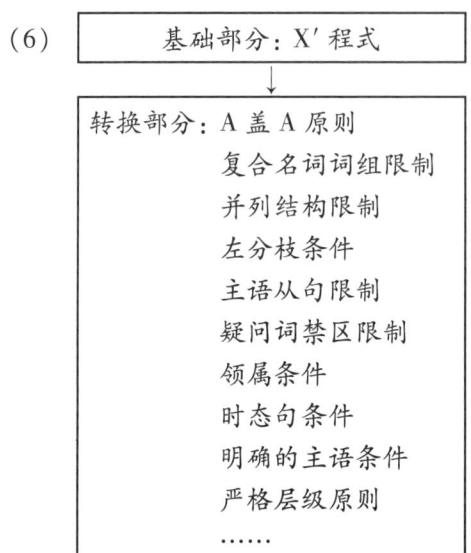

表中列出的限制并非全部，比较重要的还有结构原状原则（Structural Preserving Principle），有关论述可见 Emonds 的博士论文 Emonds (1970) 及专著 Emonds (1976)。

5.3 对删略的限制

某个成分原来在表达式中出现过，后来不出现称为删略[1]。假如任何词语都可以任意删略，那么什么样的句子就都可以演化出来。为了使语法只能生成合格的句子，当然要对删略作必要的限制。

生成语法一开始就提出过还原原则（Recoverability Principle），也称还原条件（Recoverability Condition），来限制删略。这条原则要求：

(1) 被删略的成分必须能够还原。

什么叫能够还原？以下是两个例子：

---

[1] 某个成分在表达式中一直不出现称为省略（ellipsis）。

(2) a. He wants himself to put the book on the shelf.（他要自己把书放在书架上。）

　　b. He wants to put the book on the shelf.（他要把书放到书架上。）

(3) a. He says that he will put the book on the shelf.（他说他要把书放到书架上。）

　　b. He says he will put the book on the shelf.[1]

(2a)中 himself 和 he 指同一个人，可以把 himself 删去，得(2b)。(2b)中 to put 的主语虽然已被删去，但是可以参照同一句子中的 he 还原。可是(3a)中第二个 he 和第一个 he，不一定指同一个人，所以不能把它删去，否则就无法还原。大体上可以说，当一个被删去的成分在同一句中有一个与它相同的成分，而且指同一个对象时，可以还原。[2](3a)中的标句词 that 可以删略，得(3b)。虽然(3b)中并不出现 that，但是我们知道被删去的只能是 that，不可能是任何其他词语。在这种情况下，也可以认为是能够还原的。还原原则是很合理、很自然的。

单靠一条还原原则还不足以防止删去不能删除的成分，(4)是一个例子：

(4) a. She won't put the book on the shelf, but he will put the book on the shelf.（她不会把书放到书架上，可是他会把书放到书架上。）

　　b. *She won't put the book on the shelf, but he will put the book.（*她不会把书放到书架上，可是他会把书放到。）

　　c. *She won't put the book on the shelf, but he will put.（*她不会把书放到书架上，可是他会放到。）

　　d. She won't put the book on the shelf, but he will.（她不会把书放到书架上，可是他会。）

---

[1] (3b)只比(3a)少一个标句词 that，汉语译不出两句的区别。
[2] 这一说法其实不精确，下文 6.6 节要讨论到。

(4b)中删去了 on the shelf,(4c)中删去了 the book on the shelf,这些词语在前半句中都出现,完全可以还原,但(4b)、(4c)不合格而(4d)合格,是因为 put the book on the shelf 是一个动词词组 VP,只能全部删去,不可删去其中一部分,这叫 VP 删略规则(VP-Deletion)。

早期的生成语法模式把删略看作句法转换的手段之一,把删略规则,例如 3.1.3.4 小节中讨论过的等同名词删略规则和命令句删略规则,看作转换规则中的一个类别。到了 20 世纪 70 年代对删略的看法逐步起了变化。人们发现删略规则要在其他转换规则用完之后才能使用,而且要在语义解读之后使用。可见删略规则与其他转换规则性质不太一样,应该另辟一类。从 70 年代后期到 80 年代,Chomsky & Lasnik (1977)、Chomsky (1980)逐渐限制删略规则的种类,列举了 4 种删略:1. 标句词 C 位置中的 that、which 之类删略;2. 等同 self 删略;3. 西班牙语等语言中主语删略;4. VP 删略等其他等同删略。后来 Chomsky (1981a)把(2b)这类句子不再看作删略句了,其中的空位属空语类,把西班牙语的空位主语也看作空语类,于是删略的范围更窄了。后来更进一步,把删略规则归入语法模式中的音系部分,而不归句法部分。这样,所谓删略应该理解为一种音系规则,其作用是略去某些语言成分,不读出来。既然如此,略去的成分只能是没有语义的成分。(3)中删去的标句词 that 是典型的没有语义的成分。下列关系从句(5a)中的关系代词 who 也是没有语义的成分,可以删去,得(5b)。相比之下(6a)中的疑问代词 who 是有语义的,删去后成(6b),就不能成立了。

(5) a. the man [$_{S'}$ who [$_S$ I saw]](我看见的那个人)
    b. the man [$_{S'}$ [$_S$ I saw]]
(6) a. [$_{S'}$ who [$_S$ did you see]]（你看见了谁?）
    b. *[$_{S'}$ [$_S$ did do you see]]

根据这种新的观点,(2b)中 wants 和 to put 之间的空位,不能看作是把(2a)中的 himself 删去造成的,因为 himself 既然与 he 指同一个人,必然是有一定语义价值的,所以是不可以删去的。按现在的理论,(2b)中的空位应当看成是一个空语类,这种空语类是无声、无形的空代词,用 PRO[1] 来代表。因此(2b)可以写为：

(7) he wants PRO to put the books on the shelf

空代词与删去的代词不一样。空语类虽然"空"，终究还是一个语类，表达式中语类标记还是有的，记作[$_{NP}$]。Chomsky & Lasnik(1977)说当某个成分删去时，它的语类标记也一起撤销。

现在我们在表示语法系统中限制的框图中再加上一项对删略的限制：

(8)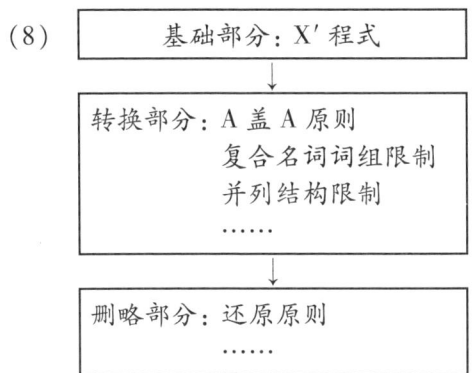

5.4 对表层结构的限制

上两节说的对移位转换规则的限制和对删略规则的限制，都是限制从一个表达式变换为另一个表达式。这一节讨论的限制不涉及两个表达式之间的关系，而只涉及一个表达式的形式。我们把这种限制的条件称为鉴别式(filter)[2]，用它来鉴别表达式是否合格。由于鉴别式都是限制表层结构的，所以也称表层结构限制(Surface Structure Constraint)。

5.4.1 多重充盈 COMP 鉴别式

我们回过去接着上一节最后举的例句(5)讲起，比较以下用法：

---

[1] PRO 是置代词 proform 的缩略语，proform 本来可以泛指代词，包括代名词(pronoun)、代动词(proverb)等等，包括有形代词、无形代词，但是现在大家都惯于用 PRO 代表这种特殊的 proform——空代词。

[2] filter 直译是"过滤"，意思是让合格的表达式滤过，把不合格的挡住。说汉语的读者未必习惯这一比喻，我们不采用直译。

(1) a. the man who that I saw
　　b. the man that I saw
　　c. the man who I saw
　　d. the man I saw

(1a)是原先的表达式，who 已从 saw 后面移入标句词位置与标句词 that 并存。(1b) 是在 (1a) 基础上删去 who 之后的表层结构，(1c) 是删去 that 之后的表层结构，(1d) 是 who 和 that 都删去后出现的表层结构。这三者都是合格的。所以，要防止的是另一种情况：who 和 that 都不删去，以至表层结构的形式与 (1a) 一样。怎么防止？最好的办法是提出一个鉴别式，规定 wh 词组与标句词不能并存于 C 之中。Chomsky & Lasnik (1977) 中写成：

(2) *[$_{COMP}$ wh 词组 φ]，φ≠e

鉴别式 (2) 中星号"*"表示这种形式不能存在；φ 代表任何符号，词或词组；e 代表零，也可改用 ∅；φ≠e 说明必须有词或词组，不是空的。整个式子的意思是：如果 COMP 中除了 wh 词组外还有其他词或词组存在就不合格。这一鉴别式有时称为多重充盈 COMP 鉴别式 (Multiply Filled COMP Filter)。当时他们用的 COMP 现在一般都简化为 C。[1]

(2) 中的 φ 不仅仅指标句词 that，也可以指其他词，例如另外一个 wh 词或词组。因此这一鉴别式也可以排除以下句子：

(3) a. *[$_C$ what where] has he left[2]
　　b. *[$_C$ where what] has he left

这就说明为什么当疑问句中出现两个 wh 词时只能把一个移至 C 位置，另一个只好留下：

(4) a. What has he left where?（他把什么留在哪里？）
　　b. Where has he left what?

5.4.2　空主语鉴别式

语法学家比较关注的、经过反复探讨的是另一条鉴别式，表现在以

---

[1] 以后本书只在历史性的叙述中才会用 COMP，其他场合都用 C。
[2] (3a)、(3b) 都是不合语法的句子，不译出来，正确的形式是 (4a)、(4b)。

下例子中：

(1) a. who do you think [$_{S'}$ [$_S$ Bill saw t]] (你认为比尔看见了谁？)
   b. who do you think [$_{S'}$ that [$_S$ Bill saw t]]

(2) a. who do you think [$_{S'}$ [$_S$ t saw Bill]] (你认为谁看见了比尔？)
   b. *who do you think [$_{S'}$ that [$_S$ t saw Bill]]

(1a)和(2a)中都删去了that，(1b)和(2b)中都保留着that。删去that的表达式都合格，保留that的表达式(1b)合格，而(2b)不合格。两句的区别在于，(1b)中who是saw的宾语，而(2b)中who是saw的主语。语法应当怎么处理主语与宾语这种不对称现象？当然不能强制删去that，否则无法说明(1b)为什么能成立。也不能限制wh词移位，规定当who作宾语时不可以移到前面，否则无法说明(2a)为什么能成立。这一问题Perlmutter(1971)[1]中已经发现。

Chomsky & Lasnik(1977)建议用以下鉴别式，可称为空主语鉴别式(Empty Subject Filter)：

(3) *[$_{S'}$ ±WH [$_{NP}$ e]…]，除非S或其语迹出现在[$_{NP}$ NP__…]环境中

[$_{NP}$ e]表示紧接着C的名词词组等于零，也就是说C后面的主语是空的。±WH的意思是除了that([−WH])以外还包括wh词组([+WH])（参见5.2.3.1小节(6)）。这样就不仅可以说明为什么(2b)不合格，还可以说明为什么(4b)也不合格：

(4) a. ?who did you wonder [$_{S'}$ whether [$_S$ Bill saw t]] (你想知道比尔是否见了谁？)[2]
   b. *who did you wonder [$_{S'}$ whether [$_S$ t saw Bill]] (你想知道谁是否见了比尔？)

(3)中后半部注明该鉴别式的条件。不用术语而用一般的话来说，其大意是：除非是在关系从句中。关系从句中that后面出现空主语是可以的，如：

---

[1] 他的博士论文写于1968年，后来于1971年出版。
[2] (4a)也不大好，所以在句子前面加了个问号，但是(4b)显然更令人不可接受。请注意这两句汉语译文符合汉语语法，但是意思与英语原句不完全一致。英语句子(4a)、(4b)是直接问句，汉语译文不是直接问句。

(5) a book [$_{S'}$ that [$_S$ t may interest you]] has arrived（有一本你也许会感兴趣的书到了。）

(3)中后面要加上条件是为了使鉴别式不致把(5)也排除掉。

5.4.3　For-To 鉴别式等

细心的读者也许会发现 5.4.1 小节鉴别式(2)中用的是希腊字母 φ，而 5.4.2 小节鉴别式(3)中用的是 ±WH。能不能在(3)中也改用 φ？要解答这一问题先要弄清 C 中可以出现哪些成分。以前只提到过 wh 词组和标句词 that 可以出现在 C 中。非时态句中的标句词不是 that 而是 for，如：

(1) I am going to try [$_{S'}$ for [$_S$ John to go with me]]（我正在设法使约翰和我一起去。）

所以更完整地说，C 应该包含以下各种可能：

(2) C → $\begin{cases} \pm WH \\ for \\ \emptyset \end{cases}$

假如把空主语鉴别式中的 ±WH 扩大到 φ，则要把 for 包括在内。也就是说，鉴别式将把(3a)和(3b)都视为不合格：

(3) a. *[$_{S'}$ ±WH [$_{NP}$ e]…]

　　b. *[$_{S'}$ for [$_{NP}$ e]…]

根据(3b)，以下这种句子不合语法：

(4) who are you going to try [$_{S'}$ for [$_S$ t to go with John]]（你正在设法使约翰和谁一起去？）

(4)是否符合语感？这一问题上有方言分歧。英语有些方言中(4)是可以接受的，不必用鉴别式排除。这些方言只需要(3a)，不需要(3b)。另外一些方言中(4)不能接受，应该用鉴别式排除。这些方言既需要(3a)，又需要(3b)。所以总不能两全其美。于是我们只好这样处理：保留(3a)，不要(3b)，也就是说仍用 5.4.2 小节的空主语鉴别式(3)。需要排除(4)的方言可以另外用一条鉴别式，称为 For-To 鉴别式（For-To Filter）。

(5) *[for-to]

下面我们简单地介绍另外几条鉴别式。一条是 For-For 鉴别式

(For-For Filter)：

(6) *[for-for]

用来排除(7a)这类句子：

(7) a. *We hope for for John to win.（我们希望约翰获胜。）

b. What we hoped for was for John to win.（我们希望的是约翰获胜。）

英语动词 hope 后面本来是可以跟介词 for 的，(7b)便是例证，但是当介词 for 碰巧与非时态句中的标句词 for 相邻时便会形成不能接受的句子，如(7a)。这种句子须靠鉴别式予以排除。

还有一条鉴别式，较早的时候 Chomsky (1973) 就提出来了，当时只用表层排除鉴别式(Surface Exclusion Filter)这一总名称：

(8) *[$_{NP}$ NP V_T]

V_T 表示有时态的动词。[1] 这一鉴别式用来排除(9b)、(10b)这类句子：

(9) a. [that [he left]] is a surprise（他走了令人惊讶。）

b. *[he left] is a surprise

(10) a. [the man [that [met you]]] is my friend（遇见你的人是我的朋友。）

b. *[the man [met you]] is my friend

当时把[he left]和[the man met you]看成用作名词词组的[$_{NP}$ NP V_T]。后来 Chomsky & Lasnik (1977) 作了些修改，基本精神仍如此。

最后再提一条基本句鉴别式(Root Clause Filter)：

(11) *[$_{S'}$ C NP …]，S′是主句

所谓基本句是指陈述句主句，即不包括疑问句等转换而成的句子，也不包括从句。主句前不可以用标句词 that 或 for。根据鉴别式(11)，下列句子不合格：

(12) a. *that John is here

b. *whether John is here

---

[1] 注意把 V_T 与 V_t 区别开来：V_T 是有时态的动词，T 代表 tense；V_t 是及物动词，t 代表 transitive。

c. *who John saw

以上所述的6条鉴别式都是 Chomsky & Lasnik（1977）中提出讨论的。这6条在内容方面都围绕着 CP 位置为中心，在形式上都采用：

(13) *[$_\alpha \varphi_i, \cdots, \varphi_n$]除非 C，其中：
    a. α 指某一语类，或者不指明为哪一语类；
    b. φ_i 是语类或终极符号；[1]
    c. C 是（$_\alpha \varphi_i, \cdots, \varphi_n$）的条件。

鉴别式和转换限制一样，有属于普遍语法的，也有适用于一种或几种语言的，甚至有只适用于个别方言的。

最后我们来说明鉴别式在语法组织系统中的地位。Chomsky 把鉴别式归入音系部分。哪些位置上可以用 that，哪些位置上不可以用，哪些位置上要用 for，哪些位置上用 for 不恰当，这都与声音有关，与意义无关。实际上有相当一部分鉴别式的作用是否定"听起来不顺耳"的句子，例如下列句子中都有两个相同的词偶然放在相邻的位置，须用类似 For-For 鉴别式的办法排除：

(14) a. *I don't know if she's come back yet yet.（我还不知道她回来了没有。）
    b. *Mary wanted to see Susan, so I showed her her.（玛丽要见苏珊，所以我引她见她。）
    c. *He's more famous as an actor as as a sculptor.（他作为演员比作为雕刻家更有名。）[2]

从形式方面看，鉴别式是语法系统的限制中的最后一道关，在转换规则和删略规则都用完以后来对表层结构作最后的鉴定，剔除其中不合格者。它在语法组织中的地位可以从下面的框图中看出：

---

[1] 加下标 i 的 φ 指任何一个 φ，可以是 NP、VP 之类语类符号，也可以是 for、to 之类词，即终极符号。

[2] 汉语译文中并不相应地存在两个相同的词并用，所以都是合格的句子。汉语也有由于相同的词并用而听起来不自然的句子，例如：
    （i）谈谈语言学与与语言学有关的学科。
这个句子似乎并不违反汉语语法规则，但是两个"与"字放在一起难以接受。汉语也应有表层鉴别式排除这类表层形式。

(15)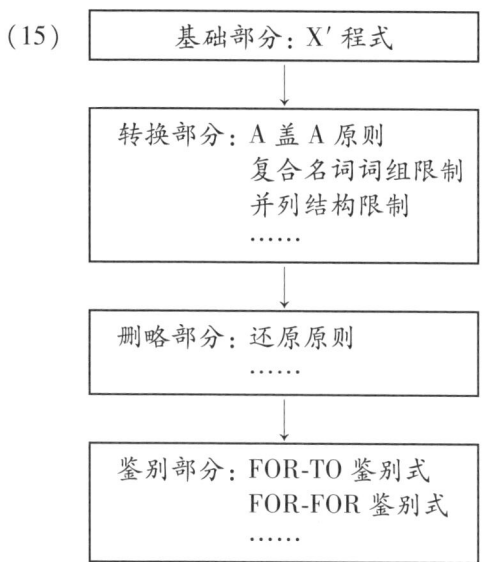

5.5 对解读的限制

4.2.3 节初步介绍了解读规则中的一种——照应规则。这一小节要讨论的是对解读规则有什么限制以及能不能把移位的限制、删略的限制、解读的限制尽可能统一起来。

5.5.1 统制条件

先举一个典型的例子说明：

(1) a. Lola admires the people who know her.（洛拉钦佩认识她的人。）

　　b. Lola admires the people who know Lola.（洛拉钦佩认识洛拉的人。）

　　c. She admires the people who know Lola.（她钦佩认识洛拉的人。）

　　d. She admires the people who know her.（她钦佩认识她的人。）

这组句子中每句里都有几个名词词组，与本题有关的有两个，在以下树形图中分别标为 NP_1 和 NP_2。

(2)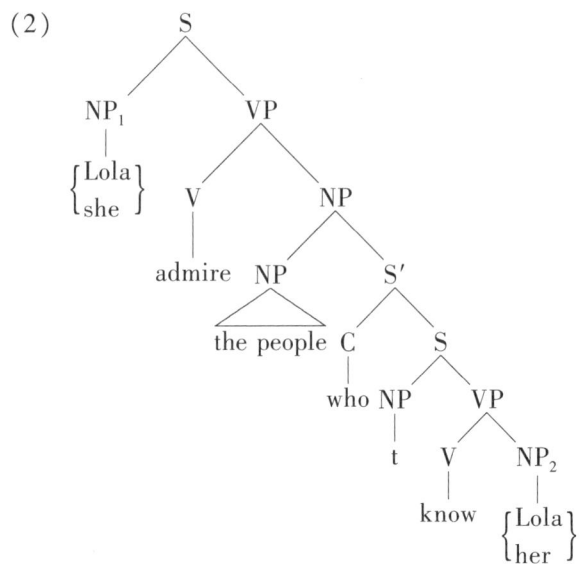

这组四个句子都能够成立,但是语义解读不同。其中(1a)和(1d)中的 NP_1 和 NP_2 可以共指,(1a)中 Lola 和 her 可以指同一个人,(1d)中 she 和 her 也可以指同一个人。然而(1b)和(1c)中的 NP_1 和 NP_2 却不可以共指,(1b)中两个 Lola 只能解读为两个同名的女子,不能指同一个人。(1c)中的 she 和 Lola 也只能解读为指两个人,不能指同一个人。这是什么原因?初看起来,也许会以为可以用词序先后来说明,名词 Lola 必须先出现,代词 her 可以后出现。然而这种看法是不正确的,(3)便是一个反例。

(3) a. People who know Lola admire her.（认识洛拉的人钦佩她。）
　　b. People who know Lola admire Lola.（认识洛拉的人钦佩洛拉。）
　　c. People who know her admire Lola.（认识她的人钦佩洛拉。）
　　d. People who know her admire her.（认识她的人钦佩她。）

这一组四个句子中在 NP_1 和 NP_2 的位置上无论用名词还是用代词都可以共指。(3b)、(3c)与(3a)、(3d)并无区别。由此可见词序先后不是限制照应关系的唯一因素,必须进一步寻求更为复杂的结构关系。(3)这类句子的树形结构是:

(4)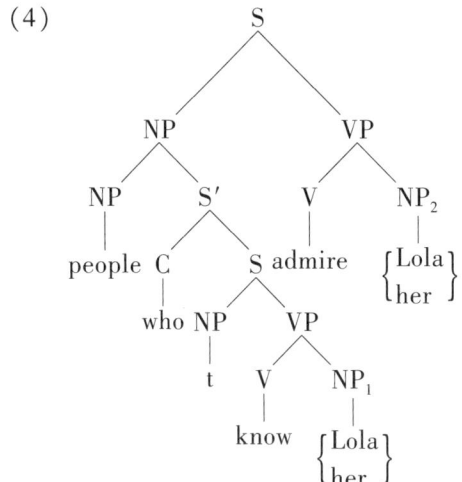

研究过这一问题的有 Langacker(1966)、Reinhart(1976,1978,1983)、Lasnik(1976)等。关键是提出了一个新的句法结构概念——统制（command），也称统领。"统制"和"统领"听起来像军事用语，我们通过以下树形图来说明：[1]

(5)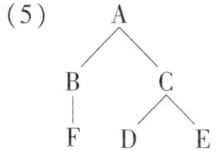

树形图中 A、B、C、D、E、F 都是节点，大致可以说每个节点统制它平级的姐妹节点，以及平级节点所属的节点，所以 D 统制 E,E 统制 D,C 统制 B 及 F,B 统制 C、D、E。一个节点不统制其上级，所以 B、C 都不统制 A；也不统制其直属下级，所以 A 不统制 B、C、D、E、F。要注意的是 F 和 B 一样统制 C、D、E,那是因为 B 节点没有分叉,F 可以上升到 B 的位置,统制 C、D、E。统制可以定义为：

---

[1] 最初的统制定义中指明树形图中节点 A 是 S。后来又补充规定 A 也可以是 NP,称为 kommand,与 command 相区别。另外一种定义不指明节点的语类,适用于任何成分,称为成分统制（constituent command）,以便区别。可是这一名称并不通用,现在大家习惯于用 c-command。汉语译名中无法体现出 command、kommand、c-command 等的不同,本书中只用"统制"一个名称。各人对 c-command 下的定义也不一样。这些技术细节这里不涉及,要了解早期对统制的探讨可参阅 Reinhart(1983)。后来 Aoun & Sportiche(1983)、Chomsky(1986b) 中又出现了 AS-command、m-command。本书 6.4.1 小节会涉及。

(6) X 统制 Y 当,且仅当,Y 从属于 X 所属的第一个有分叉的节点,而 X、Y 互不从属。

统制以结构位置的高低为基础,是个非常重要的句法结构概念。树形图(5)中关键的节点是 B。例如 A = S,B 就是句中作主语的 NP,假如 A = S′,B 就是标句词 C,即疑问句中疑问词占的位置。所以主语统制 S 属下其他一切节点,C 统制 S′属下其他一切节点。大致可以说最高节点直属的节点统制其他一切节点,有显要性(prominence),占据显要的位置。[1]

现在回过来看上文的两组例子。树形图(2)中 NP_1 是最高层 S 直属的节点,统制 NP_2。NP_1 是统制节点(commanding node),NP_2 是受统节点(commanded node)。而图(4)中的 NP_1 不处在显要位置,不统制 NP_2,因为 NP_2 既不是 NP_1 的平级节点,也不下属于 NP_1 的平级节点。有了统制这一概念,我们就可以在对比(2)和(4)的基础上提出(1)中照应关系受到限制的条件:

(7) 当受统位置上的 NP 不是代词时,不能与统制位置上的 NP 共指。

(7)可以说明为什么(1b)中两个 Lola 不能共指,(1c)中 Lola 与 she 不能共指。

5.5.2 主格禁区条件

20 世纪 70 年代后半期,Chomsky 试图把移位规则、删略规则和定指规则(rule of construal)[2]的限制条件尽可能统一起来。统一的基础是当时的语法已经引入"语迹"和"空代词"这两个概念,语迹 t[3]和空代词 PRO 在一定程度上起了代词的作用。且看以下一组例子。

(1) a. John seems [t to be witty] (约翰看起来很诙谐。)

  b. *John seems [t is witty]

(2) a. John tries [PRO to be witty] (约翰尽量显得很诙谐。)

---

[1] 英语句子用右分枝结构,所以最高节点直属的最左边节点占显要地位。

[2] construal 原先是个逻辑用语,意思与 interpretation 差不多,也可以译为"解读"。Chomsky(1977a)、Chomsky & Lasnik(1977)、Chomsky(1980)把确定人称代词、反身代词、相互代词指称的规则叫做 rules of construal,这里意译为"定指规则",相当于以前说的"照应规则"。这时期倾向于把"照应"用于更窄的含义,详见 6.5.2 小节。

[3] 指 NP 语迹,不指 wh 语迹。两者区别参阅 6.3.3、6.5.3 小节。

  b. *John tries [PRO is witty]

（3）a. John believes [himself to be witty]（约翰以为自己很诙谐。）

  b. *John believes [himself is witty]

先分析一下句法结构。这几个句子都是主从复合句,括弧内是从句。(1)称为提升结构(raising construction),是通过名词词组移位构成的,John 本来位于从句中,转换后移到了主句句首,在原来的位置上留下了语迹 t。(2)称为控制结构(control construction),不是通过移位构成的,按过去的分析法是通过删略构成的。[1] 从句中的主语原来也是 John,转换过程中使用等同名词删略规则把它删去。按后来的分析法是假设在深层表达式中从句主语是空代词记作 PRO[2],到了表层并不起变化。最后分析(3),这句中,从句主语是反身代词 himself。himself 指 John 还是指别人,由定指规则处理。

  现在我们把(1a)、(2a)、(3a)和(1b)、(2b)、(3b)对比一下。(a)句都能成立,因为(a)句的从句都是非时态句,(b)句都不能成立,因为(b)句的从句都是时态句。限制语迹 t、空代词 PRO 和反身代词 himself 的都是同一个条件——时态句条件。所以可以统一说：时态句中的成分被约束在自身范围内。20 世纪 70 年代后期把时态句条件改称命题禁区条件,20 世纪 80 年代又改为主格禁区条件(Nominative Island Condition,简称 NIC),因为时态句的主语总是用主格的。这一条件大致可表述为：

（4）主格照应语必须约束在句子范围内。

5.5.3　封闭条件

  现在再来讨论明确的主语条件,看看能否把对移位规则、删略规则和

---

  [1] 为什么说(1)是移位构成的,而(2)是删略构成的？从语义角度看,动词 seem 本来就不必有主语,但是从句法角度看,英语句子都要有主语,所以或者从后面移一个名词词组过来当主语,或者采用 it 当主语,如：

    (i) it seems [John is witty]

而动词 try 与 seem 不一样。try 无论在语义上还是在句法上都必须有主语,所以(2a)比较深层的表达式应该是：

    (ii) John tries [John to be witty]

有关 seem 和 try 区别的性质 6.2.4 小节还要说到。

  [2] PRO 是置代语(proform)的缩略形式,参见第 203 页注[1]。关于 PRO 的问题,6.4 节和 6.6 节要详细介绍。

定指规则的限制统一起来。以下例句表明情况与主格禁区条件类似：

(1) a. John seems [t to like Mary]（约翰看来喜欢玛丽。）

　　b. *John seems [Mary to like t]

(2) a. John tries [PRO to like Mary]（约翰尽量喜欢玛丽。）

　　b. *John tries [Mary to like PRO]

(3) a. John believes [himself to have outwitted Mary]（约翰认为自己智胜了玛丽。）

　　b. *John believes [Mary to have outwitted himself]

这组句子中(1a)、(2a)、(3a)成立，这三句中的语迹t、空代词PRO和反身代词himself都是从句的主语。而(1b)、(2b)、(3b)不成立，这三句中的语迹、空代词和反身代词都是从句中的宾语。这些成分都要被约束在主语Mary所在的范围之内，都受Mary的统制，换句话说，t、PRO和himself都不可以指这范围以外的词语。这里所说的主语所在范围不一定指非时态句，甚至不一定指句子S，可以指名词词组NP，如：

(4) a. *John likes [Mary's picture of himself]（约翰喜欢玛丽画他自己的画像）

　　b. John likes [Mary's picture of herself]（约翰喜欢玛丽画她自己的画像）

(4)中括弧内是个名词词组，Mary相当于名词词组的主语，有了Mary作为明确的主语，(4a)中反身代词himself被约束在名词词组范围之内，不能超越范围去指句子的主语John。而(4b)中herself可以指名词词组范围之内的Mary，所以可以成立。[1]

Chomsky(1980)把主格禁区条件与明确的主语条件合称为封闭条件(Opacity Condition)[2]，大致可表述为：

---

[1] 还有一个变化，这时Chomsky(1980)认为这一条件中不须提出"明确的主语"，只须提"主语"。即使是"不明确的主语"PRO，也能阻止宾语指到范围以外去，如：

(i) I told them$_i$ [what PRO$_i$ to give each other$_i$]

相互代词each other和反身代词himself一样是照应语，因为括弧内的从句中有主语PRO，所以each other只能指本范围内的PRO。所以这一条件应称为"主语条件"。但用惯明确主语条件的简称SSC，就往往不改了。

[2] "封闭"是语义哲学术语，直译是"混浊""不透明"。由德国数学家Frege(1952)提出。Chomsky借用这一概念，表示有了主语照应语就不能指到范围之外去。

(5) 在结构式…[ᵦ…α…]…中,如果 β 中有时态或有主语,则照应语 α 必须约束在 β 范围内。

主格禁区条件和封闭条件不是看作使用规则的条件,而是看作对逻辑式的限制条件。在对逻辑式作语义解读时要遵守这两个条件。在语法系统组织的框图中应该加上一个框:

(6)

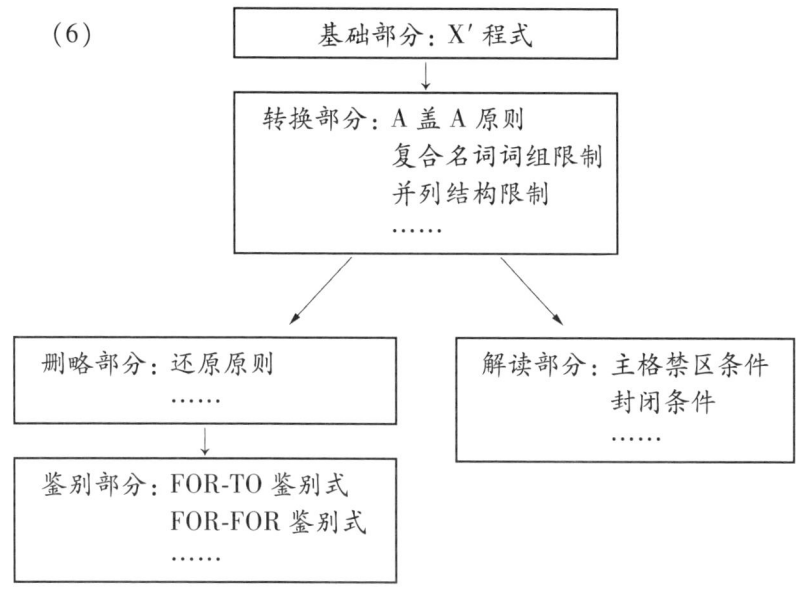

属于语法音系部分的删略限制和鉴别排在左侧,属于语法逻辑式部分的解读限制排在右侧,与上一章最后 4.2.5 小节的框图(8)一致。这样就在语法每一部分中都设立了关卡,限制语法的生成能力,保证尽可能生成一切合格句子,不生成任何不合格句子。

6　原则及原则系统

Chomsky 一贯把语法看成一个可以拆卸的模型,认为它可以一块块分门别类研究。20世纪80年代,他明确地说语法由两大系统——规则系统和原则系统组成,每一个系统又由一些子系统组成。现在先在前面几章论述的基础上总结80年代转换-生成语法规则系统的面貌,然后在这一章中着重介绍7个原则子系统。

语法规则系统分以下4个子系统:

(1) a. 基础部分的语类规则子系统
　　b. 转换部分的转换规则子系统
　　c. 语音式部分的语音规则子系统
　　d. 逻辑式部分的语义规则子系统

在严密的语法系统中,句子必须通过4个部分生成,经过4套规则加工,因此有4个基本的结构层面及相应的4种表达式,分别称为D结构式(D-structure)、S结构式(S-structure)、PF结构式(PF-structure)和LF结构式(LF-structure)。Chomsky(1981a)用一个4元组来表示:Σ(D, S, P, L)。以下是按当时使用的模型画的图:[1]

(2)
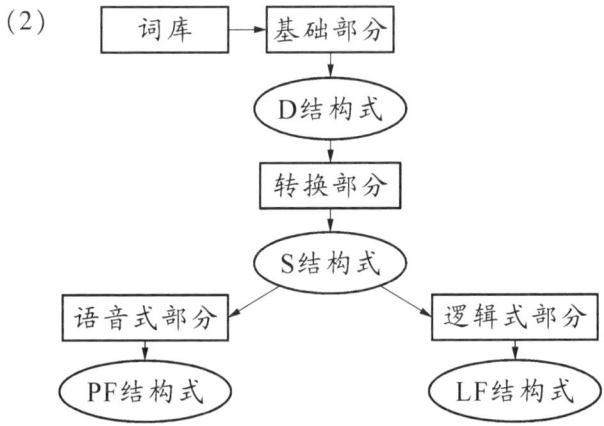

---

[1] 语法的四个组成部分(component),后来往往称为四个层面(level):D结构层面、S结构层面、LF结构层面、PF结构层面。文献中D-structure、S-structure等有时指语法系统的不同组成部分(或称不同的层面),有时指语法系统生成的表达式。也就是说D-structure、S-structure既可以指D结构层面、S结构层面,也可以指D结构式、S结构式。

流程框图(2)与4.2.5小节的(8)基本一致。由于这一模型呈倒T形,所以称为T形模型(T-model)[1]。右下方框中是逻辑式部分(Logical Form Component),相当于4.2.5小节说的语义第一层次。左下方框中是语音式部分(Phonetic Form Component),其中包括5.3节的删略规则、5.4节的鉴别式,再加上音系规则,还有语体规则等等与声音、形式有关而与意义无关的规则。

请注意D结构式、S结构式这两个本书前几章中没有出现过的名词。它们并不是深层结构(deep structure)和表层结构(surface structure)的简称,而是全称。为了避免误解起见,Chomsky决心放弃"深层结构"这一名称,改用D结构式。至于S结构式,也不同于前几章中说的表层结构,前面说的表层结构相当于(2)中语音形式部分的一个表达式,而S结构式是介于深层与表层之间的表达式。以下举一个例子,以便通过对照看出D、S、PF、LF四种结构式的区别。

(3) a. it is unclear [$_{S'}$[$_S$ PRO to see who]] (去看谁,不清楚。)
    b. it is unclear [$_{S'}$ who$_i$ [$_S$ PRO to see t$_i$]]
    c. it is unclear [$_{S'}$ who [$_S$ to see]]
    d. it is unclear [$_{S'}$ for which person x [$_S$ PRO to see x]]

(3a)是D结构式,句中动词see的宾语疑问词who接在它后头。(3b)是经过移位构成的S结构式,who已经移到前面标句词C的位置,在原来的位置上留下了语迹t,who和t可以添上相同的下标i。S结构式显然不是表层结构,因为还保留着PRO和t这类符号。去除这些符号之后的PF结构式(3c)才是与说出来的听觉形式和写出来的视觉形式一致的表层形式。(3d)是LF结构式,它表示的意思4.2.5节已经说明过,这里不再重复。

语法除了上述4个规则部分外,还包括一个词汇部分,即词库。20世纪80年代中期对词库的研究中提出了两个概念:语义选择(semantic selection,简称S-selection)和语类选择(categorial selection,简

---

[1] T形模型不是当时使用的唯一模型。另一个模型是van Riemsdijk & Williams(1981)提出的L形模型(L-model),L代表线性(linear)。他们把逻辑形式部分放在基础与转换部分之间,称为名词组部分,产生的表达式称名词组结构式(NP-structure)。

称 C-selection）。语义选择指中心语对其补语语义特点的规定,例如：

(4) a. read a book（读一本书）
　　b. give him a book（送他一本书）
　　c. persuade John to go to college（说服约翰上大学）

动词中心语 read 选择一个受事,(4a)中的 book 是读的受事(PATIENT)。动词 give 除了受事外还可以选一个目标(GOAL),[1] (4b)中的 him 是送的目标。动词 persuade '说服' 除了目标外还可以选一个命题,(4c)中 John 是说服的目标,to go to college 是说服的内容,它是一个命题。语义选择涉及动词主目语的数目与性质,6.2 节还要谈到。词项作了语义选择后还要作词类选择。例如 persuade 可以选一个命题,而该命题可以通过不同的语类形式表达,(4c)是其中一种,(5a)和(5b)是另外两种：

(5) a. persuade John that he should go to college
　　b. persuade John of the importance of going to college

(4c)中包含一个不定式从句,(5a)中包含一个时态从句,(5b)中包含带介词的名词词组。三者语义上并无大区别,区别在于补语属不同的语类,这就是子语类化。把子语类区别看作词汇特征,一些不同的语类规则就不必要了。

语类规则可以取消,转换规则也大大简化,原来的规则经分解、合并,只剩下一条规则称为移取 α(Move α),希腊字母 α 代表任意成分。[2] 这当然并不意味着可以把任何成分移至任何位置,移位要服从各种限制。本章以下几节要介绍如何把有关限制的假设发展成更完整的普遍语法原则理论。在不违反基本原则的前提下,都可以移位。

语法原则有哪些？有一类是极其概括的原则,另一类相比之下比较具体。先说前一类。有一条原则称为完全解读原则(Principle of Full Interpretation,简称 FI)：

---

[1] 受事与目标在语义上的差别 6.2.1 小节会谈到。详细论述见 Fillmore(1968)、Jackendoff(1972)。

[2] 现在所谓的转换规则主要指移位规则,但并非绝对只指移位规则。Lasnik & Saito (1984)用"影响 α"（Affect α)来代替"移取 α",范围略广。而且不仅 S 结构层次有移位,PF 和 LF 层次也有移位。

（6）PF 结构和 LF 结构中每个成分均须作出适当的解读。

这里所谓的"解读"用于 3.2.5 小节中提到的逻辑学中的专门意义。这条原则其实很简单，它无非是说 book'书'的语音表达式只能是[buk]，不能是[fburk]等，除非有某条规则或某项原则把[f]和[r]删去，否则不能留下它们而不作解读。在语义方面也一样，假如有以下句子：

（7）I was in England last year the man.

不可以解读为'我去年在英国'，而将 the man 置之不顾。[1]

另一条极其概括的原则是允准原则(Principle of Licensing)：

（8）合格结构中出现的每个成分均须获准。

所谓"允准"是指普遍语法允许，"获准"是得到普遍语法的"批准"，即不违反普遍语法。其实就是指凡变项必须受约束、凡谓语必然有主语之类对结构的要求。还有一条概括的原则——投射原则(Projection Principle)，将在 6.2.4 小节中详述。

比较具体的原则分属几个语法理论子系统：

（9）a. X′ 理论

　　b. θ 理论

　　c. 格理论

　　d. 管辖理论

　　e. 约束理论

　　f. 控制理论

　　g. 界限理论

每个子系统都包含适用于各种语言的普遍原则，以及在一定范围之内允许出现的各种语言之间的差异，即参数差异。这些子系统是举例性的，还有其他子系统。这几条大都是从 20 世纪 70 年代末起作为重点课题经过反复研究的。除了 Chomsky 以外，英国、法国、意大利、荷兰等国的学者都作出了贡献。1979 年，Chomsky 利用学术休假，在意大利比萨的学术讨论会上作了一系列有关普遍语法原则的演讲。回美国后，

---

[1] 也许有人会认为这条原则太微不足道。但在逻辑上该原则并非必然，逻辑式中允许出现不解读的成分。完全解读原则是自然语言的特点。

在麻省理工学院教课时又讲了一遍。1981年这份讲稿出版,即Chomsky(1981a),书名《管辖与约束讲演集》。这套有关普遍语法原则的理论往往称为管辖与约束理论(Theory of Government and Binding),简称管约论(GB Theory)。后来Chomsky认为称为原则与参数理论(Theories of Principles and Parameters)更恰当。

管约论是组合理论,(9a)—(9g)那些原则都是组件(module),取几条原则合起来就能解释一个语言现象,另取几条原则能解释另一个语言现象。要解决一个问题往往要涉及许多条原则,必须把它们相互搭配起来,只取其一不及其余则会顾此失彼。这类研究工作难度高,必须全面掌握各条理论。

6.1　X′理论

5.1节已经介绍过X′理论,当时是把X′理论看作是对语类结构规则写法的一种限制。这一节中我们将要从另外一个角度看待X′理论,把它看作词组结构式本身是否合格的条件。

6.1.1　X′原则

最初Chomsky(1970)提出X′理论时,不仅着眼于反映动词词组、名词词组、形容词词组、介词词组等内部结构层次,同时也着眼于这几类词组结构之间横向的相似性。这篇文章讨论了destruction'毁灭'、criticism'批评'之类动作名词与destroying、criticizing之类的动名词的区别,指出动作名词不应看作是从destroy、criticize等动词转换来的,这就是与转换说观点相对的词汇说观点,参阅4.2.2小节。但是毕竟不可否认下列例子中动词和相应的动作名词之间在结构方面确实存在一定的关系:

(1) a. The enemy destroyed the city.（敌人毁灭了城市。）

　　b. the enemy's destruction of the city（敌人对城市的毁灭）

(2) a. The city was destroyed by the enemy.（城市被敌人毁灭了。）

　　b. the city's destruction by the enemy（城市被敌人的毁灭）

形容词词组与名词词组之间也存在着相似性:

(3) a. the building's being extremely high（楼房极高）
　　b. the building's extreme height（楼房极端之高）
(4) a. The desert is dry.（沙漠干燥。）
　　b. the desert's dryness（沙漠之干燥）

如果不通过转换，那么通过什么办法来揭示其中的关系呢？可以通过 X′ 结构。试比较动词词组(5a)与名词词组(5b)：

(5) a. criticized the book（批评了这部书）
　　b. John's criticism of the book（约翰对这部书的批评）

(5a)的中心语(head)是动词 criticize，中心语也称中心成分。the book 是中心语的补语，也称补足语或补足成分(complement，简称 Comp)[1]。宾语属于补语的一种。表示时态的 -d 是动词词组的标志语，也称标志成分(specifier，简称 Spec)。(5b)的中心语是名词 criticism，补语也是 the book。名词词组的标志语是冠词 the、a，指示代词 this、that，或所有格名词 John's 等等。(5a)和(5b)的 X′ 结构分别为(6a)和(6b)：[2]

(6) a.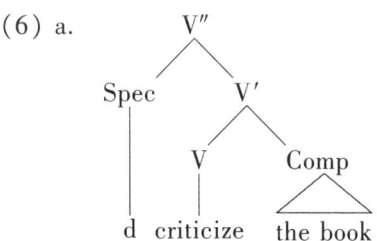

　　b.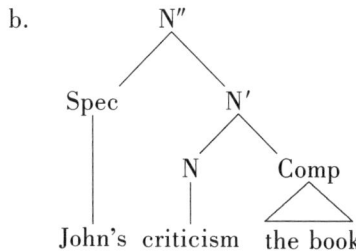

采用变项 X 来取代(6a)与(6b)中的 V 和 N，可以总结出一个通用的

---

[1] 注意不要把补语的缩写 Comp 与标句词的缩写 COMP 相混淆。
[2] 为了简便和对比清楚起见，(6b)中没有把介词 of 标出来。

X′ 结构程式：

（7）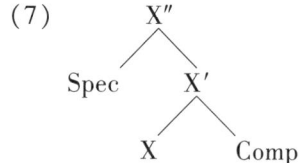

这样能使语法得到更高度的概括。

如果严格地把(7)看作一切词组结构均须服从的必要条件,由此出发可以作出以下一系列推论。

首先,一切词组都是向心(endocentric)结构,都有一个中心语,X 一定要直属 X′,X′ 一定要直属于 X″,依此类推。S 这一语类是否也是向心结构？句子的中心语是什么？对这一问题有几种不同的说法。Jackendoff(1977) 认为 V 是 S 的中心语,S 实质上是 V‴。Chomsky(1981a)提出另一种看法,他把形态变化(inflection)看作句子的中心语,从某种意义上说,它们是联系主语与动词的桥梁。如果用 I 作中心语,句子 S 就是 I″,谓语就是 I′：

（8）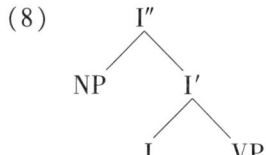

Chomsky(1986b)把 S 写作 IP,把主语看作句子的标志语,把 S′ 写作 CP,把标句词看作 CP 的中心语。这样,IP 和 CP 都是向心结构了。IP 和 CP 更进一步的分析,将在 7.1 节介绍。

其次,根据(7),凡是标志语都直属于 X″,凡是补语都低一层,直属于 X′。补语与 X 处于同一层。X 就是 V、N、A、P 等单词语类,所以 V、N、A、P 与它们的补语关系最密切。每个单词词项都要求一定的语类作补语。例如动词 overcome '克服' 要求一个 NP 作补语；动词 put '放' 要求 NP 及 PP 作补语；动词 give '给' 可以有两个 NP 作补语；动词 sympathize '同情' 要求带介词 with 的 PP 作补语,相应的名词 sympathy 要求带 for 的 PP 作补语,相应的形容词 sympathetic 要求带 to 的 PP 作补语……这就是 3.1.2.2 小节所说的子语类化,及本章开始说到的语类选择。一般说来,一个词项只指定其补语的类别,例如动词只指定补语,不指定主语,用术语说,动词只使补语子语类化。主语由动词与补语构成的动词词组共同指定。所以,动词与补语的关系往往比动词与主语的关系更为密切。

第三,D 结构中补语出现在中心语的一侧,而不是分在两侧。因此树形图中中心语总是在 X′ 的边缘。本来应该位于中心语右侧的补语如果出现在左侧,那只能是转换移位的结果。

第四,X 的附加符号逐级递增,照此规定,在 D 结构中 X^n 下一级必须是 X^{n-1},不能也是 X^n,经过转换才可能出现以下情况:[1]

(9)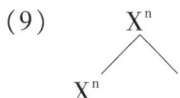

第五,除了中心语以外的节点上都只能出现某一语类的最大投射。例如在 Comp 的位置上只能出现 N″(= NP),不能出现 N,因此 drink water'喝水'的结构应是(10a),而不是(10b)。

(10)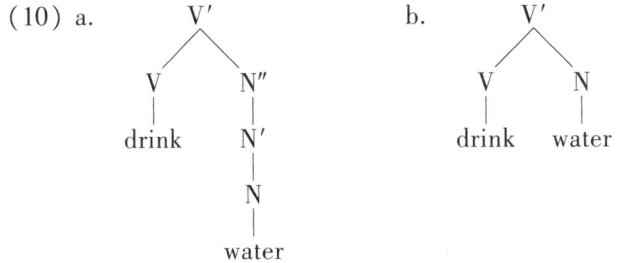

以上是博士论文 Stowell(1981)中总结的五条 X′ 原则。在这些原则基础上,他进一步提出:语法的基础部分不必再用原来那些词组结构规则了,不妨假设每一类词组的结构都是一致的。这样一来基础部分的基本概念只有:

(11) a. X、X′、X″ 等各层次,
    b. "左""右"等顺序概念,

---

[1] 这种情况通常称为 Chomsky adjunction,其实与 Chomsky 无关,他本人不赞成这一名称,但当时通用。

c. "从属""直属""中心语""非中心语""词组"等层次结构关系概念。

其他概念如"向心""最大投射""平级""统制"等等都可以从以上概念中推导出来。假如上述五条是普遍原则,各种词组的结构确实是整齐划一的,那么儿童在学习过程中就不必在琐碎细节上花大量工夫,负担就并不是很重。这种假设有利于达到解释儿童怎样掌握错综复杂的语言这一总目标。

6.1.2　X′ 参数

读者一定会想到世上众多的语言在这方面表现出相当大的差异,以下我们就来讨论这一问题。

首先,有些语言的标志语并不位于中心语的左侧,而位于其右侧,2.1.3 小节中提到过挪威语中冠词放在名词之后。有些语言中补语并不位于中心语的右侧,而位于其左侧,圣诞岛语中宾语放在动词之前。Greenberg(1963a)对 30 种语言作了抽样研究,指出了各种语言在词序方面的种种差异。各种语言的 X′ 结构中,中心语与非中心语的相对位置是有差异的,这就是 X′ 普遍原则中的一个主要的参数。

同一种语言中,中心语与非中心语的顺序也并不都一致。英语名词词组中,非中心语有的在中心语之前,有的在中心语之后,试比较:

(1) a. the tax reduction（减税）

　　b. the reduction of tax

在 Jackendoff 的 X′ 体系中,(1a) 和 (1b) 的树形图大致是:

(2) a.

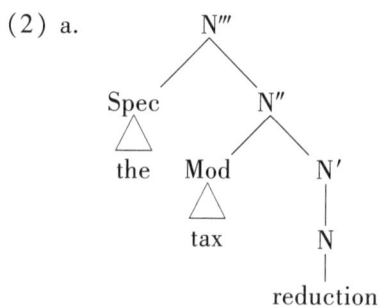

b.
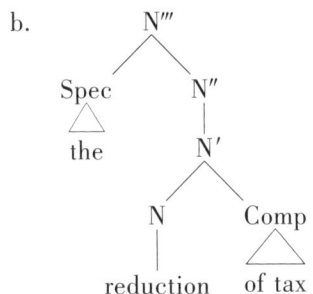

他的体系中每类词组都有4个层次,各词词组中N‴是最高层,标志语 Spec 属次高层,与 N″ 平级。与 N′ 平级的是修饰语(modifier,简称 Mod),最低层与 X 平级的是补语 Comp。the tax reduction 与 the reduction of tax 语义虽然一样,但是中心语的位置不一样。

法语中修饰名词的形容词有的在动词左侧,有的在动词右侧,有的形容词甚至可以放在两种不同的位置表示不同的意义:

(3) a. un grand homme（一个伟大的人）

　　 b. un homme grand（一个身体高大的人）

汉语又是一种情况。汉语动词的补语可以位于中心语之后,可是名词的补语只能位于中心语之前:

(4) a. 爱孩子们

　　 b. 对孩子们的爱

与(4)相对的英语动词词组和名词词组中补语都在中心语之后:

(5) a. love the children

　　 b. love for the children

以上这些例子中,中心语与非中心语的相对位置虽然不大一致,但问题还不太严重,因为至少在同一个 X′ 结构层次中,没出现顺序混乱。更严重的问题在于有些语言根本没有固定的词序,没有固定的层次结构。这类语言传统的名称是自由词序语言(free word-order language)。Hale(1979)称它为非层次结构化语言(nonconfigurational language),又称 W* 语言(W* language),有别于英语、法语、荷兰语、意大利语等层次结构化语言(configurational language)。典型的非层次结构化语言有亚洲的日语、朝鲜语、澳洲中部的沃比里语(Walpiri)等。这些语言中,中心语一般有一定的位置,至少在 D 结构中有一定的位置,例如日语的中心语在最右侧,沃比里语的中心语 I 一定处于句子 S 中第二个位置,但是非中心语位置完全自由。以下是冲绳岛语的两个例子,冲绳岛语与日语有亲缘关系。

(6) a. [unu] [mi:čǐnu] [aka-hiyošinu čičo:ru] hon
        这   三本   红 封面 盖   书
    b. [unu] [aka-hiyošinu čičo:ru] [mi:čǐnu] hon
    c. [mi:čǐnu] [aka-hiyošinu čičo:ru] [unu] hon
    d. [aka-hiyošinu čičo:ru] [unu] [mi:čǐnu] hon

(7) a. [čiru:ya] [kiyo:kai ute:] [bo:še:] kanǰabiran
        人名   教堂 里 帽子   不戴
    b. [čiru:ya] [bo:še:] [kiyo:kai ute:] kanǰabiran
    c. [kiyo:kai ute:] [čiru:ya] [bo:še:] kanǰabiran
    d. [bo:še:] [kiyo:kai ute:] [čiru:ya] kanǰabiran

除了中心语名词 hon 和动词 kanǰabiran 固定在末位外,其他成分次序并不固定,也无法确定标志语 unu 与修饰语 aka-hiyošinu čičo:ru 哪一个处在较高的层次。

汉语在一定程度上也有结构不固定的特点,从现代语言类型学的观点看,有大量证据说明汉语在语序方面比典型的印欧语更自由,介于英语与日语之间。如:

(8) a. 那三本红封面的书
    b. 红封面的那三本书

非层次结构化的语言对 X′ 普遍原则是一大威胁,从 20 世纪 70 年代末以来这一课题吸引了不少语法学家的注意。1981 年美国东北语言学会(North East Linguistic Society,简称 NELS)召开年会时有过一次专题讨论会,研究这类结构问题。Hale(1979)最初的看法是非层次结构化语言语法没有语类部分,因此语序自由。这一理论显然不利于建立普遍原则,后来 Hale(1980,1982a,1982b)提出了新的观点:非层次结构化语言在句法的词组结构中虽然没有层次,但是在词库里词汇结构中却是有层次的。这样一来英语和日语的区别不在于有没有层次,而在于英语中层次既体现在词汇结构中,也体现在句法结构中,日语中层次只体现在词汇结构中,不体现在句法结构中。这一说法比较有利于普遍语法理论。更彻底的做法是通过深入细致的研究,观察日语这类语言是否也有层次结构。Saito(1985)力图证明日语中主语和宾语也不是完全均衡的。后来这方面的研究向纵深发展。

6.2　θ 理论

θ 理论(θ-Theory,即 Theta Theory)涉及语义、逻辑、词汇、句法等几个方面,研究有关的意义、词语与句法位置之间的复杂关系。

6.2.1　θ 角色

先分析以下句子:

(1) John opened the door. (约翰打开了门。)

从句法角度看,句中 John 是主语,door 是宾语;从意义角度看,John 是动作的发动者,称为施事(AGENT),door 是动作的承受者,称为受事(PATIENT 或 RECIPIENT)。我国语法学界通常把"主语""宾语"之类称为"句子成分",生成语法中通常把"……的主语""……的宾语"称为语法功能项(grammatical function,简称 GF),或语法关系项(grammatical relation)。对"施事""受事"之类,我国似乎没有公认的名称,称为"语义"则太笼统,似乎需要一套术语。国外语言学界也没有统一的术语。Katz(1972)认为这些都属于语义关系(semantic relation)。Fillmore(1968)的用语是格关系(case relation),他论证了施事、受事等格关系是深层的语义关系,而主语、宾语等是表层的句法关系。把下列句子与(1)对照,可以看出这两类概念的区别:

(2) a. The door was opened by John. (门被约翰打开了。)
　　b. The key opened the door. (钥匙打开了门。)
　　c. John opened the door with the key. (约翰以钥匙打开了门。)
　　d. John used the key to open the door. (约翰用钥匙打开门。)

这几句话意思是基本相同的,句中与动词 open 有关的名词词组共有三个——John、the door、the key。尽管这三个名词词组在这几个不同的句子中表层的句法功能不同,可是进入深层分析,三者与动词的语义关系,即格关系,是固定不变的。John 总是动作的施事;the door 总是动作的对象,即受事;the key 总是开门的工具。如何表达深层的关系是 Charles Fillmore 创立的格语法(Case Grammar)的中心议题。格语法在 20 世纪 60 年代曾一度吸引过不少人的注意,虽然后来不再作为一种独立的语法体系存在,但是它提出的问题具有普遍意义,其他语法体系对其也予以考虑。

与 Fillmore 同时期研究这一问题的是 Gruber(1965,1976)。他提出了句子主题,或称主体(THEME)[1]的概念。怎么来确定句子的主题?当动词表示动作时,承受动作的名词词组是主题,如:

(3) a. The rock moved away.(石块移走了。)
    b. John rolled the rock from the dump to the house.(约翰把石块从垃圾堆里滚到屋里。)
    c. Bill forced the rock into the hole.(比尔把石块塞入洞内。)

以上三句中的 rock 是主题。"动作"的含义可以引申得比较广泛一些,下列句子也包含广义的动作:

(4) a. Harry gave the book away.(哈里把书送掉了。)
    b. Will inherited a million dollars.(威尔继承了一百万美元。)
    c. Charlie bought the lamp from Max.(查利向麦克斯买了这只灯。)

以上三句中,the book、a million dollars、the lamp 与其说是经历了空间位置的变化,还不如说是经历了所有权的变化。以下一句中动作用于更为抽象的含义:

(5) Dave explained the proof to his students.(戴夫向他的学生解释了这条证明。)

教师把有关证明的信息传授给学生,proof 也可以认为是句子的主题。以下几句中,动词不表示动作而表示处所:

---

[1] 英语 theme 这一名词在语言学著作中有两个意思。以上说的是其中之一,另一个是布拉格学派句子功能观中用的概念。布拉格学派的 theme(有人译"主题",有人译"主位")与 rheme(有人译"述题",有人译"述位")相对。汉语"主题"作为语言学术语有三个意思,除了指 Gruber 的语义概念以及布拉格学派的功能概念外,还可以指结构概念,用来翻译英语名词 topic。topic sentence 中的 topic 有人译作"话题",有人译作"主题"。请读者注意区分。

(6) a. The rock stood in the corner. （石块在角落里。）

   b. Herman kept the book on the shelf. （赫尔曼把书留在书架上。）

   c. Max knows the answer. （麦克斯知道答案。）

the rock、the book、the answer 分别是这三句的主题。与动词相关的名词词组中主题是最基本的,其他一些名词词组 Gruber 也给了一定的名称:(6a)中的 the corner、(6b)中的 the shelf 称为处所(LOCATION);(3b)中的 the dump、(4c)中的 Max 称为来源(SOURCE);(3b)中的 the house、(3c)中的 the hole、(5)中的 his student,还有(4b)中的 Will 和(4c)中的 Charlie 都称为目标(GOAL);(3b)中的 John、(3c)中的 Bill 等称为施事。Jackendoff(1972)把主题、处所、来源、目标、施事等等统称为题元关系(thematic relation)[1],简称题元。

这里还要作两点说明。第一,Jackendoff 认为一个句子某个名词词组可以同时具有两种题元关系,如(4c)中的主语 Charlie 既是目标又是施事,(5)中的 Dave 既是来源又是施事。第二,除名词词组外,其他语类也可以有题元关系,(3a)和(4a)中的 away 也是目标。以下(7b)中的形容词 elated 和 depressed 与(7a)中的 Bloomington 和 Boston 一样分别是来源和目标。

(7) a. Harry went from Bloomington to Boston. （哈里从布鲁明顿到波士顿。）

   b. Harry went from elated to depressed. （哈里从兴高采烈到垂头丧气。）

提出题元关系的概念有什么用处？不仅仅是为了从某种语义角度给句中的名词词组分类,而且可以用它来说明一系列语言现象。举两个例子:

(8) a. Bill weighed the stone. （比尔称过了石头。）

---

[1] thematic 是由名词 theme 派生出来的形容词,粗看起来似乎应该译为"主题的",但是以下我们都译作"题元的",而不译"主题的",否则会产生困难。例如 THEME is a thematic relation, SOURCE and GOAL are also thematic relations 译作"主题是一种主题关系,来源和目标也是主题关系",不妥当。

　　　　b. The stone was weighed by Bill. （石头给比尔称过了。）

（9）a. Bill weighed two hundred pounds. （比尔重二百磅。）

　　　　b. *Two hundred pounds were weighted by Bill.

为什么(8a)可以改成被动句(8b)，而(9a)却不能改成相应的被动句(9b)？原来被动转换要以题元关系次序为条件。题元关系的次序表是：

　　（10）施事＞处所，来源，目标＞主题

被动结构 by 后面名词词组的题元必须先于主语的题元。(8b)中 Bill 是施事，主语 the stone 是主题，(10)中施事先于主题，所以句子成立。(9b)中 Bill 是主题，two hundred pounds 是广义的处所，(10)中主题在处所之后，所以句子不成立。再举一个例子，Grimshaw（1975）、Nishigauchi(1984) 对比了以下两句：

　　（11）a. Bill$_i$ bought for Susan$_j$ a large flashy car PRO$_j$ to drive. （比尔给苏珊买了一辆华丽的大车开。）

　　　　b. John$_i$ received from Susan$_j$ a book PRO$_i$ to read. （约翰从苏珊处拿到一本书读。）

这两个句子句法结构完全相同，然而空代词 PRO 所指的对象显然不同。(11a)中开车的是 Susan，(11b)中读书的是 John。这类结构中 PRO 的所指对象不能靠主语、宾语之类句法结构测知，只能用题元次序来说明，有关的次序是：

　　（12）目标＞来源、方位

空代词 PRO 应指(12)中次序占先的题元，所以(11a)中 PRO 指 Susan，因为 Susan 是目标；(11b)中 PRO 指 John，因为这句中 John 是目标。

　　题元关系具有普遍性。20 世纪 80 年代的生成语法系统中已不再包括一般所说的语义，但是仍包括与题元有关的语义。不过 Chomsky(1981) 在普遍语法理论中改用了另外一个名称——θ 角色 (θ-role)。[1] 说某个词"承担了 θ 角色"是指这个词起了施事或者目标

---

[1] 因为 theme 和 thematic 中的字母组合 th 读作 /θ/，所以采用希腊字母 θ 来代表。由于历来各个语法学家所用的术语不统一，为了避免误解和混乱起见，故意不用 theme 和 thematic 这些词。我们翻译也相应地用希腊字母。

或者来源的作用,也就是说它"充当了题元",与谓语发生"题元关系"。

6.2.2 θ准则

上一小节从语义的角度讨论了题元关系,或者说θ角色。语义要通过词语来体现,要通过词语才能起到θ角色的作用。这一小节从词语的角度分析。

显然不是任何词都可以在句子中充当θ角色的。谓语动词和介词等不能充当θ角色。[1]最典型的充当θ角色的词语是名词词组。不过,并不是每个名词词组都充当θ角色。Chomsky(1981a)给起θ角色作用的词语定了一个专门的术语——主目语(argument)[2]。

主目语与θ角色之间关系的准则称为θ准则(θ-criterion):

(1) 每个主目语均充当一个θ角色,而且只充当一个θ角色;
每个θ角色均由一个主目语充当,而且只由一个主目语充当。[3]

这条准则是 Chomsky 以 Freidin(1978)提出的两条限制为基础提出来的,[4]所说的道理非常简单,其实无非是说主目语与θ角色必须一一对应。如:

(2) John hit Bill.(约翰打了比尔。)

这个句子中有两个θ角色,一个施事,一个主题(有人称"受事"或"对象");有两个主目语,John 和 Bill。它们必须一一对应。John 是施事,就不能同时也是主题;Bill 是主题,就不能同时又是施事。施事是 John,就不能也是 Bill;主题是 Bill,就不能又是 John。[5]

---

[1] 这里指的是动词和介词本身不能充当θ角色,动词和介词可以出现在从句或词组中,从句和词组可以充当θ角色。名词化的动词也可以充当θ角色。

[2] argument 一词在数学、逻辑和语法中都用。逻辑中的 argument 指命题元素,是谓词表述的对象,所以 4.1.4 小节中译作"主目"。这里所说的 argument 不是命题元素,而是自然语言中的词语,所以译作"主目语",以便区分,请勿混淆。

[3] Chomsky(1981a)原文后半句是:each θ-role is assigned to one and only argument。直译为"每个θ角色均赋予一个主目语,而且只赋予一个主目语",意思是:由语法指定一个主目语担当某一θ角色。

[4] Freidin(1978)提出:在句子的逻辑式中每个有语义内容的 NP 必须占某个主目位置;任何 NP 都不能占同一谓词的一个以上主目位置。

[5] 这个说法与 Jackendoff 的不同,根据 Jackendoff 的分析,上一小节中(4c)中的 Charlie 既是目标又是施事,(5)中的 Dave 既是来源又是施事。

6.2.3 θ位置

θ理论应当说明意义、词语与位置三者之间的关系。

首先来区分 A 位置(A-position)和非 A 位置,后者可写作 A′ 位置(A′-position)[1]。A 位置一般说来就是主语、宾语之类功能项 GF 所处的典型句法位置。A 位置又可以分为两类——补语位置和主语位置。补语位置与主语位置的区别在于补语位置与中心语的语类选择有关,中心语的词汇特点决定不同类别的补语,例如有的动词要求以名词词组为补语,有的动词要求以介词词组为补语等等。所谓 A′ 位置是指 A 位置以外的位置。A′ 位置也有两类——中心语位置和附加语位置。例如句中动词处的位置是中心语的位置,主语、宾语等项不能出现在中心语位置上。I 可以看成是句子这一语类的中心语,所以也是 A′ 位置。附加语位置当时主要是指标句词 C 的位置,后来把 C 也分析为中心语,参阅 6.1.1 小节。

(1)表明位置的分布,(2)表明树形结构中典型的 A 位置与 A′ 位置:

(1)

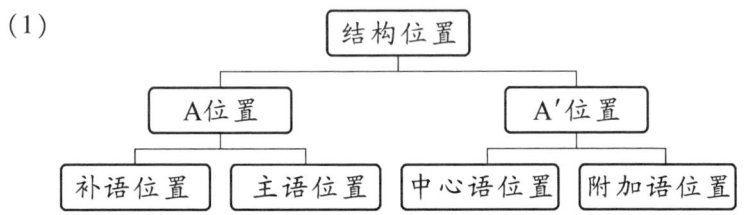

---

[1] A′ 本来的写法是 Ā,但是由于印刷不方便改用 A′。A′ 与 X′ 结构无关。在字母 A 上面加的短横原是逻辑中用来表示"非"的符号,有的逻辑书上不在字母上面加横,而在左边加上 ~ 符号写成 ~A。这里的 A 来源也是 Argument。但不是上文所说的 argument 的意思,而是 argument 的另外一个意思。为了避免混淆起见,Chomsky 决定在他的理论体系中不用 argument position,而用 A-position,其中道理与废弃 deep structure 名称改用 D-structure,不用 theme 而用 θ 是一样的。我国有些读者不习惯以 A、D、θ 之类字母为术语,往往以为这些都是缩略语,因此要求按 argument、deep、theme 意译出来,殊不知一译出来就违背了采用这些术语的意图。写汉语时我们没有其他办法处理,只好用"A 位置""D 结构""θ 角色",这些还是全称,希望读者逐渐习惯这些外文表达法。

(2)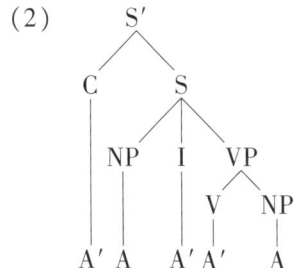

我们先说了 θ 角色,然后说了充当 θ 角色的词语——主目语,接着又说了 A 位置和 A′ 位置的区别,下一步要把词语和位置配起来。主目语可以出现在哪些位置上?可以出现在 A 位置上,即补语和主语位置上。[1]能不能反过来说 A 位置上出现的都是主目语?只能说补语位置上出现的一定是主目语,而主语位置上不一定有主目语。试比较:

(3) a. John will win. (约翰会赢。)

　　b. The unicorns are in the garden. (独角兽在花园里。)

　　c. John took advantage of Bill. (约翰骗了比尔。)

(4) a. It seems that John will win. (看起来约翰会赢。)

　　b. There are believed to be unicorns in the garden. (据信花园里有独角兽。)

　　c. Advantage was taken of Bill. (比尔给骗了。)

(3) 三句中句首的主语位置上的 John、the unicorns 等都充当一定的 θ 角色,都是主目语。可是(4a)中的 it 和(4b)中的 there 都没有意义,不起 θ 角色作用,不是主目语。(4c)中的 advantage 是习语 take advantage of '骗' 的一部分,缺乏独立性,在句中也没有独立的 θ 角色。在哪些情况下主语位置上不出主目语?这要取决于谓语的词汇特点,要取决于句法结构。(4a)说明动词 seem 有这种特点,(4b)说明被动结构也有这种特点。因此除了区分 A 位置和 A′ 位置以外还有必要区分(3)中的主语位置和(4)中的句首主语位置。前者称为 θ 位置 (θ-position),后者称为非 θ 位置,写作 θ′ 位置 (θ′-position)。

---

[1] 主目语经过转换以后也可以移到标志语位置上,所以在 S 结构中也可以出现在 C 位置上,但在 D 结构中不可能出现在 C 位置上。下文还要详述。

6.2.4 投射原则

θ角色与主目语是一一对应的,主目语与句法位置却不是一一对应的,词语少,位置多。这一节将讨论位置的分配与变化问题。

一个句子有几个主目语是由什么因素决定的?要回答这一问题我们要从逻辑结构说到词汇结构,从词汇结构说到句法结构。句子中主目语与动词之间的关系相当于逻辑命题中个体词与谓词之间的关系。逻辑中谓词表示 1 个个体词的性质,或表示 2 个、3 个……个体词之间的关系。例如"石头是物质"这一命题中,"石头"是个体词,"是物质"是谓词,表示石头的性质;"约翰搬石头"这一命题中,"约翰"和"石头"都是个体词,"搬"是谓词,反映了这两个个体词之间的关系;"约翰把石头给比尔"这一命题中有 3 个个体词——"约翰""比尔""石头",而谓词"给"表示这三者之间的关系。

以上三个命题可以分别表达为:

(1) a. P(a)
    b. P(a, b)
    c. P(a, b, c)

(1a)中的 P 表示一个事物的性质,称为一元谓词;(1b)中的 P 表示两个事物的关系,称为二元谓词;(1c)中的 P 表示三个事物的关系,称为三元谓词。概括地说,表示 n 个事物关系的谓词称为 n 元谓词。[1]有人不称"元",而称"项""向"或"目",n 元谓词、n 项谓词、n 向谓词、n 目谓词都是一个意思。

以上说的是逻辑语言,现在回过来看自然语言。自然语言中的动词相当于逻辑中的谓词,与动词相关的主目语相当于谓词的元。有些动词相当于一元谓词,有些相当于二元谓词,有些相当于三元谓词。[2]大体上分别相当于传统语法所说的不及物动词、及物动词和带双宾语的及物动词。一个动词用到句子中去,应该具有几个与它相关的主目语?这取决于该动词所作的语义选择,反映了该动词词项的语义特点。

---

[1] 正因为如此,我们把 thematic relation 译作"题元"。
[2] 有的语言中,使动句(causative sentence)中动词相当于四元谓词。

用生成语法中常常借用的数学术语来说,词项的语义特性投射在句法表达式上。

这里所说的句法表达式指哪一级次的表达式?指 D 结构式,还是 S 结构式,还是 LF 结构式?还是指所有层面的表达式?Chomsky 作了如下假设:[1]

(2) 如果词项 α 的词汇特点要求选用 β 为补语,则在各个层次的表达式(D 结构式、S 结构式、LF 结构式)中 α 都选用 β。

(2)意思很简单。假如 α 是动词 give'给',该动词要求两个补语,那么在 D 结构式、S 结构式和 LF 结构式中都要出现两个补语。[2]这就叫表达式的投射原则(Projection Principle)。[3](2)中只提了补语,没有提到主语,后来 Chomsky(1982a)把句子的主语也包括了进去,成为扩充的投射原则(Extended Projection Principle,简称 EPP)。

这条原则规定了主目语在各个表层式中的数目相同,但没有规定位置相同。请看以下三个例子,其中(a)句都是 D 结构式,(b)句都是 S 结构式。

(3) a. [__ seems [John to be intelligent]][4](看起来约翰聪明。)

b. [John seems [t to be intelligent]]

(4) a. [__ was written the letter](这封信写了。)

b. [the letter was written t]

(5) a. [you like which book](你喜欢哪本书?)

b. [which book [you like t]]

这三句中 John、the letter、which book 都移动了位置。有一点必须注意:移位都是把词语从 θ 位置移至非 θ 位置的。6.2.3 小节说过,seem 的主语位置是非 θ 位置,被动结构的主语位置也是非 θ 位置。(5)中

---

[1] 以下不是他的原文,作了适当的简化,便于读者看懂。

[2] PF 结构式是语音结构式,与 θ 理论无关,不必考虑。

[3] 所谓"投射"是指各个层面中的元素相对应,词汇特点要求有两个补语,在各个层面中都有相对应的两个补语。其实不妨把 projection principle 意译成"对应原则"更妥当些。请注意投射原则与早期语义理论中的投射规则(projection rule)是不同概念,与词组结构中的最大投射(maximal projection)也是不同的概念。

[4] 我们用"__"代表 D 结构式中的空位。

which book 移到标句词 C 位置,这是非 A 位置,当然也是非 θ 位置。在 D 结构式中每个主目词语都占了一个 θ 位置,每个 θ 位置都为一个主目词语所占。D 结构式最能直接反映 θ 关系。到了 S 结构式中有些主目词语已经不在 θ 位置上了,而有些 θ 位置上没有主目词语,但是有它们留下的语迹。不能把主目词语从一个 θ 位置移到另一个 θ 位置上,不能让两个主目词语挤在同一个 θ 位置上。

从扩充的投射原则可作出两条推论:第一,D 结构式中 θ 位置上如果出现空位必须填入空代词 PRO,如:

(6) [John tries [PRO to be intelligent]] (约翰设法做得聪明些。)
根据扩充的投射原则,to be intelligent 的主语必须在表达式中有所反映,由空代词 PRO 承担这一任务。第二,转换时不可以把句中的词语任意删略。因为删去后造成位置空缺,会破坏各个层次表达式的对应。

为了使主目语数目与句法位置数目相当,使用了语链(chain)的概念。把一个成分在移位前占的位置与移位后占的位置连起来,构成一条语链。上文(3b)中的 John 与 t,(4b)中的 the letter 与 t,(5b)中的 which book 与 t 都是语链。其中 John — t 和 the letter — t 都是 A 语链,因为 John 和 the letter 在 A 位置上;which book — t 是 A′ 语链,因为 which book 在 A′ 位置上。语链是移位的过程在 S 结构式中的反映,体现了主目语在 D 结构式与 S 结构式中位置的变化。Chomsky(1986b)还把语链的概念扩大到包括以下情况:

(7) [it seems [John to be intelligent]]
(7)中的 it 与 John 的关系和(3b)中 John 与 t 的关系一样。不移位也可构成语链,称为广义的语链,用大写字母 CHAIN 代表。[1] 语链可长可短,移位可以移好几次,如:

(8) [John seems [t_1 to have been hit t_2 by a car]] (约翰看起来被汽车撞了。)

在 D 结构式中,John 先占 t_2 位置,然后移至 t_1 位置,再移至句首。这条语链有两个环节(link):John — t_1;t_1 — t_2。如用字母 C 代表语链,其

---

[1] 汉语中无大小写之分,只好把 CHAIN 译作"广义的语链"。

通用形式是：

(9) C：(α_1，α_2，…，α_n)

不论语链有多长，有多少环节，其中只能包含一个 θ 位置，其他都是非 θ 位置。引入语链概念后可以把 θ 角色、主目语和位置都统一起来。

(10) 每条语链包含一个 θ 位置；每个 θ 位置出现在一条，而且只出现在一条主目语链中。[1]

6.3 格理论

与 θ 理论有密切关系的是格理论（Case Theory）。格是一个历史悠久的语法范畴。由于原始印欧语、古日耳曼语、希腊语、拉丁语等古代语言格的形态丰富，传统语法学家早就对这一课题作了详尽的比较研究。Fillmore(1968)提出了一项重要的看法：把格的概念一分为二。一是所要表达的句法和语义关系，二是用来表达关系的形式手段。这可以分别称为格关系与格形式。各种语言采用的格形式各不相同，有的用词缀，有的用前置词，有的用后置词，有的用词序，等等。这些表层形式属于个别语法的特征。可是各种语言深层的格关系都是一致的，这些关系属普遍语法的特征。Fillmore 所说的格关系大致就是题元关系，或者说 θ 角色。

6.3.1 补语的格

传统语法中早就发现，作为补语的名词的格取决于支配它的动词或介词。德语动词 schreiben '写'，要求跟第四格名词，如 einen Brief schreiben '写信'；动词 helfen 要求跟第三格名词，如 seiner Mutter helfen '帮他的母亲'；动词 bedürfen 要求跟第二格名词，如 der Zustimmung bedürfen '需要同意'。俄语介词要求跟第二格、第三格、第四格、第五格、第六格的都有。我们不妨说名词的格是由动词或介词赋予（assign）[2] 的。Chomsky(1970)提出用两对特征[±N]、[±V][3] 来

---

[1] 不移位的词语也看作一条语链。

[2] assign value 译作"赋值"，我们参照此译法把 assign case 译作"赋格"或"赋予格"，也可译作"授予格"或"指派格"。

[3] 方括弧中是句法特征的符号，这里 N、V 不代表名词、动词。

区分名词、动词、形容词和介词四大单词语类。[+N]表示具有体词性，[-N]表示没有体词性；[+V]表示具有谓词性，[-V]表示没有谓词性。把这些特征搭配起来：

  (1) [+N，-V]：名词

    [-N，+V]：动词

    [+N，+V]：形容词

    [-N，-V]：介词[1]

其中关系可参见以下图表：

(2)

	+N	-N
+V	形容词	动词
-V	名词	介词

  这种句法特征分析概括了4个主要语类之间的相似和相差的性质。先横着看。形容词和动词有一定的相似之处，它们都有[+V]特征。这点在汉语中表现尤为突出，按赵元任(Chao(1968))的分析，形容词包括在动词之内。名词与介词也有一定的相似之处，它们都有[-V]特征，这点在汉语中也很明显，印欧语中最典型的介词是表示空间位置的 in '……里'、on'……上'之类。许多语法书把汉语中与这些介词相应的方位词都归入体词类。再把(2)竖着看，以形容词、名词为一方，不能赋格；以动词、介词为一方，能赋格。换个方式说，具有[-N]特征的语类作中心语时，可以赋予其补语某个格；具有[+N]特征的语类作中心语时不能赋予其补语格。

  从表面上看来，也许会以为以上分析只适用于德语、俄语这类名词有格形态变化的语言，与英语、法语之类名词没有格形态变化的语言无关，而事实上并不尽然。试比较：

---

  [1] Jackendoff(1977)的系统略有不同，他把[+N，+V]分析为介词，[-N，-V]分析为形容词。

(3) a. like the boy（喜欢这个男孩）

　　b. *fond the boy

　　c. fond of the boy

(4) a. destroy the city（毁灭这座城市）

　　b. *destruction the city

　　c. destruction of the city

(3a)和(3b)意义相同,结构也相似,like 和 fond 都是中心语,the boy 是补语。为什么(3a)可以说,(3b)不能说？因为(3a)中 like 是动词,可以赋予 the boy 一个格,而(3b)中 fond 是形容词,不能赋予格,必须插入一个介词 of,由介词起赋格作用。同样,(4a)与(4b)意义相同,结构也相似,destroy 和 destruction 都是中心语,the city 是补语,为什么(4a)成立,(4b)不成立？因为 destroy 是动词,可以赋予 the city 格,destruction 是名词,不能赋予格,必须插入介词 of,由介词起赋格作用。英语名词中所谓"格"是一个抽象的概念,并不表现为任何语音形式或书写形式,然而在整个语法系统中也起一定的作用。通常用大写的 Case 来称呼这种抽象的格,以别于传统语法中的 case。[1] 赋格(Case-assignment)有时也称标格(Case-marking),有格的名词称标格名词(Case-marked noun),没有格的名词称无格名词(un-Case-marked noun)。

例(3)和(4)表明任何名词必须有格。依附于动词、介词者可直接从动词、介词取得格；依附于形容词、名词者不能直接取得格,可以靠插入介词的办法解决,从介词取得格。总之,名词必须有格,不能没有格。说得周密一些,应该是名词词组必须有格。[2] 可以用以下鉴别式来排除没有格的名词词组:

(5) *NP, 当 NP 没有格。

(5)的意思是当名词词组 NP 没有格时,该 NP 不成立。(5)称为格鉴别式(Case Filter)。

不过要注意,这里说的名词词组都是指有语音内容的名词词组。

---

[1] 汉语中无法像 Case 和 case 那么作区分,实在必要时不妨把 Case 称为"抽象格"。

[2] 在有格形态变化的语言中,名词词组的格通过其中心语名词词尾来体现。所以有时说"名词有格",有时说"名词词组有格",指的是一回事。

在我们研究的语法系统中还有传统语法中没有的空语类,在考虑格时必须把空语类也考虑进去。没有语音内容的空语类并不受鉴别式(5)的限制。请看以下例子:

　　(6) a. was broken the window (窗被打破了)
　　　　b. the window was broken t

(6a)是 D 结构式,(6b)是 S 结构式。(6a)中 broken 是动词 break 的过去分词,过去分词的句法作用相当于一个形容词,有[+N]特征,不能赋格,因此 broken 的补语 the window 没有格。根据鉴别式(5),没有格的名词词组不能成立,所以 the window 只能移动位置,移到一个有格的位置上。[1]移走之后在原来的位置上留下了一个语迹 t,语迹没有语音内容,不受鉴别式限制。为了把空语类的特点考虑进去,应把(5)充实一下写得更精确些:

　　(7) *NP,当 NP 有语音形式而没有格。

(7)的意思是:当名词词组 NP 有语音形式而没有格时,该 NP 不成立。最早提出格鉴别式(7)的是 Vergnaud(1974),后来 Chomsky(1981a)发展了比较完整的格理论。

格理论与 X′ 理论、θ 理论都有联系,我们不妨认为任何语类的 X 结构都呈统一的形式:

　　(8)　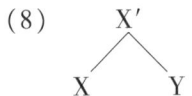

树形图中 X 是 X′ 结构中的中心语,代表 V、N、A、P 中任何一个语类,Y 代表 the boy、the city 之类补语。至于 X 与 Y 中间要不要插入介词,要取决于 X 是[+N]语类,还是[-N]语类,它们的 X 结构式可以看作是一致的。还有一点,Y 不仅从 X 处取得格,而且从 X 处取得 θ 角色。中心语 X 将 θ 角色与格一起赋予补语 Y。这样一来这一节讲的格理论

---

[1] 这就是被动结构为什么必须经过移位的原因。与(6a)对应的主动句 D 结构式是以下这类形式:
　　　　(i) the child broke the window (这孩子打破了窗。)
这时 broke 不是分词,而是动词,有[-N]特征,能赋格,the window 可以取得格,因此不必移位。至于(6b)中 the window 移到首句后怎么取得格,下一小节将予说明。

与 6.1 节讲的 X′ 理论、6.2 节讲的 θ 理论都统一起来了。

有人甚至试图证明格鉴别式可以从 θ 理论中推导出来。Chomsky (1986a) 采用了以下假设：

(9) 一个名词词组必须有格才能充当 θ 角色。

(9) 称为可见性条件(Visibility Condition)。按原话直译是：一个成分被赋予格才可见。所谓"可见"指可以标上 θ 角色。有了可见性条件 (9)，格鉴别式 (7) 可以不必独立存在，因为如果一个名词词组没有格，它就不能有 θ 角色。如果没有 θ 角色，它在 LF 表达式中就成了多余的成分。句子里有了多余的成分就不能作完全解释。违反了完全解释原则就不能受到普遍语法的允准。

(9) 和 (7) 并不完全等价，至少在两个方面有所不同。第一，在某些地方 (9) 限制严，它不仅要求有语音的名词词组有格，而且要求作为主目语的空语类也有格。第二，在某些地方 (9) 限制宽，它只要求担当 θ 角色的名词词组有格，但不要求不担当 θ 角色的名词词组也有格。例如，(9) 并不要求下列句中括弧内的名词词组有格：

(10) a. John is [a mathematician] （约翰是位数学家。）

b. John did it [himself] （约翰自己做了。）

可见性条件与 θ 准则有关。用上可见性概念，6.2.4 小节中 θ 准则 (10) 的意思可以表达为：

(11) 每条语链包含一个 θ 位置，每个 θ 位置在语链中可见。

有关可见性的研究还有许多有争议的问题，这里不能述及。

6.3.2 主语的格

补语从支配它的动词或介词取得格，主语从哪里取得格？从某种传统语法观点看这不成其为问题，无妨说主语也从动词取得格，因为持这一观点的人把句子分析为：

(1) S→NP_1 V NP_2

主语 NP_1 与动词 V 的关系和宾语 NP_2 与动词 V 的关系是一样的，[1]NP_2

---

[1] 这里再说明一次：在生成语法体系中宾语是补语的一种，格理论中取得格的都是名词词组，称它补语或宾语都可以。

可以从 V 取得格，NP₁ 也可以从 V 取得格。本书 2.4 节已经论证过规则(1)不符合汉语语感，也不符合英语语感。英语句子的结构是：

(2) a. S→NP I VP
　　b. VP→V NP

用树形图表达出来，并填入词项，例如填入 John '约翰'、teach '教'、English '英语'等，得(3)。

(3)
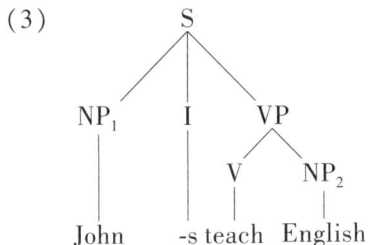

图中 NP₂ 与 V 平级，根据上一小节 X 结构图(8)，NP₂ 可以从 V 取得格。与 NP₁ 平级的有两个语类——I 和 VP。VP 是个词组语类，而赋格语类是单词语类。唯一的可能是从 I 取得格。按传统观点，词尾不成其为独立语类，怎么赋格？但从另一方面看，I，尤其是词尾-s 等表示一致关系(agreement)的形态，是联系主语与谓语的桥梁，可以看作是句子 S 的中心语。所以，主语从与它平级的 I [1] 取得格。Chomsky 把 I 中起关键作用的、表示人称、性、数等一致关系的成分看作像名词般的语类，称为 AGR[2]。它虽然依附于动词，却可以看作是主语的一部分。

I 赋予主语格，这一提法会产生一些问题，且看以下句子：

(4) a. we decided [that John should teach English]（我们决定约翰教英语。）
　　b. *we decided [John to teach English]

---

[1] 有些句子中 I 以零位形式出现(3.1.1.3 小节中提到过)，如：
　　(i) John quit.（约翰走了。）
这句中 quit 是过去时，quit 是个强变化动词，过去式和现在式一样。这类零位 I 也一样起赋格作用。

[2] 用英文写的文献中 AGR 只用缩写，不用全称，已成为习惯。以下提到它时，我们按惯例采用缩写符号，不把它译成汉语。

这里要考虑的是内层从句。(4a)中内层 I 是 should，它赋予主语 John 格，句子合格。(4b)中内层 I 是 to，假如 to 也能赋格，两句不应有差别。所以应该把 should 和 to 看作两类不同的 I，前者有时态(tense)，具有[+TENSE]特征；后者没有时态，具有[-TENSE]特征。也就是把 I 作进一步分析：

(5) I → $\begin{bmatrix} +\text{TENSE} \\ -\text{TENSE} \end{bmatrix}$ − AGR

这样就可以进一步概括：具有[-N]或[+TENSE]特征的语类为赋格语类，具有[+N]或[-TENSE]特征的语类为非赋格语类。[1]这样就能说明为什么(4b)不合格。再与另一个句子(6)比较。这句中不用 John 而用空语类 PRO，句子就合格了。

(6) we decided [PRO to teach English]

因为空语类不受格鉴别式的限制，没有格也能成立。

以上我们解决了(4b)一类结构中产生的问题，现在来考虑另一类问题。

(7) we believed [John to have taught English]（我们相信约翰教过英语。）

假如 to 不能赋格，(7)中 John 没有格，这个句子应该不合格，然而却是合格的。Chomsky(1980，1981a)认为在(7)中赋格成分是主句动词，John 从动词 believe 取得格，[2]而(4b)中 John 不能从 decide 取得格。这样看来只能把其中区别归之于 believe 和 decide 两个动词的词汇特性。它们各代表一类动词，属于 decide 类型的有 try 等，属于 believe 类型的有 consider 等。Chomsky 假设 try、decide 类动词后面的从句是 S′，而 believe、consider 类动词后面的从句是 S。S′把主句和从句阻断，主句的动词不能把格赋予从句中的成分；S 并不把主句和从句绝对阻断，主句的动词可以把格赋予从句中的成分。英语中大多数动词属于 try、

---

［1］假定认为不定式句子不必有 I，那么除了(2a)以外，还要增加一条规则：S→NP VP。何况有些结构中不定式也有主语，下文要谈到。相比之下现在的处理办法概括性最强。概括性是鉴定语法假设优劣的标准。

［2］这不是唯一的解决办法，其他办法可参阅 Kayne(1980)。

decide 一类,这是基本的、无标记(unmarked)的现象。属 believe、consider 一类的是少数,是有标记的(marked)现象,即例外现象。后一类现象称为 S′ 删略(S′-deletion)。[1] 我们把(4b)和(7)的结构并列如下,以示区别:

(8) a. *we decided [_S John to teach English]

b. we believed [_S John to have taught English]

decide 和 believe 之间这种区别不是系统性的区别,在各种语言中,甚至各种方言中表现不同。对这些词,儿童在学习语言过程中只能一个个记。这类问题不能靠语法原则或规则完全解决,和其他无规律现象一样属于词库。[2]

结论是:一、有[+TENSE]特征的 I 赋予主语主格;二、及物动词的补语从句如果是 S 不是 S′,动词可赋予从句主语主格。

6.3.3 语迹的格

以上两节主要讨论了哪些结构成分可以起赋格作用,但是没有提到过赋格在语法的哪一个层面进行。请回过去参看本章开始时画的流程图。赋格在图中哪一个方框中进行?在基础部分,还是在转换部分?

先假定在基础部分赋格,看看会产生什么结果。我们以 5.5.3 小节中讨论过的句子为例:

(1) a. __ seems [John to like Mary](看起来约翰喜欢玛丽。)

b. John seems [t to like Mary]

(1a)是 D 结构式,(1b)是 S 结构式。如果赋格在基础部分进行,(1a)中的 John 无从取得格。不能取自从句的 I,因为 to 是[−TENSE]的 I;不能取自 seem,因为 seem 是不及物动词,后面的从句根本不是其补语。John 没有格就会被格鉴别式淘汰。即使 John 在转换的过程中移

---

[1] 不仅动词有此现象,形容词也有类似现象,试比较:
 (i) a. it is possible [_S PRO to win](有可能赢。)
  b. *it is likely [_S PRO to win]

[2] 词典是用来处理这类问题的。如 *Oxford Advanced Learner's Dictionary of Current English*(1974)中把动词分成 25 个类型。类型相当于我们所说的子语类。上述 decide 的用法属于其中第 7 类,believe 的用法属于它的第 17 类,词典中每个动词词项下都注明该动词属哪一类型。

至可以取得格的位置,得(1b),也来不及了,因为赋格在基础阶段已经完成。由此可见赋格不是在基础阶段进行的,而是在以后的阶段进行的。

现在假定在转换部分赋格。(1a)中的 John 如果不移位,那么其 S 结构式应是：

(2) *it seems [John to like Mary]

虽然在 S 结构式中句首可以补上 it,结构(2)还是不成立,因为 John 没有格。如果 John 提到主句句首,就可以从主句的 I, 即 seems 中的-s 取得格,至于语迹 t,因为没有语音,不受格鉴别式限制,所以(1b)是合格的句子。可见赋格在转换部分进行,这一假设正确地说明了(1a)中的 John 为什么要强制移位。被动结构的移位出于同样的原因,上文 6.3.1 小节(6a)中 the window 不能从 broken 取得格,必须移到句首主语位置,由 I 赋予主格。所以被动结构的移位也是强制性的。[1]

以上论证了赋格应在转换部分进行,移位转换是为了取得格。由此还可以推论出：

(3) 名词词组语迹没有格。

现在来检验一下这条推论是否符合语言事实。假如名词词组的语迹都没有格,那么只有无格的名词词组可以移位,有格的名词词组都不可以移位。试比较：

(4) a. __ was criticized John (约翰被批评了。)

　　 b. John was criticized t

(5) a. we criticized John (我们批评了约翰。)

　　 b. *John criticized t

(4a)是被动结构,过去分词 criticized 不能赋格,John 没有格,所以可以移至句首主语位置,得(4b);(5a)是主动结构,动词 criticize 能赋格,John 有格,所以不可以移至句首主语位置得(5b)。[2] 再比较以下

---

[1] 早期的转换语法把被动化规则看作随意性转换,因为按当时的分析,主动句和被动句的深层结构相同。按后来的分析,两者并不相同。

[2] John 不能与 D 结构中的主语 we 挤在同一个位置上。也不能删去 we,否则要违反还原原则。

例子：

(6) a. ___ is likely [John to leave]（可能约翰会离开。）

　　b. John is likely [t to leave]

(7) a. ___ is necessary [for John to leave]（需要约翰离开。）

　　b. *John is necessary [for t to leave]

(6a)情况与(1a)相似，John 既不能从 to 取得格也不能从主句取得格，所以没有格，必须移走，得(6b)。这种移位称为主语的提升(Raising)。(7a)中 John 可以从 for 取得格，因此虽然主句主语位置空着，也不能移入，否则(7b)中的语迹有格，会违反(3)。这些例子证明了(3)这一推论是符合语言事实的。

到此为止，所说的移位都是把一个名词词组移到主语位置，在(1)、(4)、(6)中移位的出发点都是 A 位置，而且是 θ 位置，而移位的终点都不是 θ 位置，虽然是 A 位置(参阅 6.2.3 节)。这种从一个 A 位置移到另一个 A 位置的移位称为名词词组移位，通常称为 NP 移位(NP-Movement)，留下的语迹为名词词组语迹，通常称为 NP 语迹(NP-trace)。此外还有另一类移位：从 A 位置移至非 A 位置，主要是移进标句词 C 的位置，如：

(8) a. [$_S$ he said what]（他说了些什么？）

　　b. [$_{S'}$ what [$_S$ did he say t]]?

(8a)是 D 结构式，(8b)是 S 结构式。(8a)中疑问词 what 是 say 的宾语，处于 A 位置，(8b)中 what 已移出句子 S 范围，但是还在 S′范围内 C 位置上(参阅 5.2.3.1 小节树形图(5))。C 位置是非 A 位置(参阅 6.2.3 小节树形图(2))。这种移位为疑问词移位，通常称为 wh 移位(wh-Movement)，留下的语迹为疑问词语迹，通常称为 wh 语迹(wh-trace)。请注意：凡是从 A 位置移至 C 位置的移位都称为疑问词移位，即使移过来的并不是疑问词，如：

(9) a. [$_S$ he said these words]（他说了这些话。）

　　b. [$_{S'}$ these words [$_S$ he said t]]（这些话，他说了。）

(9b)是个话题句，构成主题句时把要作为话题的词语提到句首 C 位置。移过来的 these words 并非疑问词，留下的语迹也称为疑问词语迹，尽管它其实是个名词词组的语迹。[1] Chomsky(1977b)把它也归入疑问词移位。这样归类可以把移位概括成 NP 移位与 wh 移位两大类。这两大类移位有一系列系统性的差别,格的差别就是其中一个方面。

明显的区别是 NP 语迹没有格,而 wh 语迹有格。(8b)和(9b)中的 wh 语迹 t 是动词 say 的补语,从动词取得格。而移走了的 what 和 these words 靠语迹把格传过来,因为它们在标句词位置上无从取得格。因此我们应把(3)扩充为:

(10) NP 语迹没有格,wh 语迹有格。

(10)说明的道理其实很简单,试比较:

(11) a. he was criticized t(他被批评了。)
　　 b. whom did he criticize t?(他批评了谁?)

S 结构式(11a)是 NP 移位的结果,NP 语迹 t 没有格,移走的 NP 在新位置上,即主语位置上,取得格,所以用主格 he,不能用宾格 him。而(11b)是 wh 移位的结果。移走的 NP 在新位置,即 C 位置上,得不到格,只能靠 wh 语迹 t 获得格,t 是 criticize 的宾语,所以是宾格,句首的 whom 也跟着 t 用宾格。[2]

不论是 NP 移位,还是 wh 移位,移位的成分只能在一个位置上取得格,或者在 D 结构式位置上,或者在 S 结构式位置上。不能从两处取得格而引起矛盾。这样,不妨认为格是赋予语链的。每个名词词组都在语链的某一位置上取得格,才能起 θ 角色的作用,这就是 6.3.1 小节最后所说的可见性条件。

6.3.4　所有格

所有格(possessive case)这一问题到 20 世纪 80 年代中期才有了比较深入的研究。Chomsky(1986a)强调区分属性格(inherent Case)和结构格(structural Case)两个概念。属性格在 D 结构层面赋予,结构格

---

[1] 以下我们一般都用简称,采用 NP 移位、NP 语迹、wh 移位、wh 语迹这些称呼,不再把 NP 和 wh 译出来。

[2] 英语这方面是不大典型的,(11b)中 whom 有时也可改用 who。德语比较典型,相当于(11b)的德语句子是:

(i) Wen kritisierte er?

疑问词 wen 是第四格,不可改用第一格 wer。

在S结构层面赋予。名词、形容词、介词等单词语类,都在D结构层面把属性格赋予与它有关的、充当θ角色的名词词组。动词能在S结构层面把结构格赋予宾语,I在S结构层面把结构格赋予主语。

现在来说明所有格是怎么得来的,以下列名词词组为例:

(1) [destruction [the city]]

在D结构式(1)中,名词destruction'毁灭'把属性格赋予名词词组the city'这座城市'。到了S结构式(2)中,可以通过两种方式来体现格。一种是通过移位,把the city移至destruction之前,并插入所有格词尾's,称为POSS插入(POSS-Insertion)。POSS代表possessive'所有'。另一种方式是插入介词of,称为of插入(of-Insertion)。两种方式分别在S结构式(2a)和(2b)中把所有格体现出来。[1]

(2) a. the city's destruction (这座城市的毁灭)
    b. destruction of the city

格理论和生成语法中其他理论一样是为了说明说话者的语感。语法学研究要提出假设来说明列举的句子为什么对,为什么错。提出的科学假设如果是正确的,不仅能解释以上这些句子,也能够解释无数同类结构的句子,而且还能够解释无数其他结构类型的句子。格理论之类假设无非就是想说出个道理来。这套格理论是否太复杂? 其实这里讲的道理并不复杂,主要是假设了:有[−N][+TENSE]特征的中心语能起赋格作用;有语音没有格的NP不成立。其余的定理,如NP语迹无格,wh语迹有格之类,都是推导出来的。Chomsky认为人们都是靠几条原则联系事实运用推论掌握语法的。

6.4 管辖理论

上一章讨论的主要是以下几种语类能不能把格赋予与其相关的名词词组:

(1) a. V   b. N

---

[1] 请注意,体现(realization)和赋予(assignment)是不同的概念。在D结构中赋予的格,可以在S结构中体现出来。

  c. P   d. A
  e. I [+TENSE]   f. I [-TENSE]

结果是(1a)、(1c)、(1e)能,(1b)、(1d)、(1f)不能。为了进一步探讨,我们还需要确立一个更为概括的概念,需要确定一个术语用来统指 V、N、P、A、I 与有关成分之间的关系,这就是管辖(government)[1]。V、N、P、A、I 等为主管成分或称主管语(governor),受其管辖的成分为受管成分或称受管语(governed term 或 governee)。研究这些问题的理论称管辖理论(Government Theory)。

6.4.1 管辖

  显然并非任何成分都可以作主管成分,也并非任何成分都可以作受管成分。管辖理论首先要从结构的角度来研究:

(1) a. 选择主管成分的条件
  b. 受管成分的条件
  c. 管辖关系的结构条件

作为主管成分必须符合一个条件:该成分必须是 X′ 结构中的最低层,即指数为零的 X^0。我们来重温一下 X 结构。X 结构有两种写法:一种是用数字为指数,以 X^0, X^1, X^2, $\cdots$, X^{n-1}, X^n 表示层次高低;另一种是用附加符号的办法 X, X′, X″, X‴, $\cdots$,最高层用 XP 封顶。以下是用两种不同表示法画的树形图:

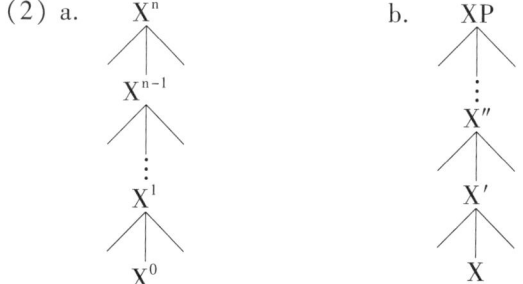

作为主管成分的语类用(2a)办法表示是 V^0, N^0, A^0, P^0,不能是 V^1,

---

[1] 传统语法中"支配"也用 government 一词。为了避免混淆,我们拟把生成语法普遍理论中广义的 government 译作"管辖",把传统语法中狭义的 government 译作"支配",以示区别。

$N^1, A^1, P^1, \cdots, V^n, N^n, A^n, P^n$。用(2b)办法表示则是 V, N, A, P, 不能是 V′, N′, A′, P′, $\cdots$, VP, NP, AP, PP。也就是说主管成分应是单词语类,不是词组语类。除了单词语类以外,I 也能充当主管成分。我们可以把有[+TENSE]特征的 I 看成是整个句子的中心语,其结构是(3a),或写作(3b):

(3)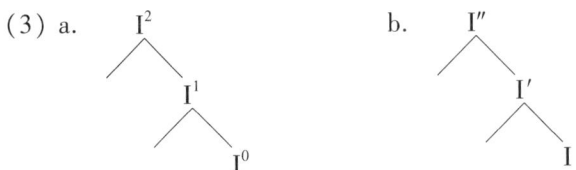

句子最高层 I^2,即 I″,是超句 S′;下一层 I^1,即 I′,是句子 S;低层 I^0,即(3b)中的 I,是 X′结构中最低层,因此符合作主管成分的条件。当我们说 I 当主管成分时,指的都是有[+TENSE]特征的 I,有[−TENSE]特征的 I 不是句子中心,不能作为主管成分。

作受管成分的条件正相反,它只能是词组语类 VP、NP、AP、PP 或句子 S,而不能是单词语类 V、N、A、P 或 I。下面举几个例子。

(4)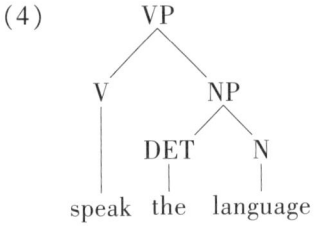

动词词组 speak the language '讲这种语言' 中,V 符合主管成分的条件,NP 符合作受管成分的条件,V 管辖 NP。

(5)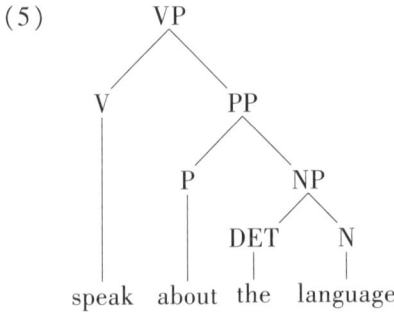

动词词组 speak about the language '讲到这种语言'中，V 符合作主管成分的条件，PP 符合作受管成分的条件，V 管辖 PP。在介词词组 about the language '关于这种语言'中，P 符合作主管成分的条件，NP 符合作受管成分的条件，P 管辖 NP。

结构条件有两条。一条是主管成分必须统制受管成分。(4)中 V 统制 NP，但不统制 VP；N 既不统制 VP，也不统制 NP，因为按 5.5.1 小节所说，任何节点不能统制其上级节点。同样，(5)中 N 不能统制 NP、PP、VP，P 不能统制 PP、VP；V 不能统制 VP。因此这些成分之间不存在管辖关系。唯一不能用统制来说明的是(5)中 V 为什么不管辖 NP，因为 V 能统制 NP。主管成分与受管成分之间除了统制之外，还有一个结构条件：两者不能为一个最大投射隔开。5.1 节说过，所谓最大投射指 VP、NP、AP、PP 等 X 结构。(5)中 V 和 NP 之间为最大投射 PP 所隔开，NP 从属于 PP，而 V 不从属于 PP。在这种情况下 V 不能管辖 NP。这里我们不妨再引入一个概念，就能把问题说得更加简单明了。请看以下树形图：

(6)
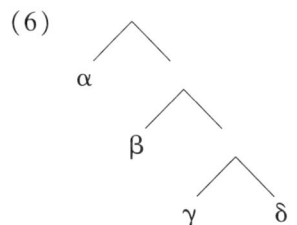

图(6)中，α、β、γ 都统制 δ，在这几个统制成分中 γ 层次最低，β 比 γ 高，α 比 β 更高。我们把 γ 对 δ 的统制称为最低限统制(minimal c-command)。这样就很清楚了，管辖就是统制中的最低限统制，主管成分就是最低限统制成分。(6)中 γ 管辖 δ。

对(1)提出的三个条件作了以上说明之后，我们可以给管辖下一个比较精确的定义了。α 管辖 γ 的条件是：

(7) 在 [$_\beta$···γ···α···γ···] 中

    a. α = X^0，

    b. φ 是最大投射，当 γ 从属于 φ，则 α 从属于 φ，

    c. α 统制 γ。

这是生成语法中对概念所下的典型的形式化定义。需要作些解释。其实(7)表达的无非就是上文所说的管辖条件。我们仍用(5)的结构为例说明。α 代表 P,β 代表 PP,γ 代表 NP。$[_\beta\cdots\gamma\cdots\alpha\cdots\gamma\cdots]$中,γ 出现在 α 的左右两侧说明受管成分可以在主管成分任何一侧,即与线性次序无关,只与层次有关。(a) $\alpha = X^0$,表示主管成分一定是 X 结构低层,如 P。(c) α 统制 γ,指 P 统制 NP。(b) 就是最低限统制条件。φ 这里也指 PP。γ 即 NP,从属于 PP。α 即 P,也从属于 PP。如果(a)、(b)、(c)三个条件都满足,则 α 管辖 γ。假如有一个条件不满足,那么管辖关系就不能成立。假如 β 代表(5)中的 VP,α 代表 V,γ 代表 NP,那么条件(a)、(c)仍可满足,而条件(b)不能满足,因为中间还有个 φ 代表最大投射 PP,γ(NP)从属于 φ(PP),而 α(V)不从属于 φ。

这样定义是为了不允许在主管成分与受管成分之间插入其他最大投射。也可以换一种方式定义。

(8) 在$[_\beta\cdots\gamma\cdots\alpha\cdots\gamma\cdots]$中

  a. $\alpha = X^0$,

  b. φ 是最大投射,当且仅当 γ 从属于 φ 时,α 从属于 φ。

  c. α 统制 γ。

这里要求主管成分与受管成分处于同一最大投射中。[1]后来 Chomsy(1986b)改用语障(barrier)来定义管辖,主管成分与受管成分之间不受语障所阻隔,管辖才生效。

管辖的概念在普遍语法研究中很有用。管辖是赋格的必要条件,只有主管成分才能把格赋予受管成分。[2]θ 角色也与管辖有关,主管成分可以把 θ 角色赋予处在 A 位置上的受管成分。管辖的概念把普遍语法中许多子系统都联系起来了。

---

[1] 在统制定义中加入"最大投射"后,Chomsky(1986b)称之为 m-统制,以别于 5.5.1 小节和第 211 页注[1]定义的 c-统制。m-统制的范围略宽于 c-统制,包括位于标志语(Spec)位置上的成分。(8)称为 AS 管辖(AS Government),(7)称为 OB 管辖(OB Government)。AS 代表 Aoun & Sportiche(1983)一文的作者 Joseph Aoun 和 Dominique Sportiche。OB 代表 On Binding'论约束',这是论文 Chomsky(1980)的题目,(7)是在该文基础上下的定义。两者的区别与优缺点此处不能细述。

[2] 但管辖不是赋格的充分条件,能否赋格还要取决于主管成分的句法特征是[+ N]还是[- N]。

6.4.2　严格管辖

管辖的定义表明,句中的补语都受到最低限统制它的单词语类管辖,时态句的主语则受到 I 管辖。A 位置中不受管辖的只有非时态句的主语。正因为如此,在 D 结构式中唯有非时态句的主语位置上可以出现空语类。试比较:

(1) a. *John said PRO
　　b. *John said something about PRO
　　c. *PRO said something about it
　　d. John tried [PRO to say something about it] (约翰试图对这件事说些话。)

(1a)中 PRO 受动词 say 管辖,(1b)中 PRO 受介词 about 管辖,(1c)中 PRO 受 I 管辖,在这些受管位置上不允许出现 PRO。只有在(1d)中 PRO 不受管辖,因为 to 是[-TENSE] I,不能作主管成分,所以(1d)能成立。以上说的是 D 结构式中受管辖位置上不可出现空语类,而在 S 结构式中这些位置上可以出现空语类,不过这种空语类不是 PRO 而是语迹 t:

(2) a. what [did John say t]? (约翰说了什么?)
　　b. what [did John say something about t]? (约翰说了关于什么?)
　　c. who [t said something about it]? (谁对这件事说了些话?)
　　d. *who [did John try [t to say something about it]]? (约翰设法让谁对这件事说了些话?)

把(1)与(2)作系统的比较,可以看出:(1a)—(1c)说明在受管辖的位置上不可出现空代词 PRO,(1d)说明在不受管辖的位置上可以出现空代词 PRO;(2a)—(2c)说明在受管辖的位置上可以出现语迹 t,(2d)说明在不受管辖的位置上不能出现语迹 t。以上例子中的语迹都是 wh 语迹,NP 语迹也不能出现在不受管辖的位置上,例如不可以说:

(3) *John was decided [$_S$ t to teach English] (决定约翰教英语。)[1]

---

[1] 这句直译是"约翰被决定教英语"。汉语在这种情况下不大用"被"字句,但是这句话并不像相应的英语句子那样不能接受,至少不是出于同样的原因。

于是我们可以从是否受管辖的角度给空语类进行分类：

（4）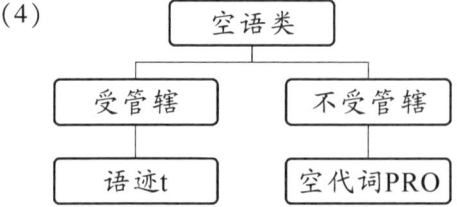

然而，事实上英语中语迹和空代词的分布并非绝对互补，例如可以说：

（5）John was believed [$_s$ t to have taught English]（人们相信约翰教过英语。）

（3）和（5）的差别就是6.3.2小节中（8a）和（8b）的差别。（3）中decide后面的从句是S′，而（5）中believe后面的从句是S，因为经过了S′删略。经过S′删略不仅wh语迹可能出现在非时态句的主语位置上，NP语迹也可以出现在这一位置上，如：

（6）John seemed [$_s$ t to have taught English][1]（约翰看起来曾教过英语。）

但是总的说来，（5）和（6）都是英语中有标记的特殊现象，而（3）代表无标记的正常现象。（4）中的结论仍然有概括意义。

受管辖的位置才可以出现语迹，这就是说只有受管成分才能够移位。以下例子说明处于受管辖位置上的成分并非都可移位。[2]

（7）a. John thinks that Mary saw Bill.（约翰以为玛丽看见了比尔。）

b. who does John think that Mary saw t?（约翰以为玛丽看见了谁？）

c. *who does John think that t saw Mary?（约翰以为谁看见了玛丽？）

（7a）是陈述句，与它相应的疑问句是（7b）和（7c）。（7b）把从句中的

---

[1] seem是个不及物动词，虽然删去了S′后它可以管辖后面的t，但是仍不能赋予格。

[2] 这里我们从结构位置的角度说明，受管并非移位的充分条件，此外也可以从词汇角度指出，受管并非充分条件。假如把（7）中主句动词think改为stammer，那么从句中的疑问词who就移不出去了。

宾语移至句首,语迹 t 受动词 see 管辖;(7c)把从句中的主语移至句首,语迹 t 受 I 管辖。可是只有(7b)成立,(7c)不成立。这是主-宾语不对称现象(subject-object asymmetry)。我们在管辖理论中增加一个概念,用来处理主语与宾语之间的不平衡,这个概念叫做严格管辖(proper government)。假设:

(8) 当且仅当 α 管辖 β,而 α≠I 时,α 严格管辖 β。

(8)的意思是,当主管成分 α 是 V、N、A、P 等单词语类时,α 不仅管辖受管成分 β,而且严格管辖 β;当主管成分 α 是 I 时,α 虽然管辖 β,但并不严格管辖 β。有了严格管辖概念,我们可以假设以下原则:

(9) [$_α$ e]必须受到严格管辖。

(9)称为空语类原则(Empty Category Principle,简称 ECP)。(9)中 e 代表空语类,主要是指空的名词词组,不过也可以扩大到副词之类,所以用[$_α$ e],不限于[$_{NP}$ e]。要注意这里的空语类只指语迹,并不包括 PRO。

空语类原则是 20 世纪 80 年代生成语法重点研究的课题。先举一组例子,试比较:

(10) a. ? this book, I wonder how well John understands t (这本书,我想知道约翰懂得多少。)

b. *John, I wonder how well t understands this book (约翰,我想知道这本书懂得多少。)

(11) a. ? these men, I wonder how well John knows t (这些人,我想知道约翰了解到什么程度。)

b. *John, I wonder how well t knows these men (约翰,我想知道对这些人了解到什么程度。)

这些英语句子都不大顺口,[1]但是好坏程度有明显的区别,(a)句都显然比相应的(b)句好些。原因在于(a)句中的语迹都处于宾语位置受到动词的严格管辖,不违反空语类原则;而(b)句的语迹都处于主语位置,

---

[1] 之所以不顺口,还有其他原因。(10)和(11)都是话题句,英语话题句用得有限。汉语话题句用得很广泛,所以与这些英语句子相对的汉语句子都很通顺。

虽然受到I管辖,但这种管辖不是严格管辖,因此违反了空语类原则。

严格管辖是否普遍适用于一切语言?与(10)、(11)相应的汉语句子并不显示出主-宾语不对称。[1]现在举一个法语例子看看怎样用空语类原则推测语言现象。

(12) a. Jean n'a pas trouvé beaucoup de livres.(约翰没有找到许多书。)

b. Jean n'a pas trouvé de livres.(约翰没有找到书。)

两句相比较,(12a)只多了一个体词性的量词 beaucoup,而(12b)中相应的位置上是一个类似语迹的空语类。如果用e来代表这个空语类,(12b)的S结构应是:

(13) Jean n'a pas trouvé [e de livres]

这里[e de livres]处于宾语位置,e受到 trouvé 严格管辖,符合空语类原则,所以句子能够成立。根据空语类原则如果把[e de livres]放到主语位置上句子就会不合语法:

(14) *[e de livres] n'ont pas été trouvés par Jean(书没有被约翰找到。)

因为这里的e受不到严格管辖,这是由于违反空语类原则引起的。主-宾语不对称现象还表现在:

(15) a. Jean ne voudrait pas que tu boives [e de bière](约翰不喜欢你喝啤酒。)

b. *Jean ne voudrait pas que [e de bière] lui coule dessus(约翰不喜欢啤酒溅在他身上。)

(15a)中[e de bière]作宾语,(15b)中[e de bière]作主语。空语类原则可以预料(15a)成立,(15b)不成立。法国人的语感证实了空语类原则。

动词补语与介词补语之间也有不对称。下面一个例子中的含有空语类的[e de chaises]不能出现在介词 sur 之后:

---

[1] 有人假设汉语中的I是"看了""看过""在看"中的"了""过""在"等,但这些都是独立的词,而不像英语中的I那样只是词尾形态变化,所以汉语的I和动词、名词、形容词、介词地位相当,也能严格管辖其受管成分。既然汉语主语也能受严格管辖,主语与宾语之间的不对称就不表现出来了。

(16) *Marie ne s'est pas assise sur [e de chaises]（玛丽不坐在椅子上。）

法语的介词是不能与补语分离的,例如:

(17) *qui a-t-elle voté pour?（她选谁？）

与(17)相应的英语句子是能成立的:

(18) Who has she voted for?

van Riemsdijk(1978)比较研究了许多语言,发现法语、德语以及绝大多数斯拉夫语都没有介词分离(preposition stranding)现象,允许介词分离的只有英语和一些斯堪的纳维亚语。因此不妨认为在一般情况下介词也不是严格主管成分。[1]

6.4.3　先行语管辖

上一小节中,我们把管辖的概念的某一方面收紧,确立了严格管辖与非严格管辖的区别,以便说明为什么上一小节的(7b)成立而(7c)不成立。我们把(7b)和(7c)重复如下:

(1) a. who does John think that Mary saw t?（约翰以为玛丽看见了谁？）

　　b. *who does John think that t saw Mary?（约翰以为谁看见了玛丽？）

以下我们将察看另一些语言事实,为了说明这些事实需要把管辖概念的另一方面放宽。

假如我们把(1a)中的标句词 that 省略,构成(2a),丝毫不影响句子的正确性。可是与(1b)相对的(2b),却也是个正确的句子:

(2) a. who does John think Mary saw t?

　　b. who does John think t saw Mary?

把无标句词的(2a)、(2b)与有标句词的(1a)、(1b)对照一下可以看出,(1a)和(2a)情况相同,语迹 t 都受动词 see 的严格管辖,都符合空语类原则;(1b)和(2b)情况相同,语迹 t 都受 I 的非严格管辖,都违反

---

[1] 可见不仅管辖不等于传统的"支配"概念,严格管辖也不等于"支配",这也是我们决定不把 government 译作"支配"的原因。

空语类原则。按管辖理论,(2b)理应不合语法。可见管辖理论还应进一步修改、充实。修改的方向应是把管辖的概念放宽些,以便把(2b)中的语迹纳入受严格管辖的成分之列。

我们先来研究一下(2b)的移位过程:

(3) a. [$_{S'}$[$_S$ John thinks [$_{S'}$[$_S$ who saw Mary]]]]

b. [$_{S'}$[$_S$ does John think [$_{S'}$ who$_i$[$_S$ t$_i$ saw Mary]]]]?

c. [$_{S'}$ who$_i$[$_S$ does John think [$_{S'}$ t$_i$[$_S$ t$_i$ saw Mary]]]]?

(3a)是 D 结构式,在 D 结构式基础上作 wh 移位。移位时把 wh 词语移入标句词 C 的位置,在原来位置上留下语迹 t,语迹与先行语 who 用相同的下标 i,得(3b)。[1] 然后再作 C 到 C 移位,从内层 C 位置移入外层 C 位置。在内层 C 位置上再留下一个同标的语迹,得 S 结构式(3c),即是(2b)。我们假设先行语可以严格管辖语迹,即先行语 α$_i$ 严格管辖与它同下标的语迹 t$_i$。(3b)中 t$_i$ 受内层 C 中的 who$_i$ 严格管辖,(3c)中右侧的 t$_i$ 受内层 C 左侧 t$_i$ 的严格管辖,进一步受外层 C 中的 who$_i$ 严格管辖。假定如此,我们应在管辖定义中增加一句话。α 管辖 γ 的条件是:

(4) 在 [$_β$···γ···α···γ···] 中

a. α = X^0 或与 γ 同标,

b. φ 是最大投射,当 γ 从属于 φ,则 α 从属于 φ,

c. α 统制 γ。

(4)与 6.4.1 节的定义(7)的不同仅在于第一款(a)。严格管辖定义不变,只把 I 管辖定为非严格管辖,先行语管辖属严格管辖。

那么先行语管辖为什么不适用于有 that 的结构(1b)呢?因为 C 位置上已经先有了 that,先行语进去后,C 中既有语迹,又有 that:

(5) [$_{S'}$ who$_i$[$_S$ does John think [$_{S'}$ t$_i$ that [$_S$ t$_i$ saw Mary]]]]?

(2b)与(1b)的区别在于内层 C 位置,我们用树形图画出来:

---

[1] 把 John thinks 改成 does John think 的问题与本题无关,此处不予考虑。

(6a)中 t_i 独占 C,不妨将 C 也标上 i;(6b)中 t_i 不独占 C,C 不能标上 i,图中我们标了星号 *。在(6a)情况下先行语可以管辖语迹,在(6b)情况下先行语不能管辖语迹。这样一来就能解释为什么(1a)、(2a)、(2b)都合格,(1b)不合格。

Kayne(1981)试图把单词管辖与先行管辖统一起来。他首先指出单词管辖并不一定能代替先行语管辖。比较下列句子:

(7) a. Jean n'a pas trouvé [e de livres] (约翰没找到书。)
   b. *a-t-il trouvé [e de livres]? (他找到书了吗?)

这两个句子中的空语类都受单词 trouvé 管辖,否定句(7a)成立,因为有先行语 pas;疑问句(7b)不成立,因为没有先行语。[1] Kayne 对空语类原则的提法是:空语类必须有先行语,由先行语管辖空语类,如果先行语本身不管辖空语类,那么至少也要通过其主管成分相关联。怎么关联法? 通过以下结构图说明:

(8)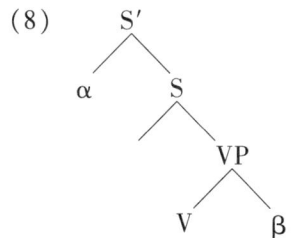

图(8)中 β 是空语类,α 是先行语,根据管辖的定义,V 管辖 β,α 不能管辖 β,α 与 β 之间的联系是通过 S′,S,VP,V 一级级传递下来的。这一级级都是 V 的投射,[2] 传递只能在 V 的投射范围内进行,不能传到投射之外去。不过这样至多能把 α 与动词 V 的补语

---

[1] 与(7b)相应的英语句子(i)能成立,因为英语中可以用数量词 any,不用空语类:
   (i) Has he found any books?
[2] Kayne 不仅把 VP 看作 V 的投射,把 S 也看作 V 的投射。

β 联系起来,还不能把 α 与介词 P 的补语联系起来。这对于法语之类语言来说已经够了,但是对于英语之类语言还不够(参见 6.4.2 小节(17)与(18))。在英语中不仅要传到 V,还要传到 P 才能把(9)中的 α 与 β 联系起来,否则不能说明为什么有些句子中介词与补语分离也能合格。

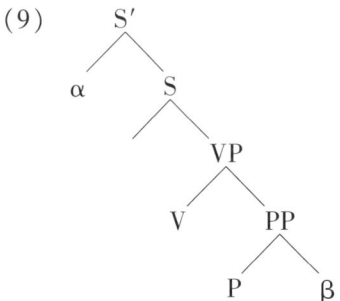

(9)中 β 受 P 管辖,P 的最大投射是 PP,VP、S 等都不是 P 的投射。因此需要一个比投射更广的概念——传递投射(percolation projection)。图中 S 等虽不是 P 的投射,却是 P 的传递投射。Kayne 把空语类原则 ECP 表述为:

(10) 空语类 β 必须有先行语 α
    a. α 管辖 β;或
    b. α 统制 β,并有 1 个单词语类 X,X 管辖 β,而 α 包含在 X 的某一传递投射之中。

比较通俗地说,α 到 β 的联系只能沿 S′—S—VP 路线从 C 一路传到动词宾语(在英语中可传到某些介词宾语),但不能沿 NP 传下去,也传不到主语。

Kayne 起初把传递模拟为自上而下的过程,Kayne(1983)把它改成自下而上的过程。把 V、P 等称为结构主管成分(structural governor),再引入 g 投射(g-projection)的概念,不仅可以把 V 与 PP 接通,还可以把 V 与 NP 接通。这些假设构成通路(connectedness)理论,可说明为什么(11a)比(11b)好些:

(11) a. ? the paper that we should destroy before someone steals a
       copy of e (有人偷走一本之前我们就该销毁的那份文件。)

b. * the paper that we should destroy before a copy of e get stolen（被偷走一本之前我们就该销毁的那份文件。）

后来严格管辖理论又有发展，见 Lasnik & Saito（1984）、Chomsky（1986b）。

最后，再提请读者注意一点，作为管辖理论的结束语。我们必须牢记生成语法是研究形式不考虑内容的语法。生成语法学家假设了一套管辖理论来说明为什么有的句子正确，有的不正确。而是非标准完全根据结构图形线路判断，不必参考语义，更不必管句子环境。他们力求做到精密，做到形式化。如果忘了生成语法这一总方针便会难以理解。难怪总有人说传统语法好，生成语言概念新奇不好懂。传统语法是好懂，但这是以牺牲精确性为代价的。在自然科学家看来，放弃了精确性也就是放弃了科学性。

6.5 约束理论

有关逻辑中约束的概念本书已经在 4.2.5 小节介绍过，这一节说的是 20 世纪 80 年代盛行的约束理论（Binding Theory）。

6.5.1 管辖语域

这一节要研究的是在一定的句法范围内名词词组本身之间的指称关系，并用普遍语法的原则来重新解释。先看以下句子：

(1) a. John wants [Mary to criticize herself]（约翰要玛丽批评她自己。）

b. * John wants [Mary to criticize himself]（约翰要玛丽批评他自己。）

(2) a. John doesn't wish [himself to be criticized by Mary]（约翰不希望他自己被玛丽批评。）

b. * John doesn't wish [himself is criticized by Mary]（约翰不希望他自己被玛丽批评。）

(1a)和(1b)中宾语 herself 和 himself 只能以内层句子的主语 Mary 为先行语。阴性 herself 可以指 Mary，所以(1a)成立；阳性 himself 不可以指 Mary，所以(1b)不成立。如果以外层句子中的成分为先行语就违反明确的主语条件。(2a)内层为非时态句,主语 himself 可以外层成分为先行语;(2b)内层为时态句,以外层的成分为先行语违反时态句条件或主格禁区条件。名词词组之间的互指关系必须限制在一定的区域范围之内。以下例子中的区域不是 S 而是 NP:

(3) a. John likes [Mary's portraits of herself] (约翰喜欢玛丽给她自己画的肖像。)

b. *John likes [Mary's portraits of himself] (约翰喜欢玛丽给他自己画的肖像。)

假如我们把互指作用区域定义为最内层的 S 或 NP,那还不完善,因为(2a)中 himself 指外层中的成分。如果引入管辖的概念就可以下比较恰当的定义了,这样定义的区域称为管辖语域(governing category)。

(4) 当,且仅当,α = NP 或 S,α 包含 β 及 β 的主管成分的最小语类时,α 为 β 的管辖语域。

现在回过来看以上几个例句。(1)中,β 是 herself,β 的主管成分是动词 criticize,包含 criticize 和 herself 的最小 S 是内层 S。所谓 α 是 β 的管辖语域,就是说 β 的先行语一定要在 α 范围内。(1a)中 herself 的先行语 Mary 在 α 之内,所以该句成立;(1b)中 β 是 himself,而其先行语 John 不在 α 之内,所以该句不成立。(2a)中 β 是 himself,内层的 I 没有时态,不能充当主管成分,只能由外层的 wish 管辖 himself,因此内层 S 不包含 β 及其主管成分,外层 S 才包含主管成分,所以 α 是外层 S。himself 的先行语 John 在 α 范围内,所以句子合格。而(2b)中内层的 I 有时态,可以充当主语 himself 的主管成分,因此 α 是内层 S,而 himself 的先行语不在 α 范围内,所以该句不合格。

再看(3),β 是 herself,β 的主管成分是名词 portraits,包含 portraits 和 herself 的管辖语域 α 是加括弧的 NP。(3a)中 herself 的先行语 Mary 在 α 范围内,句子成立。而(3b)中 himself 的先行语 John 不在 α 范围内,句子不成立。

管辖语域的定义(4)能说明(1)、(2)、(3)中为什么(a)句都合格,(b)句都不合格。读者注意一下这些例句的汉语译文,就会发现汉语句子与相应的英语句子完全一样,一般人也都感到(a)句合格,(b)句不合格。然而用更多的语言事实来验证就会发现有些问题还不能用(4)得到说明:

    (5) John likes [portraits of himself] (约翰喜欢画着自己的肖像。)

要使(5)中 himself 的管辖语域由名词词组 NP 扩大为全句 S,修改的办法是在(4)中增加一个条件:

    (6) 管辖语域中应包括 β 可及的主语(accessible subject)。

所谓可及性(accessibility)是指统制 β,而且与 β 有相同下标。(3b)中可及主语是 Mary,而(5)中唯一可及的主语是 NP 之外、S 之内的 John,因此(5)中 himself 的管辖语域不是 NP 而是 S。

这样会产生问题:(2b)中 himself 在内层没有可及主语,其管辖语域应是外层句子。必须把定义再修改一下,使(2b)中的管辖语域仍限在内层 S。修改的办法是把时态句中的 AGR 也看作"主语",与句子的主语同标。我们画个树形图表明:

(7)

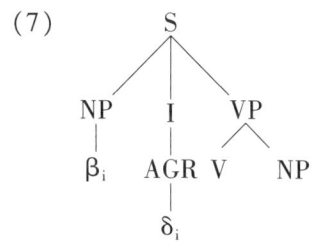

(7)中 S 直属的 NP 和 AGR[1]都称为 SUBJECT[2]。(6)中"可及主语"便是指这种广义的 SUBJECT。(2b)中可及主语是内层 AGR。

一个句子中居然可能有两个"主语",有的读者也许会感到奇怪,还有人会认为这是为了说明事实牵强附会。传统语法中主语是以语义为基础定义的,人们往往把主语与动作的施事等同起来。这种意义上的主语在 Chomsky 的转换-生成语法中是没有地位的。转换-生成语法

---

[1] AGR 是一种语法成分,所起的作用是体现主语与动词的一致性,不难想象它应该与主语指同一对象。参阅 6.3.2 节有关的论述。

[2] 汉字没有大小写之别,我们只好不译出来,直接写成 SUBJECT。

体系中的句法主语是纯粹的结构概念,是通过语类的层次结构定义的。两个SUBJECT的处理办法有一个明显的优越性,能够把明确的主语条件(SSC)和主格禁区条件(NIC)概括在一起。现在我们很容易理解为什么有些句法区域是封闭区,封闭区中的成分不能与外界发生关系。封闭区是由SUBJECT造成的。不论是直属于S的NP,还是AGR,都会造成封闭区,前者引起SSC,后者引起NIC。

再用更多的语言事实来检验还会发现问题,且看以下句子:

(8) [$_S$ John expects [$_S$ [$_{NP}$ portraits of himself] will be on sale]](约翰指望画着他自己的肖像出售。)

这个句子中himself的管辖语域是什么?假如管辖语域是内层S,himself在这一区域内并无先行语,(8)应该不成立。然而这个句子可以成立,himself可以把外层S中的John作为先行语。为了说明这一事实,应该把管辖语域的定义再修改一下,增加以下一个条件:

(9) *[$_{\gamma_i}$ ··· β_i ···]

(9)表明β不可以与包含它的语类同标。我们把(8)的内层S用树形图画出来以便说明:

(10)

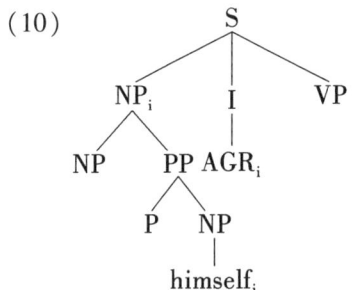

如果AGR是himself的SUBJECT,两者下标相同。而AGR与作主语的NP同标,因此该NP与从属它的himself同标,这就违反(9)的规定。这个句子中,AGR不能作为himself的SUBJECT,内层S不能成为himself的管辖语域,外层S才是himself的管辖语域。把(4)、(6)、(9)综合起来,得到完整的管辖语域定义及附带条件:

(11) a. 当,且仅当,α是包含β、β的主管成分及β的可及

SUBJECT 的最小语类时，α 为 β 的管辖语域；

b. AGR 与受它管辖的 NP 同标；

c. *[$_\gamma$ ⋯β$_i$⋯]

管辖语域是 NP 或 S。研究许多语法问题，都会涉及 NP 和 S 的独特性，Chomsky（1986a：169）又提出完整的功能复合体（complete functional complex，简称 CFC）的概念。中心语、补语、主语可以俱全，一切语法功能均可以体现的结构体为完整的功能复合体。S 符合条件，NP 也可能符合条件。[1] 上述（11）中的管辖语域 β 即是包含词语 α 的、最小的完整的功能复合体。有的著作中还把管辖语域称为局部语域（local domain）或约束语域（binding domain）。约束关系要靠管辖语域来定义，所以在研究约束理论之前先要说明语域的概念。

6.5.2 约束原则

这一小节中我们将比较全面地讨论各类名词词组共指关系的原则。

6.5.2.1 照应语的约束

管辖语域的作用当然不限于说明反身代词。把反身代词换成相互代词（reciprocal）[2]，我们将发现相互代词的先行语也一定要限制在管辖语域之内。

(1) a. we$_i$ want [them$_j$ to criticize each other$_j$]（我们要他们互相批评。）

　　b. * we$_i$ want [them$_j$ to criticize each other$_i$]

(2) a. [we$_i$ wish each other$_i$ to be criticized]（我们互相希望对方受到批评。）

　　b. * [we$_i$ wish each other$_j$ to be criticized]

这些句子中的括弧是 each other 的管辖语域。与 each other 同标的成分是它的先行语。（a）句中先行语都在管辖语域之内，所以都符合语

---

[1] 其他语类不符合条件，例如 VP 不可能是完整的功能复合体，因为 VP 不能有主语，VP 有了主语就成了 S。

[2] 汉语没有相应的相互代词，所以这些句子中 each other 无法用统一的译法，译成"对方"有时会产生歧义，请注意。

法;(b)句中先行语都不在管辖语域之内,所以都不符合语法。

反身代词和相互代词都属于照应语,照应语必须有个与它同标的,而且统制它的成分作为它的先行语。用术语来说是:先行语约束(bind)照应语,照应语受约束(bound)。α与β同标,而α统制β,则α约束β。如果β是照应语,先行语α必须位于照应语β的管辖语域之内,也就是说:

(3) 照应语在管辖语域之内受约束。

这一问题传统语法中没有作过系统的研究。一般传统语法书中只说反身代词的人称、性、数必须与先行语一致。这一条件当然是不充分的,上一小节中(1b)、(2b)都没有违反这一条件,为什么不合格?有人说因为这几句中反身代词与先行语距离太远了,反身代词应该以离它最近的名词词组为先行语。这一说法也是站不住脚的。比较以下两个句子:

(4) a. She never talks to us about herself.(她从未对我们谈起过她自己。)

b. ? She never talks to us about ourselves.(她从未对我们谈起过我们自己。)

(4b)中 ourselves 离 us 近,(4a)中 herself 离 she 远,为什么偏偏(4a)成立(4b)不成立。可见照应语选择先行语不取决于距离远近。she 离开照应词虽远,但是在结构上统制照应词;us 离开照应词虽近,但是不统制照应词。

6.5.2.2 代名词的约束

以上讨论的都是照应语,现在来研究另一类名词词组——代名词(pronominal)。[1] 以下句子中的 him 是代名词:

(1) John$_i$ criticized him$_j$(约翰批评了他。)

这句中的 him 可以指任何男人,唯独不能指主语 John,him 和 John 不能同标。用术语说,him 不可以受约束,不受约束即是自由(free)。"约

---

[1] 早期把代名词与先行语的关系也称为照应关系(参阅 4.2.3 小节)。20 世纪 80 年代把"照应"用于狭义,代名词与先行语的关系不再属于照应关系了。

束"和"自由"都是逻辑用语。代名词在一定情况下也能受约束,例如:

(2) Bill$_j$ said John$_i$ had criticized him$_j$(比尔说约翰批评了他。)

这个句子中 him 受 Bill 约束。其中规律也可以通过管辖语域的概念加以说明。照应语必须在管辖语域内受约束,代名词恰恰相反,不能在管辖语域内受约束,但是可以在管辖语域之外受约束。把以下一组句子分别与 6.5.2.1 小节(1)—(2)对照,就可以看出照应语与代名词在受约束方面的区别。

(3) a. we$_i$ want [John$_j$ to criticize us$_i$](我们要约翰批评我们。)

  b. *we$_i$ want [John$_j$ to criticize him$_j$](我们要约翰批评他。)

(4) a. [we$_i$ wish him$_j$ to be criticized](我们希望他受到批评。)

  b. *[we$_i$ wish us$_i$ to be criticized](我们希望我们受到批评。)

(a)句中的代名词在加括弧的管辖语域中都自由,因此合格。而(b)句中的代名词在管辖语域中受约束,因此不合格。我们读一下这组句子的汉语译文会发现汉语代名词与英语代名词遵循相同的规律。(b)组汉语句子中的代名词也应该为相应的照应语"我们自己""他自己"等等才通顺。根据以上事实我们得出结论:

(5) 代名词在管辖语域中是自由的。

6.5.2.3 指称语的约束

以上讨论的是照应语和代名词的不同。这两类名词词组在语义所指关系方面的共同点是:它们都可以以其他词语为中介,间接指某人、某物、某事,因此在句子中可能受到中介词语的约束。除此以外还有另一类名词词组,它们直接起指称作用,例如 John Smith、the US President '美国总统'、the student '这个学生'等等。这类名词词组称为指称语(referential expression),简称 R 词语(R-expression 或 r-expression),相当于德国数学家 Gottlob Frege 所谓的名称(name)(Frege (1952))。指称语既然独立地起直接指称作用,它就不能受其他词语约束。

(1) the man$_i$ criticized the man$_j$(这个人批评了这个人。)

这句中两个 the man 不能指同一个人,只能分指两个人,所以要用不同的下标。用作宾语的 the man 不能受用作主语的 the man 约束。在这一小点上指称语似乎与代名词一致。但是以下例子中,指称语与代名词的不一致之处就表现出来了。

(2) a. John$_i$ said [the man$_j$ criticized him$_i$, $_k$](约翰说这个人批评了他。)

b. John$_i$ said [the man$_j$ criticized the man$_k$](约翰说这个人批评了这个人。)

(2a)中,内层宾语代名词 him 虽然不能受管辖语域中的 the man 约束,却可以受管辖语域之外的外层主语 John 约束。[1]而(2b)中,the man 既不能受管辖语域内的成分约束,也不能受管辖成分以外的 John 约束。换句话说,指称语"彻底自由",与管辖语域无关。(2b)中三个指称语不管换到哪个 A 位置上都必须自由,三者必须指三个不同的人。结论是:

(3) 指称语总是自由的。

综上所述,可以组成三条约束原则(Binding Principles):

(4) a. 约束第一原则(Binding Principle A):照应语在管辖语域内受约束;

b. 约束第二原则(Binding Principle B):代名词在管辖语域内是自由的;

c. 约束第三原则(Binding Principle C):指称语总是自由的。

现在我们换一个角度看问题。约束理论研究词语指称的规律性,研究某个名词词组能指什么,不能指什么。语法中惯用添加下标 i、j、k……的办法来表示指称。

上述三条约束原则说的是在语域 β 中,怎样给词语 α 加指标 I (index),才为语法所容许。这就是所谓的约束理论相容性(BT-compatibility)[2]。

(5) 在下列情况下 I 与(α, β)相容:

a. α 是照应语,标上 I 在语域 β 内受约束;

b. α 是代名词,标上 I 在语域 β 内自由;

---

[1] 当然不是非受 John 约束不可,因为只规定代名词要在管辖语域中自由,并没规定它在其他范围内受约束还是自由,所以给 him 标上 i 和 k 都可以,只要不标上 j 就可以了。

[2] BT 代表 Binding Theory。

c. α 是指称语，标上 I 在语域 β 内自由。

上文所举的例子中照应语的 β 与代名词的 β 正好都相同。(5c)中指称语的 β 不是管辖语域，而是全句。[1]

后来经过多年研究发现，约束现象实际上还要复杂得多。上述初步假设的几条原则不足以处理各种语言中发现的事实。其中之一是长距离约束(long-distance binding)现象，有关综述参阅 Koster & Reuland (1992)的序言及该论文集中的一些文章。关于整体约束问题最详尽的综述是 Büring(2005)。

6.5.3 空语类的约束

以上谈到的都是有形词语的约束，这一小节要谈无形词语，即空语类的约束。假如我们发现空语类和一般词语一样要服从约束原则，就进一步说明了约束理论有概括性。反过来又能说明没有物质内容的空语类在心理上确实存在，空语类与非空语类表现出相同的性质。

6.5.3.1 NP 语迹的约束

相当于照应语的空语类是 NP 语迹，两者有以下共同性质：必须在管辖语域中受约束，必须受明确主语条件和主格禁区条件限制。语迹与先行语之间的关系和照应语与先行语之间的关系是一致的，都是共指关系，用相同的下标，如：

(1) a. John$_i$ was killed t$_i$（约翰被杀了。）

 b. John$_i$ is likely t$_i$ to win（约翰可能赢。）

这两句中的 NP 语迹 t 都在管辖语域中受 John 的约束。以下一组例子表明 NP 语迹与照应语一样要受明确主语条件限制：

(2) a. John$_i$ seems [t$_i$ to like Mary]（约翰看来喜欢玛丽。）

 b. *Mary$_j$ seems [John to like t$_j$]

(3) a. John$_i$ wants [himself$_i$ to like Mary]（约翰要自己喜欢玛丽。）

 b. *Mary$_j$ wants [John to like herself$_j$]

只有从句的主语能与主句的主语共指，从句的宾语不能与主句的主语

---

[1] 指称语的 β 是全句这一提法不十分精确，6.5.3 小节中会说明。

共指，否则就违反明确主语条件。以下一组句子表明 NP 语迹与照应语一样要受主格禁区条件限制：

(4) a. *John$_i$ seems [t$_i$ likes Mary]
　　b. *John$_i$ wants [himself$_i$ likes Mary]

(4a)与(2a)相当，(4b)与(3a)相当，这几句都不违反明确主语条件，但是(4a)和(4b)违反了主格禁区条件，因为这两句中内层 S 都是时态句，因此是管辖语域，照应语和 NP 语迹都不得受外层成分约束。NP 语迹和照应语除了约束关系以外还有一些其他共同处，例如都要受严格管辖，都要服从领属条件，这里就不举例了。

6.5.3.2　wh 语迹的约束

现在来看另一种空语类——wh 语迹：

(1) a. [$_{S'}$ who$_i$[$_S$ t$_i$ wrote the book]]？（谁写了这本书？）
　　b. [$_{S'}$ what$_j$[$_S$ did he write t$_j$]]？（他写了什么？）

这两句中的 wh 语迹在管辖语域 S 范围内都是自由的。把以上(1)中的 wh 语迹与 6.5.3.1 小节(1)中的 NP 语迹比较一下可以看出：NP 语迹的先行语在 A 位置上，而 wh 语迹的先行语却在 A′ 位置上。为了区分两者，现在常把 wh 语迹的先行语改称算符（operator），把管辖语域之外的 wh 成分比作逻辑式中的运算符号。NP 语迹受的约束称为 A 约束（A-binding），也称先行语约束（antecedent binding）；wh 语迹不受 A 约束，或者可以说 wh 语迹受的是另一种约束，称为 A′ 约束（A′-binding），也称算符约束（operator binding）。有时一个词语可以移位多次，既经历 NP 移位，又经历 wh 移位，例如：

(2) [$_{S'}$ who [$_S$ t seemed [$_{S'}$ t′ to have been killed t″]]]？（谁看来被杀了？）

这个 D 结构中，who 在句末 t″ 的位置上，经过三次移位移到句首。第一次从 t″ 位置移到内层 S 主语位置，即 t′ 位置。这是被动结构的 NP 移位，所以 t″ 是 NP 语迹。第二次从内层 S 主语位置提升到外层 S 主语位置，这也是 NP 移位，所以 t′ 也是 NP 语迹。第三次从外层 S 主语位置移到外层 C 位置，这是 wh 移位，所以 t 是 wh 语迹。这三个语迹中 t″ 受 t′ 的 A 约束，t′ 受 t 的 A 约束，t 受 who 的 A′ 约束。最终 t″、t′ 和 t

都要与who连接起来,而who在A′位置,最终形成A′语链。为了处理这类混合情况,可以使用局部约束(local binding)的概念。例如t″受t′局部A约束,t″最终也受who的A′约束,不过这不是局部约束。从约束理论的角度看,wh语迹既然不受A约束就是A自由(A-free),不论它是否受A′约束。

我们已经说明wh语迹是A自由的,如果只是在管辖语域中自由则相当于代名词,如果彻底自由则相当于指称语。且看以下例子:

(3) a. who$_j$ [does he$_i$ think [t$_j$ likes Mary]]?(他认为谁喜欢玛丽?)

    b. *who$_i$ [does he$_i$ think [t$_i$ likes Mary]]?

(3a)中who和he为两个不同的人,这时t$_j$不仅在管辖语域即内层S中自由,在外层S范围内也自由,句子可以成立。(3b)中who和he为同一个人,这时t$_i$虽然在管辖语域内层S中自由,但在外层范围内受he约束,句子不成立。这说明了wh语迹必须彻底自由,它的性质相当于指称语。试比较(3)与(4):

(4) a. he$_i$ thinks [John$_j$ likes Mary](他认为约翰喜欢玛丽。)

    b. *he$_i$ thinks [John$_i$ likes Mary]

(3b)这种情况就是4.2.4小节提到过的跨越现象,语迹t$_i$与who$_i$的联系要跨过he$_i$。跨越也是一种语法限制,(3b)违反跨越限制,(3a)并不违反跨越限制,因为who虽然跨过he$_i$但两者不共指。现在大家把跨越看作检验变项的一条重要标准。wh语迹相当于逻辑中的变项(参阅4.2.5小节),因为wh词语总是位于句首,在句子之外,相当于逻辑量词的位置,所以有算符之称。wh词语A′约束语迹就像量词约束命题中的变项一样。当代生成语法著作中常把wh语迹称为变项。变项是处于A位置上,而为处于A′位置上的成分所约束的空语类。Chomsky(1981a)给变项下的定义是:

(5) α是个变项当,且仅当,

    a. α = [$_{NP}$ e],

    b. α处于A位置,

    c. 有个β局部A约束α。

检验变项的另一条标准是 Koopman & Sportiche(1982)提出的对向原则(Bijection Principle)。一个量词只能 A′约束一个变项,一个变项只能受一个量词的 A′约束。[1]下列句子中 who 与两个 wh 语迹同标,所以不成立:

(6) *who$_i$ [t$_i$ says [John likes t$_i$]]

上述跨越限制和对向原则常用来测试某个空语类是否为变项。变项受 A′约束,而在句中 A 自由,所以相当于指称语。

6.5.3.3 pro 的约束

wh 语迹相当于指称语,NP 语迹相当于照应语,有没有相当于代名词的空语类呢?英语中没有,其他一些语言中有。以下是意大利语的句子:

(1) a. __ parla (他在说。)

b. __ arriva un ragazzo (来了一个男孩。)

(1a)的主语并不出现,但是从动词 parla 的变位可以推测,空位主语相当于英语的 he。(1b)中的主语位置上缺了相当于英语 there 这样的词。这两个句子都是时态句,空位主语在管辖语域中没有先行语约束。那么空主语能不能受管辖语域以外的成分约束呢?以下是西班牙语的例子:

(2) Juan sabe [que __ ha sido visto por Mariá] (胡安知道被玛丽亚看见过。)

(2)内层 S 也是时态句,空主语在管辖语域内不受约束,但是可以受主句中 Juan 的约束,因此这种空语类的性质完全相当于代名词,如果在(2)句的空位上填上代名词 él '他',意思完全一样。这一类空代名词通常称为 pro。请注意这里的 pro 是用小写字母表示的,与本书以前提到过的大写的 PRO 不同。

---

[1] 有一种衍生空位(parasitic gap)可以违反对向原则(参阅 Taraldsen(1981)、Engdahl(1983)),例如:

(i) which articles$_i$ did John file t$_i$ without reading e$_i$? (哪些文章约翰没有读就归档了?)

这种现象也能通过管辖与约束理论得到说明,这里不详述。

还有两点值得一提。一是 pro 只出现在主语位置上,不能出现在宾语位置上:

(3) a. Juan sabe [que Mariá lo ha visto](胡安知道玛丽亚看见过他。)

b. *Juan sabe [que Mariá __ ha visto](胡安知道玛丽亚看见过。)

二是 pro 一般只出现在动词形态变化比较丰富的语言中。这个道理不难想明白。这些语言中,即使不用主语,也能从动词形态中推测出主语的人称、性、数等特征,而英语这类动词形态变化不多的语言中,必须用代词作主语,否则就难以确定主语了。可以省略主语的语言称为 pro 省略语言(pro-drop language)。是否可省主语构成普通语法中一项参数,称为 pro 省略参数(pro-drop parameter)。[1]

本小节讨论了 NP 语迹、wh 语迹即变项和 pro 三种空语类的性质,论证了从约束理论角度看三者分别相当于照应语、指称语和代名词,受三条不同的约束原则限制。

(4)

约束原则	有形语类	空语类
1	照应语	NP 语迹
2	代名词	pro
3	指称语	wh 语迹/变项

各种不同位置上的空语类虽然都"空",却各有不同的性质。Chomsky(1981b)说:

很难相信空语类那些奥妙的特性是以直接证据为基础学会的,事实上并没有有关空语类性质和特点的直接证据。因此,认为

---

[1] 有人认为汉语也属于 pro 省略语言,也有人不同意这种看法,Xu(1986a)认为汉语空语类与印欧语貌合神离。

这些特点反映了心理-大脑的奥妙特点倒是合乎情理的。如果我们的兴趣在于研究人类的心理-大脑特点,而不在于外部环境的现象,那么空语类特别吸引人。

6.6 控制理论

6.6.1 PRO 的性质

上一节末尾列了一张表从约束的角度区分三种名词词组以及相应的三种空语类。我们可以采用特征分析法,用[± ANAPHOR](照应性)和[± PRONOMINAL](代名性)两套特征来进行分类。[± ANAPHOR]表示是否适用约束第一原则,[± PRONOMINAL]表示是否适用约束第二原则,这样应该能分出四类。表(1)列出了四种空语类及三种有形词语:

(1)

特 征	空 语 类	有形语类
[+A, −P]	NP 语迹	照应语
[−A, +P]	pro	代名词
[−A, −P]	wh 语迹/变项	指称语
[+A, +P]	PRO	

有形词语只有三类,因为要同时符合两条约束原则,在管辖语域中既受约束而又自由是不可能的。空语类 PRO 可以有[+A,+P]特征,因为它根本不受管辖。

语迹和 PRO 的区别从表面上看不出来,试比较:

(2) a. John seems [t to be friendly](约翰看起来显得友好。)
　　b. John tries [PRO to be friendly](约翰想显得友好。)

可是与 D 结构式对照一下区别就很明显了。(2a)的 D 结构式是:

(3) __ seems [John to be friendly]

John 在 D 结构式中处于内层句子主语位置上,在 S 结构式中转移到了外层主语位置上,才在原来的地位留下了语迹。而(2b)的 D 结构式和

S结构式是一样的,并没有经过移位,[1]内层主语的空语类在D结构式中就是存在的。

语迹必须有先行语,这一点不难理解,因为一个词语移位之后总还在句内。PRO并不一定有先行语。

(4) a. it is easy [PRO to be friendly] (要友好容易。)

b. *it seems [t to be friendly]

(4a) PRO并没有先行语,泛指任何人;(4b)语迹没有先行语句子不合语法,如果把it改成John作为t的先行语,句子就合乎语法了。

一个语迹只能有一个先行语,不能有几个先行语。这点也不难理解,因为一个词语不能移到两个位置上落脚。[2]而PRO不是移位构成的,因此没有这种限制。

(5) a. John$_i$ proposed to Mary$_j$ [PRO$_{\{i,j\}}$ to be friendly] [3] (约翰向玛丽建议要友好。)

b. John$_i$ seemed to Mary$_j$ [t$_i$ to be friendly] (约翰在玛丽看来是友好的。)

(5a)中的PRO可以兼指John和Mary,即约翰建议玛丽,他们两人都要采取友好态度;而(5b)中的语迹只能指John,不可能兼指两人。

语迹的先行语一定要占显要地位,一定要统制语迹;PRO的先行语并不一定要处于统制地位。

(6) a. it is easy for John$_i$ [PRO$_i$ to be friendly] (对约翰来说要友好容易。)

b. *it seems to John$_i$ [t$_i$ to be friendly]

语迹必须局部约束,PRO的先行语可以对PRO作远距离控制。

(7) a. John$_i$ thinks [$_S$ it is easy [$_S$ PRO$_i$ to be friendly]] (约翰认为要友好容易。)

---

[1] (2b)中的John不可能是从后面移过来的,因为try的主语是个θ位置,在D结构式中不能空缺。(2a)seem的主语不是θ位置,在D结构式中可以空缺。

[2] 可以先移至一个位置,然后再移至另一个位置,如6.5.3.2小节例(2),这样移位会出现几个语迹,但不会出现几个先行语。

[3] {i,j}表示同时指i和j,而i,j不加括弧表示指i或指j。

b. *John$_i$ thinks [$_S$ Mary$_j$ seems [$_S$ t$_i$ to be friendly]]（约翰认为玛丽看起来友好。）

(7a)中虽然 PRO 和 John 之间相隔两个 S 节点，但 PRO 可以指 John，John 对 PRO 的控制不受局部性限制。(7b)中的 NP 语迹必须受 Mary 的局部约束，其先行语只能在管辖语域之内，不能把管辖语域之外的 John 解释为语迹的先行语，这种限制就是局部性条件（locality condition）。

从以上的比较中可以看出，先行语与 PRO 之间的关系其实并不是真正的约束关系。这种关系称为控制（control）关系，PRO 的先行语称为控制语或控制成分（controller），研究控制的理论称为控制理论（Control Theory）。

6.6.2　PRO 的位置

从上文列举的例子中可以看出，PRO 在 D 结构中已经出现在 θ 位置上，根据投射原则，PRO 有独立的 θ 角色。在这方面，PRO 与语迹也有所区别，语迹没有独立的 θ 角色，只能与先行语共同担当一个 θ 角色。以上一小节中(2)为例：(2b)中 John 是 try 的施事，PRO 是 to be friendly 的施事，各起一个 θ 角色；(2a)中 seem 的主语位置不是 θ 位置，John 和 t 共同担当一个 θ 角色，to be friendly 的施事不是一个单一的成分，而是由 John——t 构成的语链。

由此可见，在 θ 理论方面和约束理论方面，PRO 都与语迹不同。PRO 和有形代词不同之处在于，有形的代词一定要处于受管辖的位置，而只有 PRO 才能出现在不受管辖的位置。比较：

(1) a. John told Mary [she should be friendly]（约翰告诉玛丽她应当友好。）

b. John told Mary [PRO to be friendly]

这两句中 she 和 PRO 不能交替使用。(1a)内层从句是个时态句，主语位置受 I 即 should 的管辖。(1b)内层从句是非时态句，主语位置不受管辖。这一位置上不可用有形代词，否则就要违反格鉴别式。可以总结出：凡是没有先行语的空语类，或者先行语有独立 θ 角色的空语类，都属于代名词性的空语类；非代名词性的空语类中，受局部 A 约束者是照应性的空语类,受局部 A′ 约束者是变项。这种分类法称为空语类的功能分类法(functional classification)。

现在我们可以来研究 PRO 出现的位置了。首先来看非时态句的主语。如果非时态句用作主语,那么必然有 PRO:

(2) a. [PRO to understand the book] is easy(理解这部书很容易。)

  b. it is easy [PRO to understand the book]

这种情况下不定式的主语是不受管辖的位置,只能用 PRO,除非用介词 for 来管辖不定式的主语。

(3) [for [him to understand the book]] is easy(他理解这部书很容易。)

非时态句作宾语时,情况比较复杂些,因为会受到主句动词的词汇特点的干扰。在无标记的正常情况下,作宾语的非时态句中也用 PRO:

(4) he tries [PRO to understand the book](他设法理解这部书。)

有些动词用非时态句作宾语时前面也可以加 for:

(5) he wants very much [for [John to understand the book]](他很想要约翰理解这部书。)

(5)中 for 管辖不定式的主语,所以不用 PRO 而用 John。另外有一类动词产生更严重的问题,例如动词 believe:

(6) I believe [him to be able to understand the book](我相信他能理解这部书。)

这句中 him 之前并没有 for,而且不能加 for。[1] 在这种情况下哪个成分管辖 him? 如果 him 不受管辖,没有格,就要为格鉴别式所淘汰。Chomsky 的处理办法是:在 believe 等这类动词词项中注明它后面的从句是 S,而不是 S′,这样就能由动词 believe 来管辖(6)句中的 him 了。也可以换一种方式说: believe 后面的 S′ 可以删去,就是 6.3.2 小节说的 S′ 删略。

以上说的是 PRO 出现在不定式主语的位置,现在来谈谈动名词的主语位置。动名词可能有主语,但不一定有主语。

---

[1] 有些动词后面可加 for 也可不加 for,如 prefer,但 believe 后面不能加 for。

（7）a. I'd prefer [PRO going to a movie]（我宁可去看电影。）

b. I'd prefer [his going to a movie]（我宁可他去看电影。）

既然如此，动名词主语位置上有可能出现 PRO。

再说说时态句主语位置。这一位置上不能出现 PRO，这可以从 PRO 不受管辖这一原则推测出来，因为时态句主语受 I 管辖，可以料到以下句子必然不合格：

（8）*I think [PRO am going to a movie]（我想会去看电影。）

上面说的都是主语位置，最后来说一下补语位置。根据 PRO 的性质可以断定，不论是时态句还是非时态句，不论是不定式还是动名词，凡是补语位置上一概不可能出现 PRO。以下句子都不可能合格：

（9）a. *this is a difficult book, but I have read PRO（这部书很难，但是我读了。）

b. *this is a difficult book, but I will try to read PRO[1]（这部书很难，但是我要设法读。）

c. *this is a difficult book, but I enjoy reading PRO[2]（这部书很难，但是我乐于读。）[3]

最后我们来总结一下，在一般情况下（除去插入 for 和删去 S′ 等不典型的有标记现象）：

（10）

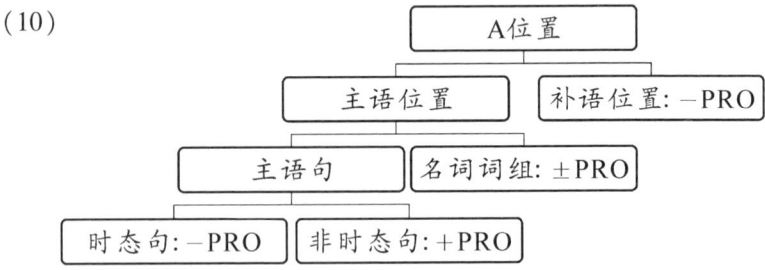

---

[1] 以下句子中宾语位置上的空语类是 wh 语迹，不是 PRO，所以能成立：
(i) this book is too difficult [to read t]（这部书太难读。）

[2] 这句中的 read 要理解为及物动词。如果是不及物动词，句子本身可以成立，但是句中就没有 PRO，不属这里讨论的问题范围。

[3] 读者也许会发现以上三个例子汉语译文句子都是正确的。汉语句子中补语位置上的空语类是什么，学界有争议，参阅 Huang(1982)、Xu(1986a)。

6.6.3 PRO 的控制语

从以上两小节我们已经知道 PRO 的控制语不像语迹的先行语那样容易确定。这里有句法因素，也有词汇因素、语义因素和语用因素，这种种因素错综复杂地交织在一起，很难理清楚。近年来这一难题引起了不少语言学家的注意。

Chomsky(1980)提出过从三个方面考虑。第一，用[±CONTROL](控制)特征给动词分类。具有[+CONTROL]特征的动词要求其宾语从句中的主语用 PRO，而具有[-CONTROL]特征的动词的宾语从句中主语不能用 PRO。比较：

(1) a. John tried [PRO to leave]（约翰设法离开。）

  b. *John said [PRO to leave]（约翰说要离开。）

try 是有[+CONTROL]特征的动词，say 是有[-CONTROL]特征的动词，所以(1b)从句中用 PRO 就不合格了。这种分类是词汇分类，不是句法分类。Chomsky 认为某个动词属哪一类都是由词库规定的，并无句法规律可循。

第二，给有[+CONTROL]特征的动词进一步分子类，分的标准是用另一对特征：[±SUBJECT CONTROL]（主语控制，简称[±SC]）。比较：

(2) a. John$_i$ promised Bill$_j$ [PRO$_i$ to leave]（约翰答应比尔离开。）

  b. John$_i$ persuaded Bill$_j$ [PRO$_j$ to leave]（约翰说服比尔离开。）

promise 有[+SC]特征，因此(2a)中 PRO 只能受 promise 的主语 John 控制；persuade 有[-SC]特征，因此(2b)中 PRO 不能受 persuade 的主语 John 控制，于是受其宾语 Bill 控制。这种分类也是词汇分类。

第三，区分 C=∅ 的情况和 C≠∅ 的情况。当包含 PRO 的 S 中 C 位置空着的时候，PRO 受句中特定成分控制；当 C 位置由 wh 词语占据着的时候，PRO 不受特定成分控制，这时 PRO 为泛指(arbitrary reference)的代词。比较：

(3) a. John$_i$ was asked [PRO$_i$ to leave]（有人要求约翰离开。）

  b. John$_i$ was asked [how PRO to leave]（有人问约翰怎么离开。）

括弧中是 S′,(3a) S′中的 C 位置空着,这种情况下 PRO 受句中的 John 控制,(3b) S′中的 C 位置由 how 占着,这种情况下 PRO 并不受 John 控制。

Chomsky 认为在一般情况下,对 PRO 的控制还是遵守 Rosenbaum(1970)提出的最短距离原则(Minimal Distance Principle)。如果动词有补语,PRO 受补语控制,如(2b);如果动词没有补语,PRO 受主语控制,如(1a)。只有 promise、ask、threaten 等个别[+SC]动词例外,虽然有补语,PRO 仍受主语控制,如(2a),这种例外情况是词汇特征造成的。

上述 Chomsky 的控制理论有缺点。根据[±SC]特征作的分类在被动句中不起作用。比较:

(4) a. John$_i$ asked Bill$_j$ [PRO$_i$ to be allowed to leave] (约翰请求比尔允许他离开。)
  b. John$_i$ promised Bill$_j$ [PRO$_j$ to be allowed to leave] (约翰答应比尔允许他离开。)

Chomsky 的理论只能用来确定(2)中 PRO 的控制成分,不能用来确定(4)中 PRO 的控制成分。promise 是有[+SC]特征的动词,可是(4b)中 PRO 不受主语 John 控制,而受补语 Bill 控制;ask 是有[-SC]特征的动词,可是(4a)中 PRO 反而受主语 John 控制。(2)和(4)的区别在于前者从句是主动结构,后者从句是被动结构。

当时围绕着控制问题提出了好几种理论:蒙塔古控制理论(Bach(1979)),谓语理论(Williams(1980)),功能控制理论(Bresnan(1982a)),层次结构理论(Manzini(1983)),题元理论(Nishigauchi(1984)),相同、相异条件论(Růžička(1983))及词汇-题元理论(Xu(1986b))。

过了十几年出现了新的生成语法框架之后,控制结构究竟是不是移位造成的又引起了争论。管约论的语法模型不能把控制结构分析为由移位形成的,因为管约论的语法模型中有 D 结构,D 结构式必须符合题元准则的要求:一个成分一个题元。后来的语法模型取消了 D 结构,也解除了题元准则的限制,因此可以假定(1a)的 John 先出现在从句主语位置,然后移到主句主语位置,而且允许在移位的过程中同时带两个题元。这就是 Hornstein(1999,2001)提出的移位控制论(Movement Theory of Control)。把控制结构分析为由移位形成的优点是可以废除 PRO。PRO 的存在给语法增加了许多麻烦,管约论中 PRO 只能出现在不受管辖、没有格的位置,因此 PRO 的定义必须用到管辖的概念。如果控制结构是移位形成的,不定式主语位置上只是一个拷贝,那就不需要另外说明为什么这个位置在语音层面上一定是空的,而且还能说明为什么其先行语一定是在统制它的位置上,因为这也正是对主目移位的要求。这些现象都能够得到解释,普遍语法的控制子系统就不需要了,语法也就因此简化了。但是移位控制论产生了一些具体问题,引起 Culicover & Jackendoff(2001)、Landau(2001,2003)等批评。争论还在继续进行。

6.7 界限理论

从广义来说,6.5 节的约束理论、6.6 节的控制理论都是研究句子中一个成分(包括空成分)与它前面的某个成分之间的共指关系的。界限理论(Bounding Theory)[1]也是研究这类关系的。

6.7.1　S 或 S′ 为界限节点

界限理论的中心内容是领属条件。这方面的研究在 20 世纪 70 年代初已经开始进行,本书 5.2.3.1 小节作了介绍。当时的假设是:一、移位必须在一定的界限之内,每次移位不能越过一个以上界限节点(bounding node),界限节点指 NP 或 S;二、在有通行动词的语言中,移位可以从内层 C 移到外层 C,逐层移出。这样的移法不算违反领属条件。从以上表述可以看出,领属条件只用来限制移位规则,并不限制解读规则,因此可以推断:语迹与先行语的共指关系要服从领属条件,因为语迹是移位形成的;PRO 与控制语的共指关系不必服从领属条件,因为 PRO 不是移位形成的。事实果

---

[1] 注意不要把 bounding(界限)和 binding(约束)混淆起来。尤其不要把 bounding 中的 bound 和 bound variable(约束变项)中的 bound 混淆。前者是动词原形,后者是 bind 的过去分词,两者拼法相同。

然如此：

(1) a. *they$_i$ seem [$_{NP}$ [$_S$ t$_i$ to convince each other]] would be difficult（他们看起来说服对方很困难。）

b. they$_i$ think [$_{NP}$ [$_S$ PRO$_i$ to convince each other]] would be difficult（他们认为说服对方很困难。）

领属条件只能阻止(1a)中 they 的移位，但不能阻止把(1b)中 PRO 和 they 解释为同一对象。

这一节中主要介绍20世纪70年代后期到90年代对界限理论的发展。人们发现并非每种语言都以 S 为界限节点，Rizzi(1978)首先注意到意大利语中关系代词的移位与英语不一样。试比较以下两个句子：

(2) a. Il mio primo libro, che credo che tu sappia a chi ho dedicato, mi è sempre stato molto caro.（我的处女作对我来说一直很宝贵，我相信你是知道我献给谁的。）

b. *Il mio primo libro, che so a chi credi che abbia dedicato, mi è sempre stato molto caro.（我的处女作对我来说一直很宝贵，我知道你相信我是献给谁的。）

我们只考虑逗号之间的那部分，这部分是内、中、外三层 S′ 相套的复杂结构，分别称为 S'_1、S'_2、S'_3。(2a)中外层 S'_3 是个关系句，中层 S'_2 是个陈述句，内层 S'_1 是个疑问句；(2b)外层 S'_3 也是个关系句，所不同者中层 S'_2 是个疑问句，内层 S'_1 是个陈述句。关系代词 che 移位和带介词 a 的疑问代词 chi 移位会不会违反领属条件？我们画树形图表示：

(3) a.

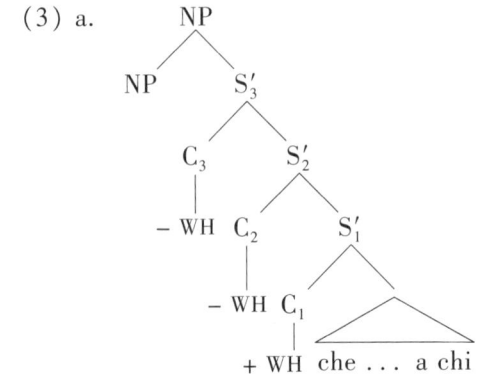

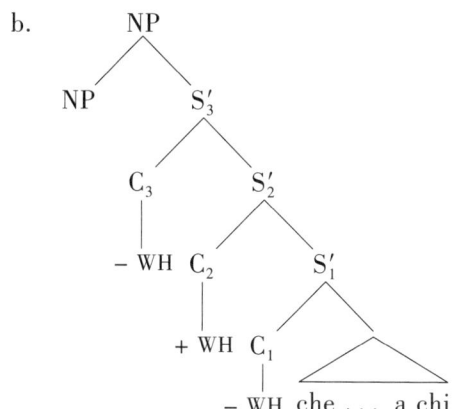

图(3a)中,在内层,a chi 移入 C_1;在中层,che 移入 C_2;[1]在外层,che 再由 C_2 移入 C_3。问题在于 che 移入 C_2 时,要越过两个 S 点(S_1 和 S_2),[2]和一个 S′ 点(S'_1)。假如意大利语和英语一样以 S 为界限节点,(2a)违反领属条件,按理应不合格。再看图(3b)。在内层,che 移入 C_1;在中层,a chi 移入 C_2;在外层,che 再从 C_1 移入 C_3。[3]这时 che 要越过 S'_1 和 S'_2,即越过两个 S′。只有假设 S′ 是界限节点才能说明为什么(2a)成立,(2b)不成立。

后来 Sportiche(1981)又用类似的方法证明了法语中也以 S′ 为界限节点。Torrego(1982)证明西班牙语也以 S′ 为界限节点。[4]

如果这些假设都正确,那么看来领属条件是个普遍原则,而哪一类节点为界限节点则是参数。假如果真如此,这一结论是很有利于普遍语法理论的。儿童怎么能掌握领属条件这类抽象的原则呢?当然不可能是由父母、师长教会的,因为父母师长自己也不会意识到这一原则。而且为什么各种语言都有类似的限制条件?当然不大可能是偶然的。Chomsky 希望以此证明普遍语法原则是大脑中固有的,所谓固有的当

---

[1] 不能移入 C_1,因为 C_1 已经给 a chi 占据了。否则要违反 5.4.1 小节说的多重充盈 COMP 鉴别式。

[2] 每个 S′ 之下当然都有一个 S,图上没有画出来,免得太复杂。

[3] 不能移入 C_2,因为已经给 a chi 占据了。

[4] 汉语以什么语类为界限节点,如何服从领属条件等问题参见 Huang(1982)、Xu & Langendoen(1985)。

然不是指凭空而来的,他的意思是指以大脑物质为基础,通过千秋万代生物遗传所固定下来的。

6.7.2 领属条件或空语类原则

近年来对界限理论研究的另一个重要方面是考虑能否用空语类原则来替代领属条件。领属条件是对移位转换的限制,把移位限在一定的界限之内,使语迹与移走成分的间隔不能超过一定的界限。空语类原则不是对移位的限制,而是对转换以后语迹提出一定的要求,使语迹受到先行语的严格管辖。在相当多的情况下,这两种限制都能阻止生成某些不合语法的结构,例如:

(1) a. [$_{S'}$ who$_i$ [$_S$ don't you believe [$_{S'}$ that [$_S$ John loves t$_i$]]]]? (你不相信约翰爱谁?)

b. *[$_{S'}$ who$_i$ [$_S$ don't you believe [$_{NP}$ the hypothesis [$_{S'}$ that [$_S$ John loves t$_i$]]]]]? (你不相信约翰不爱谁这一假设?)

先用领属条件来解释。(1a)中的 who 可以先从句尾移入内层 C 位置,与 that 在一起,然后移至句首,即外层 C 位置。每次移位不超过一个 S 节点,不违反领属条件。(1b)中 who 也可以先移入内层 C 位置,可是再要移到外层 C 位置时必须越过一个 S 和一个 NP 节点,违反领属条件。领属条件正确说明了为什么(1a)成立,(1b)不成立。

再用空语类原则解释。(1a)中 who 不能直接管辖其语迹 t,但是它们之间的联系可以通过 Richard Kayne 理论中所提出的 S'—S—VP—S'—S—VP 路线传递下来(参阅 6.4.3 小节),所以 t 受到严格管辖。(1b)中的 who 就无法严格管辖 t 了,因为传递只能顺着 S'—S—VP 路线进行,遇到 NP 就要阻断。空语类原则也能正确说明为什么(1a)成立,(1b)不成立。

既然两种说法都能成立,就只须采用一种,或许可以从一种推导出另一种。应该取哪一种呢?看来空语类原则在理论上有一定的优越性,因为空语类原则直接来自管辖理论。Kayne(1981)指出有好些事实只能用空语类原则说明,而不能用领属条件说明。

(2) a. the girl who$_i$ [it would please me [for you to put t$_i$ on the list]] (你(把她)列入名单会使我高兴的那个姑娘)

b. *the girl who$_i$ [[for you to put t$_i$ on the list] would please me]

这两个句子的差别主要在于 for you to put on the list 的位置。这是一个 S 结构,在(2a)中它位于动词 please 之后,受到 please 管辖,who 和 t 之间的关系通过 S′—S—VP—S′—S—VP 一路相传,传到内层动词宾语。而在(2b)中它位于动词 please 之前,不受 please 管辖,who 与 t 的关系无法传递。空语类原则能说明为什么(2a)成立,(2b)不成立。然而领属条件无法说明这一问题,因为这两句中 who 移位所越过的节点性质和数目都是一样的。

下面是多重疑问句(multiple wh-question)的例子。

(3) a. [$_{S'}$ what$_j$ [$_S$ did you wonder [$_{S'}$ who$_i$ [$_S$ t$_i$ saw t$_j$]]]] ? (你想知道谁看见了什么?)

b. *[$_{S'}$ who$_i$ [$_S$ did you wonder [$_{S'}$ what$_j$ [$_S$ t$_i$ saw t$_j$]]]] ?

在 D 结构式中内层的 S 是:

(4) [$_S$ who$_i$ saw what$_j$]

到了 S 结构中,who 和 what 两个疑问词都要移位。多重充盈 COMP 鉴别式阻止两者落在同一个 C 位置上。所以只能一个词占内层 C,一个词占外层 C。空语类原则能说明为什么(3a)成立而(3b)不成立。(3a)中 t$_i$ 受 C 中的先行语 who 严格管辖,符合要求;t$_j$ 受动词 see 的严格管辖,所以也符合要求。假如采用 Kayne 的理论(参见 6.4.3 小节(10)),what 与 t 之间联系畅通,可以通过 S′—S—VP—S′—S—VP,从外层 C 直达内层动词宾语位置。所以根据空语类原则,(3a)中两个语迹都受到严格管辖,句子合格。再看(3b),t$_j$ 既受到动词 see 的严格管辖,又受到 C 中先行语 what 的严格管辖,完全合格。问题出在 t$_i$,它在主语位置受到 I 管辖,但这不是严格管辖。t$_i$ 的先行语 who 与它之间的联系不通,因为根据 Kayne 的假设,联系只能从 C 通到动词宾语位置,不能通到主语位置。由于 t$_i$ 无法受严格管辖,违反了空语类原则,所以(3b)不合格。领属条件无法说明(3a)与(3b)的对立,不论是把 who 移到句首还是把 what 移到句首,越过的节点性质和数目都一样。

主语和宾语的不对称也表现在以下一对句子中:

(5) a. who$_i$ [t$_i$ saw what]？（谁看见了什么？）
    b. *what$_j$ [did who see t$_j$]？

这也是一对多重 wh 问句，其 D 结构式也是(4)。两个 wh 词语不能都移入 C 位置，只能移入一个。如果把 who 移入，得到合格的 S 结构式，如果把 what 移入，则得到不合格的 S 结构式。这一现象显然不能用领属条件解释，因为这两句中一共只有一个 S 节点。如果把空语类原则看作是对 S 结构式的限制，那是无法解释的，因为这两句中的语迹都受到严格管辖，这两句 S 结构式都没有违反空语类原则。可是如果把空语类原则看作是对 LF 结构式的限制，那就能解释为什么(5a)合格而(5b)不合格。

现在来回顾一下 LF 式结构。(5)的逻辑式可写作：

(6) (for which x, x a person) (for which y, y a thing) (x saw y)

从结构来看，(x saw y) 是 S，而量词(for which x, x a person) 和 (for which y, y a thing) 都是在 S 以外，在比 S 更高的层次上，可以说它们在 LF 层面上经过移位都处在 C 中。因此可以表达如下：

(7) [$_S$ [$_C$ who$_i$ what$_j$] [$_S$ t$_i$ saw t$_j$]]

这一表达式是违反多重充盈 COMP 鉴别式的，因为 C 中既有 who$_i$ 又有 what$_j$，假如我们要把 C 也加上下标，就无法确定该标成(8a)还是(8b)。

(8) a.　　　　　C$_i$　　　　　　　　b.　　　　C$_j$

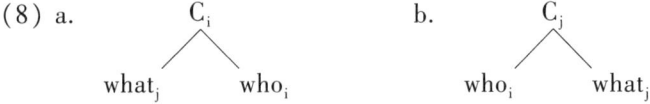

what$_j$　　who$_i$　　　　　　　who$_i$　　what$_j$

我们可以设想 S 结构式(5a)在 LF 结构式中取(8a)，S 结构式(5b)在 LF 结构式中取(8b)。两者可分别表达为：

(9) a. [$_S$ [$_{Ci}$ what$_j$ who$_i$] [$_S$ t$_i$ saw t$_j$]]
    b. [$_S$ [$_{Cj}$ who$_i$ what$_j$] [$_S$ t$_i$ saw t$_j$]]

(9a)中 C$_i$ 严格管辖 t$_i$，t$_j$ 则受动词 see 的严格管辖，两个语迹都受到严格管辖，完全符合空语类原则要求，(9a)合格。而(9b)中 C$_j$ 严格管辖 t$_j$，但是 t$_i$ 受不到严格管辖。C$_j$ 不能管辖 t$_i$，I 只能管辖 t$_i$，但又不能严格管辖它，(9b)因为违反空语类原则而不合格。

空语类原则用于 LF 结构式可以解释许多本来无法解释的现象。

不仅可以解释主语与宾语的不对称,也能解释主目语与附加语的不对称,例如:

(10) a. Who remembers where we saw what?(谁记得我们在哪儿看到了什么?)

　　b. *Who remembers what we saw where?

当 what 和 where 之中只能移走一个时,移走附加语 where 不会违反空语类原则,而移走主目语 what 就会违反空语类原则。

至少也有个别现象领属条件能说明,而空语类原则反而无能为力。

(11) *John$_i$ seems that [$_S$ it is likely [$_S$ t$_i$ to win]]

这句中的语迹 t 受 is likely 的严格管辖,并没有违反空语类原则,为什么不成立?领属条件很容易说明,因为 John 和 t 之间有两个 S 节点。这是 NP 移位,不是 wh 移位,不可能从下一级 C 移到上一级 C。有关领属条件和空语类原则的取舍问题,Chomsky(1986b)又指出领属条件、界限与管辖也能统一起来,它们都受到语障的限制。他的结论是两者各有各的作用,不能偏废。

7 语类的沟通及语类的分解

第6章所述的生成语法理论比较正式的名称是"原则与参数理论"(Theory of Principles and Parameters),也常称为"管辖与约束理论"(Government-Binding Theory),简称"管约论"(GB Theory)。管约论试图用几个普遍语法系统、几条普遍语法原则来解释多种多样的语言现象。实施的结果是揭示了许多语言事实,使生成语法研究在深度和广度方面都有大幅度的进展。[1] 揭示的语言事实增多了,有些事实可以用管约论的某一条原则或者某几条原则来得到合理的解释,而有些事实用现有的原则则无法处理。管约论的目标是揭示人类语言的普遍性,即共性。然而语言之间不免存在一定程度的差异,这称之为参数。20世纪80年代中至90年代初,语言学家在管约论框架之下继续探索,力求发掘共性限制参数。

为了达到上述目的,管约论后期生成语法学在以下两方面做了重大的改进。一是提出了中心语移位假设,从而增加了一项语法手段,使动词性的中心语可以在几个大语类之间流通,便于处理更多的语言事实。二是把 NP、VP、S、S′等大语类的句法结构重新分析分解,每个语类都采用更为复杂的结构来包容更多的事实,使表面上不同的现象体现出深层次的一致性。

7.1 中心语移位

第6章6.3.3小节介绍了初期管约论的两种移位——名词词组移位和 wh 移位,本节引入另一种移位——中心语移位,介绍为什么要提出中心语移位假设以及如何具体操作。

7.1.1 V 到 I/I 到 V 移位

按照6.1节介绍的 X′ 程式,每个完整的语类结构基本上都有 X″(即 XP),X′,X 等三个层次,其中 X 是该语类的中心语。6.3.1小节、

---

[1] 过去有人批评生成语法反复研究数目有限的几个问题,而且大都是英语中的问题,现在这样的批评显然不能成立了,生成语法研究已深入到各种语言,甚至各种方言的大量现象。

6.4.1 小节、6.5.1 小节都提到：一个句子可以看作一个 IP 语类，其中心语 I 是表示句子时态、主谓一致关系等等语法功能的成分，因此(1)这样的简单句可以画出结构树形图(2)。[1]

（1）He often eats apples.（他常吃苹果。）

（2）
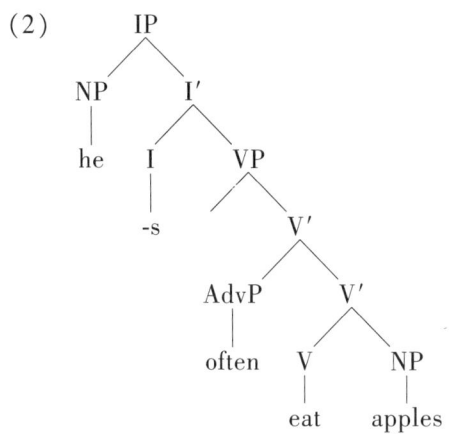

图中的-s 是表示第三人称单数的语法成分，按管约论分析，它是句子 IP 的中心语。可是语法成分-s 不能单独存在，必须依附动词 eat，所以必须从 IP 的中心语位置移到 VP 的中心语位置。这种移位是不同于第 6 章所写到的 NP 移位和 wh 移位的另外一种移位，称为中心语移位(Head Movement)，或中心语到中心语移位(Head-to-Head Movement)。

以上的中心语移位例子是把上层的中心语下降至下层的中心语的位置，称为 I 到 V 移位(I-to-V Movement)。下面再举另外一个类型的中心语移位的例子，把下层的中心语提升至上层的中心语的位置，称为 V 到 I 移位(V-to-I Movement)。相当于英语句子(1)的法语句子是(3)，假定法语和英语相应的句子深层的 D 结构式除了词以外都是相同的，(3)的树形图应为(4)。

（3）Il mange souvent des pommes.（他—吃—常—苹果）

---

[1] 把(2)与 6.5.1 小节的树形图(7)比较会看到有一个明显的区别，(7)把 S 三分为 NP、I、VP，而(2)把 IP(=S)先二分为 NP、I′，再把 I′ 二分为 I 和 VP。下文会解释改用二分法的理由。

(4)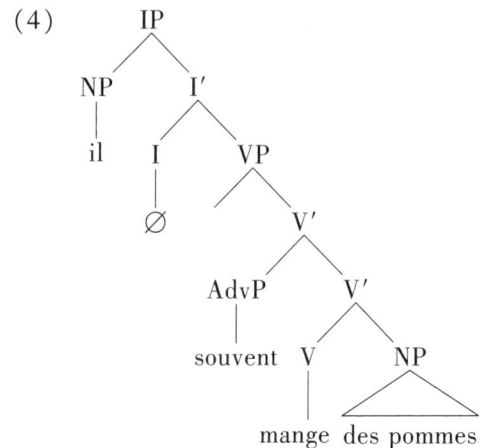

要得到表层的 S 结构(3)，须把 VP 的中心语 mange '吃'移到 IP 的中心语位置。虽然这个法语句子的 I 没有显性形态标记(图中用∅表示隐性形态)，但是法语表层句子中动词 mange 位于频度副词 souvent '常常'之前，可见动词是移到了更高的 I 位置。除了频度副词外，法语否定词 pas '不'、浮动全称量词 tous '全'等等在表层也位于动词之后。有了中心语移位的机制，包含这些成分的法语句子和相对应的英语句子都可以用一致的深层 X′结构。中心语移位假设的好处在于显示出语言共性。

为什么法语和英语表层句子有所不同呢？后来 Chomsky(1993a, 1995a)提供以下解释：I 都有一些 V 的语法特征，靠这些特征把 I 和 V 联系在一起。有些语言中这类特征呈现强势，而在另外一些语言中这类特征呈现弱势。两者区别在于：强势特征在形态上须有所表现，弱势特征在形态上不必有所表现。[1]

中心语移位的一大贡献是解决了生成语法的一大难题——动主宾(VSO)语序语言的 X′结构层次问题。用管约论的 X′结构程式能画出主动宾(SVO)语序语言的句子层次结构树形图，也能画出主宾动(SOV)语序语言的句子层次结构树形图，却难以画出 VSO 语序语言句

---

[1] 这是比较通用的解释，本书以后还要论及。Pollock(1997)对法语和英语在这方面的差别提出了略为不同的解释。

子的层次结构树形图。SVO 语言和 SOV 语言的句子用标准的二分法可以分出主语名词词组和动词词组,再把动词词组二分为动词加宾语名词词组(VO),或者宾语名词词组加动词(OV)。VSO 语言的句子主语位于动词和宾语之间,因此无法把动词和宾语划在一起,于是只好假设 VSO 语言的句子没有动词词组,甚至没有层次结构,或者只有与 SVO 语言、SOV 语言的句子不一样的层次结构。[1]以爱尔兰语句子(5)为例,以往传统的做法是把动词、主语、宾语并列三分如(6):

(5) Chonaic Síle an mhuc mhór.(希拉看见一条大狗。)

(6)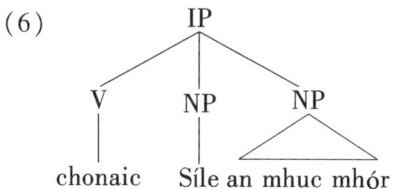

这样画法有什么不妥? 20 世纪 80 年代中期以前的著作中画的树形图有的节点下两分叉,有的节点下三分叉,80 年代中期以后的著作一般都采用二分法,可是无法用二分法画出上述句子的树形图。更为重要的是 McClosky(1983)等研究发现,VSO 语言句子其实也有 VP 层次,主宾语之间也有统制与被统制关系,用反身代词可以测出主宾语不平等。

(7) a. Chonaic Síle í-fein.(希拉看见自己。)

　　b. *Chonaic í-fein Síle.

如果 VSO 语言句子是三分叉结构,Síle'希拉'和 í-fein'自己'两个成分相互统制,(7a)和(7b)就应该都能成立。

如果把主语放在 IP 的标志语位置,无论把主语画在 I′的左侧还是画在 I′的右侧,都不可能得到 VSO 词序。主语画在 I′的左侧得到的是 SVO 词序,主语画在 I′的右侧得到的是 VOS 词序。于是 Koopman & Sportiche(1991)提出主语生成于 VP 内部的假设(VP-Internal Subject

---

[1] 语言类型学调查结果表明,VSO 语言占人类语言总数的近十分之一,不能将其当作例外而不顾。

Hypothesis)。根据这一假设,VP层次已经完整地体现了传统的谓词逻辑中所称的命题,其中V是谓词,两个NP都是主目。与V平级的主目称为内部主目(internal argument),与V′平级的主目称为外部主目(external argument)。这样就可以把VSO语言深层的句子结构图画成(8)。

(8)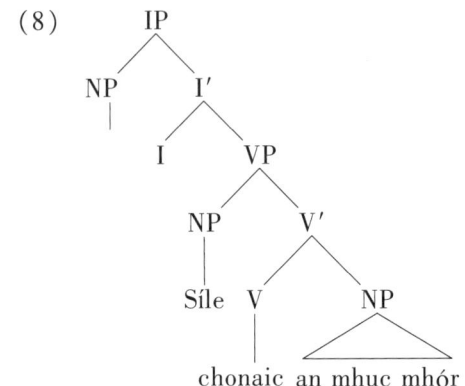

以(8)为基础进行中心语移位,把动词chonaic'看见'移至I位置便可得到VSO词序。

(9)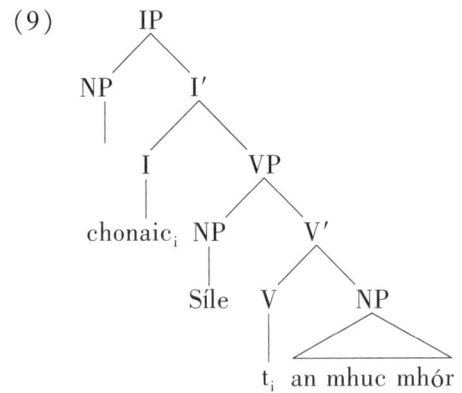

这样VSO语言和SVO语言就可以共用一致的深层X′结构,SVO语言的句子比VSO语言的句子还要多一次移位:把主语从VP的标志语位置移到IP的标志语位置。[1]

---

[1] 为了节省篇幅,以下我们一般都不为移位前的结构和移位后的结构各画一张树形图,而只画出移位后的结构,从画上的语迹可以看出移走的成分原来所在的位置。

(10)

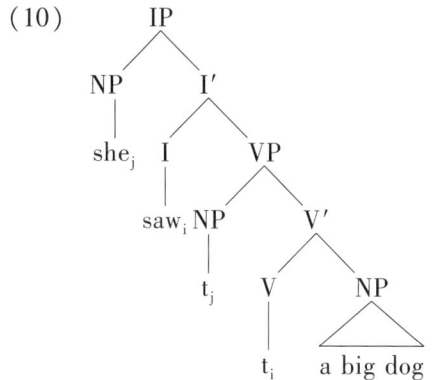

有两个问题需要解释。第一,这是什么性质的移位?这不是中心语移位,因为主语并不处于中心语位置上。主语移到主目语位置,即 A(argument)位置,所以这种移位属于 A 移位。第二,为什么英语句子的主语一定要从 VP 的标志语位置移到 IP 的标志语位置?因为像英语这样的语言定式句中主语不能空缺,必须遵守 6.2.4 小节中提到的扩充的投射原则(EPP)。

所有的语言都有着共同的基础 X′ 结构,都要经过中心语移位,有的语言移 I,有的语言移 V,有的语言移了 I、V 还要移主语,这才造成了英语、法语和爱尔兰语词序的不同。移位假设使句法结构略微复杂化,但是体现了语言结构深层次的共性。

7.1.2　I 到 C 移位

VP 的中心语可以移到 IP 的中心语位置,还可以从 IP 的中心语位置进一步往上移到 CP 的中心语位置。管约论初期表示句子的符号是 S,加上标句词 C 构成 S′,这时候的 C 只是一个成分,参见 6.4.3 节(6)。后来把 S 改称 IP,还把 C 扩展为一个具有内部结构的完整的语类 CP。CP 和 IP 一样是一个功能性语类(functional category),而 NP、VP 是词汇性语类(lexical category),也称实词性语类(substantive category)。词汇性语类的中心语是实词(contentive,也称 content word),功能性语类的中心语是虚词(functor,也称 functor word)。传统的观念是:实词能扩展为词组,虚词不能扩展;实词可以作为词组的中心,虚词不可成为中心。产生这种观念的根源是把语义当成语法的基础,基于实词有意义,虚词没有意义。如果只考虑词在句法结构中的作用,那么虚词也未尝不可称为结构的主体。

如果接受以上观点,可以把 CP 结构层次解析如下:

(1)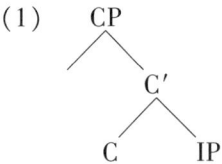

标句词是 CP 的中心语,IP 则是其补语。标句词不一定出现,英语的从句有时用 that 之类标句词,主句中一般不出现标句词,其他一些欧洲语言也有类似情况。当标句词不出现时,其他成分就可以利用这个位置移进来。以下(2)是一个法语疑问句,树形图(3)显示动词 voit '看见' 先从 VP 的中心语位置移到 IP 的中心语位置,再从 IP 的中心语位置移到了 CP 的中心语位置。主语 il 从 VP 标志语位置移到 IP 标志语位置。

(2) Voit-il le chien?(他看见那条狗吗?)

(3)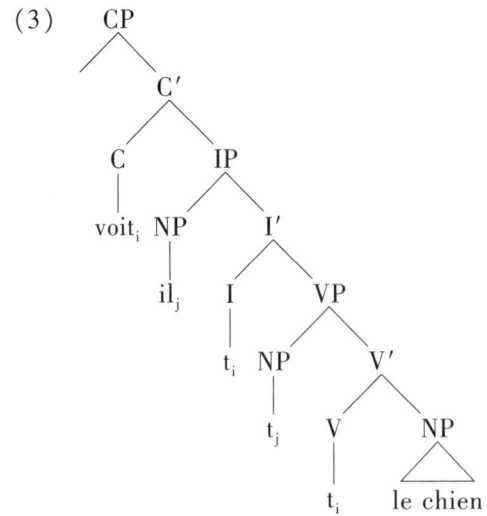

英语疑问句的动词不能像法语那样移到 CP 的中心语位置。比较(2)和(4):[1]

---

[1] 英语要在 C 位置上加 do/does,这里不讨论这一问题。

(4) *Sees he the dog?（他看见那条狗吗？）

原因是英语动词不能像法语动词那样从 VP 的中心语位置移到 IP 的中心语位置，所以也就不能从 IP 的中心语位置移到 CP 的中心语位置。中心语移位必须一步一步走，不可以从 VP 的中心语位置直接跳到 CP 的中心语位置，这叫做中心语移位限制（Head Movement Constraint，简称 HMC）。以下两个英语句子中的助动词 have 和情态动词 can 可以移到 CP 的中心语位置，因为助动词和情态动词本来就在 IP 中心语位置，移到 CP 的中心语位置不违反中心语移位限制。

(5) a. Have you seen the dog?（你看到过那条狗吗？）

　　b. Can you see the dog?（你能看到那条狗吗？）

另外有一类中心语从 I 到 C 移位的典型例子也是文献上常举的。那就是日耳曼语的动词二位（verb second）结构。当德语、荷兰语等日耳曼语中某个成分用作话题位于 CP 的标志语位置时，定式动词（finite verb）或助动词就从 IP 的中心语位置移到 CP。[1] 以下只举一个最简单的德语例子。(6a)是常规句型，(6b)是话题句，(7)是(6b)的结构树形图。

(6) a. Er hat den Hund gesehen.（他看见了那条狗。）

　　b. Den Hund hat er gesehen.（那条狗他看见了。）

(7)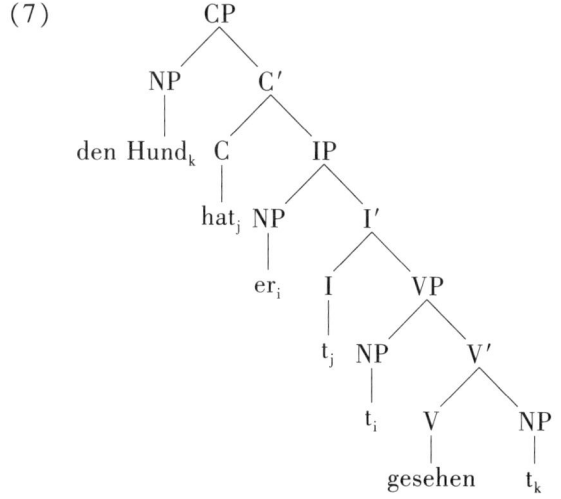

---

[1] 想了解日耳曼语的动词二位结构可参阅 den Besten(1983)、Zwart(1997)。

要把三个成分移位才能构成话题句(6b)。宾语 den Hund '狗'移到 CP 的标志语位置做话题,这是 wh 移位。主语 er '他'从 VP 的标志语位置提升到 IP 的标志语位置,这是 A 移位。助动词 hat 从 IP 的中心语位置上移到 CP 的中心语位置,这是中心语移位。

上述三个成分移位恰好代表后期管约论三个类型的移位:wh 移位、A 移位和中心语移位。三者区别如下:

(8)

	起始点	终止点
wh 移位	A 位置/非 A 位置	非 A 位置:标志语位置
A 移位	A 位置:主目语位置	A 位置:主目语位置
中心语移位	非 A 位置:中心语位置	非 A 位置:中心语位置

从本节的简单介绍可以看出:中心语移位产生的效果是把 VP、IP、CP 三个语类打通,让某些成分在经过一番搬动以后落实在适当的位置上。其好处是可以充分利用空位避免多个成分挤在一个位置上,可以灵活地调整次序,更可以把各种不同语言的 D 结构式统一起来,体现语言的共性。

增加一种移位方式的代价是使句法结构更为复杂了。有些语法学家是不赞成的,如 Culicover & Jackendoff(2005),而另一些语法学家却认为,通过一步一步推演,推导出句法结构式正是 Chomsky 语法一贯的特色。[1]用表达(representation)还是用推导(derivation)是各派语法的一大分歧。有的学派给主动结构和被动结构各指派一个表达式;有的学派假设两者来源于同一个表达式,被动结构式是主动结构式通过规则运算推导出来的。分歧表现在处理同一语言中的相关结构上,也表现在处理不同语言中的相关结构上。有的学派给不同语言

---

[1] 仍然保持了早年转换语法的特色。

的句子指派不同的表达式;有的学派假设它们都来源于同一个表达式,由于不同语言的推导过程不同,才会造成最后的表层句子形式不同。

7.2 语类的分解、重组和扩展

20世纪80年代中期以后对原有的几个主要语类进行分解、重组和扩展,使中心语移位有了更大的空间和更大的回旋余地。

7.2.1 INFL分解假设

按传统的句法分析,NP、VP等词组语类都是围绕着一个中心语构成的向心结构(endocentric structure),而句子却是一个主语和动词词组各自为主的离心结构(exocentric structure)。为了统一起见,管约论启用I作为句子的中心语,使句子也成了向心结构。实际上I在许多语言中并不是单一的成分,而是一组成分。从法语的例子(1)和意大利语的例子(2)可以看出。

(1) Ils parl-ai-ent(他们说)

(2) Parla-va-no

加在法语动词词干parl后面的有表示未完成时特征的词法成分ai和表示第三人称复数特征的词法成分ent,与主语ils一致。意大利语和法语的不同之处是加在意大利语动词词干parla后面的有表示未完成时特征的词法成分va和表示第三人称复数特征的词法成分no,与句中未出现的空主语一致(意大利语可以省略主语)。

由于I并不是单一的成分,Pollock(1989)建议把INFL分解为两个语类,一个称为AgrP[1],一个称为TP,让表达一致关系(agreement)的成分和表达时态(tense)的成分各占一个中心语位置。这叫INFL分解假设(Split INFL Hypothesis,简称SIH)。

---

[1] AgrP和AGRP都有人用,本书第6章采用全大写的AGR,但是下文还会出现AgrSP和AgrOP等,写成AGRSP和AGROP似乎欠妥,本章起不用AGR,改用Agr。

(3)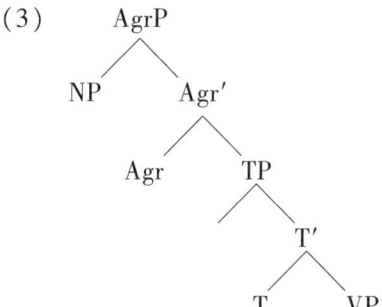

把 I 分为 Agr 和 T 之后必然产生一个问题：两者哪个在上，哪个在下？Pollock 认为 AgrP 位于 TP 之上，因为一般情况下表达时态的成分比表达一致关系的成分更紧靠动词词干，而主语应该与 Agr 在一起，而不是与 T 在一起。图(3)中的 NP 就是句子的主语，位于 AgrP 的标志语位置。而 Belletti(1990)提出另外一些理由认为 TP 应该位于 AgrP 之上。

Chomsky(1991)用了两个 AgrP，一个称为 AgrSP，位于 TP 之上，一个称为 AgrOP，位于 TP 之下。

(4)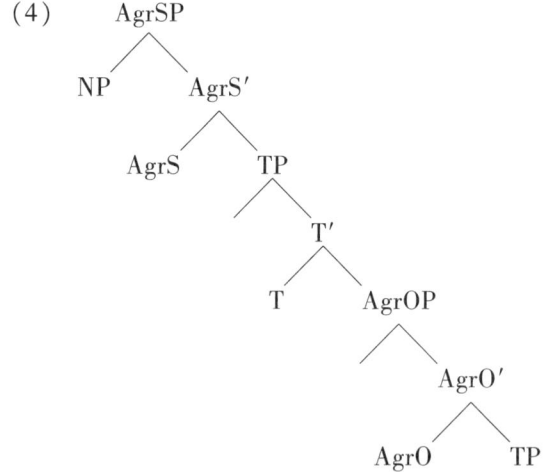

AgrSP 的作用是体现印欧语中一个十分普遍的现象：动词随主语的性数人称变位，主语和 Agr 具有一致的人称、阴阳性和单复数特征。有少数语言，例如某些罗曼语系的语言，及物动词随宾语的性数人称变位，这种情况下 AgrOP 的标志语位置可以容纳宾语移入。这类语言并不多，但是 INFL 分解之后中心语位置和标志语位置数目都有所增加，动词性成分和名词性成分移位的空间扩大，更加便于处理换位等现象。

20 世纪 90 年代，INFL 分解说为生成语法学界广泛接受。这一假设引起了一系列连锁反应，又进一步分出以否定词为中心语的 NegP，以体貌成分为中心语的 AspP，并把 AgrOP 拆分为 AgrDOP 和 AgrIOP，分别处理动词与直接宾语和间接宾语的关系。为了节省篇幅我们不把完整的树形图画出来，只把 INFL 分解的种种语类次序排列如下：

（5） AgrSP > TP > NegP > AgrIOP > AgrDOP > AspP

此后几年，按这一思路把其他几个大语类也一一分解。但是也有对 INFL 分解说质疑的著作，如 Iatridou（1990）等。后来 Chomsky（1995a：4.10.1）提出另外一个办法，允许 TP 有不止一个标志语来取代 AgrP，从此以后就少用 AgrP 了。要概略了解 INFL 分解以及使用 AgrP 的结构，可参阅 Belletti（2001），此文把文献中反映的种种意见和问题做了总结性的概述。

交代了有关的生成语法历史演变以后，本书以下章节基本上采用 TP，T，有必要的地方仍用 IP，I 等。

7.2.2　DP 假设

早期的管约论给（1）这样的名词词组画的结构树形图是（2）：

（1） the destruction of the city（城市的毁灭）

（2）

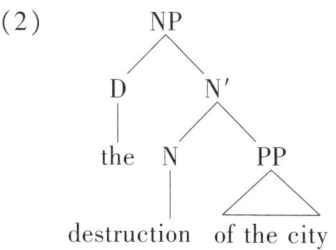

图中 N 是名词词组的中心语，补足语可以是介词词组 PP，也可以是句子等其他各类成分，标志语位置上的 D 代表冠词、指示代词等限定词。这样的分析法有一个问题：根据 X′ 程式，每个完整的词组的中心语是一个单词，而其标志语和补足语位置上应该都是词组（参阅 6.1.1 节）；而限定词是单词不是词组，为什么 NP 的标志语位置上不是词组

而只能是单一的限定词呢?

Abney(1987)首先着手解决上述问题。他建议重新分析通常称为名词词组的结构,把限定词看作中心语,把整个结构改称为限定词词组(determiner phrase,简称 DP)。这一主张称为限定词词组假设(Determiner Phrase Hypothesis),通常称 DP 假设(DP Hypothesis)。采用 DP 假设,(1)的树形图由(2)改为(3):

(3)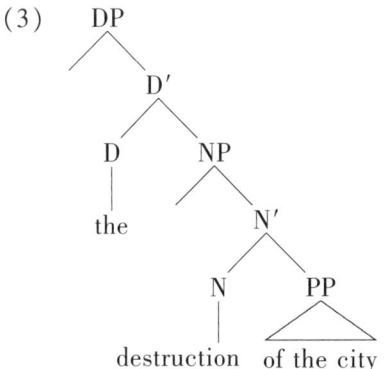

DP 假设不仅仅在理论上维护了 X′结构程式的统一性,而且有语言事实依据。一个经典的例子是用 DP 假设来分析表示所有关系的词组显示出明显的优越性。

(4) the enemy's destruction of the city(敌人给城市的毁灭)

(5)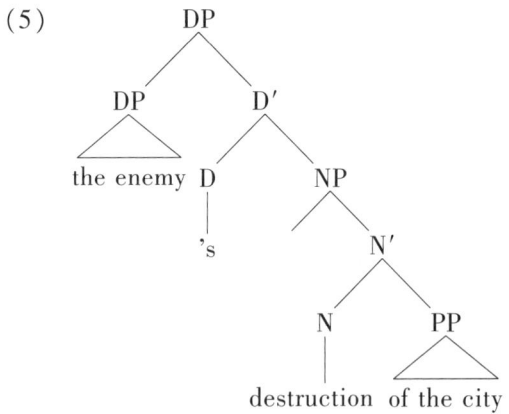

传统的语法观点把 's 看作名词 enemy '敌人'的所有格词尾,其实它是一个比词尾有更大独立性的成分。下面的例子(6)清楚地表明 's 不仅仅是依附于单个名词的词尾,而是对整个词组 the man over there '那里的那个人'起作用的成分。

(6) [the man over there]'s hat (那里的那个人的帽子)

如果把(4)分析为 NP,就不容易给 's 落实一个适当的句法位置。假如把它当作 NP 的标志语 D,那么 the enemy 就没有地方放了。采用 DP 假设把 's 看作 DP 的中心语,the enemy 可以放在 DP 的标志语位置。这里还要提请注意:'s 和 the 等限定词在句法上呈互补分配,有了 's 就不能再用 the。

(7) * the enemy's the destruction of the city

这又是一条证据表明 's 在句法上相当于限定词。[1]

从 7.2.1 节中我们已经对功能性语类有所了解,表示时态的成分可以做 TP 的中心语,表示主谓一致关系的成分可以做 AgrP 的中心语,那么就不难接受 DP 假设,把表示所有关系的成分 's 作为 DP 的中心语。

大家知道名词词组(4)的意义相当于句子(8),两者虽是不同的语类,却体现相同的题元关系。(8)是一个完整的句子,按管约论后期的分析法,其 X' 结构为(9):

(8) The enemy destroyed the city. (敌人毁灭城市。)

(9)
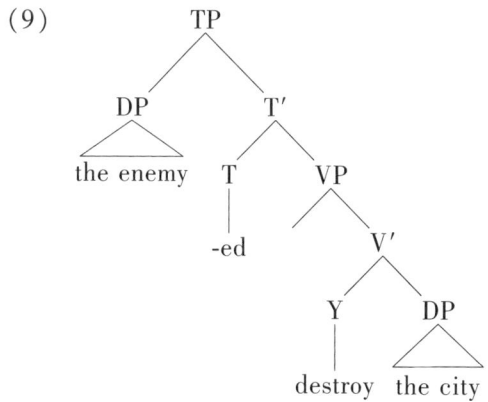

---

[1] DP 假设提出 20 年之后,国内有些语法学家试图引进这一方法,用来分析汉语的"的"字结构,把"敌人的大炮"看作 DP,把"的"看作中心语 D。但是应当注意,"的"与限定词在句法上不呈互补分配,可以说"敌人的这些大炮"。

把(5)和(9)比较一下可以看出,这样画出来的 DP 树形图和 TP 树形图是非常对称的,DP 和 TP 都好比是两层建筑,上层是功能性语类,下层有词汇性语类 NP 和 VP 支撑。

除了句法方面的考虑以外,还有形态方面和语义方面的原因支持 DP 假设。Szabolcsi(1983)早就指出,匈牙利语表示所有关系的结构与主谓句采用相同的形态标记。DP 假设如何正确揭示 DP 结构反映出句子结构所具有的某些特点,有关这方面的综述可参阅 Bernstein(2001)。

本书以下就用 DP 来称呼原来称为 NP 的成分。NP 移位、NP 语迹等也相应地用 DP 移位、DP 语迹等。

7.2.3　VP 壳假设

现在来察看动词词组 VP 的内部结构。VP 的中心语是动词 V,如果采用上文 7.1.1 小节提到的主语生成于 VP 内部的假设,VP 的标志语是用来放主语的位置,动词的补语是动词在语义上和句法上要求的补足成分。各类动词要求不同的补足成分:[1]有些及物动词要求跟一个名词性成分 DP,有些及物动词要求跟一个从句 TP,还有些及物动词要求跟不止一个补足成分,例如双及物动词(ditransitive verb)要求跟两个 DP,一个间接宾语(DP_1),一个直接宾语(DP_2),形成双宾结构。传统的双宾结构 VP 结构图是:

(1)　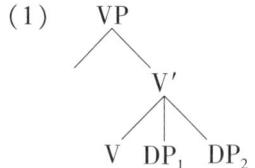

把 V′一分为三,画出来的结构图中 DP_1 和 DP_2 是平等的,两个成分相互统制。然而有充分的语言事实表明间接宾语和直接宾语在结构层次方面其实是不平等的。

(2) a. John showed Mary herself in the mirror.(约翰让玛丽在镜子里看她自己。)

---

[1] 参阅 3.1.2.2 小节。

b. *John showed herself Mary in the mirror.（约翰让她自己在镜子里看玛丽。）

6.5.2.1 小节介绍了基本的约束理论假设：反身代词这样的照应语必须受其先行语统制，而先行语不能受照应语统制。把含有双及物动词双宾结构的 VP 画成(1)，DP_1 和 DP_2 相互统制。如果两者的结构关系真是如此，那么既可以 DP_1 是先行语 DP_2 是反身代词，也可以 DP_2 是先行语 DP_1 是反身代词。(2b) 应该和 (2a) 一样合乎语法。[1]

为了体现 (2a) 合乎语法而 (2b) 不合乎语法这一语言事实，画出来的结构图中 DP_1 应该占据高于 DP_2 的结构位置。Larson(1988) 首先提议改用以下画法。

(3)
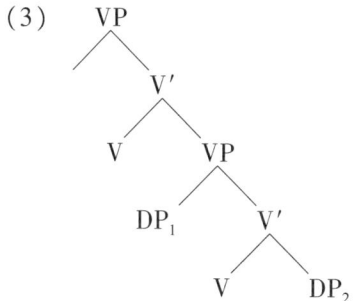

这样的画法，VP 中有两个 V 位置。只有一个动词怎么用两个位置呢？有了中心语移位的办法，这个问题就不难解决。可以假设中心语动词先处于下层 V 位置，然后移到上层 V 位置。这是 7.1 节中没有提及的另外一种中心语移位——V 到 V 移位(V-to-V movement)。这样移位还解决了双宾结构中一个动词给两个 DP 赋格的问题。动词在下层时把役格(accusative case)赋予直接宾语 DP_2，动词移到上层后再把与格(dative case)赋予间接宾语 DP_1。

把 VP 分成内外两层的做法称为 VP 壳假设（VP-shells Hypothesis）。这一假设出现后不久就受到 Jackendoff(1990)的批评，

---

[1] 早期生成语法用词序先后来确定主从关系，20 世纪 80 年代以后的生成语法只用层次高低为标准，不再采用词序先后为标准，所以虽然 DP_1、DP_2 有先后之分，但先后不起决定作用。

Larson(1990)立即反驳,引起了语法学界的一场争论。尽管大家意见不统一,VP 壳在生成语法学界逐步得到广泛应用,不仅用于双宾结构也用于其他结构,下面举几个例子。

VP 壳假设用于(4)之类的作格谓语(ergative predicate)句。

(4) a. The office moved to the second floor. (办公室搬到了二楼。)
  b. We moved the office to the second floor. (我们把办公室搬到了二楼。)

尽管 the office '办公室'在(4a)中用作主语,在(4b)中用作宾语,但它在两个句子中的题元角色是一样的,都是动作的主题(THEME)。而 to the second floor '到二楼'在两句中的题元角色也是一样的,都是动作的目标(GOAL)。Baker(1988)提出一条普遍语法原则,称为题元指派一体化假设(The Uniform of Theta Assignment Hypothesis,简称 UTAH)。Baker(1997)做了进一步阐述。

(5) 凡是题元关系相同的成分在 D 结构层面其结构关系也相同。

大意是:题元与题元之间语义上存在着等级关系,而这种等级关系在句法上也有所体现。在深层的 D 结构层面,每个成分移位之前按题元等级高低占据相应的地位。根据这条原则,既然 the office 在(4a)和(4b)中都是动作的主题,在深层的表达式中应该处于相同的结构位置,经过移位后才在句子的表层分别处于宾语和主语等不同位置。在 D 结构层面(4a)的树形图是:

(6)
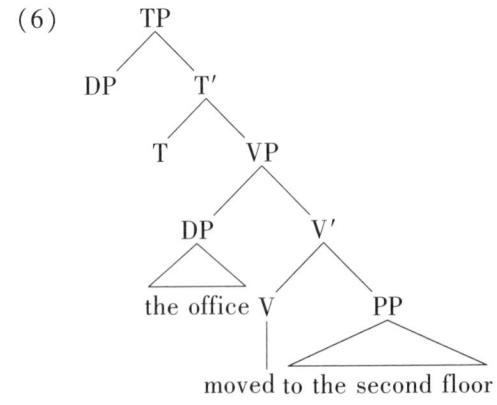

根据主语起源于 VP 内部的假设，the office 先是占据 VP 标志语位置，然后上移至 TP 标志语位置做句子主语。而 to the second floor 占据 VP 补语位置。

表达(4b)的层次结构要用到两层 VP 壳：

(7)

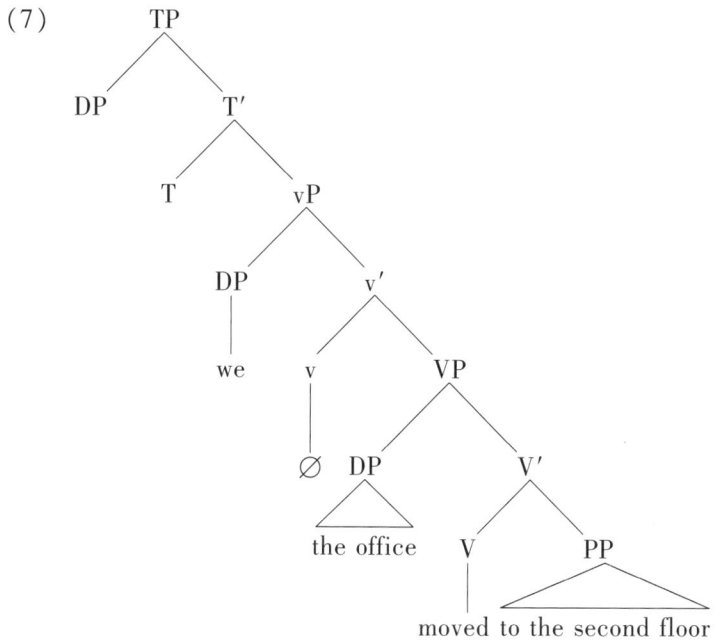

比较(6)和(7)可以看到，两者内层的 VP 是完全一样的，正是体现了题元指派一体化假设。两者不同之处在于(7)比(6)多了一个外层的 vP。Chomsky(1995a)用大小写字母来区分内层和外层的动词词组，内层用大写 VP，外层用小写 vP。(7)中的小 v 下面填的是一个表示空位的符号 ∅。这种没有实体的动词称为轻动词(light verb)。轻动词可以完全不出现，也可以以 make、cause 等形式出现，但是只表示致使意义，而没有一般动词的实体意义。当轻动词不出现时，小 v 的空位正好供内层的动词移入，(7)中的 moved '搬'就可以移入这一位置，形成(4b)。

作格谓语句和双宾句有个共同的特点：动词与不止一个成分有题元关系，这类结构最适宜用内外层 VP 壳。后来 Chomsky 把 VP 壳假设普遍化，连(8)那样只有单个宾语的简单及物动词句也使用 VP 壳，把

(8)的 D 结构树形图画成(9)：

（8）He read the book.（他读了那本书。）

(9)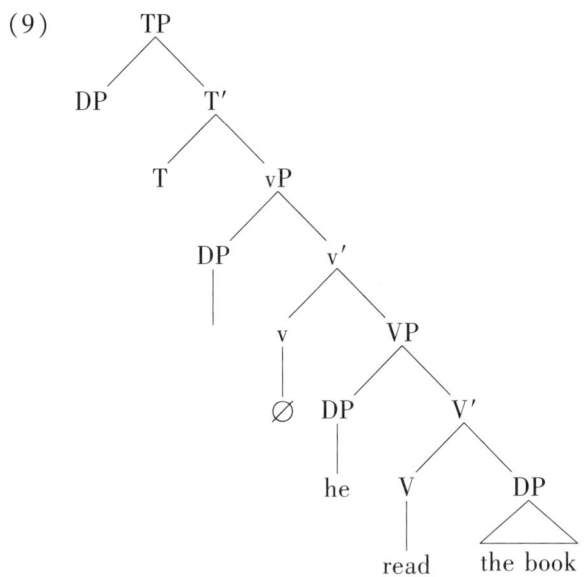

主语 he'他'和动词 read'读'都发源于内层 VP 壳。he 由内层 VP 标志语位置移到外层 vP 标志语位置,再移到 TP 标志语位置。read 移到外层 vP 的中心语空位轻动词位置。

Hale & Keyser(1991,1993a)进一步把 VP 壳的应用由句法领域延伸到词法领域,认为词的构成和词性转换也体现题元指派一体化的普遍原则。例如名词 shelf'架'可以构成复合名词 bookshelves'书架',也可以把 shelf 转化为动词 shelve'上架'。在动词的基础上可以再构成动宾词组(10a),(10a)的意思相当于(10b)。

（10）a. shelve the books（把书上架）

　　　b. put the books on the shelves（把书放在架上）

根据题元指派一体化原则,(10a)和(10b)有共同的题元结构,the books'书'在两处都是动作的主题,(10b)中的 on the shelves'在架上'表示处所地点。(10a)虽然没有介词表示处所,但把书上架这一动作蕴涵着把书放到某个地方。Hale 和 Keyser 认为(10a)有如下结构：

(11)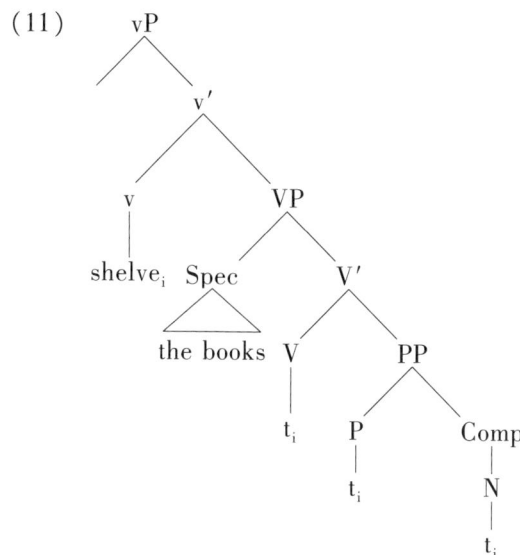

the books 是动作的主体,按 Hale 和 Keyser 的说法处于内层 VP 标志语位置。名词 shelf 原来处于介词补语位置,然后往上移占据介词空位,再往上移占据 VP 中动词空位,再往上移占据 vP 中轻动词空位,经过一系列移位才得到表层的动宾词组 shelve the books。其中 VP 壳分析法起了重要作用。

这样处理显然没有解释许多具体问题:shelf 中的清辅音是怎么变成 shelve 中的浊辅音的?为什么有些名词可以转成动词而有些名词却不可以转成动词?为什么 put the books on the shelves'把书放在架上'可以说成 shelve the books,但是 put the sand on the shelves'把沙放在架上'不可以说成 shelve the sand?尽管如此,Hale 和 Keyser 的假设顺应发展潮流,在生成语法学界还是很有影响。

7.2.4　CP 分解假设

7.1.2 节已经提到过,按 80 年代中期以后的分析,CP 也是一个有内部结构,有中心语、标志语和补语的完整的大语类。

(1)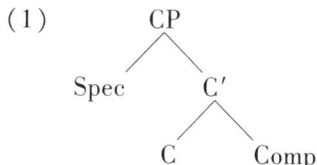

上文还提到,有几种成分可以占据 CP 的中心语位置:一是 that、if、whether 之类标句词,二是疑问句中 have、be 之类助动词,三是在德语、荷兰语等日耳曼语中出现动词二位现象时,倒装句中紧接话题之后占第二位的定式动词或助动词。这几种成分性质不同,可为什么都是 CP 的中心语呢? 当时主要的依据是它们在句法上呈互补分配,不可处在同一位置上。以英语虚拟式句子为例,或者把标句词 if 放在句首,占据 CP 的中心语 C 的位置,或者用倒置结构把助动词 have/had 放在句首,占据 CP 的中心语 C 的位置,但不可既用 if 又把助动词前置。

(2) a. Had I had more time … (如果我有更多的时间……)
　　 b. If I had had more time …
　　 c. *If had I had more time …

此外还有一类成分也被认为是处于 CP 的中心语位置,那就是有些非洲语言和有些东亚语言话题句中的话题标记。文献上常引的例子是日语的话题标记 wa 和韩语的话题标记 nin。[1]

CP 的补语位置上是 IP,即后来称为 TP 的句子。

CP 的标志语位置上,即图(1)的 Spec 位置上是什么成分? 在文献中提到得最多的是 wh 疑问句中移到句首的疑问词,例如:

(3)

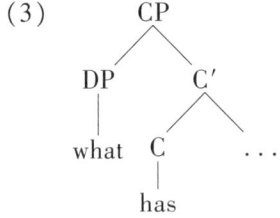

除此之外,话题句中的话题成分、错位句中的错位(dislocated)成分、移至句首的焦点(focus)成分等也被认为是占据了 CP 的标志语位置。

几种性质不同的成分都有可能进入 CP,而每个句子只有一个 CP,每个 CP 只有一个中心语位置,会不会不够用? 上文提到标句词和定式动词互补,不会都到句子前面去,后来发现并非所有的语言都是如

---

[1] 汉语话题句往往不用标记,所以较少为人提到。

此。通过(4a)和(4b)的对比可以看出,德语从句中一旦用了标句词 daß,就得把定式助动词 hat 推到句末,不能和标句词一起挤在前面。

(4) a. Wir   wissen,   daß   Hans   das   Buch   nicht
　　　我们 － 知道 － 标句词－ 人名 － 这 － 书 － 没有 －
　　　gelesen   hat.
　　　读过   － 助动词

　　b. *Wir wissen, daß Hans hat das Buch nicht gelesen.

然而丹麦语、冰岛语等北欧语言并非如此,丹麦语句子(5)中标句词和定式动词可以都出现在句子前面。

(5)　 Vi   ved   at   denne   bog,   har   Bo
　　 我们 － 知道 － 标句词－ 这 － 书 － 助动词 － 人名 －
　　 ikke   laest.
　　 没有 － 读过

怎么画出(5)那样标句词和定式动词都在句子前面的结构？只用一个 CP 显然是不够的,于是 Vikner(1994)等主张递归生成多个 CP。以下是丹麦语句子(5)一部分结构的树形图。[1]

(6)
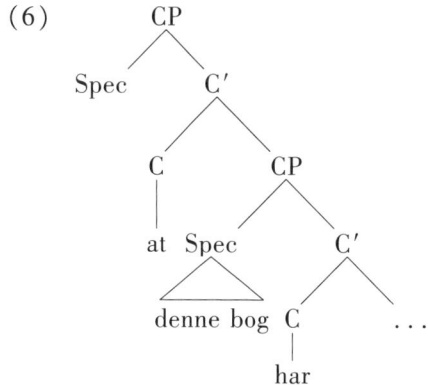

CP 是功能性语类,既然可以递归生成不止一个 CP,而且各个 CP 用来表达不同的功能,那么不妨按它们的不同功能冠以不同的名称。Rizzi(1997)提出这一主张,并获得广泛采纳。他认为位于

---

[1] 为了节省篇幅,句子的后半部树形图上没有画出来。

句子结构最高层的 C 系统是表达句子命题内容与表达话语信息之间的界面,具有承载对内信息和承载对外信息两大功能。前者表达句子的有定无定,后者体现陈述、疑问、虚拟之类语气。此外,CP 还体现话题、焦点等语用信息。[1]Rizzi 在他的论文中根据 CP 的不同功能,像分解 IP 和 VP 那样来分解 CP。这就是 CP 分解假设(Split CP Hypothesis)。

如何分解?所谓 CP 原是 complementizer phrase 的缩写,complementizer 是一种虚词,本书译为"标句词"。3.1.1.3 小节提到:英语有用来标注定式句(finite clause)的 that 和用来标注非定式句(nonfinite clause)的 for。Rizzi 认为标注有定无定仍是 CP 的一个主要功能,CP 分解以后这一功能采用 FinP(finiteness phrase)新名,专管陈述、疑问、虚拟等语气的功能称为 ForceP(force phrase),专管话题的功能称为 TopP(topic phrase),专管焦点的功能称为 FocP(focus phrase)。原来的 CP 成了 FinP、ForceP、TopP、FocP 的统称。以下是 CP 细分的结果,先分成两组,每组再各自二分成四个类别:[2]

(7)

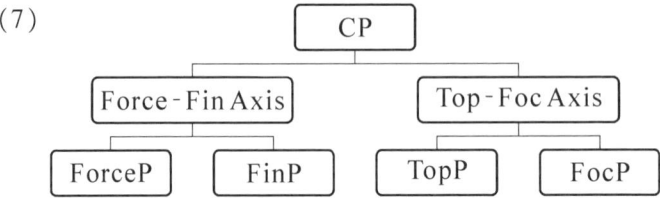

由于这几个语类都位于句子前部,所以文献上把它们占据的位置称为左边界(left periphery)地区。

CP 分解之后产生几个新问题:一、是不是每个句子都有全套 FinP、ForceP、TopP、FocP?二、哪个在先哪个在后?三、能不能递归重复出现?

Rizzi 认为 Force-Fin 是每个句子必须有的;而 Top-Foc 则是可有可

---

[1] Rizzi 所提到的焦点是指对比焦点(contrastive focus),即 Kiss(1998)所说的指别焦点(identificational focus),而不是信息焦点(informational focus)。信息焦点典型的位置是在动词后或者句尾,对比焦点才提到动词之前。

[2] 我们用 Rizzi(1997)的写法,写为 FinP、ForceP、TopP、FocP;文献上也有人用 FINP、FORCEP、TOPP、FOCP。

无的,只有当句子中要出现前置的话题或焦点时才使用。

Rizzi 根据意大利语材料指出这几个语类的次序问题相当复杂。意大利语标注有定句的标句词是 che,相当于英语的 that;意大利语标注无定句的标句词是 di,相当于英语的 for。如果句子中有从后面提到左边界地区的话题,在有定句中话题位于标句词 che 之后,而在无定句中话题却位于标句词 di 之前。

(8) a. Penso   che,   a   Gianni,   gli   dovrei
       认为 - 标句词 - 介词 - 人名 - 他 - 应该 -
       parlare.[1]
       说

   b. Penso,   a   Gianni,   di   dovrei   gli
      认为 - 介词 - 人名 - 标句词 - 应该 - 他 -
      parlare.
      说

因此可以认为,定式句的标句词 che 占 ForceP 中心语位置,话题 a Gianni 占 TopP 标志语位置,非定式句标句词是 di,占 FinP 中心语位置。

(9) a.

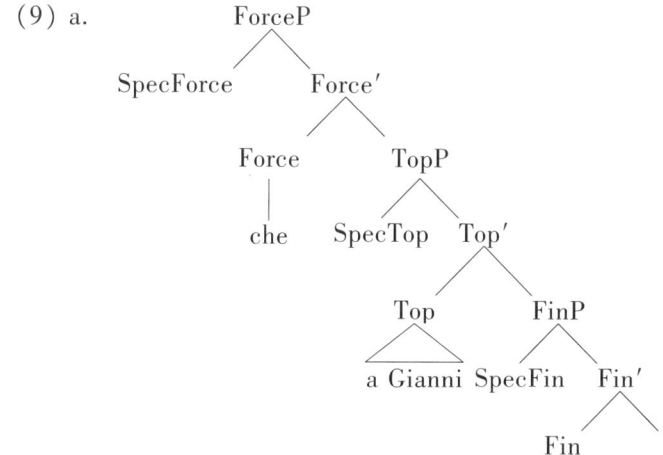

---

[1] 意大利语允许省略主语,从动词 penso 和情态动词 dovrei 的词尾可以看出省略的主语是第一人称单数代词。

b.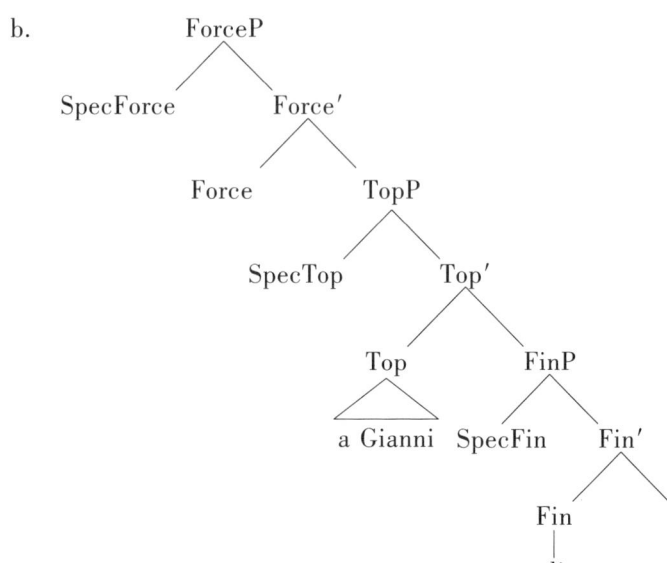

Rizzi 还讨论了 TopP 和 FocP 的次序。我们先解释一下 Rizzi 所谓的话题和焦点指什么。Rizzi(1997)对话题和焦点的划分以意大利语等罗曼语的结构为根据,把(10a)这类句子称为话题结构,把(10b)这类句子称为焦点结构:

（10） a. Il tuo libro, lo ho letto.（你的书,我读过它。）

b. IL TUO LIBRO ho letto（non il suo）.（你的书,我读过了（而不是他的）。）

话题是旧信息,不重读；焦点是新信息,有对比重音。话题结构用替补代词,(10a)中的 lo 为替补代词；焦点结构不用替补代词,(10b)中不可以用 lo。Rizzi(1997)第 4、第 5 节还列举了鉴别话题和焦点的其他几条标准。

Rizzi 认为话题既可以出现在对比焦点之前,也可以出现在对比焦点之后,所以 TopP 位置既可以高于 FocP,也可以低于 FocP。[1]他认为一个句子中可以有多个话题,但是只能有一个对比焦点,所以 TopP 可

---

[1] Ermisch(2007)指出一般情况下,意大利语话题在对比焦点之前；只有在很特殊的情况下,话题才会在对比焦点之后。

以递归生成,[1]FocP 不可以递归生成。CP 分解后结构全图大致如下:[2]

(11)
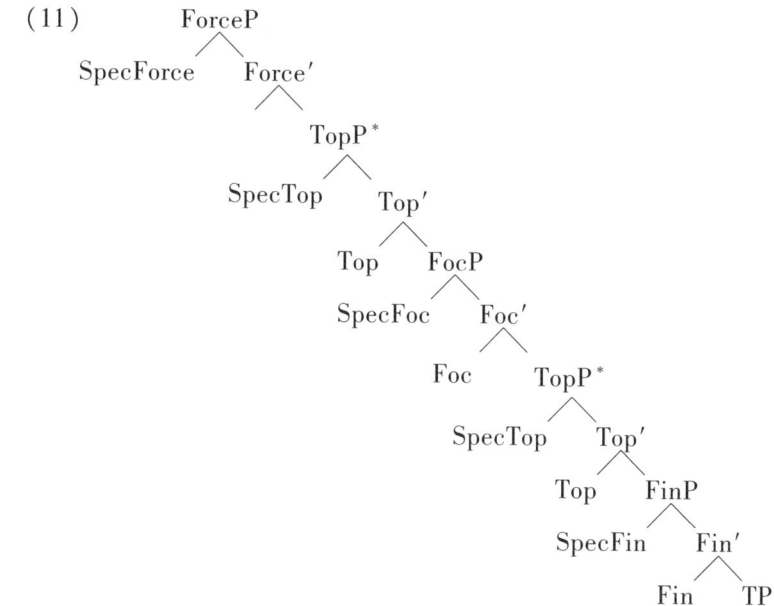

Rizzi(1997)是研究 CP 分解的经典著作,以后的研究大多以他的观点为出发点而在某些方面补充修正。例如 Belletti(2004a),认为句子低层 VP 以下的区域也有与左边界区域类似的现象,信息焦点上下也都可以有话题出现。

CP 分解说起的作用表现在多方面,不仅解决了多种成分移入句子前部后位置的分配问题,并给予语气、话题、焦点等语义和语用成分句法上的地位。把这些语义和语用内容加入句法结构有什么好处?一方面维护了生成语法学家一贯提倡的句法为主、句法自立的精神,另一方面是让管约论对语义和语用现象也不至于显得毫无用武之地。

CP 分解以后树形图显得很复杂,一般仍用其总称 CP,除非必要时,并不每次细分。

现在我们来给 7.2 节做一个简单的小结。到了 20 世纪末,把原来

---

[1] 在 TopP 右上角打星号"*"表示可以递归生成。
[2] (11)基本上是 Rizzi(1997:297)的(41)。

的 CP、IP、VP 都作了分解,这时给一个简单句画一张结构树形图也会画得非常复杂,恐怕要占据整整一页。[1] 我们只用以下方式排出各种语类的次序:

(12) a. ForceP > TopP* > FocP > (TopP*) > FinP
　　　b. AgrSP > TP > NegP > AgrIOP > AgrDOP > AspP[2]
　　　c. vP > VP

可能是因为考虑到这样细分后结构过于复杂,不久语法学界又倾向于采用简化的层次:

(13) CP > TP > vP > VP

---

[1] 还要注意到 NP 也已经扩展为 DP,又增加了层次。
[2] = 7.2.1 小节(5)。

8 运算系统及系统的精简

20世纪80年代末管约论还如日中天时,Chomsky已经在酝酿下一场大变革。1988年"Some notes on economy of derivation and representation"的初稿开始在同行之间传阅,后来收入Freidin(1991),这就是最简方案的雏形。不久"最简方案"(Minimalist Program)之名出现在另一篇论文"A minimalist program for linguistic inquiry"的标题上,这篇文章后来收入Hale & Keyser(1993b)。接着Chomsky又写了好几篇论文,汇编成论文集Chomsky(1995a)出版。到90年代中期,最简方案已经取代了管约论。

什么叫"最简"?Chomsky所提倡的"最简"有两层含义:方法论上的最简(methodological minimalism)和实质上的最简(substantive minimalism)。文献上把前者称为弱势最简论(weak minimalist thesis),把后者称为强势最简论(strong minimalist thesis)。

方法论上的最简指科学家进行科学研究时使用的理论假设越少越好。如果有两套理论可以用来说明同样多的事实,其中一套比较复杂,而另一套比较简单,那么从方法论的角度应该认为比较简单的那一套更为优越。凡是无现实依据的、不必要的理论假设一概都删除,这就是所谓的操起奥卡姆剃刀(Occam's razor),这个道理是大家都知道的。任何科学研究都使用精简标准来评估有关理论。

实质上的最简指科学研究对象本身体现精简的机制,这不是针对科学家的研究工作的,而是针对科学研究对象本身的。具体落实到语言学研究就是:不仅语言学家应该用最精简的方法研究语言,而且语言本身的构成和运作也体现了最精简的原则。这一观点基于Chomsky对语言本质的看法。本书1.3.3小节提到:从伽利略开始,牛顿、爱因斯坦等众多大科学家都相信大自然对事物的设计构造是完美无缺的,而Chomsky认为语言也是自然选择的进化过程中接近完美无缺的产品。生成语言学历来有追求实质上的经济的传统,而最简方案特别强调这一方面。

顺便说一下为什么叫最简方案而不叫最简理论？[1]理论是一套假设，按传统的观点，理论可以证伪，虽然Chomsky不太提倡证伪。方案只不过是一个没有定论的计划，一个开放性的框架，在框架之下允许构建不同的理论。方案没有正确还是谬误的问题，只有有效还是无效的问题。方案含有初始、初步的意思，Chomsky把他的新学说称为最简方案是为了留有余地。Boeckx(2006)用了相当的篇幅说明在科学哲学的层面上，方案与理论确有不同的含义。

8.1 运算的精简

最简方案假设人类自然语言共用一套运算系统，只须用有限的几种运算方法就可以构建所有合乎语法的句子。不需要标准理论时代用的词组结构规则，也不需要管约论时代用的X′原则，甚至不需要NP、VP等语类标记就能够用词造句。

8.1.1 最简方案的词库

每个人都掌握至少一种语言，具体地说究竟掌握了什么？一是掌握这种语言的词汇，包括词的读音、意义、词性、用法等等。二是掌握用词造句的规则。打个比方说，一个人掌握了算术，他头脑里知道数字1、2、3、4……，还掌握了加减乘除等四则运算法。本小节先介绍词库，下一小节介绍运算规则。

3.1.2.1小节介绍过早期生成语法的词库(lexicon)。所谓词库相当于一部词典，不过不是印刷出版的词典，而是指人头脑里有关词的知识。说相同语言的人掌握的是大致相同的词库。[2]说不同语言的人掌握的是不同的词库，就像英语词典不同于法语词典。

词库的组成单位是词项(lexical item)。除了单个的词以外，有些成语也作为词项处理，为了方便起见，我们在一般情况下把词项说成词。管约论以抽象的词为单位作为词项列入词库，例如take、takes、took、taken、taking都作为同一个词。最简方案的词库是以词具体的

---

[1] 从Chomsky(2000b：92；2002：96)可以看出，他是有意这样用的。
[2] 有人识的词多些，有人识的词少些，这种数量差别可以忽略不计。

表现形式为单位,take、takes、took、taken、taking 作为不同的词分别列入词库。为什么要作这样的变更下文要说到。

每个词都可以看作是多方面特征的总和,包括语音特征、语义特征、语法特征,例如 take 和 takes 有不同的人称特征,take 和 took 有不同的时态特征。这些特征相当于一般词典中提供的读音、词义、词性、用法等等。会英语的人都知道英语中的词的各种特征,如果问他 take 有什么特征,他可能回答不了,但是他却知道 take 怎么读,是什么意思,怎么用,其实他已经掌握了这个词的特征,反映出了他头脑中的英语词汇知识。

8.1.2 选取与合并

以词库里的词为单位,运用句法知识就能够造出句子来。最简方案与管约论有一个很不相同的观点:最简方案认为所有语言的造句方法都一样,句法就是普遍语法。并非英语、法语、汉语等每种语言各有一套句法,而是总共只有一套句法,就是通用的人类语言运算系统(human language computational system),常用 C_{HL} 符号代表。每个人头脑里都装着 C_{HL} 这部机器随时待命供人使用。由于不同语言的词库不同,输入的词和词的特征不同,运算系统操作起来就有所不同,造出来的句子也就有所不同。

假定人脑的语言运算系统是十分完美的,能够生成语言中所有合格的句子。句法学理论研究的任务是模拟句子生成的过程。现在最简方案模拟造句的流程首先随机抽取词库中的一堆词。抽中的词构成一个集合,借用一个数学术语称之为读数(numeration,用符号 N 代表),例如:

(1) N = {the, boy, girl, likes}

由于同一个词在句子中可以出现不止一次,所以允许同一个词用几遍。具体做法是给每个词标上数字,表示某个词打算要用几遍。

(2) N = {the_2, boy_1, $girl_1$, $likes_1$}

下一步是从集合 N 的成员中选取(Select),抽选其中两个词,例如选取 the 和 boy,组成一个词组结构。这样的组合方式在最简方案中称为合并(Merge)。合并是语言运算系统的一种运算方法,除了合并以外还有移位等其他运算方法,以后再介绍。合并过程中有三个问题要考虑：怎么把词组合起来？组成的结构叫什么名称？两个词哪个在前，哪个在后？

先说第一个问题：怎么把词组合起来。最简方案的结构组成有以下一系列规矩。

最简方案统一采用二分叉（binary）结构，每个结构都只有两个成分组成。为什么要如此？因为二分叉组合是最简单、最基本的组合。三个成分或更多成分的组合都可以把其中的两个先组合起来，然后与其他成分再次组合，反复递归生成。最简方案在组合方式方面也要体现最少、最简。[1]

组合从树的根部的句法单位（root syntactic object）建起。一旦把两个成分组成一个较大的单位，下一轮组合只能以该大单位的整体与其他成分组合，不能再把大单位中的成分分别与其他成分重新组合。这是词组的扩建条件（Extension Condition）。

从本书前面章节可以看到：初期的生成语法接受传统观点，承认有些结构是向心（endocentric）结构，有些结构是离心（exocentric）结构；后来倾向于把所有的结构都看成向心结构。向心结构以两个成分中的一个为主体，称为中心语。中心语与非中心语之间的关系有三类：补足关系、标志关系、附加关系。用6.1.1小节管约论的X′范式画成的树形图可以显示这三种关系。

（3）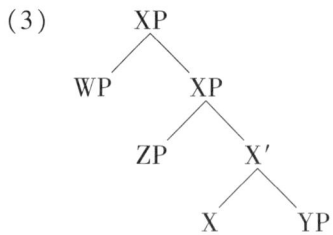

X是中心语，YP是补足语，补足语是中心语的姐妹节点。ZP是标志语，标志语是比中心语高一层的节点。WP是附加语，XP与附加语合起来还是XP，所以形容词、副词等附加语可以一个个叠加，但总共只有X（也可记为X^0）、X′、XP三层。结构树就是这样一层一

---

[1] 管约论后期已经普遍采用二分法，本书曾在7.1.1小节提到过。

层造起来的。

接着说第二个问题:词和词合并后用什么符号表示。

X,X′,XP 等三个层次体现中心语不同程度的扩建,用生成语法的术语说就是中心语不同程度的投射(projection)。X 是最小投射(minimal projection),X′是中间投射(intermediate projection),XP 是最大投射(maximal projection)。管约论采用自上而下的办法扩建结构,图(3)中的符号都是用来表示语类的非终极符号(non-terminal marker),最后把词库里的词填在最下面,成为终极符号(terminal marker),最终完成的树形图如(4):[1]

(4)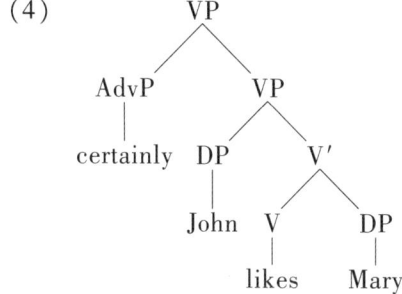

最简方案的结构树形图画法与管约论的画法在以下几方面有所不同。第一,最简方案不是采用自上而下的办法扩建结构,而是自下而上把选取的词逐步合并。第二,最简方案可以不用符号标出 X,X′,XP 三个层次。第三,最简方案可以不用非终极符号,即不用 V、VP、DP 等语类标记。画出来的树形图如(5),如果不用树形图可以改用加括弧的办法如(6):

(5)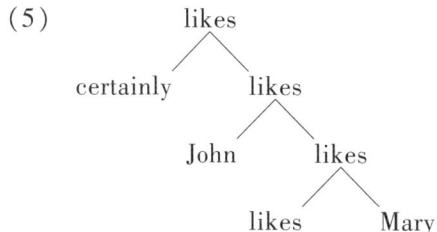

----

[1] DP、AdvP 等内部也有三个层次,但是这里的 DP 和 AdvP 都只有一个词,不把三个层次都画出来。

(6) [likes, [certainly, [likes, [John, [likes, [likes, Mary]]]]]]

(5)没有标出三个层次,尽管看起来和(4)不同,但表达的信息其实还是一样的。John、Mary、likes 等是从词库里选取的词,上文提到所谓词其实是特征的总和,虽然没有标出语类符号,但不难追溯到它们的词类信息。John 和 Mary 都是单个名词,用作 DP,likes 是动词,经过投射扩建。及物动词 likes 和 Mary 是最底层的姐妹节点,它们之间的关系只能是补足关系,likes 是中心语,Mary 是补足语。两者组成的结构不论用什么符号都是中心语的中间投射。中间投射的姐妹节点是标志语,组成的结构不论用什么符号都是中心语的最大投射。图(5)的特点是取消了非终极符号,更加符合最简方案提倡的精简原则。这种表达方式称为无标词组结构(bare phrase structure,简称 BPS)。Chomsky (1995b) 开了使用无标词组结构的先河。[1]虽然在理论上不用标记更能体现最简方案的精神,但实际上最简方案的文献大都还在继续使用大家已经习惯的语类标记。

最后说说第三个问题:两个词合并后的线性顺序,哪个在前,哪个在后。

生成语法早期的句法结构描述是层次高低和线性顺序并用的。管约论后期则多用层次高低,几乎不再用到线性顺序。唯一的重要例外是:涉及中心语与补足语的相对位置时,不能不用到线性顺序。有些语言中心语在前,受它管辖的补足语在后,称为中心语在前语言(head-initial language);而另一些语言中心语在后,受它管辖的补足语在前,称为中心语在后语言(head-final language)。中心语管辖的方向性成了普遍语法的一个重要参数。后来 Kayne(1994) 提出了一项根本性的改革,试图取消中心语参数。他认为结构成分层次高低决定成分的

---

[1] Chomsky 的论文"Bare phrase structure"最早见于 *MIT Occasional Papers in Linguistics*, vol. 5, 1994, 后来收入 Webelhuth (1995)。有关无标结构的问题还可参阅 Uriagereka(1998)的解释。后来,Collins(2002)简明扼要地论证了为什么句法理论可以不用语类标记。

线性顺序,线性顺序并不独立起作用,这一观点影响深远。他的基本意思如下：

(7) 如果在某个结构树形图中非终极符号 X 统制非终极符号 Y,而 Y 不统制 X,那么 X 下属的终极符号均位于 Y 下属的终极符号之前。

Richard Kayne 称之为线性对应律(Linear Correspondence Axiom),缩写为 LCA。

Kayne 认为,所有的语言用合并方式构成的句子线性顺序都是：标志语—中心语—补足语(SHC),即主动宾(SVO)。无论哪一类型的语言标志语都在中心语之前,不但 SVO 语言如此,SOV 语言,甚至 VSO 语言也如此。[1] 有什么根据呢？大家知道类型学研究早就发现人类语言大都属 SVO、SOV、VSO 类型,而 OSV、OVS、VOS 类型极为罕见。如果我们接受 Kayne 的观点,假定 SVO 为基本语序,其他类型都是移位造成的,那么就能够解释为什么后三种类型罕见。要形成 OSV 语序必须把宾语移位,越过主语移到更高一层的标志语位置。要形成 OVS 语言和 VOS 语言必须把宾语和动词一起移位或者分别移位,都越过主语。这都不是直截了当的移法,所以罕有以 OSV、OVS、VOS 为基本语序的。

虽然绝大多数语言标志语都在中心语之前,但并非绝大多数语言中心语都在补足语之前。有许多语言补足语在中心语之前,日语是常举的例子。Kayne 假设这也是经过移位构成的。他认为凡是非主动宾语序都是经过移位构成的。英语的疑问句、被动句不是主动宾语序,也是经过移位构成的。有人打了一个比方：句法结构树好比是一个活动雕塑(Calder mobile),不同的词序如同雕塑在旋转过程中不同时间摄下的照片。

那么为什么不把主宾动看作普遍语法的基本语序,而把主动宾看作是经过移位构成的？常说的理由是：日语等主宾动语言一般有丰富

---

[1] 他还认为所有语类的标志语都在中心语之前。

的形态标志,例如格标志,正是这些强特征触发移位。[1]

尽管 Kayne 的线性对应律存在不少问题,但 Chomsky(1995a)接受了他的观点,认为除了语音形式部分外,最简方案语法模型的其他部分线性顺序都不起作用。

看了上文对最简方案抽词造句过程的介绍,读者也许会产生一些疑问。从词库中抽词是随机进行的,抽取的词数目是任意的,其实就是从词典里随手抓几个词来造句。显然不是任何一堆词都可以合并成句的,假如抓到 cake、speak、right、home 四个词放在一起,无论怎么合并都无法拼成句子。不难想象,只要不停地从词库中抽词,组成不同的集合,最终能够生成所有合格的句子。然而这一随机选词的造句模型必然生成大量不合格的句子。怎么办?最简方案造句模型流程的后半部另外有机制把不合格的组合淘汰。随机生成模型必然是大量出产,大部淘汰,只有少数经检验合格。为什么不在合并过程中加一些规则起鉴别作用,及时排除生成许多不合格的句子呢?因为规则愈少愈好,句法运算部分不妨力求精简。为什么要抽取一堆词作为合并的起始点,把这些词逐一用完呢?为什么不能一个个词直接从词库里选取,用多少取多少,直到句子做完为止?因为最简方案的原则是什么都是愈少愈好,如果边抽取边合并,而不是先抽取后合并,就会造成 the baby may eat '这婴儿也许已经会吃了'已经成句,而不会再有 the baby may eat the cake '这婴儿也许已经会吃蛋糕了'那样更长的句子的情况了。[2]

---

[1] 然而并非所有的主宾动语言都有丰富的形态标志,荷兰语是主宾动语言,但没有丰富的形态标志;也并非所有的有丰富形态标志的语言都是主宾动语言,斯拉夫语言有丰富的形态标志,但不是主宾动语言。Kayne 还举了一些别的理由。他观察到日语等主宾动语言允许反身代词长距离回指,而英语等主动宾语言不允许反身代词长距离回指。他提供了一项解释:主动宾语言从句中的反身代词与主句主语距离很远,所以不能回指;主宾动语言宾语从句经过移位移到了前面,从句中的反身代词与主句主语距离缩短,所以可以回指。他以此证明主宾动语言宾语移位,主动宾语言宾语不移位。可是我们立刻会想到汉语是主动宾语言,宾语不必移位,为什么汉语和日语一样也允许反身代词长距离回指?

[2] Chomsky 设计这样的随机生成模型自有他的道理,但不是人人都赞赏。Seuren(2004)对此提出激烈的批评,他认为这至多是一种纯粹的数学模拟,人说话完全不可能是这么回事,而 Chomsky 恰恰强调语言的生物性。ten Hacken(2006)则说 Seuren 对 Chomsky 的批评是混淆了语言能力和语言运用。

8.1.3 移位

假如句法只合并一种运算方法，那么只能生成(1a)这样的 SVO 语序的句子，而没有办法生成(1b)这样的 OSV 语序的句子。

(1) a. He can do what?

　　b. What can he do?

(1b)是经过另一种句法运算方法——移位(Move)形成的。

移位历来是生成语法的一大特色，最简方案时期对移位进行重新思考。最简方案的移位无论在理念方面还是在操作方面都与管约论的移位有所不同。以下我们讨论有关移位的三个问题：移位怎么操作？移到哪里？为什么要移？

最简方案的移位也是一种合并。所谓移位当然是把一个成分从一个位置移到另一个位置。当一个成分移到了新位置以后，还须在新位置上重新与其他成分合并，所以移位也包含合并。Chomsky(2004b)把结构之内移位加合并称为内部合并(internal merge)，以别于新增加其他成分的外部合并(external merge)。比较以下两句：

(2) a. [$_{TP}$ T [$_{VP}$ arrived [$_{DP}$ a policeman]]]

　　b. [$_{TP}$[$_{DP}$ a policeman]$_i$[$_{T'}$ T [$_{VP}$ arrived t$_i$]]]

(3) a. [$_{TP}$ T [$_{VP}$ arrived [$_{DP}$ a policeman]]]

　　b. [$_{TP}$ there [$_{T'}$ T [$_{VP}$ arrived [$_{DP}$ a policeman]]]]

根据扩充的投射原则(EPP)，句子都要有主语。(2a)和(3a)中 TP 的标志语位置，即句子主语位置，需要填充。有两种做法：或者把后面的 a policeman 移过来与 arrived 内部合并，或者用另一词 there 填充与 arrived 外部合并。

管约论假设某个成分移走之后，在原来的位置上留下一个语迹，如(2b)中的 t，以便根据语迹来追溯移走的成分的某些特征。最简方案的做法是把要移的成分在新位置上复制(Copy)，所以移位就是复制加合并(Copy and Merge)两步操作，这样就不需要语迹了。管约论时代，语迹在结构式中起很大作用。为什么要取消它？因为语迹的身份有点特别，它不是词库里的词项，选词造句的时候并没有它，如果运算中可以不用到它，句法就更为简化了。用复制加合并的办法，(2b)可以改写为(4a)。当然不会把 a policeman 读两遍，最终要把原来位置上的 a policeman 删除成为(4b)。

(4) a. [$_{TP}$[$_{DP}$ a policeman] [$_{T'}$ T [$_{VP}$ arrived [$_{DP}$ a policeman]]]]
b. [$_{TP}$[$_{DP}$ a policeman] [$_{T'}$ T [$_{VP}$ arrived [$_{DP}$ ~~a policeman~~]]]]

现在来回顾一下管约论的几种移位，看看一个成分移走后处在什么位置。

第一种原来称为 NP 移位，后来改称 DP 移位，发生于被动结构、主语提升的结构等。主要作用是把下面某处的 DP 移过来填充到空着的主语位置，即 TP 的标志语位置，取得主格。

(5)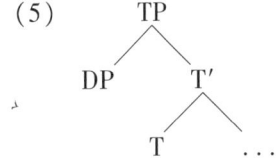

第二种移位是 wh 移位，发生在特指疑问句中，疑问代词移入 CP 的标志语位置。这一移位的主要作用是显示疑问句的结构特色，与陈述句在语序方面有所区分。还有一些其他句式，如 7.2.4 小节讨论 CP 分拆时提到的话题句、焦点句等也采用类似疑问句的结构，把句中某个成分提升移入 CP 的标志语位置。

(6)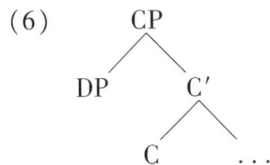

从上面两张树形图中可以看出这两种移位的共同点：移做主语的 DP 和疑问代词 DP 等都是移到标志语位置靠近中心语。

第三种移位是中心语移位，V 到 T 移位或 T 到 C 移位。这种移位的作用是让动词词干和表示时态、人称变化等的词尾紧靠在一起，如下图所示：

(7)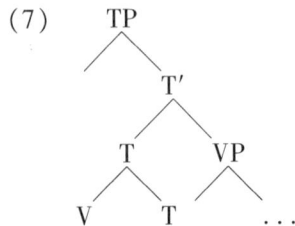

现在可以来探讨移位的原因了。移位的目的是把一个成分搬到与它密切相关的成分附近。生成语法历来认为相关的成分彼此之间的距离不宜太远，往往要受到6.6.1小节提到过的局部性（locality）条件的限制。移位正是为了达到相关相近、相关相邻的目的。再进一步追问：为什么相关成分要相近甚至相邻呢？最简方案提供了一个能概括一切移位的说法：移位都是为了核对特征（feature checking）。核对特征是最简方案的一大特色，我们将在下一小节介绍核对特征的含义和特征理论的发展，看看对特征的研究如何改变对移位的认识。

8.1.4 特征

每一个词都可以分解成一组特征的结合体，由语音特征、语义特征、语法特征组成。词项在词库中已经持有特定的语音特征和语义特征，选词造句的过程中词项带着这些特征进入句法运算系统。句法运算完成以后，语音特征进入PF系统解读，语义特征进入LF系统解读。在句法运算系统需要特别处理的是语法特征，通常称为形态特征（formal feature），例如φ特征（人称、性、数特征）、格特征等等。最简方案问世以来对特征不断在做进一步研究，Chomsky把有关特征的理论屡次更新，成为最简方案的一个亮点。以下把对特征研究的进展做一个简要的介绍。

8.1.4.1 特征的核对

特征的概念受到大家重视以后，过去管约论热衷于探讨的好些问题都从特征的角度来重新认识了。早期的最简方案认定各种移位的动因都是为了让不同的成分在相邻相近环境中核对特征。

管约论假设：DP移位是为了让名词性成分取得主格，移到IP（即TP）内标志语位置，受到定式动词的I（即T）管辖才能取得主格。最简方案初期假设（参见6.4.1小节）：定式动词的T，例如works中的-s，含有主格特征[NOM][1]，而有些名词性成分，例如代词he，也含有主格特征，把代词he提升到TP的标志语位置，其实就是移到临近-s的位置，以便对照特征，特征相同就算通过。

---

[1] NOM是nominative case'主格'的缩写，下文ACC是accusative case'受格'的缩写。

（1）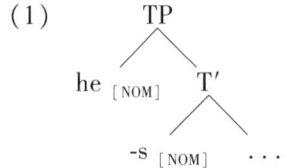

如果移过来的是代词him，而不是he，怎么办？him是宾格代词，不是主格代词，不具有[NOM]特征，而具有[ACC]特征。对照之下发现，him与-s的特征不同，句子就不合格，不能通过。最简方案用相邻成分核对特征的说法至少有一个好处：可以不必提到-s管辖he，不必使用"管辖"的概念。句法得到了简化。[1]

疑问词移位也是出于核对特征的原因。疑问代词具有[+WH]特征，而有些CP也具有[+WH]特征。典型的例子是某些动词，例如ask'问'等，要求跟一个疑问性质的从句CP。比较一下两个句子：

（2）a. John asked [CP if Mary had arrived]（约翰问玛丽是否到了。）

b. *John asked [CP that Mary had arrived]（约翰问玛丽到了。）

(2a)能成立，而(2b)不能成立，这是因为动词ask后面跟的从句CP必须是一个问句，而不能是非问句。用术语来说：这种CP的中心语C带有[+WH]特征，其标志语位置也带有[+WH]特征，疑问词移入带[+WH]特征的标志语位置，形成下列图形：

（3）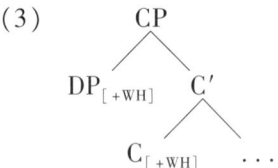

这种移位是为了便于标志语位置上的疑问代词与中心语在相近的环境里对照特征。

中心语移位也是为了便于在相邻的环境里的两个成分核对特征，不过不是一个在中心语位置，另一个在标志语位置，而是两者都在相邻

---

[1] 6.4节讨论的"管辖"曾经是一条主要的普遍语法原则，"管约论"的名称就来源于此。最简方案声称，不用它也能说明问题。

的中心语位置,例如:

(4)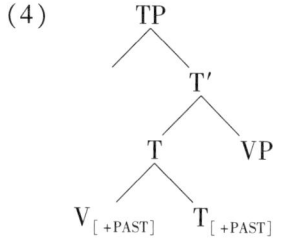

有许多语言要求动词词干的某种形态与动词词尾的某种形态配合,最简方案把这类形态配合也归入核对特征。

这样就把三种移位的驱动原因统一于核对特征。

8.1.4.2 特征的复制

随着最简方案向纵深发展,许多研究者的注意力集中于探讨一致关系(agreement)。一致关系同时存在于多个句法成分之间,存在于名词与动词之间、名词与形容词之间等等。例如名词性成分有 φ 特征,动词性成分也有这些形态特征,而名词性成分与相关的动词性成分的形态特征必须一致。比较以下两句:

(1) a. He works there. (他在那里工作。)

　　b. *They works there. (他们在那里工作。)

(1a)句名词性成分代词 he 具有第三人称、单数 φ 特征,动词 works 也具有第三人称、单数 φ 特征,两者一致,所以句子合格。(1b)句动词 works 有第三人称、单数特征,而代词 they 有第三人称、复数特征,和动词的特征不一致,所以句子不合格。动词和名词在人称、性、数等方面必须保持一致是印欧语语法的一个基本点。[1]

7.2.1 小节提到 20 世纪 90 年代曾经把表达一致关系的成分 Agr 看作中心语,引出功能性语类 AgrP,甚至区分动词与主语的一致关系和动词与宾语的一致关系,因此有 AgrSP 和 AgrOP 之分。后来 Chomsky(1995a, 2000b, 2001)都探讨了如何更好地处理特征的一致关系。他提出了两个重要观点:一是一致关系特征依附于其他句法成

---

[1] 最简方案把格关系也纳入一致关系,用相同的办法处理。

分，不构成独立的功能性语类；二是一致关系不参与句子的语义解读。由此引发了特征理论的演变。

最简方案初期的特征理论假设：一个词项有什么形态特征都在词库里规定，进入句法运算系统后只待核对。后来的特征理论与初期的理论相比，在几个方面有所不同。新的理论假设：词项的有些特征在词库里已经取值(valued)，而有些特征在词库里尚未取值(unvalued)，尚未取值的特征进入句法运算系统以后才能取值。举两个例子说明。一个例子是英语助动词 be。它有时态特征，也有人称和数特征，这两项特征性质并不一样。是现在时还是过去时确有实质性的意义区别；而人称和数的区别纯属语法形式上的要求，没有意义区别。为了反映这两类不同性质的特征，不妨假设助动词的时态特征在词库里已经取值，而人称和数特征在词库里尚未取值，进入句法运算系统才会取值，也就是说要进入句法运算系统确定与主语的关系之后，才能区分是第一人称单数 am，还是第三人称复数 are，等等。另一个例子是英语代词。英语代词有人称和数特征，还有格特征。代词人称和数特征，与助动词人称和数特征不同，有实质意义。所以假设代词的人称和数特征是在词库里已经取值的，是已经定下来的第一人称单数，或第三人称复数；而它的格特征没有实质意义，不在词库里取值，也就是说要进入句法运算系统才取值，才能确定是主格还是宾格，才能区分 I 和 me、they 和 them。

句法运算过程中怎么取值？从哪里取值？一个解决办法是给语言运算系统增设一种句法运算方法，即一致(Agree)。使用这种运算方法的条件如下：

(2) 使 α 与 β 一致，当且仅当：

    a. α 与 β 相配；

    b. β 在 α 域内；

    c. α 与 β 均待用；

    d. 没有 γ 介于 α 与 β 之间。

我们逐条解释。(2a)要求 α 与 β 在取值方面相配。相配指两个成分 α、β 具有相同的形态特征[F]，而且取相同的值；或者其中一个成分 α 的特征[F]已经取值而另一个成分 β 的特征[F]尚未取值。当 α 和 β 的特征

[F]均已取值,而取不同的值时,两者不相配。(2b)是对α、β所处结构位置的要求,β在α域内指α统制β。(2c)指α、β有LF层面上不可解读的特征。[1](2d)指α、β同处于局部范围内最靠近的位置。[2]以上条件都满足时,启动操作。Chomsky把未取值的特征比作探测器(probe),把已取值的特征比作目的物(goal)。探测器在一定的范围内搜索,一定的范围是指它所统制的结构范围。探测到范围内某个成分有与它相同的特征,而且已经取值,就可以把它复制过来,使两者特征的值取得一致。

以下我们举例来显示如何具体操作。[3]要生成的句子是被动句(3)。句中有助动词 be 和第三人称复数代词。从题元的角度分析这个代词是动词的受事,所以先处于动词的补足语位置,如图(4)所示。

(3) They were arrested.

(4)

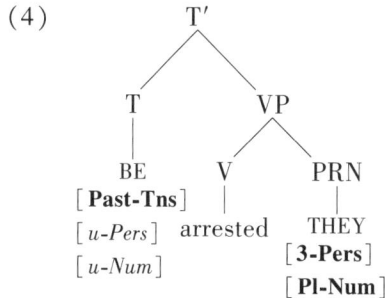

为了便于区分,已取值的特征用黑体,未取值的特征用斜体。助动词 be 的时态特征(Tns)已确定是过去时(Past),其人称特征(Per)和数特征(Num)前面的字母 u 表示尚未取值。代词的人称特征已确定是第三人称(3-Pers),数特征已确定是复数(Pl-Num)。[4]

(4)中 be 未取值的人称特征和数特征搜索它所统制的范围,探测

---

[1] 8.1.4.3 小节将解释什么是 LF 层面上不可解读的特征。
[2] 注意(2)并没有规定α、β一定要分别处于标志语 Spec 与中心语的结构位置上。
[3] 引用 Radford(2004:285—286)的例子略加简化。
[4] Radford(2004)所用的符号全称和译文如下,个别符号与本书其他地方用的略有不同:

Num	number	数
Past	past	过去时
Pers	person	人称
Pl	plural	复数
Tns	tense	时态

到受它统制的代词也有人称特征和数特征,而且已经取值,就可以把它复制过来。于是从(4)演化为(5)。

(5)

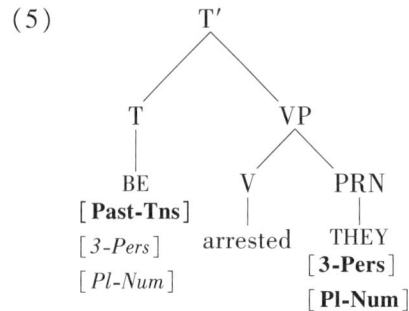

到此为止,助动词几个特征都取值完毕,把这些已经取值的特征输入 PF 层面就可以确定用 were 的形式读出来或者拼写出来,这叫做定型(spelled out)。[1]

8.1.4.3 特征的删除

以上说的是句法运算系统形成的句法单位如何定型,以便输入 PF 层面作语音解读。句法单位连同词及词的特征还要输入 LF 层面作语义解读,然而并非所有的形态特征都能作语义解读。还是用上面的例子说明。代词和助动词都有人称和数特征,可是它们在 LF 层面上的作用不一样。代词的人称和数都有意义,"他"和"你""我"意义不同,"他"和"他们"意义也不同。而助动词的人称和数只是语法形态区别,am、are、is 并没有实际语义区别。还有定式动词也有人称和数,也只是语法形态区别,work 和 works 也没有实际语义区别。Chomsky(1995a,2000b)的说法是特征有可解读([+ Interpretable])与不可解读([−Interpretable])之分:代词的人称和数特征是可解读特征,助动词的人称和数特征是不可解读特征。[2]第 6 章开头提到一条普遍原

---

[1] 以上还只是说了助动词的定型,到这阶段代词还有格特征尚未取值。(5)中的代词写作 THEY,要等到确定是主格以后,还要移位到句子主语位置,然后输入 PF 层面确定用 they 的形式,而不是用 them 的形式。代词格特征取值的操作方式与助动词人称特征和数特征取值的操作方式类似,下文 8.2.2 小节再介绍。

[2] 后来 Chomsky(2001)采用另一个二分法,区分词库里已取值的特征和词库里未取值的特征,并且认为是否取值与可否解读两对概念有对应关系:在词库里已取值的特征都是在 LF 层面可解读的特征,在词库里未取值的特征都是在 LF 层面不可解读的特征。

则,称为完全解读原则(Principle of Full Interpretation)。这条原则的意思是在 LF 层面所有的特征最终都要得到解读,所以要把不可解读的特征在进入 LF 层面以前取消,取消这类特征称为特征删除(feature deletion)。

仍以上文 8.1.4.2 小节的树形图(5)为例,看看特征删除在技术上如何具体操作。确认助动词和代词的人称特征都是第三人称,数特征都是复数之后,下一步就是删除助动词的这些特征,见下面的(1)。

(1)

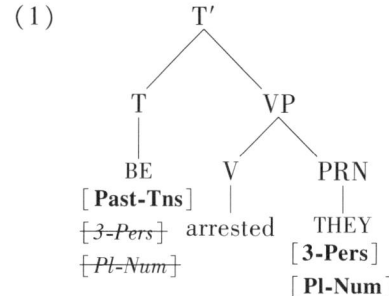

把上一小节的(5)和这里的(1)比较就可以看出删除助动词不可解读的特征在图形上相应的变化。

请注意,近期最简方案的删除特征与早期最简方案的词语移位加删除是不同的做法。所谓删除特征是指使有关特征在 LF 层面上隐形,而在 PF 层面上仍旧保留,删除后的形态特征有语音体现,而没有语义解读。词语移位后删除却是为了在 PF 层面不要把同一个词前后说两遍,而能在 LF 层面追溯语义解读需要的信息。

从以上的介绍可以看到,最简方案对特征的处理经历了不同的阶段。开始时,假设通过移位和核对来确认特征,后来,假设通过搜索和复制达到特征一致,还要把纯属语法形式需要而无法进行语义解读的特征在离开运算系统之前删除。为什么最简方案要对特征,尤其是对表示一致关系的特征如此重视? 这要提到科学哲学的高度来认识。1.3.3 小节提到 21 世纪 Chomsky 强调人类的语言运算系统出自大自然完美的设计,精简而无冗余之物。然而大家很容易想到自然语言颇有欠完美之处,印欧语系语言的语法要求名词和动词形态取得一致就是一个随手可得的例子。以汉语为母语的人学印欧语系的语言在这方面都深有体会。名词性成分有人称和数可以理解,但还要在动词上加相应的标记,这岂非多余？如果语言真是像 Chomsky 说的那样完美无缺,那么出现一致关系那样明显属于多余的不完美之处一定有其道理,也一定有解决办法。所以他要以此为典型不遗余力研究和解决问题。

8.2 语法模型的精简

管约论时期使用的语法模型是第 6 章一开始画出的流程图(2),这一模型称为 T 模型。图中的方形框表示语法的组成部分,相当于生产流程经过的各大车间。基础部分、转换部分、语音式部分、逻辑式部分,文献中也称为 D 结构层面、S 结构层面、PF 结构层面、LF 结构层面。图中的椭圆形框是语法各部分输出的句子结构式,相当于生产流程中各车间加工后的产品。

最简方案的语法模型在 T 模型的基础上简化了生产流程。具体说是取消 D 结构和 S 结构两大组成部分层面,保留 PF 结构层面和 LF 结构层面两个部分。最简方案的流程图如下：

(1)
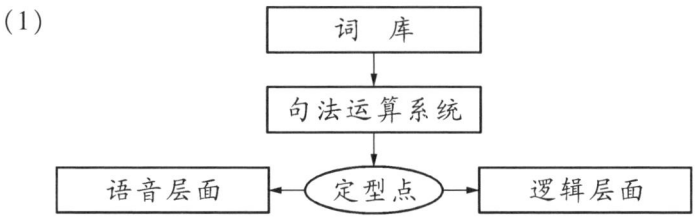

新的模型仍然呈倒 T 字形,不过更加简化,只留下了必不可少的部分。要生成句子必须用词组建,所以词库和运算系统是不可缺少的。句法生成的句子最终必须通过语音表达出来,必须表示一定的意义,这就需要句法与语音的界面及句法与语义的界面。Chomsky 把前者称为发音-感知(articulatory-perceptual)的界面,其作用是驱动说话者发声,听话者感受声音。后者称为逻辑层面,是概念-意念(conceptual-intentional)的界面,其作用驱动说话者表达意思,听话者理解意思。

8.2 节已经介绍过词库和运算系统,本节先探讨 D 结构层面和 S 结构层面能不能取消,取消之后的模型还能不能起原来的作用,然后说说 LF 层面在最简方案里起的作用。

8.2.1　取消 D 结构层面

管约论的 D 结构层面有几项重要功能,一旦取消 D 结构层面这些功能会不会受到影响?

管约论的 D 结构层面是词库中的词进入语法的第一关。D 结构层面的一个主要功能是以 X′ 程式为依据构建词组、句子等句法单位。管约论生成句子的顺序是自上而下的,先出现树形结构高层的词组或句子语类符号(如 IP、VP),然后朝下层分解扩展,把词组语类分解到单词语类(如 V、N),最后按单词语类的类别填上从词库中选取的词。由于词组、句子可以递归生成,词组和句子的长度及内部结构的复杂程度都是无限的。一旦填词工作完成,词组、句子的长度便基本确定。[1]

最简方案的语法模型必然也要能够递归生成大大小小的结构树,长长短短的词组、句子,但是并不为了完成这一任务专门设立一个 D 结构层面。打个比方说,工厂还是要完成这道工序,但是并不专门设立一个车间。最简方案在句法运算系统中从词开始,自下而上一步一步合并,也能造出不同长度的词组和句子。有关合并的基本概念和操作方法 8.1.2 小节已经介绍过,但是没有举具体的例子。这里举一个例子。要生成句子(1),可以按(2a)—(2c)的步骤合并。

(1) John will meet Mary.（约翰会遇到玛丽。)

(2) a. meet + $_{Merge}$ Mary → [$_{VP}$ meet Mary]

　　b. VP + $_{Merge}$ will → [$_{T'}$ will [$_{VP}$ meet Mary]]

　　c. T′ + $_{Merge}$ John → [$_{TP}$ John [$_{T'}$ will [$_{VP}$ meet Mary]]]

上面用 +$_{Merge}$ 表示合并,箭头后面的部分是合并以后的结构。[2] (2a)—(2c)不是唯一的表达方式,也有人写为(3a)—(3c)。

(3) a. Merge (meet, Mary) → [$_{VP}$ meet, Mary]

　　b. Merge (will, VP) → [$_{T'}$ will, [$_{VP}$ meet, Mary]]

　　c. Merge (John, T′) → [$_{TP}$ John, [$_{T'}$ will, [$_{VP}$ meet, Mary]]]

8.1.2 小节提到最简方案的结构式可以用无标形式,如果不用 VP、TP

---

[1] 句子离开 D 结构层面进入 S 结构层面以后可以通过移位改变词的相对位置,但基本上不影响句子的长度。

[2] (2c)相当于管约论的 D 结构式,经过一系列移位可以得到 S 结构式。

等语类符号,可以把(3)改写成(4)。

(4) a. Merge (meet, Mary) → [meet, Mary]

b. Merge (will, [meet, Mary]) → [will, [meet, Mary]]

c. Merge (John, [will, [meet, Mary]]) → [John, [will, [meet, Mary]]]

不论怎么写,以上的例子都说明最简方案不依靠 X′ 系统构造 D 结构式也一样能够造句子。

管约论的 D 结构层面的另一个重要作用是确定题元位置和非题元位置,因为过了这一阶段到了后面 S 结构层面就难以区分两者了。管约论认定题元准则从 D 结构层面起就已经生效,贯穿 D 结构、S 结构和 LF 结构各个层面(参阅6.2.2—6.2.4 小节)。下面举包含不定式从句的句子(5)、(6)为例说明为何只能在 D 结构层面区分题元位置和非题元位置。

(5) John tried to work hard.(约翰设法努力工作。)

(6) John seemed to work hard.(约翰看来努力工作。)

上文提到管约论结构树在 D 结构层面产生,先有语类符号再填词。如果主句动词 V 位置填的是 tried '设法',从句动词位置填的是 work '工作',那么主句和从句各自需要一个施事题元。主句动词的施事角色由主语位置上的 John 承担,从句动词也需要一个施事,但是由于从句动词是不定式动词,其主语只能用一个空语类 PRO。D 结构式填词后呈以下形式:

(7) [John tried [PRO to work hard]]

如果主句动词位置填的词不是 tried,而是 seemed '看来',情况就不同了。动词 seemed 不用施事做主语,而从句动词 work 仍需要一个施事主语,所以填词后 D 结构式应该是:

(8) [__ seemed [John to work hard]]

由此可见,在 D 结构层面填完词之后就确定了:tried 的主语位置是有题元的位置,seemed 的主语位置是没有题元的位置。这就是控制动词 try 和提升动词 seem 的区别,这是管约论研究的一大重点课题。而这一区别只有在 D 结构层面才显示出来,到了 S 结构层面,为了满足英语主句主语不可空缺的原则,从句主语 John 移到主句主语位置。(7)、

(8)的 S 结构式的语序就是(5)、(6)最终所显示的语序,这时控制动词和提升动词的区别在结构式中看不出来了。

最简方案的语法模型取消了 D 结构层面,怎么体现控制动词和提升动词的区别呢? 其实只须稍作调整就能解决问题。可以假设:一、指派题元与合并同步进行,一面合并一面指派题元;二、移位不指派题元,而是携带已经分派到的题元移位。我们根据以上假设来看如何在合并过程中体现(7)和(8)的区别。[1] 先看(7):当 PRO 与内层的 T′合并时,派到一个施事题元;当 John 与外层主句的 T′合并时,也派到一个施事题元,两个施事题元分别在从句和主句的主语位置得到落实,符合题元准则。再看(8):John 与内层从句的 T′合并时,派到一个施事题元;主句动词是 seemed,不指派施事题元,当 John 移位时,带着已经获得的题元移到主句主语位置。假如在(8)的从句主语位置填入 PRO,那么 John 只能填进主句主语位置,而主句动词 seemed 不能指派题元,John 得不到题元,违反题元准则。这么处理虽然没了 D 结构,仍然能区分控制动词和提升动词。

以上例子表明没有 D 结构和有 D 结构一样好,而有些情况下没有 D 结构反而比有 D 结构更好。Chomsky(1995a:188)举的例子是:

(9) John is easy to please. (约翰容易讨好。)

这是早期的生成语法经常引用的经典例子,当时认为 John 本来是从句动词 please 的宾语,移到前面做主句的主语。这个句子用管约论处理起来有些麻烦。这不像是 DP 移位,因为宾语 John 处于有格的位置,没有理由移到主句主语位置。另一个问题是:这个句子的主句主语位置是有题元的位置还是没有题元的位置? 如果是有题元的位置,为什么允许用非人称代词 it 做主语?

(10) It is easy to please John. (讨好约翰容易。)

如果主句主语位置是没有题元的位置,那么 John 就不能在 D 结构层面填进来,这就和(8)中的 John 不能在 D 结构层面填入 seemed 前的主语

---

[1] 这里不详细写出一步一步的合并过程,请读者参看(2a)—(2c)列出的各个步骤。与正在讨论的问题有关的步骤是(2c):主语与 T′合并为 TP。

位置是一样的道理。假如如上文所说,(9)中的 John 不是从后面宾语位置上移过来的,那么只能是在 D 结构以后的层面填进来的。可是管约论又规定填词工作必须在 D 结构层面完成,过后不能再填。所以进退维谷,几面碰壁。如果撤销 D 结构层面,上述种种限制也就随之消失。用最简方案的做法只需要合并和移位穿插进行,就可以造出这个句子来。[1]

由此看来,取消 D 结构层面不仅不会造成困难,反而能够解决个别以往管约论所不能解决的问题。

8.2.2　取消 S 结构层面

S 结构层面的一大功能是确定名词性成分的格。按管约论的设计,名词性的词项在词库中是不带格的。当这些词项进入结构树,与其他成分产生一定的结构关系以后才获取格。宾格由动词词组的中心语动词 V 赋予,主格由句子的中心语 I(后来称为 T)赋予。赋格不可能在 D 结构层面进行,只能在 S 结构层面进行。这一点可以从下面两个例子看得很清楚。以下(1)是被动结构,(2)是主语提升结构。

(1) He was invited. (他受到邀请。)

　　D 结构式:[$_{TP}$__ was [$_{VP}$ invited he]]

　　S 结构式:[$_{TP}$ he$_i$ was [$_{VP}$ invited t$_i$]]

(2) He seems to be happy. (他看来很幸福。)

　　D 结构式:[$_{TP}$__ [$_{VP}$ seems [$_{TP}$ he to be happy]]]

　　S 结构式:[$_{TP}$ he$_i$[$_{VP}$ seems [$_{TP}$ t$_i$ to be happy]]]

这两个句子的 D 结构式中 he 都处于得不到格的位置。(1)中的 he 受被动态的 invited 管辖,被动态成分不能赋格。(2)中的 he 受不定式 to 管辖,不定式成分也不能赋格。只有当 he 移入句首位置以后,才能从定式 T 获取主格,所以至少要到 S 结构层面才能够给名词性成分赋格。赋格不宜太早也不宜太迟,不能拖到 LF 层面。那是因为管约论的语法模型是倒 T 字形的,S 层面之后结构式便分别进入 LF 和 PF 两个层面,如果要等到 LF 层面才确定格,PF 层面就不知道人称代词是主格还

---

[1] 按 Chomsky 的想法,这句所用的移位不是 DP 移位,而是算子(operator)移位,具体做法这里不介绍。

是宾格，不知道应该把人称代词读作 he/hi:/，还是应该读作 him /him/。如果执行管约论的做法，似乎只能在 S 结构层面确定名词性成分的格，正因为如此，大家一直认为 S 结构层面是不可缺少的语法层面。

其实管约论设立 S 结构层面主要是出于理论本身的需要，只须作一些技术方面的调整，赋格就不一定非要在 S 结构层面操作不可。有几个办法进行技术处理。

一个办法是在词库中处理。从 8.1.1 节的介绍我们已经知道，早期的最简方案中词库是以词具体的表现形式为词项单位的，he、his、him 都作为不同的词分别列入词库。每个词都有其独特的特征，以上三个词都有第三人称特征、单数特征、阳性特征，此外 he 还有主格特征，his 还有所有格特征，him 还有宾格特征。这些词在与其他词合并的过程中一直保留固有的特征，以后可以在一定的句法位置上核对特征。这样就不一定要专门设立 S 结构层面处理格，等到了 LF 层面处理也可以。既然 he 在词库里就带有主格特征，在句法运算过程中一直保留主格特征，进入 PF 层面做语音解读时就有足够的信息依据知道应该读作 he/hi:/，而不是读作 him/him/。

另一个处理办法是运用 8.1.4.2 小节介绍过的特征取值的办法。我们仍以 8.1.4.2 小节的句子(3)和树形图(4)、(5)为例。那时我们只讨论了人称和数特征的取值，没有讨论格特征的取值。现在我们把格特征加在树形图(5)上画成下面的(3)[1]：

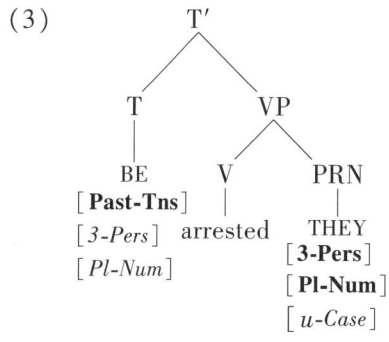

---

[1] 引自 Radford(2004:286)。

图中代词下面的[u-Case]表示该代词格特征尚未取值（Case unvalued）。助动词 BE 有[Past-Tns]特征,表示该助动词用过去时,既然是过去时,那么这里的 T 一定是有时态的、定式的,可以赋予主格（nominative case）。[1]代词因此可以从助动词的时态取值。

（4）
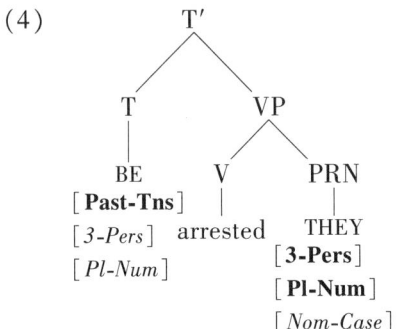

最简方案用特征复制取值的办法取代了管约论在 S 结构层面赋格的传统做法。

S 结构层面的另一个重要功能是确定反身代词、人称代词以及其他名词性指称成分之间的同指和异指关系,即管约论多年来重点研究的照应和约束现象。管约论三条著名的约束原则究竟是在语法的哪一个层面生效是个非常复杂的问题,从有些语料看似乎是在 D 结构层面,从有些语料看似乎是在 S 结构层面,从有些语料看又似乎是在 LF 结构层面。这里只看一个例子,（6a）、（6b）、（6c）分别为（5）的 D 结构式、S 结构式和 LF 结构式。

（5）John wondered which picture of himself Bill liked.（约翰想知道比尔喜欢自己的哪一张照片。）

（6）a. [$_{TP}$ John$_i$ wondered [$_{CP}$ [$_{TP}$ Bill$_j$ liked [which picture of himself$_{i/j}$]]]]

b. [$_{TP}$ John$_i$ wondered [$_{CP}$ [which picture of himself$_{i/j}$]$_k$ [$_{TP}$ Bill$_j$ liked t$_k$]]]

c. [$_{TP}$ John$_i$ wondered [$_{CP}$ [which picture of himself$_{i/j}$]$_k$ [$_{TP}$ Bill$_j$

---

[1] 6.3.2 小节说明有时态的定式动词、助动词能赋格,没有时态的不定式动词、助动词不能赋格。

liked t$_k$]]]

这个英语句子在演化过程中显然经过移位,把疑问词组 which picture of himself'自己的哪一张照片'从句末移到 CP 的标志语位置,这是典型的 wh 移位。这个英语句子和与它相应的汉语句子一样,都是歧义句,有两个解读。歧义在于 picture of himself'自己的照片'可以指约翰自己的照片(为了叙述方便起见,我们称为第一解读),也可以指比尔自己的照片(我们称为第二解读)。约束原则规定反身代词必须在局部范围内回指先行语,通俗地说,反身代词必须回指近处的名词,不能回指远处的名词(参阅 6.5.2.1 节)。如果约束原则在 D 结构层面生效,得到的是第二解读,反身代词 himself'自己'回指近处的 Bill。要得到第一解读,约束原则必须在 S 结构层面生效,which picture of himself 往前移之后,与 John 靠近,反身代词 himself 才能回指 John。

最简方案要取消 D 结构层面和 S 结构层面,怎么处理类似上述的约束问题呢?取消了 D 结构层面和 S 结构层面以后,约束原则只能在 LF 结构层面生效。(5)这个句子的 LF 结构式(6c)和 S 结构式(6b)相同,反身代词 himself 只能回指 John,怎么能得到两个解读呢?最简方案还是能够通过技术处理解决问题。8.1.3 节中提到最简方案中移位的具体操作方法,移位是复制加合并。所以(5)的 LF 结构式如下(省略了所指标记):

(7) [$_{TP}$John wondered [$_{CP}$ [which picture of himself] [$_{TP}$ Bill liked which picture of himself]]]

到了 LF 结构层面简化结构式,把重复的部分删除,要在由移位复制造成的两个 which picture of himself 之中删去一个,有两种删法:

(8) a. [$_{TP}$John wondered [$_{CP}$ [which picture of himself] [$_{TP}$ Bill liked ~~which picture of himself~~]]]

b. [$_{TP}$John wondered [$_{CP}$ [which ~~picture of himself~~] [$_{TP}$ Bill liked ~~which~~ picture of himself]]]

如果用(8a)所示的删法,得到第一解读;如果用(8b)所示的删法,得到第二解读。[1]

作了适当的技术调整之后,取消了 S 结构,最简方案也能解决管约论所能解决的问题。

8.2.3 保留 LF 层面

LF 是逻辑式(logical form)的缩写。很久以来 LF 层面是 Chomsky 语言学的一个特色,别的语言学并不都设立类似的层面。要了解 LF 层面是什么,先要认识清楚 LF 层面不是什么。对 Chomsky 语言学不甚了解的人往往以为 LF 层面就是语义层面,甚至是思维层面,其实不是。LF 层面是句法层面和语义层面的界面,用 Chomsky 更为精确的话来说,是句法运算系统与概念-意念系统的界面。LF 层面既与句法有关,也与语义有关,既不完全是句法,也不完全是语义,所以说是界面。

进入 LF 层面的入口在哪里?生成语法各个阶段的模型有不同的说法。LF 结构式有点相当于早期生成语法的深层结构,在生成语义学的模型里深层结构是流程图的始发点,位于表层结构之前。管约论的模型 LF 层面接在 S 结构层面之后。最简方案模型(参见 8.2 节流程图(1))LF 层面的入口在句法运算系统的终点。进入 LF 层面的是语言运算系统生成的结构式。结构式进入 LF 层面后由该层面的操作系统进行处理,处理的方式与句法层面的操作方式一样,也无非是选取、合并、移位。LF 层面操作的目的是就某些语义方面进行解读。

现在从一些具体的语言事实来认识 LF 层面。先从题元说起。施事、受事等题元是语义关系,虽然是语义关系,在句法结构中也有所体现。在典型的施动句中,施事占据主语位置,受事占据宾语位置。表示受事的成分在被动句中经过移位才能占据主语位置。施受语义关系在句法结构的基础上就可以解读。可惜并非所有的语义关系都可以在句法结构基础上解读。量词的辖域便是无法在句法结构基础上直接解读的典型例子。以下一个句子包含两个量词:

---

[1] (8b)为什么要分两处删,在前面删去 picture of himself,又在后面删去 which? 这是因为 LF 结构式里疑问词必须占 CP 的标志语位置。

(1) Every boy loves some girl.（每个男孩爱一个女孩。）
这个句子有歧义。一个解读是：各个男孩都爱一个女孩，各人爱的是不同的女孩。这样解读时全称量词 every 占宽域（wide scope），存在量词 some 占窄域（narrow scope）。句子(1)的另外一个解读是：有一个女孩，每个男孩都爱她，所有的男孩都爱同一个女孩。这样解读时存在量词 some 占宽域，全称量词 every 占窄域。这是逻辑学的 ABC。

问题在于这两个解读在 D 结构层面和 S 结构层面都并没有两个不同的句法结构式与它们分别对应。句法不能像分辨施事受事那样方便地分辨量词的宽域窄域。如果生成语法的模型只有 D 结构层面和 S 结构层面，那么量词辖域这么一个重要的语义逻辑问题就无法直观地体现。为了处理这类现象特地增加了一个层面，这一层面上的操作是把句法层面输出的同一个句法结构式经过不同的移位派生出两个不同的结构式，从而区分量词的宽域和窄域。生成语法把这一层面命名为逻辑式层面，通常称为 LF 层面。句子(1)的句法结构式到了 LF 层面推导出两个 LF 结构式：

(2) a. [every boy$_i$ [some girl$_j$ [t$_i$ loves t$_j$]]]
  b. [some girl$_j$ [every boy$_i$ [t$_i$ loves t$_j$]]]

LF 结构式(2a)中全称量词 every 占宽域，存在量词 some 占窄域；LF 结构式(2b)中存在量词 some 占宽域，全称量词 every 占窄域。两个量词各约束一个变量，就是移位后留下的语迹 t。于是 LF 层面做到了句法层面做不到的事，很容易就把两个解读做了直观的区分。

(2a)和(2b)是通过移位构成的，这种 LF 层面上的移位不是显性的（overt）移位，而是隐性的（covert）移位。隐性移位显然不是物理性的，至多是心理上的。人们说话和书写的时候使用的还是(1)，而不是(2a)、(2b)。Chomsky 强调句法，他又不愿意把句法的范围定得太窄，建立 LF 层面起的作用是把某些语义逻辑现象化解，以便用句法手段处理。

LF 层面不仅仅处理量词辖域，也处理与量词辖域类似的其他一些语言现象。讨论得比较多的是对 wh 疑问句的处理。生成语法历来认为(3a)那样的疑问句中，句首的疑问代词是由后面移到 CP 的标志语位置上的，其 S 结构式(3b)显示移位的轨迹。

(3) a. What did he buy?（他买了什么？）

b. [what$_i$ [did he buy t$_i$]]

(3b)中疑问代词约束语迹,相当于(2a)、(2b)中量词约束变项。这就是模仿处理量词的方式来处理疑问词的依据。

假如句中有不止一个疑问词怎么办？有些语言,例如保加利亚语、罗马尼亚语,把几个疑问词都移到前面去,而英语语法规定在 S 结构层面只能把其中之一移到前面去,移了 who 就不能再移 what。(4a)是 D 结构式,(4b)是 S 结构式。

(4) a. who bought what?（谁买了什么？）

b. [who$_i$ [t$_i$ bought what]]

这种情况下,我们可以进一步参照处理量词的办法,假设在 LF 层面把另一个疑问词也移到前面去,(4c)是 LF 结构式。

(4) c. [what$_j$ + who$_i$ [t$_i$ bought t$_j$]]

两个疑问代词一个在 S 结构层面显性移位,一个在 LF 层面隐性移位。到了 LF 层面两者都在 CP 的标志语位置,都得到疑问语义的解读。

既然英语可以把 S 结构层面没有移位的疑问词留到 LF 层面去移,其他语言应该也可以照此办理。汉语、日语、韩语当然也有与英语 wh 问句相当的疑问句,也有与英语 wh 词相当的疑问词,但是这些语言的疑问词一般不需要移到句首。假如英语疑问词和汉语疑问词都有 [+WH]特征,英语疑问词要移位,核对疑问词特征,汉语疑问词不需要移位,不需要核对疑问词特征,一样能得到疑问句解读,那么就推翻了最简方案的基本思想：人类语言的句法运算相同。为了使这些语言的疑问句与英语疑问句显得一致,许多人主张仿效处理英语双重 wh 疑问句的办法,假设这些语言中在 S 结构层面不进行显性移位的疑问词也是在 LF 层面隐性移位,于是汉语句子(5a)的 LF 结构式是(5b)。

(5) a. 他买了什么？

b. [什么$_j$ [他买了 t$_j$]]

汉语的双重 wh 疑问句中两个疑问词都是在 LF 层面移位,汉语句子(6a)的 LF 结构式是(6b)。

(6) a. 谁买了什么？

b. ［什么$_j$ + 谁$_i$［t$_i$买了 t$_j$］］

把(3b)和(5b)比较,把(4c)和(6b)比较可以看到,虽然英语疑问句和汉语疑问句表面上不一样,但如果采用隐性移位的办法,两者的逻辑式几乎是一样的。

以上用的是管约论的结构式,换成最简方案复制加合并构成的结构式,(3b)和(5b)应写为:

(7)［what［did he buy what］］

(8)［什么［他买了什么］］

复制以后有两个 what、两个"什么",最终必须删去其中之一。英语疑问句和汉语疑问句的区别在于删去哪一个,删去后面一个就是显性移位,删去前面一个就是隐性移位。

(9)［what［did he buy ~~what~~］］

(10)［~~什么~~［他买了什么］］

为什么英语疑问词 what 显性移位而汉语疑问词"什么"隐性移位,而不是汉语疑问词显性移位而英语疑问词隐性移位呢? 在管约论时代将这类差异归结为语言参数差异,并不深究原因。到了最简方案时代不再提参数差异,必须有一个新的说法。最简方案的说法是:英语句子 CP 的疑问特征是强势特征,所以要求疑问词通过显性移位靠近 C 以便核对特征;汉语句子 CP 的疑问特征是弱势特征,所以只要求疑问词通过隐性移位在 LF 层面与 C 核对特征。

强势特征和弱势特征的区别也用于处理语言之间其他方面的不同。7.1.1 节在比较各种语言中心语移位时提到,法语须把 VP 的中心语上移,越过频度副词移到 IP 的中心语位置,而英语 VP 的中心语可以留在原地不动。因此法语句子(11)和英语句子(12)词序不同:法语动词在前,副词在后;英语副词在前,动词在后。

(11) Il mange souvent des pommes. (他常常吃苹果。)

(12) He often eats apples. (他常常吃苹果。)

造成词序不同的原因也可以看成是因为法语的 I 有强势特征,要求动词在句法运算时显性移位靠近它核对特征,而英语的 I 只有弱势特征,只要求动词在 LF 层面隐性移位核对特征。也就是说,英语和法语的词序只会体现在声音方面,在 PF 层面上;在意义方面,在 LF 层面上并没有不同。(12)中的英语动词到了 LF 层面也会移到副词 often 前面去,与法语句子(11)词序一致。

强势特征和弱势特征的区别也用来说明为什么有的语言允许省略主语,而有的语言不允许省略主语。原则上句子必须有主语,这可以认为是句子(TP)的一种特征,来源于 6.2.4 小节、7.1.1 小节、8.1.3 小节等多处提到的扩充的投射原则(EPP)。不允许省略主语的语言中句子的 I 有强势的 EPP 特征,要求主语在句法结构中显性体现;而允许省略主语的语言中句子的 I 只有弱势的 EPP 特征,只要求主语在 LF 层面中隐性体现。

后来又产生了一个新的思路:既然移位的目的就是核对特征、删除特征,是不是可以认为所谓移位其实就是把特征移位?

显性移位时移动的显然不仅仅是形态特征,而是整个的词和词组。以下三个句子只有(13c)成立:

(13) a. *Who did you read 's book?
　　 b. *Whose did you read book?
　　 c. Whose book did you read?(你读了谁的书?)

由于词法的限制无法把 whose 分拆为 who 和 's,以至代表疑问特征的 who 无法单独移位而把 's 留下。也不能把 whose 移走而把 book 留下,因为 whose book 是一个 DP,树形结构为:

(14)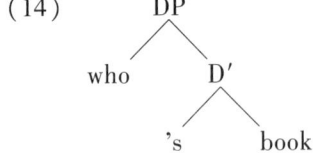

以上结构图显示:whose 并不构成一个语类,不能作为一个单位移位。由于诸如此类的原因,显性移位时所移的特征不得不携带其他成分一起移。

然而,LF 移位情况就不一样了。到了 LF 层面,音义已经分家,再也没有形态等限制,所以在 LF 层面不妨认为是特征单独在移位。因此 Chomsky(1995a)认为虽然从本质上看移位都是为了移特征,但由于形态、语音方面的限制,显性移位只能是词组移位(phrasal movement,也称 Move-α),而隐性移位才真是特征移位(feature movement,简称

Move-F)。也可以换一个方式说,隐性移位只是特征移位,而显性移位同时进行两种移位。[1]

8.2.4 定型及分段定型

8.2 节一开始就画出一张最简方案模型的流程图,图中可见句法运算的终点——定型点(Spell Out 或 Spell-Out)。不能把定型点看作管约论模型的 S 结构层面在最简方案模型中的新名称,定型点不是语法的一个层面,而只是句法运算的终点。仍用本书多次打的比方来说,定型点不是另一个生产车间,而是一系列工序的终点。Chomsky 的生成语法很久以来一直用 T 字模型,定型点位于 T 字一横和一竖的相交点。

句法运算系统生成的句法单位是音义俱全的结构体,用(π, λ)表示。希腊字母 π 相当于拉丁字母 p,代表 phonetic form(语音形式);希腊字母 λ 相当于拉丁字母 l,代表 logical form(逻辑形式)。过了定型点,句法单位进入 PF 层面作语音解读,同时进入 LF 层面作语义解读。[2] 近年来的最简方案理论,句法单位在 LF 层面时也要像在句法运算系统的时候进行移位、合并等一系列推导,LF 层面有点像是句法运算系统的延续,所以现在倾向于把模型流程图画成:

(1)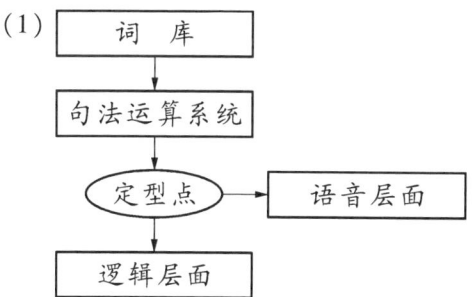

这张图与原先画的图有一个不同之处:PF 层面和 LF 层面不再是均衡地分居左右。LF 层面与句法运算系统一脉相承,而 PF 层面位居支流。

Chomsky(2001)重新阐述最简方案的特征理论,本书 8.2.3 小节后

---

[1] Pesetsky(2000)对以上提法做了一些修正。他举出一些语言事实,指出 LF 层面的移位有些是特征移位,有些只能是词组移位,并非全都是特征移位。

[2] 研究 PF 层面的著作很少,仅有 Zubizarreta(1998)、Grohmann(2003)等少数著作有所涉及。研究 LF 层面的著作不少。

半部作了介绍。新的特征理论引起了另一个新问题：应该在最简方案模型的哪个位置上定型。有些特征是在进入句法运算系统以后才取值的，取值以后才能被解读，才能输入 PF 和 LF 层面，由此可见，定型不可能放在取值之前。新的特征理论又假设，一旦取值之后不能解读的特征都要被删除，而取值之后不能解读的特征与能解读的特征就无法辨认了，所以输入 PF 和 LF 层面定型不可以太迟。Chomsky(2001:5)指出：

> 定型操作把 LF 层面不能解读的东西从句法单位 K 删除，并把 K 输入语音部分。所以必须有办法判定哪些句法特征不能被解读，要被删除。在使用一致化操作之前，能解读的特征与不能解读的特征可以靠有没有取值辨认。使用一致化操作之后，区别消失了。除非以后重演推导过程，定型必须在不能解读的特征取值之后立即进行（如果不能解读的特征此时未能取值，该结构式将由于在界面还有不能解读的特征而报废）。定型必须严格分级进行。

所谓"严格分级（strictly cyclic）进行"，文献中也常用分段推导（derivation by phase）、多重定型（multiple spell-out）等其他提法。[1]

什么是"段"？Chomsky(2001)说"段"就是表示命题的大语类。哪些语类有可能用来表示语义逻辑上的命题？在当代句法使用的语类中有 DP(下含 NP)、vP(下含 VP)、CP(下含 TP)，它们被称为核心功能性语类(Core Functional Category，简称 CFC)。与段类似的概念过去也曾经提过。20 世纪 80 年代中期，因约束理论等需要，曾把 DP(当时称 NP) 和 TP(当时称 S) 定为表示命题的完整的功能复合体(complete functional complex)（参见 6.5.1 小节）。还有界限理论中起作用的概念层级(cycle)，也与段有些类似。后来有一种说法：具有 EPP 特征的语类，即必须有主语的语类，才能成段。那么就是 CP 和 vP 能成段，如果是单句就分成这两段。[2]

为什么建立一致关系等句法运算要分段进行？Chomsky(2001)说，人的记忆有一定的限度，一下子装不下太多的句法结构。一个阶段

---

[1] 分段推导产生的问题参阅 Epstein & Seely(2002)。
[2] 有些句子情况还要复杂一些，这里只介绍最简单的情况，可参阅 Radford(2004)第 10 章对各种句子结构的分段。

的运算完成就把一个范围(domain)内的结构定型,转化(transfer)[1]进入 PF 层面和 LF 层面,不再对外开放。此后外面的探测器即使搜索到该范围内的目的物也不能再动,只能对该范围以外句子的其他部分进行句法运算。

现在我们以句子(2)为例,来看分段定型如何具体操作。

(2) Will they move the office to the second floor?(他们会不会把办公室搬到二楼去?)

根据自下而上的原则先合并构成 VP[2]:

(3)
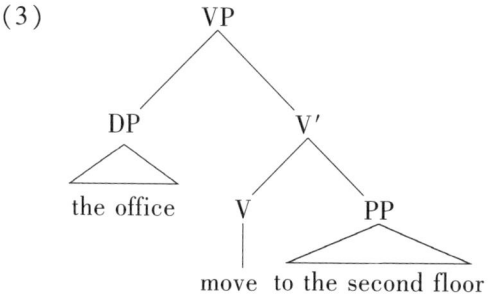

然后根据 7.2.3 小节介绍的 VP 壳假设构成 vP:选取 they 与 VP 合并,把动词 move '搬' 移到轻动词位置,移到前面以后把原来位置上的 move 删除。

(4)
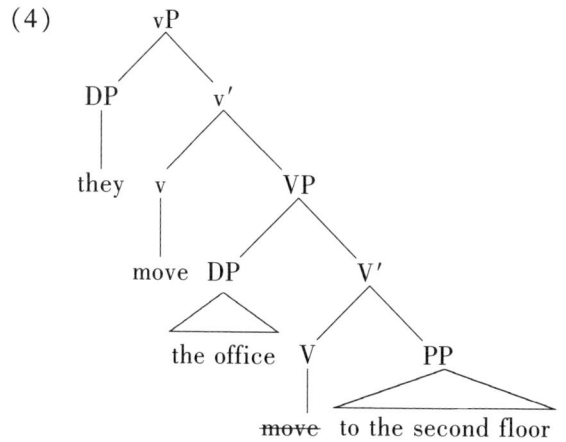

---

[1] Chomsky 把定型和转化看作同一概念,也有人主张区分两者,参见 Grohmann (2006)。

[2] VP 内部结构参看 7.2.3 小节(7)。

到此,句子的第一段 vP 段完成,根据 Chomsky(2001)分段定型的做法,把 vP 的中心语 v 所属范围内的以下成分输入 PF 层面:

(5)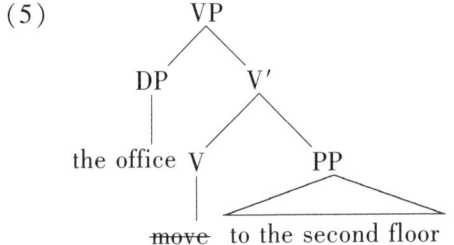

接着构成 TP:选取 will 与 vP 合并。情态助动词 will 带有未取值的 φ 特征,根据最简方案新的特征理论,它具有探测器的功能,在受它统制的范围内搜索,寻找带有 φ 特征的成分。位于范围内的 the office 和 the second floor 已经定型,不能取用,只有 they 待用。they 有已取值的 φ 特征,还有未取值的格特征。把 vP 中的 they 移上来,把原来位置上的 they 删除,让 will 复制 they 的第三人称复数特征。这样也满足了句子必须有主语的 EPP 要求。

(6)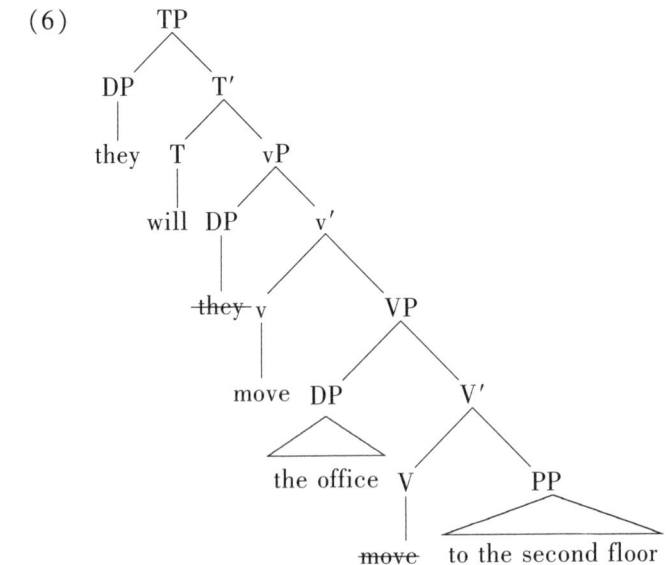

下一步把 will 提升到 CP 的中心语 C 位置,构成疑问句。

(7)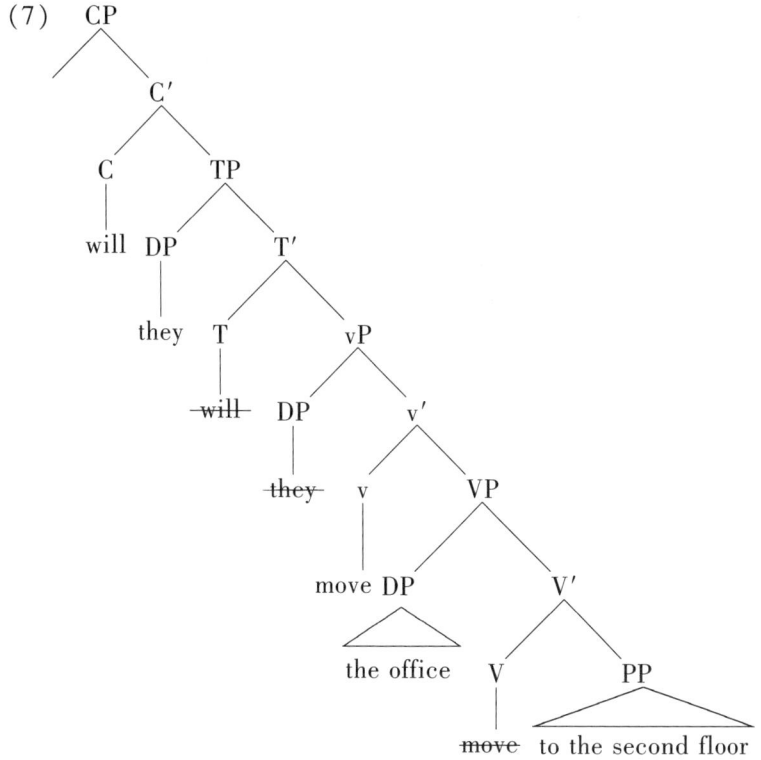

到此，句子的第二段 CP 段完成，可以把 CP 的中心语 will 所属范围内的成分，即 they move the office to the second floor 定型，输入 PF 层面。由于全句完成，按规定剩余部分 will 也一起定型，转入 PF 层面。

以上例子体现了分断推导的优点，缩小探测器搜索的范围使得运算操作更为简便。分断处理还有其他好处，以下是 Chomsky（2000b）用的一个例子。[1]

(8) There is a possibility that proofs will be discovered.（有证据都被发现的可能性。）

假如一次性从词库里选词，然后自下而上合并，进行到了以下阶段：

---

[1] 这是 Chomsky（2000b：103）的例句（7a），我们根据 Radford（2004：407—408）的解释。

(9) will be discovered proofs

由于最简方案认定合并比移位经济，能合并就不移位，下一步一定会选用 there，与(9)合并成：

(10) there will be discovered proofs

由于 there 在构成从句时已经用掉，主句不能再用，就无法最终构成句子(8)。

为了解决这类问题，Chomsky 假设从词库里选词也可以分段进行，先选第一段要用的词，然后再选下一段要用的词。或者一次选定分批使用。假如先选：

(11) {that, will, be, discovered, proofs}

构成(9)已经把除了 that 以外的词都用上了，从(9)出发只可能采取以下步骤：

(12) a. proofs will be discovered proofs
　　　b. that proofs will be discovered proofs
　　　c. that proofs will be discovered

为了满足扩充的投射原则，必须给(9)补上主语，于是把 proofs 复制在 TP 主语位置上构成(12a)。接着把(11)剩下的词 that 与(12a)合并为(12b)。(12b)属 CP 结构，符合成段条件，删除多余的 proofs，构成(12c)转化输入 PF 层面。然后处理第二张词表：

(13) {there, is, a, possibility}

把这些词都一一合并后构成高一层次的 CP，作为第二段转化。用分断处理的办法可以得到句子(8)。

8.3　经济条件

这一节探讨最简方案，尤其是早期最简方案的一个重点研究课题：句子的合法性要受到什么条件限制。本书第 5 章、第 6 章提到，按照管约论观点，句子的结构、句子的形成和句子的解读要受到邻接条件、空语类原则、约束原则等一系列限制。最简方案把有些限制条件重新整理归纳，归在一个总体原则之下，这个总体原则称为经济原则(economy principles)或者经济条件(economy conditions)。其他一些限制条件还能作为句子合法性的必要条件,但不是充分条件,也就是说除了管约论的一些条件外,还要受到经济条件的制约。

最简方案的经济原则与管约论的一些限制条件相比,还有以下不同之处:其一,管约论的各项条件分散在不同的层面起作用;最简方案取消了 D 结构层面和 S 结构层面,经济原则都集中在 LF 和 PF 界面起作用。其二,最简方案的经济原则以比较为基础,例如比较同一个结构的两种不同移位方法,比较之后选用最为经济的做法。

最简方案的经济原则体现在两个方面。一个是表达方面的经济(economy of representation),一个是推导方面的经济(economy of derivation)。以后期最简方案的观点看,表达方面的经济指进入 LF 和 PF 层面的表达式不含多余的、无法解读的成分。上一节提到,有些成分带有句法运算用得到的,而在语义方面不可解读的特征,这些特征经过移位核对后要删去,而留下的应该都是能解读的,要遵守完全解读原则。最简方案时代研究得更多的是推导方面的经济。Chomsky 历来认为生成有声音、有意义的句子要经过语法系统一道道工序,一步步推导出来。最简方案的精神是:推导过程应该尽可能经济,如果有更为经济的办法而不用,生成的句子就不合法。通俗地说就是:能小做不大做,能少做不多做,能不做则不做,能迟做不早做。下文举例说明。

8.3.1 能小做不大做

Rizzi(1990)是管约论后期极有影响的著作,提出了相对最小(relativized minimality)的概念。书中有精确的定义,大概的意思是:凡有不同语法操作可选,两者相较取其小者。具体地说,无论是中心语移位、DP 移位还是 wh 移位,尽可能移到各自相对最近的目的地位置,即中心语移位不可跨越最近的中心语位置,DP 移位不可跨越最近的论元位置,疑问词移位不可跨越最近的非论元位置。起初在管约论框架下用管辖的概念来解释这类现象,后来 Rizzi(2004b)改用最简方案框架重新解释。用最简方案的话通俗地说就是,尽量用最短移位(shortest move),尽量小步子一步一步移,而不跨大步子一下子移。下面把几种移位各举一个例子说明。[1]

以下三个是非问句都有情态动词、助动词的移位，为什么(1a)、(1b)合法，而(1c)不合法？

(1) a. [could$_i$ [they t$_i$ [have left]]]（他们会不会（已经）走了？）

b. [have$_i$ [they t$_i$ left]]

c. *[have$_i$ [they could [t$_i$ left]]]

因为(1a)中的 could 和(1b)中的 have 都是移到离它们最近的中心语位置，而(1c)中的 have 要跨越另外一个中心语 could，这就不是最短移位，所以不合法。

以下三个句子是生成语法一再讨论的主语提升结构，都有外层、中层、内层三层句子套叠。

(2) a. [it$_i$ seems [t$_i$ to be likely [that John will win]]]（看起来也许约翰会赢。）

b. [John$_i$ seems [t$_i$ to be likely [t to win]]]

c. *[John$_i$ seems [that it is likely [t$_i$ to win]]]

三个句子的共同点是主句的主语都是从后面句子的主语位置上提到前面的。不同点在于：(2a)中的 it 和(2b)中的 John 都是从中层句子的主语位置提到外层来的，都是最短的移位，而(2c)中的 John 是从内层句子的主语位置提上来的，要跨越中层句子的主语位置，这就不是最短移位，所以不合法。用 Chomsky & Lasnik(1993)和 Chomsky(1995b)的话说，(2c)违反了最少环节条件(Minimal Link Condition，简称 MIC)。

以下三个句子都是 wh 疑问句，其中(3a)和(3c)有两个疑问词，一个是 who，一个是 how。

(3) a. [who$_i$ [t$_i$ wondered [how$_j$ [you fixed the car t$_j$]]]]（谁想知道你怎么修车？）

b. [how$_j$ [did you say [t$_j$ [John fixed the car t$_j$]]]]

---

[1] 例句转引自 Hornstein, Nunes & Grohmann(2005：144)，个别符号略有改动。

c. *［how_j［do you wonder［who_i［t_i fixed the car t_j］］］］

疑问词移位的目的地是 CP 标志语位置。(3a)中的 who 和 how 都是移到最近的 CP 标志语位置,都是距离最短的移位。(3b)中的 how 两度移位,先移到内层 CP 的标志语位置,再从 CP 标志语位置移到外层 CP 的标志语位置,整个移位过程中没有跨越其他 CP 标志语位置。(3c)中的 who 就近移入内层 CP 标志语位置,但是 how 移入外层 CP 标志语位置,跨过被 who 占据的内层 CP 标志语位置,这样的移位不合法。这类句子在管约论时代一再提出讨论,当时的说法是(3c)违反 wh 孤岛条件:一个疑问词不能移过另一个疑问词占据的位置。这条移位条件显然是专门为了限制多重疑问句而设立的。最简方案用各种场合通用的经济原则来解释,具有更高度的概括性,(1c)、(2c)、(3c)属不同的结构,可是可以用相同的原则来处理。

8.3.2 能少做不多做

经济原则不仅要测算移位所跨的步伐大小,也要测算句法运算过程中步骤的多寡。

讲到这里先要作一个说明。所谓句法运算的步骤越少越好是指相同条件之下的比较。举一个简单的例子,比较以下两句:

(1) a. The man left.（这个人走了。）

    b. The man in a red shirt left.（这个穿红衬衣的人走了。）

构成(1a)、(1b)都要经过合并运算,(1a)所包含的词(1b)都有,而(1b)还包含一些(1a)没有的词,构成(1b)必然要多几次合并。假如运算的步骤越少越好,那只能构成(1a),不能构成(1b)了。所以所谓运算步骤越少越好是指用的词数目相同,用的次数也相同的情况之下,运算步骤越少越好,也就是说读数相同,运算步骤越少越好。正是因为如此,最简方案模型需要先有读数再合并运算,而不是随时可以到词库里去抽词造句。[1]

Chomsky(1995a)讨论到运算的步骤越少越好时,所举的例子中有

---

[1] 而且在考虑经济原则时,只比较那些经过句法运算系统最终在 PF 层面和 LF 层面都通过的合格句子,不与不合格的句子比较。

宾语转位(object shift)问题。宾语转位是北欧语言特有的一种句法现象,语言学家对此进行过详细研究,有大量文献记载。[1]

一般的假设是:北欧语言的宾语原先的位置是在动词之后,在一定的条件下会转移到动词前面去。瑞典语、丹麦语等多数语言只有代词等非重读成分可以往前移,冰岛语名词词组也可以移,例如:

(2) Í gær las Jón bækurmar ekki.
　　昨天 读 人名 这本书 不

Chomsky 认为促使宾语转位的原因是动词具有强势特征,要求核对宾语的役格,所以把 bækurmar '这本书'移到 vP 的标志语位置。而主语也移位,Jón 由动词内移到 TP 的标志语位置核对主格,并使句子获得主语。以下的树形结构显示主语和宾语分别移位的轨迹:[2]

(3)

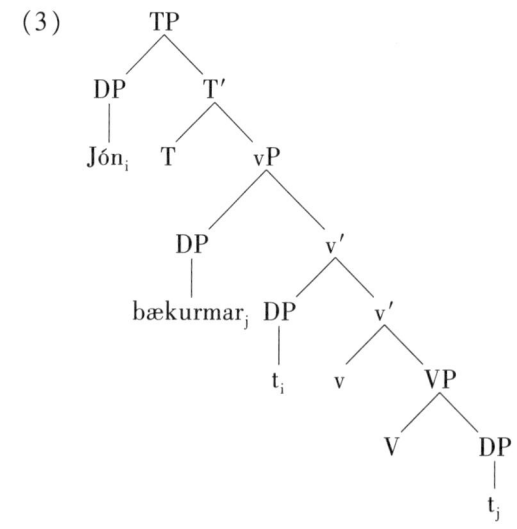

能不能换一种方式移位?假如先把 bækurmar 移到 vP 的标志语位置,接着再把它移到 TP 的标志语位置,即图(3)中 Jón 移入的

---

[1] 有影响的著作有 Holmberg(1986)等,关于这一语言现象的综述可参阅 Thráinsson (2001)。

[2] 此图引自 Collins(2001:53),省略了一些细节。

位置。如果移位的目的无非就是核对动词和宾语的强势特征,这样移法也能达到目的,而且 bækurmar 移入 TP 的标志语位置也满足了句子需要主语的条件。Jón 并没有强势特征,不一定要在句法系统内移位,可以等到进入 LF 层面后嫁接到 TP 核对主格。这样的移法输入 PF 层面的结构是(4),其中宾语位于主语之前。其 LF 树形图为(5)。

(4) *Í gær las bækurmar Jón ekki.
　　　昨天 读 这本书 人名 不

(5)

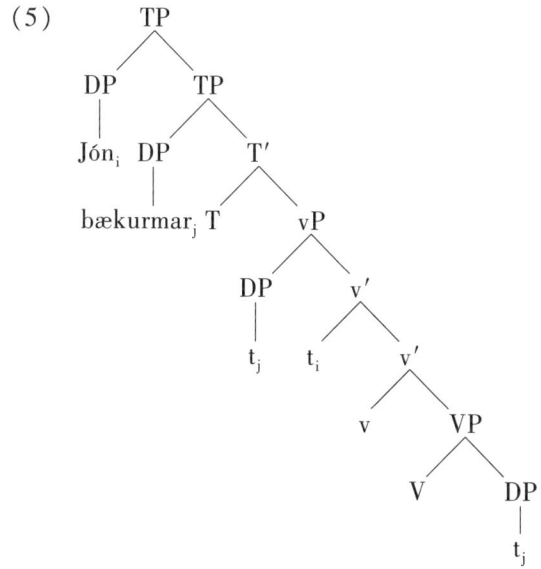

第二种移位办法特征核查都能做到,一切条件也都能满足,可是这样构成的句子(4)不合格,这是什么原因? 这就是因为违反了能少做不多做的经济原则。第一种移位法宾语和主语各移了一步;第二种移位法宾语移了两步,主语移了一步,一共移了三步。

8.3.3　能不做则不做

管约论时代的句法操作是比较宽松的,只要是不违反原则就能做。最简方案时代的句法操作则比较严谨,能不做尽量不做,除非是没有别的办法非做不可才做,所以有"最后一招"(last resort)之说。

什么事尽量不做? 放宽些是指移位、合并等种种句法操作都尽量不做。文献中常常举的典型的最后一招的例子之一是：要不要用替补代词(resumptive pronoun，也译"续指代词")？通常情况下，一个句法成分移到前面去了，原来的位置就空着，只有在某些特殊情况下不得不在原来的位置上放一个代词，这称为替补代词。句法运算系统开始选词造句时，读数中是没有替补代词的。只有当结构式演算不下去时，为了免遭淘汰才补上。以带有关系从句的英语句子为例，比较(1a)和(1b)：

(1) a. That's the girl [that I like __]（那就是我喜欢的那个女孩。）
   b. *That's the girl [that I like her]

关系从句有几种不同的分析方法：可以把(1a)中the girl '那个女孩'看作是从括弧中的从句宾语位置上移到前面去的；也可以假设从句的前部有一个抽象的算子，约束着宾语空位。无论怎么分析，语言事实不变：从句宾语必须空着，如果画蛇添足补上一个代词形成(1b)就不合语法了。然而并非所有关系从句都用空位不用替补代词。再来比较(2a)和(2b)：

(2) a. *That's the girl [that I don't know [what __ did]]
   b. That's the girl [that I don't know [what she did]]（那就是我不知道她做了什么的那个女孩。）

(2)和(1)结构的不同在于从句里面又套了一个疑问句，这就构成了5.2.2.5小节论及的疑问词禁区。疑问词禁区中的成分不能移出，或者说禁区中的空语类不能回指向外面的成分。句子(2a)不合语法的原因就在此。但是有形的词语不受此限制，这时就需要在空位上加上替补代词she构成(2b)。加了替补代词会使结构式复杂一些，这本来是不符合最简方案精神的，然而不加替补代词违反疑问词禁区条件会使结构式不合语法而遭淘汰，只有在这种情况下才允许使出"最后一招"。

不仅英语有上述问题，其他语言也有。许多其他语言的关系从句中也用替补代词以免句子被淘汰。下面举两个希伯来语的例子。关系从句中哪些结构可以出现替补代词，哪些结构必须出现替补代词，各种语言有所不同。希伯来语关系从句的直接宾语位置上可以出现空位，也可以用替补代词;而介词宾语位置上不可以出现空位,必须用替补代词。[1]

（3）a. ha-ʔiš še- raʔiti? ＿＿（我看见的这个人）
这-人　关系代词　（我）-看见

b. ha-ʔiš še- raʔiti? oto（我看见他的这个人）
这-人　关系代词　（我）-看见 他

（4）a. *ha-ʔiš še- xašavti ʕal ＿＿（我想到的这个人）
这-人　关系代词　（我）-想 到

b. ha-ʔiš še- xašavti ʕal av（我想到他的这个人）
这-人　关系代词　（我）-想　到 他

8.3.4 能迟做不早做

Chomsky(1993a)提出语言运算系统要遵守能迟做不早做的原则,凡是可以推迟到 LF 层面进行的运算不要提早进行。通常把这条原则称为拖延原则(Principle of Procrastinate),也是经济原则之一。

能迟做不早做经典的例子仍是 7.1.1 小节、8.2.3 小节提到的 Pollock(1989)中英法两种语言有关动词和副词相对位置的句子。

（1）Jean embrasse souvent Marie.（约翰常常吻玛丽。）

（2）John often kisses Mary.（约翰常常吻玛丽。）

法语 VP 的中心语 V 在句法运算时显性移位,越过频度副词移到 IP 的中心语 I 位置,而英语 VP 的中心语 V 等到了 LF 层面隐性移位,所以在 PF 层面动词仍位于副词之后。为什么法语 V 要显性移位？最初的说法是因为法语 I 有强势特征,要求动词在句法运算时显性移位靠近它核对特征,核对完毕把形态特征删除,以免到了 LF 层面还留着形态特征违反完全解读原则而被淘汰。但是这一说法没有解释为什么英语的弱势特征不可以也先行显性移位,为什么不可以早一些核对特征。为了回答这个问题,Chomsky 补充了一条假设：隐性操作比显性操作花费的代价少。如果要追问：为什么隐性操作比显性操作花费的代价少？他的回答是：隐性操作是天生的本能反应。

后来的最简方案不再强调拖延原则了。Chomsky(1995a：234)进

---

[1] 引自 Shlonsky(1992：444—445)。

一步假设,推导出来的结构式如果含强势特征必须立即核对特征,否则就要出局(cancellation)。冰岛语的宾语有强势特征,必须立即转位,移至动词前面SpecvP位置核对特征。法语动词有强势特征,必须立即移至T中心语位置核对特征。英语、法语的主语有EPP强势特征,必须立即移至SpecTP位置核对特征。如果认为显性句法运算的移位是词组移位,那么LF层面上的隐性移位就是特征移位(参见8.2.3小节)。可以说强势的语法特征携带语音特征一起移位,而弱势的语法特征不携带语音特征一起移位。加上了这些说法,不需要另立一条拖延原则也能说明(1)和(2)的区别。

要不要在语言学理论中提出经济原则作为评价标准?语言的经济原则是什么性质的原则?学界在这些方面颇有争议。管约论时代提出的语法原则都是在生成句子的某一个特定阶段起作用的。例如在推导的过程中如果把某个成分移到某个位置会违反某条原则,就形成一个不合格的推导式。这种条件是在当前的、局部的范围内起作用的。而最简方案的经济原则还要求在句法推导的过程中估计:如果走这一步将来会发生什么情况,要预先判别句子最终能否成立。例如在句法运算过程中还有其他句法运算没有做完时,就考虑到这样移位会把强势形态特征留到LF层面,而那样移位则不会把强势形态特征留到LF层面。这种经济条件不是在局部的范围内起作用,而要在全局范围内起作用,使用这类经济条件的句法模型必须具有通盘性(globality),从而增加运算的复杂性。有关局部性经济和通盘性经济的讨论可参阅Collins(1997)等著作。面对这一问题,研究者采取不同的立场。Collins努力在最简方案体系内部改进,提出为了符合句法尽可能精简的基本思想,最好使用局部性的模型:只考虑局部经济效果,每一步都顺理成章,不多不少,使整个推导过程非常简单。Johnson & Lappin(1999)却认为最简方案对经济的认识有根本性的错误。他们认为人类语言系统确实体现出某些方面、某种程度的经济原则,但是这并非是语言系统本身的基本内容。他们举蜂巢结构做类比,蜂巢结构呈六角形能最有效地使用蜂蜡,但是扯不上设计精简的理论,没有人认为它是根据经济原则在各种几何图形中优选的结果。

自从 Chomsky 提出最简方案至今已 20 年过去了。当初为了留有余地,没有说是成熟的新理论,而称之为"方案"。20 年之后应当有定论了,而实际上在许多方面还是有很大争议。至于最简方案究竟是生成语法发展之新高峰还是管约论之后的败笔,见仁见智褒贬不一,最简方案没有像管约论那样一出现就受到普遍欢迎。正面介绍和评价最简方案的著作有 Hornstein, Nunes & Grohmann(2005)、Lasnik(2005b)、Boeckx(2006)等。批评最简方案的著作有 Lappin 和 Johnson 的论文和专著如 Lappin, Levin & Johnson(2000),以及 Newmeyer 近年来的一些评论,如 Newmeyer(2003),还有 Seuren(2004)等。

从本书的介绍可以看出:从标准理论到最简方案,Chomsky 经历了一次次变革,研究课题有所不同,然而所用的研究方法基本一致,一直是自然科学的基本方法,而且 Chomsky 力求做到愈来愈科学、严谨。这就是 Chomsky 的语言学与许多其他的语言学的根本性区别。

有的读者也许要问:我们要不要紧跟 Chomsky?他提倡最简方案,我们也跟着搞最简方案吗?各人不妨自行选择,Chomsky 历来主张只需要少数人从事他这类语言学研究,几年前他还奉劝研究生多做描写性语言研究课题,大可不必都跟着做最简方案。不过即使你做的语言学和 Chomsky 的语言学是同名的不同学科,也无妨多少了解一下他这门临近学科的发展动态。也许将来历史证明 Chomsky 的理论其实并不是最正确的,甚至是错误的;可是半个多世纪以来他独领风骚,世界上没有其他哪位语言学家声誉影响可与他比肩,这却是不争的事实。对 Chomsky 的理论当然可以接受也可以不接受,前提是要真正了解他的理论,在此基础上才能判断是接受还是不接受。这本入门书的目的就是帮助读者了解他的理论。

Abbreviations 缩略语表

A	argument
A′/Ā	non-argument
A/ADJ/Adj	adjective
ACC	accusative case
ADV/Adv	adverb
AGR/Agr	agreement
ASP/Asp	aspect
AUX/Aux	auxiliary
BPS	bare phrase structure
BT	Binding Theory
C/COMP	complementizer
CFC	Core Functional Category
C_{HL}	human language computational system
Comp	complement
CONJ/Conj	conjunction
D/DEF	definite
D/DET/Det	determiner
DP	determiner phrase
e	empty category
ECP	Empty Category Principle
EPP	Extended Projection Principle
Equi	equivalent noun phrase
EST	Extended Standard Theory
FI	full interpretation
FinP	finiteness phrase
FL	faculty of language
FocP	focus phrase
ForceP	force phrase
GB	Government and Binding
GF	grammatical function
HMC	Head Movement Constraint
I/INFL/Infl	inflection
LCA	Linear Correspondence Axiom
LF	logical form
MLC	Minimal Link Condition

Mod	modifier
N	noun
N	numeration
Neg	negative
NIC	Nominative Island Condition
NOM	nominative case
NP	noun phrase
NUM	number
PER	person
PF	phonetic form
PG	particular grammar
PL	plural
PREDP/PredP	predicate phrase
pro	proform
PRO	proform
PRT/Prt	particle
PS	phrase structure
REF	reflexive
REST	Revised Extended Standard Theory
S	sentence
SC	structural change
SD	structural description
SHC	specifier-head-complement
SIH	Split INFL Hypothesis
SIN	singular
SOV	subject-object-verb
Spec	specifier
SSC	Specified Subject Condition
ST	Standard Theory
SVO	subject-verb-object
t	trace
T	tense
T	transformation
TopP	topic phrase
θ	theta
UG	universal grammar
UTAH	Uniform of Theta Assignment Hypothesis
V	verb

Vbl	variable
V_N	nonterminal vocabulary
VP	verb phrase
V_{ph}	phrasal verb
VSO	verb-subject-object
V_T	terminal vocabulary
WFF	well-formed formula

术语英汉对照表
Terms (English-Chinese)

A

A-binding	A 约束
A′-binding/Ā-binding	非 A 约束
abstract	抽象化
acceptability	可接受性
accessibility	可及性
accessible subject	可及主语
accusative case	受格
adjunct	附加语
Affix Hopping	词缀越位规则
A-free	A 自由
AGENT	[义]施事
Agree	一致
agreement	一致性
ambiguity	[义]歧义
analytic truth	[义]分析性真值
anaphor	照应语
anaphora	照应
anaphoric rule	照应规则
antecedent	先行语
anterior	[音]前位性
antonymy	[义]反义
A-over-A Principle	A 盖 A 原则
A-position	A 位置
A′-position/Ā-position	非 A 位置
arbitrary reference	[义]泛指
argument	主目语
articulatory-perceptual system	发音-感知系统
attachment	[义]添加
autosegmental phonology	[音]自主音系学

B

back	[音]后位性
bare phrase structure	无标词组结构
barrier	语障

Base Component	基础部分
behaviorism	[哲]行为主义
b-Elision	b省略规则
binding	约束
binding domain	约束语域
binding principle	约束原则
Binding Theory	约束理论
biolinguistics	生物语言学
bounding	界限
bounding node	界限节点
bound variable	约束变项
bridge verb	通行动词
BT compatibility	约束理论相容性

C

case	格
Case	格，抽象格
Case assignment	赋格
Case Filter	格鉴别式
Case Grammar	格语法
Case-marked noun	标格名词
Case-marking	标格
Case relation	格关系
Case Theory	格理论
categorial rule	语类规则
categorical selection	语类选择
category	语类
category grammar	语类语法
cavity feature	[音]腔位特征
c-command	c-统制
chain	语链
cleft sentence	断裂句
co-indexing	同标
command	统制
commanded node	受统节点
commanding node	统制节点
competence	能力
complement	补语/补足语

complementizer	标句词
complete functional complex	完整的功能复合体
Complex Noun Phrase Constraint	复合名词词组限制
composition	合成
Compound Stress Rule	复合词重音规则
COMP-to-COMP Movement	COMP 到 COMP 移位
conceptual-intentional system	概念-意念系统
condition	条件
configurational language	层次结构化语言
Conjunction Reduction	连接结构缩略规则
connectedness	通路
consonantal	[音]辅音性
constant	常项
constituent	结构成分
constituent command	成分统制
constraint	限制
construction	结构体
contentive	实词
content word	实词
context-free language	上下文自由语言
context-sensitive language	上下文有关语言
continuant	[音]延续性
contraction	缩合
contradictoriness	[义]矛盾
contrastive focus	对比焦点
control	控制
controller	控制成分
control structure	控制结构
Control Theory	控制理论
conversion	[义]转化
Cooperative Principle	[义]合作原则
coordinate structure	并列结构
Coordinate Structure Constraint	并列结构限制
coordination	并列
copy	复制
coreference	[义]共指关系,同指关系
Core Functional Category	核心功能性语类
core grammar	核心语法

coronal	[音]冠位性
corpula	系词
corpus	语料
counter-indexing	异标
covert movement	隐性移位
crossover	跨越
c-selection	语类选择
CV phonology	[音]CV 音系学
cycle	层级
cyclic node	层级性节点
cyclic principle	层级性原则
cyclic rule	层级性规则
Cyclic Theory	层级性理论

D

dative case	与格
Decompositional Theory	[义]分解理论
deep structure	深层结构
deletion	删略
derivation	推导,推导式
derivation by phase	分段推导
derived nominal	派生名词
descriptive adequacy	描写充分性
determiner	限定词
determiner phrase	限定词词组
Determiner Phrase Hypothesis	限定词词组假设
Devoicing	[音]清音化规则
discover procedure	发现程序
discreteness	离散性
dislocation	错位
displacement	错位
distinctive feature	区别性特征
ditransitive verb	双及物动词
Do-Support	加 do 规则
D-structure	D 结构式

E

economy condition	经济条件

economy principle	经济原则
e-Elision	[音]e省略规则
embedded clause	内包句
embedding	内包
empiricism	[哲]经验主义
empty category	空语类
Empty Category Principle	空语类原则
Empty Subject Filter	空主语鉴别式
endocentricity	向心性
entailment	[义]蕴含
Equivalent NP Deletion / Equi-Deletion	等同名词删略规则
ergative case	作格
evaluation procedure	评价方法
existential sentence	存在句
exocentricity	离心性
explanatory adequacy	解释充分性
Extended Projection Principle	扩充的投射原则
Extended Standard Theory	扩充的标准理论
Extension Condition	扩建条件
external argument	外部主目
external explanation	外部解释
external merge	外部合并
externalism	[哲]外表主义
externalized language	外表化语言

F

factor	因子
factorization	因式分解
faculty of language	语言机能
feature changing	改变特征
feature checking	核对特征
feature movement	特征移位
field work	实地调查
filter	鉴别式
finite clause	定式句
finite set	有限集
finite state language	有限状态语言
focus	焦点

For-For Filter	For-For 鉴别式
formal feature	形态特征
formal grammar	形式语法
formalization	形式化
formalized grammar	形式化的语法
formal language	形式语言
formal universal	形式普遍性
For-To Filter	For-To 鉴别式
free	自由
free word-order language	自由词序语言
functional category	功能性语类
functional classification	功能分类法
functor	虚词
functor word	虚词
fuzzy grammar	模糊语法

G

GB Theory	管约论
generative grammar	生成语法
generative phonology	生成音系学
generative semantics	生成语义学
gerund	动名词
globality	通盘性
global rule	全应规则
goal	目的物
GOAL	目标
governee	受管成分
governing category	管辖语类
government	管辖
Government Theory	管辖理论
governor	主管成分
grammar	语法
grammatical competence	语法能力
grammatical feature	语法特征
grammatical formative	语法元素
grammatical function	语法功能项
grammaticality	合乎语法性
grammatical relation	语法关系项

grammatical sentence	合乎语法的句子

H

Head	中心语
head-final language	中心语在后语言
head-initial language	中心语在前语言
Head Movement	中心语移位
Head Movement Constraint	中心语移位限制
Head-to-Head Movement	中心语到中心语移位
hierarchy	层次
high	[音]高位性
human language computational system	人类语言运算系统

I

ideational theory	[义]意念论
identificational focus	指别焦点
i-Insertion	[音]i 插入规则
Imperative Deletion	命令句删略规则
inconsistency	[义]不相容
index	指标
individual	个体词
infinite set	无限集
inflection	形态变化
informant	被咨询人
informational focus	信息焦点
inherent Case	属性格
insertion	插入
intermediate projection	中间投射
internal argument	内部主目
internal explanation	内部解释
internalism	[哲]内在主义
internalized language	内在性语言
internal merge	内部合并
Internal VP Subject Hypothesis	主语 VP 内部假设
interpretable feature	可解读特征
interpretation	解读
interpretive semantics	[义]解读语义学
introspection	内省法

intuition	语感
island condition	禁区条件
I-to-V Movement	I 到 V 移位

K

Katz-Postal Hypothesis	Katz-Postal 假设

L

labeled brackets	标示括弧
Left Branch Condition	左分枝条件
left branching	左分枝
left periphery	左边界
length	[音]长音性
level of representation	表达层次
lexical category	单词语类
Lexical Component	词汇部分
lexical decomposition	词项分解
lexical formative	词汇元素
lexical insertion	词项插入
lexicalism	词汇说
lexical item	词项
lexical phonology	[音]词汇音系学
lexical representation	词项表达式
lexicon	词库
LF-movement	逻辑层面移位
LF-structure	逻辑式结构
Licensing	允准
light verb	轻动词
Linear Correspondence Axiom	线性对应律
Linearity	线性
linguistic unit	语言单位
link	环节
L-model	L 形模型
local binding	局部约束
local domain	局部语域
locality	局部性
locality condition	局部性条件
local rule	局部性规则

LOCATION	处所
logical empiricism	[哲]逻辑经验主义
logical form	逻辑式
Logical Form Component	逻辑式部分
logical positivism	[哲]逻辑实证主义
long-distance binding	长距离约束
low	[音]低位性

M

mapping	映射
markedness	标记
matrix	[音]矩阵
matrix sentence	主句
maximal projection	最大投射
meaninglessness	[义]无义
mechanism	机制
mentalism	[哲]心智主义
merge	合并
metrical phonology	[音]音步音系学
mind	心智
minimal c-command	最低限统制
Minimal Distance Principle	最小距离原则
Minimalist Program	最简方案
Minimal Link Condition	最少环节条件
minimal projection	最小投射
model	模型
modifier	修饰语
modularity	组合性
modular theory	组合理论
module	组件
Montague grammar	[义]Montague 语法
morphophoneme	语素音位
morphophonemic representation	语素音位表达式
morphophonemic rule	语素音位规则
Move α	移取 α 规则
movement	移位
Movement Theory of Control	移位控制论
multiple spell-out	多重定型

Multiply Filled COMP Filter	多重充盈 COMP 鉴别式

N

name	名称
narrow scope	窄域
nasal	[音] 鼻音性
Nasalization	[音] 元音鼻化规则
naturalism	[哲] 自然主义
natural language	自然语言
Negative Placement	否定位置转换规则
node	节点
Nominalization	名物化规则
Nominative Island Condition	主格禁区条件
nonconfigurational language	非层次结构化语言
nonfinite clause	非定式句
nonterminal vocabulary/nonterminal marker	非终极符号
noun phrase	名词词组
NP-Movement	名词词组移位
NP-postposing	名词词组后置
NP-preposing	名词词组前置
NP-structure	名词词组结构
NP-trace	名词词组语迹
Nuclear Stress Rule	核心重音规则
numeration	读数

O

object	宾语
object shift	宾语转位
observational adequacy	观察充分性
Opacity Condition	封闭条件
operation	操作
operator	算符
operator binding	算符约束
Ordering Theory	有序论
overt movement	显性移位

P

parameter	参数

parasitic gap	衍生空位
Partial Ordering Theory	部分有序论
Particle Movement	助词移位规则
particular grammar	个别语法
Passivization	被动化规则
PATIENT	受事
pattern	模式
performance	运用,使用
PF-structure	语音结构,音系结构
phase	段
phone	音素
phoneme	音位
phonemics	音位学
Phonetic Form Component	语音式部分
phonetic representation	语音表达式
Phonological Component	音系部分
phonological representation	音系表达式
phonological rule	音系规则
phonology	音系学
phrasal category	词组语类
phrasal verb	词组动词
phrasal movement	词组移位
phrase-marker	词组标示
phrase structure grammar	词组结构语法
phrase structure rule	词组结构规则
Pied Piping Convention	连环法
possible sentence	可能的句子
postlexical phonology	词汇后音系学
postlexical rule	词汇后规则
postlexical structure	词汇后结构
pragmatic competence	语用能力
pragmatics	语用学
precedence	领先
predicate	谓词
predicate phrase	谓语词组
prelexical structure	词汇前结构
preposition stranding	介词分离
presupposition	先设

principle	原则
Principle of Full Interpretation	充分解读原则
Principle of Licensing	允准原则
Principle of Procrastinate	拖延原则
PRO/pro	空代词
probe	探测器
pro-drop language	pro 省略语言
pro-drop parameter	pro 省略参数
projecting	投射
Projection Principle	投射原则
Projection Rule	投射规则
prominence	显要性
pronominal	代名词
Pronominalization	代名化规则
proper government	严格管辖
proposition	命题
Propositional Island Condition	命题禁区条件
propositional knowledge	命题知识
prosodic feature	[音]韵律特征
pseudo-cleft sentence	准断裂句
psychological reality	心理体现

Q

quantifier	量词
quasi-quantifier	准量词

R

raising	提升
Raising Construction	提升结构
rationalism	[哲]理性主义
readjustment rule	再调整规则
RECIPIENT	受事
reciprocal	相互代词
Recoverability Condition	还原条件
Recoverability Principle	还原原则
recursively enumerable set	递归可数集合
recursiveness	递归性
redundancy	[义]冗言

referential expression	指称语
referential theory	[义]指称论
reflexive	反身代词
Reflexivization	反身化规则
regular grammar	正规语法
Relativization	关系化规则
relativized minimality	相对最小
representation	表达式
restriction of co-occurrence	同现限制
resumptive pronoun	替补代词
Revised Extended Standard Theory	修正的扩充标准理论
rewrite rule	改写规则
r-expression	指称语
rheme	述位
right branching	右分枝
Root Clause Filter	基本句鉴别式
round	[音]圆唇性
rule	规则
rule of construal	定指规则
rule order	规则顺序
rule schema	规则程式

S

scope	辖域
S′ deletion	S′删略
select	选取
selection restriction	选择限制
semantic component	[义]语义成分
Semantic Component	语义部分
semantic feature	[义]语义特征
semantic marker	[义]语义标示
semantic primitive	[义]语义元素
semantic property	[义]语义特点
semantic relation	[义]语义关系
semantic representation	[义]语义表达式
semantic selection	语义选择
semantic similarity	[义]共义
seme	[义]义素

sentence	句子
sentence grammar	句子语法
Sentential Subject Constraint	主语从句限制
shortest move	最短移位
simplicity measure	简单度测定
sister node	姐妹节点
sonorant	[音]响音性
SOURCE	来源
SOV language	主宾动语言
specifier	标志语
spelled out	定型
Split CP Hypothesis	CP 分解假设
Split INFL Hypothesis	INFL 分解假设
s-selection	语义选择
S-structure	S 结构式
Standard Theory	标准理论
Stimulus-Response Theory	刺激-反应理论
Stress Adjustment Rule	重音调整规则
Strict Cyclicity Principle	严格层级原则
Strict Ordering Theory	严格有序论
strident	[音]刺耳性
string	序列
strong feature	强势特征
structural Case	结构格
structural governor	结构主管成分
structure	结构,结构式
structure change	结构变换
Structure Dependent Principle	结构为本的原则
structure description	结构描写
Structure Preserving Principle	结构原状原则
Subcategorization	子语类化规则
subcategory	子语类
Subjacency Condition	领属条件
subject	主语,主词
subject-object asymmetry	主-宾语不对称
Subject-Object Raising	主宾语提升规则
subscript	下标
substantive category	实词性语类

substantive universal	内容普遍性
substitution	替代
subsystem	子系统
superordination	[义]上义
superscript	上标
Surface Exclusion Filter	表层排除鉴别式
surface structure	表层结构
Surface Structure Constraint	表层结构限制
SVO language	主动宾语言
syllabic	[音]成节性
syllable	[音]音节
synonymy	[义]同义性
syntax	句法
syntheticity	[义]综合性真值
system	系统
systemic phonemic representation	[音]系统音位表达式

T

Tabula Rasa	[哲]白板说
tacit knowledge	内在知识
Tag Formation	句尾形成规则
taxonomic grammar	分类语法
taxonomy	分类
tense	时态
terminal vocabulary/terminal marker	终极符号
thematic relation	题元关系
theme	主题,主体
Theory of Government and Binding	管辖与约束理论
Theory of Principles and Parameters	原则与参数理论
there Insertion	*there* 插入规则
theta criterion	题元准则
theta position	题元位置
theta role	题元角色
Theta Theory	题元理论
tier	音片
T-model	T形模型
topic	话题
topicalization	话题化

topic sentence	话题句
trace	语迹
Trace Theory	语迹论
transfer	转化
transformation	转换
Transformational Component	转换部分
transformational grammar	转换语法
transformationalism	转换说
transformational rule	转换规则
tree diagram	树形图
truth conditional theory	[义]真值论

U

un-Cased marked noun	无格名词
underlying form	下层形式
underlying structure	下层结构
ungrammatical	不合语法的
Uniform of Theta Assignment Hypothesis	题元指派一体化假设
uninterpretable feature	不可解读特征
universal	普遍性
Universal Base Hypothesis	普遍基础假设
universal grammar	普遍语法
Unordering Theory	无序论
unrestricted rewriting system	无限制改写系统
unvalued feature	未取值特征
use theory	用法论

V

vagueness	[义]含混
valued feature	已取值特征
variable	变项
verb phrase	动词词组
verb second	动词二位
Visibility Condition	可见性条件
voice	[音]浊音性
VP-deletion	VP 删略
VP-shells Hypothesis	VP 壳假设
VSO language	动主宾语言

| V-to-I Movement | V 到 I 移位 |
| V-to-V Movement | V 到 V 移位 |

W

weak feature	弱势特征
well-formedness	合格
Wh-Island Constraint	疑问词禁区限制
wh-Movement	疑问词移位规则
wh-trace	疑问词语迹
wide scope	广域
W* language	W* 语言
word class grammar	词类语法
Word Formation Component	构词部分

X

X′ parameter	X′ 参数
X′ schema	X′ 程式
X′ theory	X′ 理论

References 参考文献

Abney, Stephen. 1987. *The English Noun Phrase in Its Sentential Aspect*. Doctoral dissertation, MIT, Cambridge, Mass.

Abraham, Werner, ed. 1978. *Valence, Semantic Case and Grammatical Relations*. Amsterdam: John Benjamins.

Abraham, Werner, ed. 1983. *On the Formal Syntax of the Westgermania*. Amsterdam: John Benjamins.

Anderson, Stephen, and Paul Kiparsky, ed. 1973. *A Festschrift for Morris Halle*. New York: Holt, Rinehart, and Winston.

Aoun, Joseph, and Dominique Sportiche. 1983. On the formal theory of government. *The Linguistic Review* 2: 211—236.

Aronoff, Mark. 1976. *Word Formation in Generative Grammar*. Cambridge, Mass: MIT Press.

Austin, John L. 1958. Performatif-Constatif. In *Philosophy and Ordinary Language*, ed. Charles E. Caton, 22—54.

Bach, Emmon. 1979. Control in Montague Grammar. *Linguistic Inquiry* 10: 515—531.

Bach, Emmon, and Robert Thomas Harms, ed. 1968. *Universals in Linguistic Theory*. New York: Holt, Rinehart, and Winston.

Baker, Carl Lee. 1978. *Introduction to Generative-Transformational Syntax*. Englewood Cliffs: Prentice-Hall.

Baker, Carl Lee, and Michael Brame. 1972. Global rules: a rejoinder. *Language* 48: 51—77.

Baker, C. Mark. 1988. *Incorporation*. Chicago: Chicago University Press.

Baker, C. Mark. 1997. Thematic roles and syntactic structure. In *Elements of Grammar: Handbook of Generative Grammar*, ed. Liliane Haegeman, 73—137.

Baltin, Mark, and Chris Collins, ed. 2001. *The Handbook of Contemporary Syntactic Theory*. Oxford: Blackwell.

Belletti, Andriana. 1990. *Generalized Verb Movement: Aspects of Verb Syntax*. Turin: Rosenberg and Sellier.

Belletti, Andriana. 2001. Agreement projections. In *The Handbook of Contemporary Syntactic Theory*, ed. Mark Baltin, and Chris Collins, 484—510.

Belletti, Andriana. 2004a. Aspects of the low IP area. In *The Structure of CP and IP: the Cartography of Syntactic Structures*, ed. Luigi Rizzi, vol. 2: 16—51.

Belletti, Andriana, ed. 2004b. *Explanation and Beyond — the Cartography of Syntactic Structures*, vol. 3. Oxford: Oxford University Press.

Belletti, Andriana, Luciana Brandi, and Luigi Rizzi, ed. 1981. *The Theory of*

Markedness in Generative Grammar. Proceedings of the 1979 GLOW Conference. Pisa: Scuola Normale Superiore.

Belletti, Andriana, and Luigi Rizzi, ed. 2002. *Noam Chomsky on Nature and Language.* Cambridge: Cambridge University Press.

Bernstein, Judy B. 2001. The DP hypothesis: identifying clausal properties in the nominal domain. In *The Handbook of Contemporary Syntactic Theory*, ed. Mark Baltin, and Chris Collins, 537—561.

Bever, Thomas, Jerrold J. Katz, and D. Terence Langendoen, ed. 1976. *An Integrated Theory of Linguistic Ability.* New York: Crowell.

Bloch, Bernard. 1947. English verb inflection. *Language* 23: 379—418.

Bloch, Bernard. 1949. Leonard Bloomfield. *Language* 25: 94.

Bloomfield, Leonard. 1933. *Language.* New York: Henry Holt.

Bloomfield, Leonard. 1936. Language or ideas. *Language* 12: 89—95.

Bloomfield, Leonard. 1939. *Linguistic Aspects of Science.* Chicago: Chicago University Press.

Boeckx, Cedric. 2006. *Linguistic Minimalism.* Oxford: Oxford University Press.

Boeckx, Cedric, and Massimo Piattelli-Palmarini. 2005. Language as a natural object — linguistics as a natural science. *The Linguistic Review* 22: 447—466.

Botha, Rudolph. 1981. *The Conduct of Linguistic Inquiry.* the Hague: Mouton.

Bresnan, Joan. 1970. An argument against pronominalization. *Linguistic Inquiry* 1: 122—123.

Bresnan, Joan. 1979. A realistic transformational grammar. In *Linguistic Theory and Psychological Reality*, ed. Morris Halle, Joan Bresnan, and George A. Miller, 1—59.

Bresnan, Joan. 1982a. Control and complementation. *Linguistic Inquiry* 13: 343—434.

Bresnan, Joan, ed. 1982b. *Mental Representation of Grammatical Relations.* Cambridge, Mass: MIT Press.

Büring, Daniel. 2005. *Binding Theory.* Cambridge: Cambridge University Press.

Cairns, Hellen S., and Charles E. Cairns. 1976. *Psycholinguistics: a Cognitive View of Language.* New York: Holt, Rinehart, and Winston.

Caton, Charles E., ed. 1963. *Philosophy and Ordinary Language.* Urbana: University of Illinois Press.

Chapin, Paul G. 1978. Easter Island: a characteristic VSO language. In *Syntactic Typology*, ed. Winfred P. Lehmann, 139—168.

Chomsky, Noam. 1951. *Morphopnonemics of Modern Hebrew.* MA thesis, University of Pennsylvania, Philadelphia.

Chomsky, Noam. 1957. *Syntactic Structures.* the Hague: Mouton.

Chomsky, Noam. 1959a. On certain formal properties of grammar. *Information and*

Control 2: 137—167.
Chomsky, Noam. 1959b. Review of Skinner's Verbal Behavior. *Language* 35: 36—58.
Chomsky, Noam. 1964. *Current Issues in Linguistic Theory.* the Hague: Mouton.
Chomsky, Noam. 1965. *Aspects of the Theory of Syntax.* Cambridge, Mass: MIT Press.
Chomsky, Noam. 1970. Remarks on nominalization. In *Readings in English Transformational Grammar*, ed. Roderick Arnold Jacobs, and Peter Rosenbaum, 184—221.
Chomsky, Noam. 1971. Deep structure, surface structure, and semantic interpretation. In *Studies on Semantics in Generative Grammar*, 11—61.
Chomsky, Noam. 1972. *Studies on Semantics in Generative Grammar.* the Hague: Mouton.
Chomsky, Noam. 1973. Conditions on transformations. In *A Festschrift for Morris Halle*, ed. Stephen Anderson, and Paul Kiparsky, 232—286.
Chomsky, Noam. 1975a. *The Logical Structure of Linguistic Theory.* New York: Plenum.
Chomsky, Noam. 1975b. *Reflections on Language.* New York: Patheon.
Chomsky, Noam. 1977a. *Essays on Form and Interpretation.* New York: North-Holland.
Chomsky, Noam. 1977b. On *wh*-movement. In *Formal Syntax*, ed. Peter Culicover, Thomas Wasow, and Andrian Akmajian, 77—132.
Chomsky, Noam. 1978a. Mind and body. In *Rules and Representation*, 1—46.
Chomsky, Noam. 1978b. *Rules and Representation.* New York: Columbia University Press.
Chomsky, Noam. 1980. On binding. *Linguistic Inquiry* 11: 1—46.
Chomsky. Noam. 1981a. *Lectures on Government and Binding.* Dordrecht: Foris.
Chomsky, Noam. 1981b. Knowledge of language: its elements and origin. *Philological Transaction*, B 295: 223—234.
Chomsky, Noam. 1982a. *Some Concepts and Consequences of the Theory of Government and Binding.* Cambridge, Mass: MIT Press.
Chomsky, Noam. 1982b. Prospects of the study of language. Lionel Trilling Lecture, Columbia University, New York.
Chomsky, Noam. 1986a. *Knowledge of Language: Its Nature, Origins and Use.* New York: Praeger.
Chomsky, Noam. 1986b. *Barriers.* Cambridge, Mass: MIT Press.
Chomsky, Noam. 1991. Some notes on economy of derivation and representation. In *Principles and Parameters in Comparative Grammar*, ed. Robert Fredin, 417—454.
Chomsky, Noam. 1992. Language and interpretation: philosophical reflections and

empirical enquiry. In *Inference, Explanation, and Other Frustrations: Essays in Philosophical Topics*, ed. John Earman, 99—128.

Chomsky, Noam. 1993a. A minimalist program for linguistic theory. In *The View from Building 20: Essays in Linguistics in Honor of Sylvain Bromberger*, ed. Ken neth Hale, and Samuel J. Keyser, 1—52.

Chomsky, Noam. 1993b. *Language and Thought*. London: Moyer Bell.

Chomsky, Noam. 1994a. Naturalism and dualism in the study of language and mind. *International Journal of Philosophical Studies* 1994(2): 181—200.

Chomsky, Noam. 1994b. Language as a natural object. Jacobson Lecture, University College, London. May 23, 1994.

Chomsky, Noam. 1995a. *The Minimalist Program*. Cambridge, Mass: MIT Press.

Chomsky, Noam. 1995b. Bare phrase structure. In *Government and Binding Theory and the Minimalist Program*, ed. Gert Webelhuth, 383—439.

Chomsky, Noam. 1999. An interview on minimalism. (Chomsky interviewed by Adriana Belletti and Luigi Rizzi, at University of Siena, on Nov 8—9 1999.)

Chomsky, Noam. 2000a. *New Horizons in the Study of Language and Mind*. Cambridge: Cambridge University Press.

Chomsky, Noam. 2000b. Minimalist inquiries: the framework. In *Step by Step: Essays on Minimalism in Honor of Howard Lasnik*, ed. Martin, D. Michael, and Juan Uriagereka, 89—155.

Chomsky, Noam. 2001. Derivation by phase. In *Ken Hale: a Life in Language*, ed. Michael Kenstowicz, 1—52.

Chomsky, Noam. 2002. *Noam Chomsky on Nature and Language*, ed. Andriana Belletti and Luigi Rizzi. Cambridge: Cambridge University Press.

Chomsky, Noam. 2004a. Biolinguistics and the human capacity. Lecture at MTA, Budapest, May 17 2004.

Chomsky, Noam. 2004b. Beyond explanatory adequacy. In *Explanation and Beyond — the Cartography of Syntactic Structure*, ed. Andriana Belletti, vol. 3: 104—131.

Chomsky, Noam, and Howard Lasnik. 1977. Filter and control. *Linguistic Inquiry* 8: 425—506.

Chomsky, Noam, and Howard Lasnik. 1993. Principles and parameters theory. In *Syntax: an International Handbook of Contemporary Research*, ed. Joachim Jacobs et al., vol. 1: 506—569.

Chomsky, Noam, and Morris Halle. 1968. *The Sound Pattern of English*. New York: Harper and Row.

Cole, Peter, and Jerry L. Morgan, ed. 1975. *Syntax and Semantics* 3. New York: Academic Press.

Collins, Chris. 1997. *Local Economy*. Cambridge, Mass: MIT Press.

Collins, Chris. 2001. Economy conditions in syntax. In *The Handbook of Contemporary Syntactic Theory*, ed. Mark Baltin, and Chris Collins, 45—61.

Collins, Chris. 2002. Eliminating labels. In *Derivation and Explanation in the Minimalist Program*, ed. Samuel David Epstein, and T. Daniel Seely, 42—64.

Culicover, Peter W., and Ray Jackendoff S. 2001. Control is not movement. *Linguistic Inquiry* 32: 483—512.

Culicover, Peter W., and Ray Jackendoff S. 2005. *Simpler Syntax*. Oxford: Oxford University Press.

Culicover, Peter W., Thomas Wasow, and Andrian Akmajian, ed. 1977. *Formal Syntax*. New York: Academic Press.

den Besten, Hans. 1983. On the interaction of root transformations and lexical deletive rules. In *On the Formal Syntax of the Westgermania*, ed. Werner Abraham, 155—216.

Dougherty, Ray C. 1969. An interpretive theory of pronominal reference. *Foundations of Language* 5: 488—519.

Earman, John, ed. 1992. *Inference, Explanation, and Other Frustrations: Essays in Philosophical Topics*. Berkeley: University of California Press.

Emonds, Joseph. 1970. *Root and Structure-Preserving Transformations*. Doctoral dissertation, MIT, Cambridge, Mass.

Emonds, Joseph. 1972. Evidence that indirect object movement is a structure preserving rule. *Foundations of Language* 8: 546—561.

Emonds, Joseph. 1976. *A Transformational Approach to English Syntax*. New York: Academic Press.

Engdahl, Elizabet. 1983. Parasitic gaps. *Linguistics and Philosophy* 6: 5—34.

Epstein, Samuel David, and T. Daniel Seely, ed. 2002. *Derivation and Explanation in the Minimalist Program*. Oxford: Blackwell.

Ermisch, Sonja. 2007. *Issues in the Left Periphery: a Typological Approach to Topic and Focus Constructions*. Frankfurt on Main: Peter Lang.

Erteschik-shir, Nomi. 2006. Bridge phenomena. In *Blackwell Syntax Companion*, ed. Martin Everaert, and Henk van Riemsdijk, vol.1: 284—294.

Everaert, Martin, and Henk van Riemsdijk, ed. 2006. *Blackwell Syntax Companion*. Oxford: Blackwell.

Fiengo, Robert. 1974. *Semantic Conditions on Surface Structure*. Doctoral dissertation, MIT, Cambridge, Mass.

Fiengo, Robert. 1977. On trace theory. *Linguistic Inquiry* 8: 35—61.

Fillmore, Charles. 1963. The position of embedding transformations in a grammar. *Word* 19: 208—231.

Fillmore, Charles. 1968. The case for case. In *Universals in Linguistic Theory*, ed.

Emmon Bach, and Robert Thomas Harms, 1—90.
Fillmore, Charles, and D. Terence Langendoen, ed. 1971. *Studies in Linguistic Semantics*. New York: Holt, Rinehart, and Winston.
Firth, John Rupert. 1957. *Papers in Linguistics 1934—1957*. Oxford: Oxford University Press.
Firth, John Rupert. 1966. *In Memory of J. R. Firth*. Charles Ernest Bazell et al. ed. London: Longman.
Fodor, Janet D. 1967. Noun phrase complementation in English and German, ms. MIT, Cambridge, Mass.
Fodor, Jerry A. 1970. Three reasons for not deriving *kill* from *cause to die*. *Linguistic Inquiry* 1: 429—438.
Fodor, Jerry A., and Jerrold J. Katz, ed. 1964. *The Structure of Language*. Englewood Cliffs: Prentice-Hall.
Fodor, Jerry A., Thomas G. Bever, and Merrill F. Garrett. 1974. *The Psychology of Language*. New York: McGraw-Hill.
Francis, W. Nelson. 1954. Revolution in grammar. *Quarterly Journal of Speech* 40: 299—312.
Frege, Gottlob. 1952. On sense and reference. In *Translations from the Philosophical Writings of Gottlob Frege*, ed. Peter Geach and Max Black, 56—78.
Freidin, Robert. 1978. Cyclicity and the theory of grammar. *Linguistic Inquiry* 9: 519—550.
Freidin, Robert, ed. 1991. *Principles and Parameters in Comparative Grammar*. Cambridge, Mass: MIT Press.
Fries, Charles C. 1952. *The Structure of English*. London: Longman.
Fujimura, Osamu, ed. 1973. *Three Dimensions of Linguistic Theory*. Tokyo: TEC Corporation.
Gazdar, Gerald. 1982. Phrase Structure Grammar. In *The Nature of Syntactic Representation*, ed. Pauline Jacobson, and Geoffrey K. Pullum, 131—186.
Gazdar, Gerald, Geoffrey Pullun, and Ivan Sag, ed. 1983. *Order Concord and Constituency*. Dordrecht: Foris.
Geach, Peter, and Max Black, ed. 1952. *Translations from the Philosophical Writings of Gottlob Frege*. Oxford: Blackwood.
Goldsmith, John A. 1976. *Autosegmental Phonology*. Doctoral dissertation, MIT, Cambridge, Mass.
Greenberg, Joseph. 1963a. Some universals of grammar with particular reference to the order of meaningful elements. In *Universals of Language*, ed. Joseph Greenberg, 73—113.
Greenberg, Joseph, ed. 1963b. *Universals of Language*. Cambridge, Mass: MIT Press.

Grice, Hubert Paul. 1975. Logic and conversation. In *Syntax and Semantics 3*, ed. Peter Cole, and Jerry L. Morgan, 41—58.

Grimshaw, Jane. 1975. A note on the interpretation of subjects of infinitival relatives, ms. University of Massachusetts, Amherst.

Grinder, John, and Paul Postal. 1971. Missing antecedents. *Linguistic Inquiry* 2: 269—312.

Grohmann, Kleanthes K. 2003. *Prolific Domains: on the Anti-locality of Movement Dependencies*. Amsterdam: John Benjamins.

Grohmann, Kleanthes K. 2006. The road to PF. In *Proceedings of the 17th International Symposium on Theoretical and Applied Linguistics*, ed. Eleni Agathopoulou, Maria Dimitrikapoulkou and Despina Papadopoulou. Aristotle University, Thessaloniki.

Gross, Maurice. 1972. *Mathematical Models in Linguistics*. Englewood Cliffs: Prentice-Hall.

Gruber, Geoffrey. 1976(1965). *Lexical Structures in Syntax and Semantics*. New York: North-Holland.

Guenthner, Franz, and Siegfried J. Schmidt, ed. 1978. *Formal Semantics and Pragmatics for Natural Languages*. Dordrecht: Reidel.

Haegeman, Liliane, ed. 1997. *Elements of Grammar: Handbook of Generative Grammar*. Dordrecht: Kluwer.

Hale, Kenneth. 1979. On the position of Warlpiri in a typology of the base. Indiana University Linguistics Club, Bloomington.

Hale, Kenneth. 1980. Remarks on Japanese phrase structure: comments on the papers on Japanese syntax. In *MIT Working Papers in Linguistics* 2, ed. Yukio Otsu, and Ann Farmer.

Hale, Kenneth. 1982a. Preliminary remarks on configurationality. In *NELS* 12, ed. James Pustejovsky, and Peter Sells, 86—96.

Hale, Kenneth. 1982b. Warlpiri and the grammar of non-configurational languages, ms. MIT, Cambridge, Mass.

Hale, Kenneth, and Samuel Jay Keyser. 1991. *On the Syntax of Argument Structure*. Cambridge, Mass: MIT Press.

Hale, Kenneth, and Samuel Jay Keyser. 1993a. On the argument structure and the lexical expression of syntactic relations. In *The View from Building 20: Essays in Linguistics in Honor of Sylvain Bromberger*, 51—109.

Hale, Kenneth, and Samuel Jay Keyser, ed. 1993b. *The View from Building 20: Essays in Linguistics in Honor of Sylvain Bromberger*. Cambridge, Mass: MIT Press.

Halle, Morris. 1959. *The Sound Pattern of Russian*. the Hague: Mouton.

Halle, Morris. 1962. Phonology in generative grammar. *Word* 18: 54—72.

Halle, Morris. 1973. Prolegomena to a theory of word-formation. *Linguistic Inquiry*

4: 316.

Halle, Morris, and Jean-Roger Vergnaud. 1980. Three dimensional phonology. *Journal of Linguistic Research* 1: 83—105.

Halle, Morris, Joan Bresnan, and George A. Miller, ed. 1979. *Linguistic Theory and Psychological Reality*. Cambridge, Mass: MIT Press.

Hankamer, Jorge, and Ivan Sag. 1976. Deep and surface anaphora. *Linguistic Inquiry* 7: 391—428.

Hinzen, Wolfram. 2006. *Mind Design and Minimal Syntax*. Oxford: Oxford University Press.

Hockett, Charles F. 1960. The origin of speech. *Scientific American* 203: 89—96.

Hockett, Charles F., and Stuart Altmann. 1968. A note on design features. In *Animal Communication*, ed. Thomas A. Sebeok, 61—72.

Holmberg, Anders. 1986. *Word Order and Syntactic Features in Scandinavian Languages and English*. Doctoral dissertation, University of Stockholm.

Hornstein, Nobert. 1999. Movement and control. *Linguistic Inquiry* 30: 69—96.

Hornstein, Nobert. 2001. *Move! A Minimalist Theory of Construal*. Oxford: Blackwell.

Hornstein, Nobert, Jairo Nunes, and Kleanthes K. Grohmann. 2005. *Understanding Minimalism*. Cambridge: Cambridge University Press.

Huang, James. 1982. *Logical Relations in Chinese and the Theory of Grammar*. Doctoral dissertation, MIT, Cambridge, Mass.

Huybregts, Riny, and Henk van Riemsdijk, ed. 1982. *Noam Chomsky on Generative Enterprise*. Dordrecht: Foris.

Iatridou, Sabine. 1990. About AGR(P). *Linguistic Inquiry* 21: 551—577.

Jackendoff, Ray S. 1969. An interpretive theory of negation. *Foundations of Language* 5: 218—241.

Jackendoff, Ray S. 1972. *Semantic Interpreattion in Generative Grammar*. Cambridge, Mass: MIT Press.

Jackendoff, Ray S. 1977. *X-Bar Syntax: a Study of Phrase Structure*. Cambridge, Mass: MIT Press.

Jackendoff, Ray S. 1990. On Larson's treatment of the double object construction. *Linguistic Inquiry* 21: 427—456.

Jackendoff, Ray S. 1997. *The Architecture of the Language Faculty*. Cambridge, Mass: MIT Press.

Jacobs, Joachim, Arnim von Stechow, and Wolfgang Sternefeld, ed. 1993. *Syntax: an International Handbook of Contemporary Research*. Berlin: Walter de Gruyter.

Jacobs, Roderick Arnold, and Peter Rosenbaum, ed. 1970. *Readings in English Transformational Grammar*. Waltham: Ginn.

Jacobson, Pauline, and Geoffrey K. Pullum, ed. 1982. *The Nature of Syntactic

Representation. Dordrecht: Reidel.

Jenkins, Lyle. 2000. *Biolinguistics: Exploring the Biology of Language*. Cambridge: Cambridge University Press.

Johnson, David E., and Shalon Lappin. 1999. *Local Constraints vs. Economy*. Stanford: CSLI.

Joos, Martin, ed. 1962. *Trends in European and American Linguistics 1930—1960*. Utrecht: Spectrum.

Katz, Jerrold J. 1964. Mentalism in linguistics. *Language* 40: 127—137.

Katz, Jerrold J. 1971. Generative semantics is interpretive semantics. *Linguistic Inquiry* 2: 313—331.

Katz, Jerrold J. 1972. *Semantic Theory*. New York: Harper and Row.

Katz, Jerrold J. 1980. Chomsky on meaning. *Language* 56: 1—41.

Katz, Jerrold J. 1981. *Language and Other Abstract Objects*. Totowa: Rowman and Littlefield.

Katz, Jerrold J. 1982. Common sense in semantics. *Notre Dame Journal of Formal Logic* 23: 174—218.

Katz, Jerrold J. 1985a. An outline of Platonist Grammar. In *The Philosophy of Linguistics*, ed. Jerrold J. Katz, 172—203.

Katz, Jerrold J. 1985b. *The Philosophy of Linguistics*. Oxford: Oxford University Press.

Katz, Jerrold J., and Jerry A. Fodor. 1963. The structure of a semantic theory. *Language* 39: 170—210.

Katz, Jerrold J., and Paul M. Postal. 1964. *An Integrated Theory of Linguistic Descriptions*. Cambridge, Mass: MIT Press.

Katz, Jerrold J., and Thomas Bever. 1976. The fall and rise of empiricism. In *An Integrated Theory of Linguistic Ability*, ed. Thomas Bever, Jerrold J. Katz, and D. Terence Langendoen, 11—64.

Kayne, Richard. 1980. Extensions of binding and case-marking. *Linguistic Inquiry* 11: 75—96.

Kayne, Richard. 1981. ECP extensions. *Linguistic Inquiry* 12: 93—133.

Kayne, Richard. 1983. Connectedness. *Linguistic Inquiry* 4: 233—249.

Kayne, Richard. 1994. *The Antisymmetry of Syntax*. Cambridge, Mass: MIT Press.

Kempson, Ruth. 1984. Weak crossover, logical form and pragmatics. 1984 GLOW Conference, Copenhagen.

Kenstowicz, Michael, ed. 2001. *Ken Hale: a Life in Language*. Cambridge, Mass: MIT Press.

Kiparsky, Paul. 1982. Lexical morphology and phonology. *Linguistics in the Morning Calm* 2: 3—91.

Kiss, Katalin. 1998. Identificational focus versus information focus. *Language* 74(2):

245—273.

Koopman, Hilda, and Dominique Sportiche. 1982. Variables and the Bijection Principle. *The Linguistic Review* 2: 139—160.

Koopman, Hilda, and Dominique Sportiche. 1991. The position of subjects. *Lingua* 85: 211—258.

Koster, Yan, and Eric Reuland, ed. 1992. *Long-Distance Anaphora*. Cambridge: Cambridge University Press.

Koutsoudas, Andreas. 1971. Gapping, conjunction reduction, and coordinate deletion. *Foundations of Language* 7: 337—386.

Koutsoudas, Andreas. 1972. The strict order fallacy. *Language* 48: 88—96.

Koutsoudas, Andreas, Gerald Sanders, and Craig Noll. 1974. On the application of phonological rules. *Language* 50: 1—28.

Kuhn, Thomas. 1962. *The Structure of Scientific Revolutions*. Chicago: Chicago University Press.

Lakoff, George. 1966. Deep and Surface Grammar. Indiana University Linguistics Club, Bloomington.

Lakoff, George. 1968. Pronouns and reference. Indiana University Linguistics Club, Bloomington.

Lakoff, George. 1970. Global rules. *Language* 46: 627—639.

Lakoff, George. 1971a. On generative semantics. In *Semantics*, ed. Danny D. Steinberg, and Leon A. Jacobovits, 232—296.

Lakoff, George. 1971b. Presupposition, and related well-formedness. In *Semantics*, ed. Danny D. Steinberg, and Leon A. Jacobovitz, 329—340.

Lakoff, George. 1973. Fuzzy grammar and the performance/competence game. *Papers from the Ninth Regional Meeting of the Chicago Linguistic Society*: 271—291.

Lakoff, George, and Ross, John Robert. 1967. Is deep structure necessary? In *Syntax and Semantics 7*, ed. James McCawley, 159—164.

Landau, Idan. 2001. *Elements of Control: Structure and Meaning in Infinitival Constructions*. Dordrecht: Kluwer.

Landau, Idan. 2003. Movement out of control. *Linguistic Inquiry* 32: 471—498.

Langacker, Ronald W. 1966. On pronominalization and the chain of command. In *Modern Studies in English*, ed. David A. Reibel, and Sanford A. Schane, 75—79.

Langendoen, D. Terence, and Paul M. Postal. 1984. *The Vastness of Natural Languages*. Oxford: Blackwell.

Lappin, Shalon, Robert Levin, and David Johnson. 2000. The structure of unscientific revolutions. *Natural Language and Linguistic Theory* 18: 665—671.

Larson, Richard. 1988. On the double object construction. *Linguistic Inquiry* 19:

335—391.

Larson, Richard. 1990. Double object revisited: reply to Jackendoff. *Linguistic Inquiry* 21: 589—632.

Lasnik, Howard. 1976. Remarks on coreference. *Linguistic Analysis* 2: 1—22.

Lasnik, Howard. 2005a. Grammar, level and biology. In *The Cambridge Companion to Chomsky*, ed. James McGilvray, 60—83, 297—299.

Lasnik, Howard. 2005b. *A Course in Minimalist Syntax: Foundations and Prospects*. Oxford: Blackwell.

Lasnik, Howard, and Mamoru Saito. 1984. On the nature of proper government. *Linguistic Inquiry* 15: 235—290.

Lees, Robert, and Edward Klima. 1963. Rules for English pronominalization. *Language* 39: 17—28.

Lehmann, Winfred P., ed. 1978. *Syntactic Typology*. Sussex: Harvester.

Lenneberg, Eric. 1967. *Biological Foundations of Language*. New York: John Whiley & Sons.

Lieberman, Philip. 2006. *Towards an Evolutionary Biology of Language*. Cambridge, Mass: Harvard University Press.

Lightfoot, David, and Norbert Hornstein, ed. 1994. *Verb Movement*. Cambridge: Cambridge University Press.

Malinowski, Bronislaw. 1923. The problem of meaning in primitive languages. Appendix in Charles K. Ogden, and Ivor A. Richards. *The Meaning of Meaning*.

Manzini, Rita. 1983. On control and control theory. *Linguistic Inquiry* 14: 421—446.

Martin, D. Michael, and Juan Uriagereka, ed. 2000. *Step by Step: Essays on Minimalism in Honor of Howard Lasnik*. Cambridge, Mass: MIT Press.

McCawley, James. 1967. *Syntax and Semantics 7*. New York: Academic Press.

McCawley, James. 1968a. Lexical insertion in transformational grammar without deep structure. *Papers from the 4th Regional Meeting of the Chicago Linguistic Society*: 71—81.

McCawley, James. 1968b. The role of semantics in grammar. In *Universals in Linguistic Theory*, ed. Emmon Bach, and Robert Thomas Harms, 125—170.

McCawley, James. 1970. Where do noun phrases come from? In *Readings in English Transformational Grammar*, ed. Roderick Arnold Jacobs, and Peter Rosenbaum, 166—183.

McClosky, James. 1983. A VP in a VSO language. In *Order Concord and Constituency*, ed. Gerald Gazdar, Geoffrey Pullun, and Ivan Sag, 9—55.

McGilvray, James, ed. 2005. *The Cambridge Companion to Chomsky*. Cambridge: Cambridge University Press.

Mei, Kuang. 1972. *Studies in the Transformational Grammar of Modern Standard*

Chinese. Doctoral dissertation, Harvard, Cambridge, Mass.

Mohanan, K. P. 1982. *Lexical Phonology*. Doctoral dissertation, MIT, Cambridge, Mass.

Newmeyer, Frederick J. 1980. *Linguistic Theory in America*. New York: Academic Press.

Newmeyer, Frederick J. 1983. *Grammatical Theories*. Chicago: Chicago University Press.

Newmeyer, Frederick J. 1986. Has there been a "Chomskyan revolution" in linguistics? *Language* 62: 1—18.

Newmeyer, Frederick J. 2003. Review Article. *Language* 17: 539—599.

Nida, Eugene A. 1943. *A Synopsis of English Syntax*. Oklahoma: Norman.

Nishigauchi, Taisuke. 1984. Control and the thematic domain. *Language* 60: 215—250.

Ogdan, Charles K., and Richards, Ivor A. 1923. *The Meaning of Meaning*. London: Routledge and Kegan Paul.

Perlmutter, David. 1971. *Deep and Surface Constraints in Syntax*. New York: Holt, Rinehart, and Winston.

Pesetsky, David. 2000. *Phrasal Movement and Its Kin*. Cambridge, Mass: MIT Press.

Peters, Stanley. 1972. *Goals of Linguistic Theory*. Englewood Cliffs: Prentice-Hall.

Peters, Stanley, and Robert W. Ritchie. 1969. A note on the universal base hypothesis. *Journal of Linguistics* 5: 150—152.

Peters, Stanley, and Robert W. Ritchie. 1971. On restricting the base component of transformational grammars. *Information and Control* 18: 483—501.

Peters, Stanley, and Robert W. Ritchie. 1973. On the generative power of transformational grammars. *Information Sciences* 6: 49—83.

Pike, Kenneth. 1958. Discussion. *Proceedings of the Eighth International Congress of Linguistics*, 204. Oslo: Oslo University Press.

Pollock, Yean-Ives. 1989. Verb movement, universal grammar and the structure of IP. *Linguistic Inquiry* 20: 365—424.

Pollock, Yean-Ives. 1997. Notes on clause structure. In *Elements of Grammar: Handbook of Generative Grammar*, ed. Liliane Haegeman, 237—279.

Postal, Paul M. 1962. Limitations of phrase structure grammars. In *The Structure of Language*, ed. Jerry A. Fodor, and Jerrold J. Katz, 137—154.

Postal, Paul M. 1968. *Aspects of Phonological Theory*. New York: Harper and Row.

Postal, Paul M. 1970. On the surface verb 'remind'. In *Studies in Linguistic Semantics*, ed. Charles Fillmore, and D. Terence Langendoen, 181—270.

Postal, Paul M. 1971. *Crossover Phenomena*. New York: Holt, Rinehart and Winston.

Postal, Paul M. 1972. The best theory. In *Goals of Linguistic Theory*, ed. Stanley

Peters, 131—170.

Pullum, Geoffrey. 1979. *Rule Interaction and Organization of Grammar*. New York: Garland.

Quine, Willard van Orman. 1953. Two dogmas of empiricism. In *Readings in the Philosophy of Language*, ed. Jay F. Rosenberg, and Charles Travis, 63—81.

Quine, Willard van Orman. 1960. *Word and Object*. Cambridge, Mass: MIT Press.

Radford, Andrew. 1981. *Transformational Syntax*. Cambridge: Cambridge University Press.

Radford, Andrew. 2004. *Minimalist Syntax: Exploring the Structure of English*. Cambridge: Cambridge University Press.

Reibel, David A., and Sanford A. Shane, ed. 1966. *Modern Studies in English: Readings in Transformational Grammar*. Englewood Cliffs: Prentice-Hall.

Reinhart, Tanya. 1976. *The Syntactic Domain of Anaphora*. Doctoral dissertation, MIT, Cambridge, Mass.

Reinhart, Tanya. 1978. Syntactic domains for semantic rules. In *Formal Semantics and Pragmatics for Natural Languages*, ed. Franz Guenthner, and Siegfried J. Schmidt, 107—130.

Reinhart, Tanya. 1983. *Anaphora and Semantic Interpretation*. London: Croom Helm.

Rizzi, Luigi. 1978. Violations of the wh-island constraint in Italian and the Subjacency Condition. *Montreal Working Papers in Linguistics* 11: 155—190.

Rizzi, Luigi. 1990. *Relativized Minimality*. Cambridge, Mass: MIT Press.

Rizzi, Luigi. 1997. The fine structure of the left periphery. In *Elements of Grammar: Handbook in Generative Syntax*, ed. Liliane Haegeman, 281—337.

Rizzi, Luigi. 2004a. Locality and left periphery. In *Explanation and Beyond — the Cartography of Syntactic Structures*, vol. 3, ed. Andriana Belletti, 223—251.

Rizzi, Luigi, ed. 2004b. *The Structure of CP and IP — the Cartography of Syntactic Structures*, vol. 2. Oxford: Oxford University Press.

Rosenbaum, Peter. 1970. A principle governing deletion in English sentential complementation. In *Readings in English Transformational Grammar*, ed. Roderick Arnold Jacobs, and Peter Rosenbaum, 20—29.

Rosenberg, Jay F., and Charles Travis, ed. 1971. *Readings in the Philosophy of Language*. Englewood Cliffs: Prentice-Hall.

Ross, John Robert. 1967. *Constraints on Variables in Syntax*. Doctoral dissertation, MIT Cambridge, Mass.

Ross, John Robert. 1970. On declarative sentences. In *Readings in English Transformational Grammar*, ed. Roderick Arnold Jacobs, and Peter Rosenbaum, 222—272.

Ross, John Robert. 1973. Nouniness. In *Three Dimensions of Linguistic Theory*, ed.

Osamu Fujimura, 137—258.

Ross, John Robert. 1986. *Infinite Syntax!* Norwood, NJ: Ablex.

Růžička, Rudolf. 1983. Remarks on control. *Linguistic Inquiry* 14: 309—324.

Sanders, Gerald. 1970. Precedence relations in language. *Foundations of Language* 11: 361—400.

Saito, Mamoru. 1985. *Some Asymmetries in Japanese and their Theoretical Implications*. Doctoral dissertation, MIT, Cambridge, Mass.

Sapir, Edward. 1921. *Language: an Introduction to the Study of Speech*. New York: Harcourt Bruce.

Sebeok, Thomas A., ed. 1968. *Animal Communication*. Bloomington: Indiana University Press.

Selkirk, Elizabeth. 1972. *The Phrase Phonology of English and French*. Doctoral dissertation, MIT, Cambridge, Mass.

Selkirk, Elizabeth. 1982. *The Syntax of Words*. Cambridge, Mass: MIT Press.

Seuren, Pieter A. M. 1974. *Semantic Syntax*. London: Oxford University Press.

Seuren, Pieter A. M. 2004. *Chomsky's Minimalism*. Oxford: Oxford University Press.

Shlonsky, Ur. 1992. Resumptive pronouns as a last resort. *Linguistic Inquiry* 23(3): 443—468.

Siegel, Dorothy. 1979. *Topics in English Morphology*. New York: Garland.

Skinner, Burrhus Frederick. 1957. *Verbal Behavior*. New York: Appleton-Century-Croft.

Sperber, Dan, and Deirdre Wilson. 1986 (1995). *Relevance: Communication and Cognition*. Oxford: Blackwell.

Sportiche, Dominique. 1981. Bounding nodes in French. *The Linguistic Review* 1: 219—246.

Steinberg, Danny D., and Leon A. Jacobovits, ed. 1971. *Semantics*. Cambridge: Cambridge University Press.

Stowell, Tim. 1981. *Origins of Phrase Structure*. Doctoral dissertation, MIT, Cambridge, Mass.

Szabolcsi, Anna. 1983. The possessor that ran away from home. *The Linguistic Review* 3: 89—102.

Taraldsen, K. Tarald. 1981. The theoretical interpretation of a class of marked extractions. In *Theory of Markedness in Generative Grammar*, ed. Andriana Belletti, Luciana Brandi, and Luigi Rizzi, 475—516.

ten Hacken, Pius. 2006. Review of Seuren (2004). *Journal of Linguistics* 42: 226—229.

Thráinsson, Höskuldur. 2001. Object shift and scrambling. In *The Handbook of Contemporary Syntactic Theory*, ed. Mark Baltin and Chris Collins, 148—202.

Torrego, Esther. 1982. On inversion in Spanish and some of its effects, ms. University of Massachusetts, Boston.
Ura, Hiroyuki. 2000. *Checking Theories and Grammatical Functions in Universal Grammar*. Oxford: Oxford University Press.
Uriagereka, Juan. 1998. *Rhyme and Reason*. Cambridge, Mass: MIT Press.
van Riemsdijk, Henk. 1978. *A Case Study in Syntactic Markedness*. Dordrecht: Foris.
van Riemsdijk, Henk, and Edwin Williams. 1981. NP-Structure. *The Linguistic Review* 1: 171—217.
van Riemsdijk, Henk, and Edwin Williams. 1986. *Introduction to the Theory of Grammar*. Cambridge, Mass: MIT Press.
Vergnaud, Jean-Roger. 1974. *French Relative Clauses*. Doctoral dissertation, MIT, Cambridge, Mass.
Vikner, Stein. 1994. Finite verb movement in Scandinavian embedded clauses. In *Verb Movement*, ed. David Lightfoot, and Norbert Hornstein, 117—147.
Wall, Robert. 1972. *Introduction of Mathematical Linguistics*. Englewood Cliffs: Prentice-Hall.
Wasow, Thomas. 1972. *Anaphoric Relations in English*. Doctoral dissertation, MIT, Cambridge, Mass.
Wasow, Thomas. 1979. *Anaphora in Generative Grammar*. Ghent: E. Story-Scientia.
Webelhuth, Gert, ed. 1995. *Government and Binding Theory and the Minimalist Program*. Oxford: Blackwell.
Williams, Edwin. 1980. Predication. *Linguistic Inquiry* 11: 203—238.
Xu, Liejiong. 1986a. Free empty categories. *Linguistic Inquiry* 17: 75—93.
Xu, Liejiong. 1986b. Towards a lexical-thematic theory of control. *The Linguistic Review* 5: 345—376.
Xu, Liejiong, and D. Terence Langendoen. 1985. Topic structures in Chinese. *Language* 61: 1—27.
Yang Dong Whee. 1983. The extended binding theory of anaphors. *Language Reserach* 19: 169—192.
Zubizarreta, Maria-Lousa. 1998. *Prosody, Focus, and Word Order*. Cambridge, Mass: MIT Press.
Zwart, C. Jon-Worter. 1997. *The Morphosyntax of Verb Movement: a Minimalist Approach to the Dutch Syntax*. Dordrecht: Kluwer.

主题索引
Subject Index

变项　100,105,109,135-136,171-172,179-180,182,185,219,221,271-274,277

标句词　85,192,201-202,204,206-207,212,217,221-222,232,236,246-247,257-258,293-294,308-311

标志语　221-222,224-226,233,252,291-296,298-299,301-302,305-308,311,318,320-321,323-326,329,339,341-342,353-355

表层结构　12,104,106-108,112,114,123-124,140-141,144,146,148-149,155-158,160-161,164,166,168,170-172,174,186,199,203-204,208,217,340

表达式　60-62,104,106,112,114-116,135-141,147-148,150-151,163,167,171,183,193,196,200,203-205,216-217,235-236,241,286,296-297,351

　　表层表达式　163,217

　　词汇表达式　116

　　词项表达式　114-116,140

　　句法表达式　61,104,134,138,235

　　逻辑表达式　149

　　深层(结构)表达式　108,143,166-167,195,198,213,217,304

　　音系表达式　114-116,119-121,124-125,140,167

语义表达式　104,133-140,148,149-150,167,174

语音表达式　115-116,120-121,124,139-140,219

并列　27,55,57,73,83,127-128,142,166,187-188,190-191,200,203,209,215,244,291

补语　62-66,84-85,185,218,221-225,232-233,235,237-241,244,247,253,256-257,259-260,265,278,280,294,302,305,307-308

参数　28,40-41,66,219-220,224,273,283,288,320,343

层级　109,111-112,122-125,198-200,346

层面　60-61,114,116,141,144,146-151,172,216,235,244,332,334,336-338,340-341,345,351,353

　　D 结构层面　216,247-248,304,332-336,338-339,341,351

　　LF(结构)层面　216,286,329-332,336-347,351,353,355,357-358

　　PF(结构)层面　216,330-332,336-337,344-351,353,355,357

　　S 结构层面　216,248,332,334,336-342,345,351

插入　56-57,79,86,93,101-105,108,114,120-122,165,195,239-240,248,252,278

传递　259-260,284-285

词库 91-93,96-97,112,114,132,145,163,179,193,217,226,244,279,316-317,319-320,322-323,325,328,330,332-333,336-337,349-350,353

词项 92,94-97,105-106,114-116,132,134-135,140,144-147,163,179,182,193,218,222-223,234-235,242,244,277,316,323,325,328,336-337

词项插入 91,93,139-140,144,146-147,149

递归性 28,77,134

定型 330,345-349

动词二位 295,308

段 346-350

反身 38,102-103,109-110,138,164,197,199,212-214,265-266,291,303,321,338-339

封闭 213-215,264

附加语 66,68,95,136,232,287,318

复合名词词组 185,187,190-191,200,203,209,215

复制 103,323,327,329-331,338-339,343,348,350

赋格 237-240,242-245,248,252,303,336-338

管辖 38,219-220,248-272,274,276-278,281,284-288,320,325-326,336,351

规则 32,34-37,49,53-54,59-62,66,69,73-74,76-80,82-85,87,91,93-95,97-106,108-112,114-116,120-125,134,136-142,145,149-152,157,161,163-169,171-174,176-180,182-186,189,192,194-199,202-203,208-209,212-220,223,235,242-245,281,296,316,322

    句法规则 34,76,78,91,112,139,197

    音系规则 34,48,112,115-116,120-122,124-125,139-140,151,202,217

    语法规则 10-11,32,35-36,38,41,45,52-54,61-62,66,73-74,76-77,97,114,125,139,176,182,208,216

    语类规则 76,79-80,82-83,87,91-92,97-99,104,106,114,139-140,152,157,161,163,174,178-179,216,218

    语义规则 34,126,134,139,152,172-173,216

    照应规则 165-167,209,212

    转换规则 62,83,97-99,103-105,108,110-112,114,139-140,150-152,163-165,174,183-186,188,194-197,199,202-203,208,216,218

规则顺序 109,196-197

合并 317,319-323,333,335-337,339-340,343,345,347-350,353,355

话题 24,56,67,169,189-190,228,246,255,295-296,308,310-313,324

鉴别式 203-209,215,217,239-241,243-245,276-277,283,285-286

焦点 24,56,159-161,308,310-

313, 324
节点　87 – 88, 167, 170, 181, 189, 198, 211 – 212, 223, 251, 276, 281 – 287, 291, 318
姐妹节点　87, 94 – 95, 211, 318, 320
界限　39, 192 – 193, 199, 219, 281 – 284, 287, 346
禁区　185, 190 – 191, 195, 200, 212 – 215, 262, 264, 269 – 270, 356
局部性　150, 276, 325, 358
空语类原则　255 – 257, 259 – 260, 284 – 287, 350
控制　213, 219, 274 – 276, 279 – 281, 334 – 335
跨越　170, 271 – 272, 351 – 353
扩充的投射原则　235 – 236, 293, 323, 344, 350
量词　156 – 158, 164, 172, 256, 271 – 272, 286, 290, 340 – 342
领属条件　191, 193 – 194, 200, 270, 281 – 287
逻辑式　31, 35, 149 – 150, 171 – 173, 215 – 217, 219, 231, 270, 286, 332, 340 – 341, 343
内在性语言　19 – 20
普遍语法　35, 37 – 39, 41, 52, 65 – 66, 69 – 70, 182, 191, 208, 219, 227, 230, 237, 241, 252, 261, 281, 283, 288, 317, 320 – 321
强势特征　290, 343 – 344, 354 – 355, 357 – 358
删略　56 – 57, 86, 100 – 101, 103, 109, 152, 166, 197, 199 – 203, 208 – 209, 212 – 213, 215, 217, 236, 244, 254, 277
深层结构　17, 104 – 109, 111 – 112, 114, 138, 140 – 146, 148 – 150, 156 – 158, 160 – 161, 163 – 166,

168 – 169, 174, 186, 189, 217, 245, 340
时态　5, 40, 84, 194 – 196, 200, 206 – 207, 213 – 215, 221, 243, 253 – 254, 262 – 263, 270, 272, 276 – 278, 289, 297 – 298, 301, 317, 324, 328 – 329, 338
缩合　58, 150 – 152
特征　36, 73, 94 – 96, 101 – 103, 117 – 122, 131 – 133, 143, 218, 237 – 238, 240, 243 – 244, 248, 250, 252, 273 – 274, 279 – 280, 290, 297 – 298, 317, 320 – 321, 323, 325 – 331, 337 – 338, 342 – 346, 348, 351, 355, 357 – 358
　词汇特征　218, 280
　句法特征　92, 132, 237 – 238, 252
　区别性特征　117, 125
　形态特征　325, 327 – 328, 330 – 331, 344, 357 – 358
　语法特征　114, 290, 317, 325, 358
　语义特征　92, 97, 131 – 133, 317, 325
　语音特征　92, 117, 132, 317, 325, 358
　φ特征　325, 327, 348
提升　111 – 112, 199, 213, 246, 270, 289, 296, 324 – 325, 334 – 336, 348, 352
替代　56 – 57, 284
同标　166, 170, 258, 263 – 266, 272
同指关系　166
统制　170, 209, 211 – 212, 214, 224, 251 – 253, 258, 260, 263, 266, 275, 281, 291, 302 – 303, 321, 329 – 330, 348

外表化语言　19–20
辖域　156–158, 172, 340–341
先设　131, 152, 159–160
限制　40, 56–57, 62–63, 66–67, 88, 96, 136, 146–147, 162, 176–178, 182–185, 187–191, 194–197, 200, 202–203, 205, 208–210, 212–215, 218, 231, 240–241, 243, 245, 262, 265, 269–273, 275–276, 280–281, 283–284, 286–288, 295, 325, 336, 344, 350–351, 353, 356
向心结构　222, 297, 318
心智　13–18, 20–23
选择限制　95–97, 136, 146–147, 179
严格管辖　253, 255–258, 261, 270, 284–287
一致　108, 242, 263, 266, 268–269, 288–289, 297–298, 301, 327–329, 331–332, 346, 359
移位　56–58, 87, 97, 99–100, 103–104, 106, 135, 151, 165, 168–171, 183, 186–187, 189, 192–193, 195, 203, 209, 212–213, 217–218, 223, 235–237, 240, 245–248, 254, 258, 270, 274–275, 280–282, 284–286, 288–289, 292–293, 295–296, 299, 302–304, 307, 317, 321, 323–327, 330–331, 333, 335–336, 339–342, 344–345, 350–355, 357–358
　　名词词组移位/NP 移位　213, 246–247, 270, 287–289, 302, 324
　　显性移位　341–345, 357
　　疑问词移位/wh 移位　100, 106, 151, 155, 170–171, 186, 199, 205, 246–247, 258, 270, 287–289, 296, 324, 326, 339, 351, 353
　　隐性移位　341–345, 357–358
　　中心语移位　288–290, 292–293, 295–297, 303, 324, 326, 343, 351
疑问词　5, 57, 151, 190–192, 200, 212, 217, 246–247, 254, 285, 308, 326, 342–343, 352–353, 356
语迹　57–58, 167–171, 183, 186, 205, 212–214, 217, 236, 240, 244–248, 253–259, 269–276, 278–279, 281, 284–287, 292, 302, 323, 341–342
语类　30, 36–38, 54–57, 72, 76–85, 87, 89–94, 97–99, 104–106, 114, 125, 139–140, 144, 152, 163, 168, 174, 178–183, 185, 198, 203, 208, 211, 216–218, 220, 222–223, 229, 232, 238, 240, 242–243, 248–249, 262, 264–265, 273–274, 283, 288–289, 293, 296–297, 299, 301–302, 307, 309–311, 313, 316, 319–321, 327–328, 333–334, 346
　　词组语类　30, 36, 77, 79–80, 179, 181, 242, 250, 297, 333
　　单词语类　30, 77, 80, 179, 181, 222, 238, 242, 248, 250, 253, 255, 260, 333
　　空语类　57–58, 167, 202–203, 240–241, 243, 253–256, 259–260, 269–278, 334, 356
　　子语类　93–96, 108, 179, 218,

222-223, 244
语类部分　91, 96-97, 112, 126, 138, 141, 226
语链　236-237, 241, 247, 271, 276
语言获得　37, 41, 51
语言运算系统　20, 317, 328, 331, 340, 357
语义解读　141, 147, 156-157, 160-161, 168, 172, 174, 202, 210, 215, 328, 330-331, 345
语音解读　330, 337, 345
原则　10, 23, 36, 38-41, 45, 59-60, 69, 111, 144, 183, 185, 198-201, 203, 209, 215-216, 218-220, 223, 234-235, 241, 244-245, 248, 255, 265, 268-269, 273-274, 276, 278, 280, 283, 288, 304, 306, 315-316, 320, 322, 331, 334, 338-339, 347, 350-351, 353, 355, 357-358

　　普遍语法原则　38-39, 41, 62, 66, 70, 218-220, 261, 283, 288, 304, 326

　　普遍原则　38, 52, 219, 224, 226, 283, 306, 330-331

约束　38, 172, 199, 213-215, 219-220, 252, 261, 265, 266-277, 281, 288, 303, 338-339, 341-342, 346, 350, 356
约束变项　172, 281, 342
照应　38-40, 163-167, 172, 194, 209-210, 212-215, 265-270, 272-274, 276, 303, 338
中心语　185, 218, 221-226, 232, 238-240, 242, 248, 250, 265, 288-290, 293-297, 299-303, 306-308, 311, 318-321, 324, 326-327, 329, 336, 343, 348-349, 351-352, 357-358
终极符号　72, 80-92, 97, 176-177, 179, 182, 208, 319-321
主-宾语不对称　55, 255-256
主目语　66, 95, 136, 138, 149, 218, 231, 233-237, 241, 287, 293, 296
主语从句　189-191, 200
组合性的原则　41
VP 壳　302-307, 347

Name Index 人名索引

Abney　300
Aoun　211, 252
Aronoff　97
Austin　45
Bach　149, 280
Baker　304
Belletti　19, 298 - 299, 313
Bernstein　302
Bever　58, 75
Bloch　9
Bloomfield　9, 13 - 15, 50, 71
Boeckx　25, 316, 359
Botha　59
Brame　152
Bresnan　58, 84, 165, 192, 280
Büring　269
Cairns　16
Chapin　35
Chomsky　1, 3 - 4, 8 - 12, 14 - 21,
　23 - 26, 29 - 31, 33, 35, 37 - 38,
　41 - 42, 44 - 45, 50 - 52, 58 - 59,
　67, 69 - 70, 72, 75 - 76, 79, 90 -
　91, 97 - 98, 106, 111, 113, 115,
　117, 125, 127, 141, 146, 152,
　155 - 156, 160 - 163, 167 - 168,
　171 - 175, 178, 181, 183, 185,
　190 - 191, 193 - 194, 196 - 197,
　199, 202 - 205, 207 - 208, 211 -
　212, 214, 216 - 217, 219 - 220,
　222 - 223, 230 - 232, 235 - 237,
　240 - 243, 247 - 248, 252, 261,
　263, 265, 271, 273, 277, 279, 280,
　283, 287, 290, 296, 298 - 299,
　305, 315 - 316, 320, 322 - 323,
　325, 327, 329 - 332, 335 - 336,
　340 - 341, 344 - 346, 348 - 354,
　357, 359
Collins　320, 354, 358
Culicover　25, 281, 296
den Besten　295
Descartes　15, 19
Dougherty　164
Dummett　21
Emonds　155, 165, 200
Engdahl　272
Epstein　346
Ermisch　312
Fiengo　167, 169, 171
Fillmore　111, 218, 227 - 228, 237
Firth　7, 50, 98
Francis　9
Frege　20 - 21, 214, 267
Freidin　199, 231
Fries　9, 42
Galilean　24
Goldsmith　116
Greenberg　36, 224
Grice　45
Grimshaw　230
Grinder　166
Grohmann　345 - 346, 351, 359
Gross　27, 176
Gruber　228 - 229
Hale　225 - 226, 306 - 307, 315
Halle　97, 113, 115 - 117, 125
Hankamer　167
Harris　10
Hinzen　18
Hockett　26, 69
Holmberg　354

Hornstein 281, 351, 359
Huang 64, 278, 283
Humboldt 19, 31
Huybregt 66, 75
Iatridou 299
Jackendoff 25, 69, 156, 158, 167, 182, 218, 222, 224, 229, 231, 238, 281, 296, 303
Jenkins 18, 22
Jespersen 50
Johnson 358-359
Katz 4, 10, 14, 35, 69, 75, 126-127, 131, 133, 139, 141, 145, 155-156, 158-159, 161, 173-174, 227
Kayne 260, 284, 320
Kempson 45
Keyser 306-307, 315
Kiparsky 116, 191
Kiss 310
Koopman 272, 291
Koster 269
Koutsoudas 197
Kuhn 75
Lakoff 111, 141-142, 146, 148, 150-154, 174, 197
Landau 281
Langacker 211
Langendoen 283
Larson 303
Lasnik 33, 197, 202-205, 207-208, 211-212, 218, 261, 352, 359
Lees 109, 163
Lenneberg 18
Lieberman 18
Malinowski 7
Manzini 280
McCawley 69, 141, 145-148, 150

McClosky 291
Mei 64
Mohanan 116
Montague 4
Newmeyer 8, 66, 75, 142, 359
Nida 50
Nishigauchi 230, 280
Noll 197
Nunes 351, 359
Perlmutter 205
Pesetsky 345
Peters 178
Piattelli-Palmarini 25
Pike 10
Plato 19
Pollock 290, 297-298, 357
Popper 24
Postal 29, 98, 127, 139, 141, 144, 155-156, 158, 161, 166-167, 170, 174, 197
Pullum 196-197
Quine 22, 131, 159
Radford 329, 337, 346, 349
Reinhart 211
Reuland 269
Ritchie 178
Rizzi 19, 282, 309-313, 351
Rosenbaum 280
Ross 141, 143, 146, 148, 154, 185-191
Růžička 280
Sag 167
Saito 218, 227, 261
Sanders 197
Saussure 12, 21
Seely 346
Selkirk 97, 152
Seuren 322, 359

Shlonsky 356
Siegel 97
Skinner 13
Sperber 45
Sportiche 211, 252, 272, 283, 291
Stowell 223
Szabolcsi 302
Taraldsen 272
ten Hacken 322
Thráinsson 354
Torrego 283
Uriagereka 320
van Riemsdijk 7, 15 – 16, 66, 75, 217, 257
Vergnaud 116, 240
Vikner 309
Wall 176
Wasow 167
Webelhuth 320
Williams 217, 280
Wilson 45
Xu 273, 278, 280, 283
Yang 39
Zubizarreta 345

后 记
Postscript

　　这是我出版的第一本书,也是我写的书中印数最多的一本。这本书20世纪80年代初就开始构思,至今快40年了,上海外语教育出版社初版至今30年有余,补充修订后由上海教育出版社再版至今也有10年之久了。回想当初,国内有条件掌握文献,了解当时国际语言学界主流生成语法的学者屈指可数。我把20世纪80年代初在美国市立纽约大学和麻省理工学院当访问学者开始学到的知识写成这本书,奉献给国内的同行参考,是希望起雪中送炭的作用。现在形势大大不同了,业内的学者学生要读国外出版的论文著作变为举手之劳,还可以直接与海外同行通讯甚至见面交流,我这样的书还那么有用吗? 有读者告诉我,这本书起的作用是给入门者提供了一条捷径,帮助跨越浩如烟海的文献快速入门。我心目中的读者是中国的同行学生们。3年前有一位通晓汉语的美国语言学家说,当年她为了要了解生成语法,看过乔姆斯基的英文著作,没有看懂,后来看了我这本中文入门书才把他的观点弄明白,再回过去看乔姆斯基的原著,原来不明白的也明白了。这本书居然还有这样的作用,出乎意料!

　　我这本书十年前补充修订再版以后生成语法研究还在继续发展吗? 今后还会不断发展吗? 是的,生成语法虽然不像过去那样在语言学界几乎一统天下,还是在进展。一个月前看到一篇报道,有人在采访乔姆斯基时,他信心十足地说:"当前形势急剧变动。欧洲、日本和许多其他国家的语言学系都有蓬勃发展。而且有了许多学术刊物,包括麻省理工学院出版社出的《语言学探索》,刚刚庆祝创刊50周年。生成语法已经深入到研究从类型学角度看来大不相同的各种语言,而其研究的深度和广度在过去是不可想象的,开辟了许多50年代根本不存在的新的研究领域。大量学生正在探究几年前还没有人提到的新问题。理论著作达到了全新的高度……"希望生成语法研究正如乔姆斯基所期望的那样再上新的台阶。乔姆斯基看好的这些新生事物今后还有待进一步观察,然后再总结和评价。我这本书这次再版,内容方面没有作系统的增补。退休 10 多年了,乔姆斯基生成语法理论新近发展,留给比我年轻的学者介绍和评价吧,相信他们一定会比我做得更好。

2019 年 9 月

图书在版编目(CIP)数据

生成语法理论:标准理论到最简方案/徐烈炯著
. — 上海 上海教育出版社,2019.10（2023.8重印）
ISBN 978-7-5444-9479-3

Ⅰ.①生… Ⅱ.①徐… Ⅲ.①生成规则(转换语法)—研究 Ⅳ.①H04

中国版本图书馆 CIP 数据核字(2019)第 236423 号

责任编辑　王　鹏
封面设计　郑　艺

生成语法理论:标准理论到最简方案
徐烈炯　著

出版发行	上海教育出版社有限公司
官　　网	www.seph.com.cn
地　　址	上海市闵行区号景路159弄C座
邮　　编	201101
印　　刷	上海展强印刷有限公司
开　　本	960×640　1/16　印张 26.25　插页 1
字　　数	380 千字
版　　次	2019 年 11 月第 1 版
印　　次	2023 年 8 月第 2 次印刷
书　　号	ISBN 978-7-5444-9479-3/H·0324
定　　价	68.00 元

如发现质量问题,读者可向本社调换　电话:021-64373213